# 洛阳非物质文化遗产研究

STUDIES ON LUOYANG'S INTANGIBLE CULTURAL HERITAGE

主　编 / 陈启明　秦　华

副主编 / 陈　琪　任程远

社会科学文献出版社

SOCIAL SCIENCES ACADEMIC PRESS (CHINA)

# 序　言

　　非物质文化遗产是中华优秀传统文化的重要组成部分，承载着几千年的历史文化记忆，是中华文明绵延传承的生动见证，是我国各族人民宝贵的精神财富。自党的十八大以来，习近平总书记在不同场合多次谈到非物质文化遗产的保护与传承，强调要扎实做好非物质文化遗产的系统性保护，要推动中华优秀传统文化创造性转化、创新性发展，更好满足人民日益增长的精神文化需求，不断增强中华民族凝聚力和中华文化影响力。

　　非物质文化遗产是与物质文化遗产相比较、相对应而提出来的概念，根据联合国《保护非物质文化遗产公约》，非物质文化遗产是指被各群体、团体、个人所视为其文化遗产的各种实践、表演、表现形式、知识体系和技能及其有关的工具、实物、工艺品和文化场所。根据我国《非物质文化遗产法》规定，非物质文化遗产是指各族人民世代相传并视为其文化遗产组成部分的各种传统文化表现形式，以及与传统文化表现形式相关的实物和场所。非物质文化遗产既是历史发展的见证，又是珍贵的、具有重要价值的文化资源，是中华民族智慧与文明的结晶，是联结民族情感的纽带和维系国家统一的基础，保护和利用好我国非物质文化遗产，对增强文化自信自强、建设社会主义文化强国具有重要意义。

　　2005年3月26日，国务院办公厅颁发《关于加强我国非物质文化遗产保护工作的意见》，该意见指出："要在充分利用已有工作成果和研究成果的基础上，分地区、分类别制订普查工作方案，组织开展对非物质文化遗产的现状调查，全面了解和掌握各地各民族非物质文化遗产资源的种类、数量、分布状况、生存环境、保护现状及存在问题。要运用文字、录音、录像、数字化多媒体等各种方式，对非物质文化遗产进行真实、系统和全面的记录，建立档案和数据库。"2005 年 6 月 9 日，文化部下发《关于开展非物质文化遗产普查工作的通知》，正式开展全国性的非物质文化遗产普查工作。国务院分别于 2006 年、2008 年、2011 年、2014 年、2021 年公布了五批国家级非物质文化遗产名录，并在普查的基础上，形成相应的四级保护制度，共同推动我国非物质文化遗产的抢救、保护与传承。2011 年 6 月 1日，《非物质文化遗产法》施行，随后，各部委出台了许多与之配套的法规、政策和条例，各地也相继出台了省市级非物质文化遗产保护条例，从而形成立体、多层次的非物质文化遗产法律保护体系。

进入新时代，我国坚持在系统性保护的基础上，深入挖掘非物质文化遗产的当代价值，寻找传统文化和现代生活的连接点，坚持创造性转化、创新性发展。传统非物质文化遗产与现代社会生活深度接轨，从"养在深闺人未识"到"飞入寻常百姓家"，以"见人见物见生活"理念，创新非物质文化遗产保护传承利用的方式。利用非物质文化遗产元素开发新文创产品，通过非物质文化遗产资源吸引文化产业资本，已成为各地文化产业发展的重要策略。把非物质文化遗产项目与现代生活相结合，以"非遗+"的形式促进产业转型升级，助推地方经济发展，已取得明显成效。大数据、云计算、虚拟现实、沉浸体验等高新技术在非物质文化遗产项目中的运用，促进了这些项目的"活态传承"和"合理利用"，非物质文化遗产已成为满足人民群众美好生活需要、促进经济社会高质量发展的重要力量。

洛阳作为中华文明的重要发源地之一，非物质文化遗产十分丰富，不仅种类繁多，而且影响深远。截至 2023 年底，洛阳市共拥有国家级非物质文化遗产项目 9 项，省级非物质文化遗产项目（含国家级项目）89 项，市级非物质文化遗产项目（含国家级、省级项目）240 项，县级非物质文化遗产项目 1000 余项，覆盖非遗名录全部十大类。2020 年 6 月，经河南省人民政府推荐，文化和旅游部批复同意在洛阳设立国家级"河洛文化生态保护（实验）区"。2022 年 5 月，《河洛文化生态保护区总体规划》（以下简称《规划》）颁布实施，《规划》提出，实施三年后，初步建成国家级河洛文化生态保护区，基本建全河洛非物质文化遗产档案，逐步完善河洛文化理论体系，基本建成非物质文化遗产保护传承体系，河洛文化品牌效应凸显，文化保护传承氛围日益浓厚，河洛文化影响力不断增强。

近年来，洛阳市在非物质文化遗产保护工作方面取得了显著成绩。一是完善非遗代表性传承人结构。目前，洛阳已有国家级非物质文化遗产代表性传承人8名，如河洛大鼓代表性传承人陆四辈、唐三彩烧制技艺代表性传承人高水旺、真不同洛阳水席制作技艺代表性传承人姚炎立、中医正骨疗法（平乐郭氏正骨法）代表性传承人郭维淮和郭艳锦等。省级非物质文化遗产代表性传承人75名，市级非物质文化遗产代表性传承人267名，县级非物质文化遗产代表性传承人932名。二是加大非遗传承场所阵地建设力度。全市已建成非遗展示馆36个、传习所31个，并依托图书馆、博物馆、文化馆等文化设施开设非遗公益课堂，强化非遗传承人群和非遗工作人员的整体保护理念。三是开展形式多样的非遗展演展示活动。每年在"文化和自然遗产日""春节民俗文化庙会""中国洛阳牡丹文化节"期间，开展大规模的非遗项目宣传展览展演展示活动，组织非遗项目专场演出。四是推动非遗项目活化利用。积极推动非遗与旅游、文物保护等融合发展，丰富活化利用业态，让非遗贴近并融入百姓生活。2017年3月1日《洛阳市非物质文化遗产保护条例》开始施行，洛阳成为全国第二个颁布非遗保护条例的地级市。这些措施很好地扩大了洛阳非遗的社会影响力和美誉度，激发了社会公众对非遗的兴趣和喜爱，有效促进了非遗的传承和发展。

习近平总书记强调："要把保护传承和开发利用有机结合起来，把我国农耕文明优秀遗产和现代文明要素结合起来，赋予新的时代内涵，让中华优秀传统文化生生不息，让我国历史悠久的农耕文明在新时代展现其魅力和风采。"[①] 洛阳市积极推动非遗融入现代生活，通过"非遗+旅游""非遗+文创""非遗+研学"等多种跨界融合新模式，打造契合大众精神需求、消费需求的非遗空间和文创产品，为实施文旅文创融合战略赋能。非遗与文创产品研发相结合，打造"洛阳礼物""洛阳三彩""平乐牡丹画"等特

① 《习近平著作选读》第二卷，人民出版社，2023，第93页。

色文创品牌；非遗与传统村落保护相结合，形成了爱和小镇、青铜器小镇等一批非遗特色小镇；非遗与研学旅行相结合，推出"文明之源、根在河洛"等研学旅行精品线路，叫响"研学洛阳、读懂中国"研学旅行品牌等。

　　为了更好地保护、宣传洛阳非遗项目和非遗文化，使读者增强对洛阳非物质文化遗产的认识，中共洛阳市委党校编写了《洛阳非物质文化遗产研究》，对洛阳的国家和省市级非物质文化遗产项目进行了系统梳理和介绍，吸收了近年来相关职能部门和专家学者的研究成果。通过本书的出版，希望能提升全社会对非物质文化遗产的认知度和保护意识，不断提升非遗保护传承水平，使洛阳非物质文化遗产在活态传承中得到有效保护，在有效保护前提下得到合理利用，在文化强国及赓续中华文脉的历史进程中绽放更加绚丽的光彩。

# 目 录

## 上篇　洛阳非物质文化遗产研究

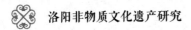

# 下篇 洛阳非物质文化遗产资源概况

# 上　篇
# 洛阳非物质文化遗产研究

# 洛阳非物质文化遗产保护的现状及对策*

时丽茹　李晓霞**

摘　要：　洛阳作为非物质遗产保护大市，非遗资源丰富，数量众多，种类齐全，影响广泛。经过相关部门和人员的努力，洛阳的非遗保护工作取得了明显成效，但仍然存在一些问题需要解决，需要进一步研究和探索，特别是要细化法律规范，完善工作机制，为非遗保护提供强大制度保障。

关键词：　非物质文化遗产　洛阳　非遗保护

洛阳是世界历史文化名城，非物质文化遗产十分丰富，不仅种类繁多，而且影响深远。2006 年，洛阳市成立了非物质文化遗产保护中心，承担对非物质文化遗产的相关保护工作。近些年，洛阳市文化管理部门和非遗保护中心做了大量工作，洛阳非物质文化遗产保护工作取得了显著成绩。

## 一　洛阳非物质文化遗产保护现状

### （一）持续开展非遗普查活动和申报认定工作

洛阳的非物质文化遗产种类繁多，数量巨大，覆盖非物质文化遗产名录全部十大类别，并且在洛阳民间广为流传。洛阳市非物质文化遗产保护中心一方面配合河南省文化厅持续开展非物质文化遗产项目及传承人的普查及资料整理；另一方面主动进取，创造性开展工作，截至 2014 年底，在

---

＊　本文选自《洛阳文化发展报告（2015）》，有删改。
＊＊　时丽茹，中共洛阳市委党校副教授；李晓霞，洛阳市非物质文化遗产保护中心办公室主任。

全市范围内共获得非遗线索 170799 条，完成项目调查 9946 个，采集文字记录 3000 多万字，形成了一套共 77 册的非遗普查成果汇编，并积极向上级有关部门申报。

非遗保护的客体是非物质文化遗产。非遗项目是有等级的，不同等级的非物质文化遗产，其保护的要求也有所不同。准确认定非遗等级，对相关资料进行立档、研究、保存，才能使非遗项目得到有效保护，才能进一步宣传、弘扬、传承和振兴非遗项目。洛阳市非遗中心每隔一年举行一次市级非遗代表性项目和传承人申报，目前已经组织举办了四批市级非遗代表性项目申报、四批省级非遗代表性项目申报、四批国家级非遗代表性项目申报。截至 2014 年底，洛阳市已经申报成功国家级非物质文化遗产 8 项，包括河洛大鼓、河图洛书传说、唐三彩烧制技艺、真不同洛阳水席制作技艺、洛阳宫灯、平乐郭氏正骨、关公信俗和洛阳牡丹花会等，含国家级项目在内的省级非物质文化遗产 44 项，如洛神的传说、洛阳海神乐、大里王狮舞、通背拳、黄河澄泥砚、杜康酿酒工艺、象庄秦氏妇科、宜阳灵山庙会等，含省级和国家级项目在内的市级非物质文化遗产 135 项，如鬼谷子的传说、田山十万、东关双龙、洛阳小调曲、洛阳心意六合拳、布贴、新安县烫面角、殷天章专门喉科、牛心山信俗等，含市、省和国家级项目在内的县级非物质文化遗产 650 余项。

## （二）注重非遗代表性传承人和传习场所的发展

非物质文化遗产有"活态文化""文化活化石"之称，是一种依附在人身上的文化形式，靠的是人为的代际传承，师徒之间的言传身带，并需要相应的传习场所（传习馆）。一旦出现人才断层、场馆缺失，就会造成这一文化形态的失传甚至消亡。因此，确定和发展非遗代表性传承人和传习场所十分重要。洛阳市加大工作力度，通过非物质文化遗产代表性传承人和展馆（传习所）的申报和确定，使这些非物质文化遗产代表性传承人、传习所和保护单位能够在保护和传承非物质文化遗产方面真正发挥作用，使洛阳的非物质文化遗产得到更好的传承和发展。

目前，洛阳已有国家级非物质文化遗产代表性传承人 7 名，如河洛大鼓代表性传承人陆四辈、唐三彩烧制技艺代表性传承人高水旺、真不同洛阳水席制作技艺代表性传承人姚炎立、平乐郭氏正骨代表性传承人郭维淮和郭艳锦等。省级非物质文化遗产代表性传承人 48 名，市级非物质文化遗产代表性传承人 136 名，县级非物质文化遗产代表性传承人 350 余名。

洛阳市非遗保护中心还对国家级、省级非物质文遗产 32 个项目的保护单位进行认定，以切实加强保护力量。对全市的非物质文化遗产展馆（传习所）进行普查。在普查的基础上，申报了河洛大鼓传习所为国家级传习所，洛阳南无拳传习所、平乐正骨传习所为省级传习所，洛阳唐宝斋文化艺术有限公司、洛阳烟云涧青铜工艺博物馆为河南省非物质文化遗产展示馆，九朝文物复制品公司为国家级生产性保护基地，洛阳市真不同饭店有限责任公司、洛阳杜康控股有限公司为省级生产性保护基地。

### （三）积极申请和筹措非遗保护专项经费

2014 年，洛阳市文化管理部门和非遗保护中心积极向上级有关部门申请非遗专项保护经费，持续巩固非遗保护的财力支撑。根据《国家非物质文化遗产保护专项资金管理办法》和《河南省非物质文化遗产保护专项资金管理办法》的要求，在统筹各类别项目现状的基础上，对急需开展抢救性保护的濒危项目和有重大历史、文学、艺术和科学价值的项目率先申报保护资金。申报的专项保护资金使用重点为：一是抢救性记录和保存，支持采取文字、图片、音像、多媒体等方式，真实、系统地记录省级代表性传承人口述史、传统技艺流程、代表剧（节）目、仪式规程等全面信息，包括资源调查、设备购置、采集记录、数字化加工处理、档案保存、成果出版等；二是传承工作，包括租赁传承场所、购置传承设备、举办人才培训、复排剧目、编写教材等。目前已经申请到国家级、省级项目保护经费共计 300 余万元，国家级传承人每人每年可获 1 万元补助，省级传承人（公司法人代表除外）每人每年可获 3000 元补助。这些专项资金全部用于对非物质文化遗产的抢救性记录和保存以及传承工作，使一些濒临消失的珍贵非物质文化遗产得以保存和发展。

此外，在洛阳市财政资金比较紧张的情况下，市委市政府仍然加大对非遗保护的资金扶持力度，同时通过不断扩大非物质文化遗产在群众中的影响力来积极筹集社会资金，用于非遗项目的保护和传承，进一步促进了洛阳非物质文化遗产的保护。

### （四）利用各种途径和形式加大非遗宣传展示

2005 年 12 月 22 日，国务院规定，从 2006 年起每年 6 月的第二个星期六为中国的"文化遗产日"。洛阳市非遗保护中心利用"文化遗产日"这个重要契机，在不同地点以不同形式开展宣传活动。自 2006 年以来，在九个文化遗产日举办了非遗骑行以及河洛大鼓、海神乐、南无拳展演等丰富多彩的宣传展览、展演、展示活动。同时，在春节期间举办的"春节民俗文化庙会"和在 4~5 月举办的中国洛阳牡丹文化节上，都会开展大规模的非遗项目展演展示活动，组织非物质文化遗产专场演出，邀请河洛大鼓、三弦铰子书、南无拳、二鬼摔跤等省级、市级非遗代表性传承人进行表演。

洛阳市积极鼓励和支持各种非遗项目参加各类评比活动，不断扩大洛阳非遗的影响。组织"十六挂转秋"参加在开封举办的"中国秋千展演暨第十一届中国民间文艺山花奖·民间绝技绝艺（秋千）"评奖活动，"十六挂转秋"在此次评选中获得金奖。组织黄河澄泥砚、面塑参加在山东省枣庄市举办的第二届中国非物质文化遗产博览会。组织唐三彩烧制技艺、黄河澄泥砚参加河南省非物质文化遗产生产性保护成果展。组织陶瓷类项目参加省文化厅开展的"第二届河南民间艺术展"活动，报送展品 50 件。在此次展览活动中，高水旺、郭爱和两位艺人荣获"河南省工艺大师"称号，洛阳市非遗中心获河南省文化厅颁发的"第二届河南民间艺术展组织奖"。这些活动都很好地扩大了洛阳非遗的社会影响和美誉度，激发了社会公众对非遗的兴趣和喜爱，有效地促进了非遗的传承和发展。

### （五）全面记录和展示洛阳非遗成就

洛阳市非遗保护中心组织力量编辑出版了约 56 万字的《记忆洛阳——

洛阳市非物质文化遗产资源汇编（2005～2012）》。该书是洛阳市第一本正式的非物质文化遗产资源汇编，是洛阳市近年来非物质文化遗产保护工作的整体展示，由中共洛阳市委常委、宣传部部长杨炳旭同志作序，内容包括洛阳市非物质文化遗产资源普查分析、洛阳国家级非物质文化遗产代表性项目名录、洛阳省级非物质文化遗产代表性项目名录、洛阳市级非物质文化遗产代表性项目名录、洛阳县（区）级非物质文化遗产代表性项目名录、洛阳市非物质文化遗产普查报告等多个方面，全面记录和展示了洛阳市非物质文化遗产的状况和成就，激发了洛阳人民对洛阳地区传统文化的自豪感。

### （六）加强与媒体的交流与合作

洛阳非遗保护中心积极开展与中国文联主管的《神州》杂志合作，每月两次定期报道洛阳市非物质文化遗产及其保护工作。目前该杂志已经报道了河洛大鼓、洛阳宫灯、杜康酿酒工艺、唐三彩烧制技艺、糖塑、放河灯等。与洛阳日报社洛阳新闻网联合策划组织了关注洛阳非物质文化遗产保护系列访谈，分别进行了"拿什么拯救非遗""河洛大鼓""还原关公信俗，促进交流沟通""洛阳水席背后的故事"等四期访谈，邀请民俗专家、作家以及代表性传承人等作为嘉宾参加访谈，网络现场直播，《洛阳日报》和《洛阳晚报》进行了相关报道和访谈全文刊载。与《洛阳日报》和《洛阳晚报》展开合作，在报纸上开辟专栏，宣传洛阳市非物质文化遗产。与《洛阳晚报》联合展开"非遗骑行""非遗大讲堂""寻找地道洛阳头脑汤""河图洛书调研"等活动。不定期地在洛阳电视台、洛阳电台宣传洛阳市的非遗保护工作。通过加强与媒体的交流合作，提高了洛阳非物质文化遗产的社会影响力和知名度。

### （七）开展对国家级非遗项目河洛大鼓的专项保护工作

流传于广大河洛地区的传统曲艺河洛大鼓是国家级非物质文化遗产项目，由于受到现代多种文艺形式的冲击，其传承发展面临极大困难，亟须加强专项保护。作为河洛大鼓的保护单位，洛阳市非遗中心每年举办一次"迎新春庆双节河洛大鼓演唱会"，邀请李新芬、委要听等著名河洛大鼓艺人演出，受到群众的热烈欢迎，有1500多人次前来观看表演。在洛阳市文化馆召开"河洛大鼓"保护工作座谈会，各县区的著名艺人、洛阳市著名的民俗音乐专家等33名有关人士出席会议。成立了非物质文化遗产保护中心河洛大鼓艺术团，有团员20名，均为洛阳各级河洛大鼓代表性传承人及演奏员，为团员制作河洛大鼓服装20余套。举办了七届河洛大鼓曲艺节，邀请来自河南省各地区的河洛大鼓艺术家表演经典的河洛大鼓唱段，向洛阳人民展示珍贵的民间艺术。开办河洛大鼓培训班，组织张怀生、李明治等优秀艺人对河洛大鼓爱好者、初学者进行专业培训。每年不定期地到各县区走访艺人，采集河洛大鼓音像资料，截至目前共收集到河洛大鼓唱段88个，记录、收集河洛大鼓艺人演唱视频时间1003分钟，演唱录音约55.1小时。这些保护措施已经收到了明显成效，使河洛大鼓得到较好的保护和传承。

## 二　洛阳非物质文化遗产保护中存在的问题

虽然洛阳非物质文化遗产保护取得了长足进展，也有了可喜的成绩，但与非物质文化遗产保护的要求相比，还存在不少问题。

### （一）非物质文化遗产保护仍然存在思想认识误区

一是有对非遗看不到、看不起的思想。一些领导干部和工作人员甚至非遗项目本身的从业者都不了解非物质文化遗产的重要性，认为那都是属于旧时代的东西，是跟不上新时代发展步伐的"老古董"，没有必要下气力保留和传承。像河洛大鼓、传统戏曲这种古老的民间艺术形式在群众中已不流行，喜欢的人也不多，让它自生自灭就行了，何必下力气花经费去保护和传承呢？他们看不到非物质文化遗产的深厚文化价值，看不起世代传承的非物质文化遗产，只一味崇尚现代的西方文化。而认识上的误区必然造成行动上的消极，对上级文化部门要求做的，往往只是表面应付一下，敷衍了事。

二是重申报、轻保护的思想。有些领导干部表面上对非物质文化遗产十分重视，在申报高级别非物质文化遗产名录时热情高涨，积极努力争取申报成功。但一旦申报成功，就算大功告成，放任不管了。至于该项目以后如何发展，如何传承，如何进一步扩大影响，一概不过问。这实际上是一种文化上的虚荣主义，对申报非遗项目只求拥有，只图面子好看、名声好听、名头厉害，而不愿去做深入细致、更为困难的保护工作，更别说对非遗的传承和发展了。

三是物质利益扩大化的思想。非物质文化遗产是文化宝库中璀璨的明珠，既有其不可估量的重要的文化价值，也有其不可轻视的重大经济价值，如平乐郭氏正骨和真不同洛阳水席制作技艺在当今社会中的经济效益就十分显著，但绝大多数非遗项目的经济价值不大或者不能在短时期显现。有些人对待非物质文化遗产，只看经济效益，只盯着钱看，看这个项目能不能在市场中获利，能不能赚到大钱，而不去积极发现其蕴含的文化意义，不去发挥非遗项目的文化作用。一个项目有经济利益可图时，就高度重视，全力支持保护，甚至只看其经济利益，而忽略其文化价值，有时为了经济利益还会把非遗项目搞得面目全非，失去其传统文化的真意。而对没有经济利益可图或短期内没有经济利益回报的非遗项目，就不去认真保护、传承和发展。随着对外开放的进一步扩大和旅游业的日益繁荣，洛阳也像很多地方一样，在非物质文化遗产保护工作中出现了一些不良倾向，有些名为非遗保护的民间艺术扶持活动，由于没有正确的保护意识和行之有效的保护手段，对保护对象随意修改甚至拆解，在客观上造成了对非遗保护项目的破坏。①

## （二）一些非物质文化遗产项目生存和传承艰难乏力

非物质文化遗产是在特有的经济和文化条件下生存和发展的，随着全

---

① 王全乐：《保护非物质文化遗产，传承和延续古都洛阳的历史文脉》，《洛阳日报》2007 年 1 月 7 日。

球化发展趋势的加快和现代化进程的推进，洛阳的非物质文化遗产也不可避免地受到市场经济和现代文化的强烈冲击，本已非常狭小的生存空间逐渐被蚕食，一些依靠口授和家传行为传承的非物质文化遗产正在不断消失，一些传统技艺濒临灭亡，部分优秀的非物质文化遗产项目已处于濒危状态。以河洛大鼓为例，尽管已经入选首批国家级非遗项目名录，但是它和许多其他非遗项目一样，面临着后继无人的尴尬局面。在 20 世纪 80 年代，洛阳的每个县都有一批河洛大鼓艺人，现在主要在河洛大鼓的发源地偃师还有一些，其他像新安县、宜阳县虽还有少量的河洛大鼓艺人，但是已不再从事这个工作，所以真正能演唱河洛大鼓的人越来越少。只有洛阳水席、杜康酒等少数非遗项目，因为有较大市场，还可以取得一定经济收入，所以不仅有非遗的代表性传承人掌握这一技艺，而且还有相当一部分人掌握该技术。但绝大多数的非遗项目都处于无人继承、无力发展、逐渐减少、濒临灭绝的危险境地。

### （三）非物质文化遗产保护的法律法规不够完善

目前，我国对非物质文化遗产保护的法律法规依然不足，2005 年 6 月制定下发的《国务院关于加强文化遗产保护的通知》仅仅是规范性的法律文件，此外就是 2011 年颁布实施的《中华人民共和国非物质文化遗产法》。国家层面的法律法规本来就少，又缺乏具体的实施细则，在实践中难以贯彻落实。洛阳市至今尚没有颁布实施非物质文化遗产保护的地方性法规，现行的法律政策依据是 2006 年 11 月颁布实施的《洛阳市人民政府关于加强我市非物质文化遗产保护工作的意见》。对于有着丰富非物质文化遗产资源的洛阳来说，尤其需要对此项工作进行法律层面的制度设计和规范。法律法规的不够完善，直接造成非物质文化遗产保护力量的薄弱。在机构建设、经费投入、人员保障等方面缺乏法律依据，缺乏长期性和规范性的规划，不利于对洛阳非物质文化遗产进行保护、传承和发展。

### （四）非物质文化遗产保护的体制机制仍不够健全

一是专门机构和人员数量少。目前洛阳市对非遗的保护机构是文广新局领导下的洛阳市非物质文化遗产保护中心，在洛阳市群众艺术馆挂牌，专职工作人员较少，多数为群艺馆兼职人员，对于数目庞大的非遗项目保护工作来说，因为没有专业的保护机构和人员指导，没有专门的经费扶持，没有专门的时间保证，工作中往往是心有余而力不足。

二是保护经费严重匮乏。虽然每年国家、省市各级文化部门都下拨有非遗保护经费，但相对于洛阳市数量庞大的亟待保护的非遗项目来说，仍然只是杯水车薪。尤其对那些不能直接创造经济效益的非遗项目来说，没有经费就没有人愿意去保护和传承。

三是传承机制不明确。对于非物质文化遗产的传承，目前缺乏明确的传承标准、时间要求等细化规定，包括对已经申报认定的非遗项目代表性传承人，也没有对他们下发传承任务的硬性指标，这就容易造成传承与否、传承多少、传承期限不明确，也不利于进行审核督促等。

四是对非遗项目和代表性传承人的权利保护不够。因为缺乏细化的规定，非遗项目和代表性传承人的权利得不到保护，各种侵权行为时有发生，严重挫伤了对非遗项目传承的积极性，极大影响了非遗项目的保护、传承和发展。

### （五）非物质文化遗产保护的经验尚显不足

非物质文化遗产在传承弘扬民族传统文化中的作用愈发显著，全社会对于非遗的关注程度不断提升，加强非物质文化遗产保护工作的力度日益加强，实践中一些新问题也不断出现，一时之间尚难完全解决，即使有所顾及，也难免有所疏漏。比如现在政府相关部门重视非遗保护，投资建立了一些非遗传习所，但这些场所的后期运营如何推进、经费来源如何保证，民众对非遗传承的积极性如何调动和保持，学习非遗的人数及管理人员匮乏怎么办等，都是亟须思考和解决的问题。目前，对非遗保护中面临的新问题尚未形成一套完整、成熟、科学的应对方案和行之有效的解决方法，基层工作人员也普遍缺乏经验，还是在摸着石头过河，在摸索中前进。

# 三 洛阳非物质文化遗产保护的对策建议

## （一）加强宣传研究，提高认识水平

### 1. 抓住关键少数，提升思想认识

非物质文化遗产在传承民族传统文化、提高国家软实力和促进社会和谐发展方面发挥着重要作用，要把保护非物质文化遗产上升到国家战略的高度来认识，上升到维护人民群众切身利益的高度来认识。如果非遗项目得不到很好保护和传承，洛阳的传统文化也就难以得到很好的继承和弘扬，洛阳人的"根"和"魂"就会丧失。只有领导干部提高思想认识，才能真正重视非物质文化遗产的保护工作，才能够真正在非遗保护传承的各个环节上发力，维系好洛阳人的"根"和"魂"。

### 2. 扩大社会宣传，形成全民共识

在传统主流媒体如电视、广播、报纸、杂志及网络上广泛进行非物质文化遗产的展示和宣传，各级图书馆、文化馆、博物馆和科技馆等公共文化机构要积极开展对非物质文化遗产的传播和展示活动。教育部门和各级各类学校要将优秀的、体现民族精神和民间特色的非物质文化遗产列为教学内容。普及非遗保护知识，增强全民保护意识，努力营造保护非物质文化遗产的良好氛围，使全民非遗保护的意识成为社会的共识，调动广大群众的积极性，自觉加入非物质文化遗产的保护工作，形成良好的社会氛围和群众基础。

### 3. 加强理论研究，提供科学指导

非物质文化遗产保护工作是一项重要的实践工作，要组织专家学者和民间力量进行非物质文化遗产保护的理论研究，举办学术研讨和交流活动，研究、总结、推介、宣传洛阳非物质文化遗产保护工作的成果和经验，进一步探寻和遵循非遗保护的规律，不仅要去做非遗保护，还要知晓为什么做、怎么做才能更好更有效率地去保护非遗。

### （二）完善法律法规，做到依法保护

推动省市两级立法部门加快制定实施地方关于非遗保护的规范性法律文件，对非遗的申报、保护和传承以及承担的责任进行强制性规范，使非遗保护减少随意性，更加持续和规范。2011年10月1日《广东省非物质文化遗产保护条例》开始实施，这是《中华人民共和国非物质文化遗产法》出台后，国内出台的第一部地方性配套法规。在全面推进依法治国的当下，河南省和洛阳市的相关部门也应尽快制定实施非物质文化遗产保护的地方性法规，细化非遗保护的相关规定，包括非遗保护传承的目标、主体、责任、奖罚等，为非遗保护提供具体的法律保障，可从一定程度上改变"重申报，轻保护"的状态。

### （三）健全工作机制，促进非遗传承

要坚持贯彻"保护为主、抢救第一、合理利用、传承发展"的非遗保护工作方针，以"河洛文化生态保护区"建设为统领，建立健全非物质文化遗产保护体制和工作机制。

一是要发挥政府主导作用。洛阳已经成立了洛阳市非物质文化遗产保护工作领导小组，负责领导和统一协调非物质文化遗产保护工作。领导小组要建立具体的协调有效的保护工作领导机制，进一步加强工作力度，领导和协调好非遗保护的各项工作。

二是要建立持续稳定的经费投入机制。目前洛阳市已经申请到国家级、省级非遗项目保护经费共计300余万元，国家级传承人每人每年有1万元补助，省级传承人（公司法人代表除外）每人每年有3000元补助。今后还要进一步加大经费投入力度，要把非物质文化遗产保护所需的经费列入年度财政预算，根据工作任务量进行适当增加，为非物质文化遗产保护提供坚实的物质基础。要根据具体情况设立非物质文化遗产保护专项资金，并加强资金的核算和监督管理力度，切实提高资金使用效益。要通过政策引导、资源共享等措施，鼓励个人、企业和社会团体对非物质文化遗产保护工作

给予资助。

三是要加强非遗保护和传承队伍建设。政府要加强对非物质文化遗产中传统技艺项目的培训，帮助老艺人培养新一代传人。可以在师范学院、河南科技大学、洛阳理工学院、洛阳文化艺术学校、职业技术学院以及中小学开设非物质文化遗产项目培训班和课程，培养青年学生和少年儿童对非物质文化遗产的认识和感情，激发他们传承非物质文化遗产的热情和兴趣，并培养相应的能力。河南科技大学的学生们创作的《洛阳话》系列作品，对洛阳的方言进行了梳理和传承，并通过艺术加工制作出学说洛阳话的视频、洛阳方言扑克牌等多种作品，在群众中广为流传。要大力支持、扶持、表彰和鼓励这样的创作和作品，推动非遗的保护传承。

四是要不断完善非遗保护的基础设施。在全市建立非遗保护传承的博物馆、纪念馆和传习所，保留、展示和教习传承非物质文化遗产。建立非物质文化遗产代表性传承人（传承基地）认定、培训、补贴制度。加强对传统文化生态保持较为完整并具有特殊价值的乡镇、村落（街道、社区）等进行动态的整体性保护。目前洛阳已经申报了河洛大鼓传习所为国家级传习所，洛阳南无拳传习所、平乐正骨传习所为省级传习所以及其他非遗生产性保护基地。今后还要进一步增加和完善非遗保护的基础设施建设，使更多的非遗项目能够实实在在地得以保护和传承。

五是要充分发挥社会各界力量，形成合力。广泛吸纳有关单位、社会团体等各方面力量，共同开展非物质文化遗产保护工作。要充分发挥非遗研究人员和专家学者的作用，成立专家组，建立专家咨询机制和检查监督机制。

### （四）搞好合理开发，打响非遗品牌

非物质文化遗产不仅有重要的社会文化意义，而且许多项目在经济发展中也产生着巨大的经济效益。如洛阳正骨医院的中医正骨，因其效果显著，早已名扬国内外，为洛阳的经济发展注入强大的活力，做出了很大贡献。洛阳每年一度的中国洛阳牡丹文化节是全国闻名的"四大节会"之一，

每年牡丹盛开的时节，洛阳城人潮涌动，热闹非凡，"花开花落二十日，一城之人皆若狂"，牡丹花会成为洛阳一张引人注目的名片。这些非遗项目得到了合理开发，打响了古都洛阳的非遗品牌。

### （五）加强学习交流，提升保护层次

对非物质文化遗产进行保护，需要在实践中探索，也需要开阔眼界，扩大交流，提升非遗保护的质量和层次。鉴于洛阳非物质文化遗产保护的经验不足、方法落后等问题，有必要加强与其他地区非遗保护的学习交流，借鉴他山之石，攻克洛阳之玉。如古都开封，通过清明上河园的生动演绎，具体展现了古老的民俗文化，活化了历史，愉悦了游人，传承了文化。洛阳必须以更加开放的心态和行为，更多地走出去，吸收借鉴外地更多更好的方式方法，使洛阳的非物质文化遗产能够得到更好的保护和传承。

# 洛阳市非物质文化遗产展示现状浅析<sup>*</sup>

陈启明 栾海宁<sup>**</sup>

**摘 要：** 本文尝试阐述洛阳市近年来各类非遗展示传播活动的开展情况，分析洛阳市非物质文化遗产展示工作中的主要特点和不足，并提出相应建议。本文认为，非物质文化遗产的展示工作应从实体场所的建设、虚拟展示方式和途径的探索以及非遗活动开展等方面，加强对非遗资源的挖掘、整合和创新利用。着力培育非遗传承人群和工作人员队伍，为非遗展示工作的持续开展奠定基础。

**关键词：** 非物质文化遗产 洛阳 非遗展示

## 一 非物质文化遗产相关概念

### （一）非物质文化遗产及非物质文化遗产展示

联合国《保护非物质文化遗产公约》规定的"非物质文化遗产"概念是："被各社区、群体，有时是个人，视为其文化遗产组成部分的各种社会实践、观念表述、表现形式、知识、技能以及相关的工具、实物、手工艺品和文化场所。这种非物质文化遗产世代相传，在各社区和群体适应周围环境以及与自然和历史的互动中，被不断地再创造，为这些社区和群体提供认同感和持续感，从而增强对文化多样性和人类创造力的尊重。"《中华

---

\* 本文选自《洛阳文化发展报告（2019）》，有删改。

\*\* 陈启明，中共洛阳市委党校科研咨询部主任、教授；栾海宁，洛阳市文化广电和旅游局非物质文化遗产科科长。

人民共和国非物质文化遗产法》规定，我国的"非物质文化遗产"是指各族人民世代相传并视为其文化遗产组成部分的各种传统文化表现形式，以及与传统文化表现形式相关的实物和场所。

近年来，随着国家大力弘扬中华传统优秀文化，非物质文化遗产也逐渐成为社会热点，获得越来越多的关注，非物质文化遗产正在通过非遗主题场馆、专题展览、各类博览会等实体展示和基于网络、移动端、公众号、影视作品等的虚拟展示，通过各类非遗活动、非遗体验乃至非遗衍生产品售卖与推介等方式，走进大众视野。

非物质文化遗产展示工作，对于非物质文化遗产的存续、保护、传承有着重要的意义。联合国《保护非物质文化遗产公约》规定："为了确保其领土上的非物质文化遗产得到保护、弘扬和展示，各缔约国应努力做到……采取适当的法律、技术、行政和财政措施，以便……促进建立或加强培训管理非物质文化遗产的机构以及通过为这种遗产提供活动和表现的场所和空间，促进这种遗产的传承。"《中华人民共和国非物质文化遗产法》将"开展该项目的展示、展演活动"列为非物质文化遗产代表性项目保护单位应当履行的义务，"开展传授、展示技艺、学术研究等活动"为传承人享有的权利。规定了"县级以上人民政府应当根据本地实际情况，建立专题的非物质文化遗产公共文化设施，用于非物质文化遗产代表性项目的展示、传承、收藏和研究"。① 《河南省非物质文化遗产保护条例》《洛阳市非物质文化遗产保护条例》均对此有相应规定，明确了各级政府加强扶持文化遗产展示场馆建设、利用各类文化设施开展非遗展示以及举办活动等工作内容。"文化馆（站）、博物馆、图书馆、美术馆、科技馆等公共文化机构应当有计划地展示、传播非物质文化遗产代表性项目，并按照国家和本省有关规定向社会免费开放。""县级以上人民政府可以结合文化活动、民间习俗等实际情况，组织开展非物质文化遗产代表性项目的展示、表演等活动。""鼓励采取与经贸、旅游相结合的方式保护和传承具有生产性、展

---

① 《中华人民共和国非物质文化遗产法》，2011 年 2 月 25 日第十一届全国人民代表大会常务委员会第十九次会议通过。

示性或者表演性的非物质文化遗产代表性项目。"

非物质文化遗产展示工作，既是其特定传承人群的内在文化需要，也是以非物质文化遗产体现文化多样性的客观要求；既是各级文化部门应当积极引导的一项工作，也是可以动员社会各界力量参与的重要文化领域。

非物质文化遗产的展示工作还处于起步阶段。目前，对非物质文化遗产的展示尚未形成统一的定义。杨红在《非物质文化遗产展示与传播前沿》一书中对此给出狭义和广义两个概念："就狭义而言，就是通过非物质文化遗产相关实物展品的有形陈列和动态多媒体的无形陈列，采用阐释、演示、传播、研究、教育等方式宣传、弘扬、传承、促进非遗的保护。非遗的展示包括实体空间展示，也包括基于 PC、移动端、平板电脑等的虚拟展示。""就广义而言，非遗的展示形式包括正规与非正规教育中的非遗主题实践活动、非遗相关现场展演、非遗产品售卖推广活动以及借助新媒体开展的非遗线上展示活动等都属于非遗展示的范畴。"① 简单来说，杨红所定义的狭义非遗展示聚焦于展示活动本身媒介的差异（实体或虚拟），广义的非遗展示则包含与非遗相关的一系列活动和行为，包括直接的"展示"和以"传播"为目的的间接途径。

本文所研究的展示包括非物质文化遗产的实体展示、虚拟展示、各类活动及展示传播等各项内容，更侧重上文的广义定义。

## （二）洛阳市非物质文化遗产概况

洛阳历史悠久、文化厚重，现有国家级非物质文化遗产代表性项目 8 项（见表 1），省级代表性项目 58 项（见图 1），市级代表性项目 135 项（见图 2），县级代表性项目 1057 项。"河图洛书传说""关公信俗""牡丹花会"等国家级非物质文化遗产代表性项目在中华传统文化中占有重要地位。洛阳市共公布了四批市级非物质文化遗产代表性项目传承人名录，洛阳现有国家级非物质文化遗产代表性项目传承人 7 名、省级 67 名、市级 205 名、县级 400 多名。已初步建立起国家、省、市、县四级非遗代表性项目和代表

---

① 杨红：《非物质文化遗产展示与传播前沿》，清华大学出版社，2017。

性传承人的名录体系。

表1　洛阳市入选国家级非物质文化遗产代表性项目名录清单

| 序号 | 项目名称 | 项目类别 | 公布时间及批次 |
|---|---|---|---|
| 1 | 河洛大鼓 | 曲艺 | 2006 年第一批 |
| 2 | 唐三彩烧制技艺 | 传统技艺 | 2008 年第二批 |
| 3 | 真不同洛阳水席制作技艺 | 传统技艺 | 2008 年第二批 |
| 4 | 关公信俗 | 民俗 | 2008 年第二批 |
| 5 | 洛阳牡丹花会 | 民俗 | 2008 年第二批 |
| 6 | 洛阳宫灯 | 传统美术 | 2008 年第一批扩展 |
| 7 | 平乐郭氏正骨 | 传统医药 | 2008 年第一批扩展 |
| 8 | 河图洛书传说 | 民间文学 | 2014 年第四批 |

资料来源：笔者根据有关资料数据自制。

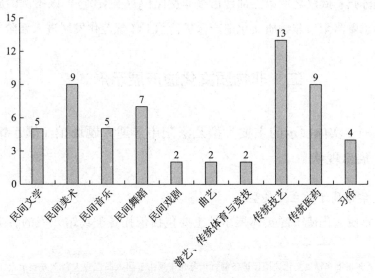

图1　洛阳市省级非物质文化遗产代表性项目类别分布情况

资料来源：笔者根据有关资料数据自制。

2016 年 3 月，洛阳市将《洛阳市非物质文化遗产保护条例》列为年度

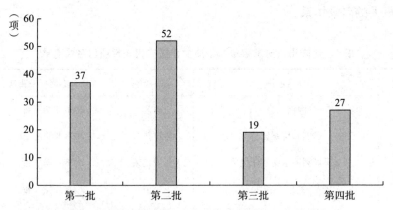

**图 2  洛阳市级非物质文化遗产代表性项目名录批次**
资料来源：笔者根据有关资料数据自制。

立法项目。该条例于 2016 年 11 月 2 日由洛阳市第十四届人民代表大会常务委员会第二十六次会议通过，2016 年 11 月 18 日河南省第十二届人民代表大会常务委员会第二十五次会议批准，自 2017 年 3 月 1 日起正式实施，是全国继苏州、武汉之后第三部地市级非遗保护专项条例。[①] 该条例的颁布实施，标志着洛阳市非物质文化遗产保护传承工作规范化发展进入新阶段。

## 二  非物质文化遗产展示形式

### （一）实体展示的主要类型及洛阳市非遗专题场馆（展示馆、传习所）展示现状

#### 1. 实体展示的主要类型

非物质文化遗产的实体展示，主要包括依托各类场馆开展的各类展示

---

[①] 《苏州市非物质文化遗产保护条例》由苏州市第十五届人民代表大会常务委员会第八次会议于 2013 年 8 月 26 日通过，江苏省第十二届人民代表大会常务委员会第五次会议于 2013 年 9 月 27 日批准，并于 2014 年 1 月 1 日起施行。《武汉市非物质文化遗产保护条例》2016 年 5 月 26 日由武汉市第十三届人民代表大会常务委员会第三十六次会议通过，2016 年 7 月 28 日湖北省第十二届人民代表大会常务委员会第二十三次会议批准，自 2016 年 11 月 1 日起施行。

活动。其中，非物质文化遗产展示场馆是非物质文化遗产进行日常展示、宣传、普及的重要场所，能够促进当代人对非遗的理解与欣赏，记录并传播非遗的价值内涵，揭示与倡导非遗的文化属性，培养非遗保护的公众意识及公众参与，促进非遗的可持续发展。目前非物质文化遗产保护工作领域通常将非物质文化遗产展示的相关场所划分为四种基本类型。

（1）展示馆

侧重于非物质文化遗产的专题陈列、展示和宣传。展示馆根据陈列展示非遗项目的数量或类别，可大致分为综合性和专题性两类。其中，专题性展示馆的主体多为与非物质文化遗产项目紧密相关的企业（多为项目保护单位）、个人（多为项目传承人）及社会组织（多为项目保护单位）设立，如洛阳锐泽工艺品有限公司依托省级项目"白马寺金银器制作技艺"设立的"洛阳唐艺金银器博物馆"。有些专题性展示馆依托当地重点非遗项目，由当地政府建立，如位于孟津县南石山村的"唐三彩烧制技艺展示传习馆"。综合性展示馆一般由各级文化部门整合当地资源建设并管理，对多个非遗项目进行陈列、展示与宣传，形式上多依托当地文化馆（非遗中心）建设展厅，或独立场馆或小型展厅，如老城区文化馆、西工区文化馆内的非遗展厅，以及建设中的洛龙区非遗展示馆。也有一些采取社会化运营的模式，由文化公司建设及运营，如四川省的国际非物质文化遗产博览园。

（2）传习所

侧重于某项或多项非物质文化遗产项目的活态传承，如非物质文化遗产代表性项目传承人的带徒授艺、社会传承活动等。传习所的举办主体一般是非遗项目的保护单位（或传承人），或当地文化部门。传习所的传习活动一般分为两类：一类是面向传承人群核心群体的传习活动，重点是师徒传承，学习时间较长；一类是面向社会的体验式社会传承活动，以讲座、沙龙、体验活动等为主，培训人群掌握简单、基本的技能和知识，但这些人往往不会成为该项目的传承梯队。面向社会便于开展广泛传承活动的传统音乐、传统舞蹈、传统曲艺、部分传统技艺（如剪纸、竹编等）类项目，其社会参与度较强。具有核心保密技艺或技能的传统医药、部分传统技艺（如钧瓷、青铜器、金银器制作技艺等），多依托项目保护单位（或传承人）的工厂、作坊甚至家院，开展相对封闭的传习活动，与此同时也设有简单的体验项目，便于社会的参与和传播。

（3）社会传承基地

这类基地通常具有相对固定和一定规模的受众人群，能够经常性地开展或在近年内开展过较大规模且有影响力的弘扬、传播优秀传统文化和非物质文化遗产的文化活动，并且取得较为显著的社会效果。举办单位多为学校、企业、社会组织等。社会传承基地与传习所的区别在于，传习所侧重于培养项目专业的后继人才，多以学徒制传习；社会传承基地侧重于项目在社会的传播、推广，以提高其知晓度，属于普及类的一般教学，培训人群以掌握基本技能与知识为主（当然，也有成为当地支柱产业的非遗项目，其传承基地往往具有较强的培养从业人员的职能）。部分非遗项目保护单位（或传承人）根据自身非遗项目特点，同时拥有培养自身学徒的传习场所和扩大社会影响力的社会传承基地。

（4）生产性保护基地

非物质文化遗产生产性保护是指在具有生产性质的实践过程中，以保持非物质文化遗产的真实性、整体性和传承性为核心，以有效传承非物质文化遗产技艺为前提，借助生产、流通、销售等手段，将非物质文化遗产及其资源转化为文化产品的保护方式。生产性保护基地的申报单位一般为某非遗项目的保护单位，并已通过非物质文化遗产生产性保护取得显著的社会效益和经济效益，提高了传承人的地位和收入，扩大了就业岗位，为促进当地经济社会全面协调可持续发展做出较大贡献，并能够积极开展非物质文化遗产的展示、展演、出版、宣传、教育活动，充分发挥对青少年的教育及教学作用。目前，这一保护方式主要是在传统技艺、传统美术和传统医药药物炮制等非遗传统工艺类领域实施。生产性保护基地往往同时建设有一定规模的专项类非遗展示场馆，部分生产区域也对外开放，并开展各类非遗体验活动、"研学游"等活动。

实际上，上述几种类型的非遗场所在具体内容上多有融合，在形式上多有交叉设立的情况，有些还存在于同一个相对明显或固定的区域内，即属于整体性保护的范畴。此外，部分有条件的承办单位还承担着一定的研究职能，经常开展非物质文化遗产调查、研究活动。如洛阳唐三彩烧制技艺的保护单位洛阳唐三彩研究院，也在从事材料、造型、技术开发等研究工作。国家级代表性传承人高水旺的作品《大唐三彩》还荣获了 2017 年度河南省文化厅①"河南省非物质文化遗产优秀科研成果"一等奖。

2. 洛阳市非遗专题场馆（展示馆、传习所）展示现状

在上述四种类型中，展示馆、传习所是洛阳市目前非遗实体展示的重要组成部分。由于洛阳市非遗综合类展示厅的总体水平较为一般，所以本文着重介绍专题型非遗展示馆和传习所这两类场馆的情况。

2017 年，河南省文化厅对经其认定命名的依托省级非遗代表性项目建立的，承担非物质文化遗产展示、展演、传习、传播并具有示范性的展示馆和传习所提出了较为明确的工作要求，形成了初步的工作条件和工作规范②，这对全省非物质文化遗产展示场馆工作的开展具有现实指导意义。其中较为主要的内容是首次明确了省级非遗展示场馆的硬件基本条件为"具有固定且适宜的馆舍，展示馆有专用的展厅（室）、库房和相关设施，建筑面积不少于 300 平方米，展品数量不低于 500 件（套）；传习所有专用的传习场所及必要的设备和工具，建筑面积不少于 150 平方米"，还需要具备从事展示、传习工作的专业人员和管理人员，需要有符合国家规定的安全和消防设施，且免费向公众开放，社会效益好，在当地有较大影响力和示范性，"全年开放时间不少于 10 个月"等基本门槛。

根据近两年来非物质文化遗产展示场馆的年度统计，洛阳市具有一定规模的各级各类非物质文化遗产展示场馆有 30 余个。其中，综合展示非遗项目的主要分布在各级文化馆非遗展厅内，由非物质文化遗产项目保护单位建设、运行的主要是专题类展示馆和传习所。

---

① 现为河南省文化和旅游厅，下同。
② 参见《河南省非物质文化遗产展示传习示范馆管理办法》（豫文字〔2017〕55 号）。

2017 年，洛阳市文广新局①集中组织了对全市省级以上项目展示馆、传习所的实地调研工作。通过实地调研，洛阳市省级以上非遗代表性项目经过多年的培育和发展，其展示场馆总体呈现较好的发展态势。其中，展示场馆整体情况好于传习场馆，具有一定经济效益的非遗项目，其场馆建设和运行情况要好于传统文化类的传习项目（见表2、表3）。

表2　2017 年度省级以上非物质文化遗产代表性项目展示馆②

| 序号 | 展示馆名称 | 主办单位 | 申报地区 | 备注 |
|---|---|---|---|---|
| 1 | 洛阳唐艺金银器博物馆 | 洛阳锐泽工艺品有限公司 | 洛龙区 | 专题型展厅，独立展馆，已获批为民办博物馆，藏品类型丰富，品质高，与当地旅行社长年合作，免费开放 |
| 2 | 洛阳烟云涧青铜工艺博物馆 | 洛阳烟云涧青铜器有限公司 | 伊川县 | 专题型展厅，独立展馆，已获批为民办博物馆，与制作厂连为一体，免费开放，藏器器型丰富，品质高，定期举办青铜器文化节 |
| 3 | 唐宝斋唐三彩非遗展示馆 | 洛阳唐宝斋文化艺术有限公司 | 西工区 | 专题型展厅，独立展馆，已获批为民办博物馆。藏品丰富、品质高，与中小学合作开展传习活动 |
| 4 | 洛阳烧伤医院勋奇中医药博物馆 | 洛阳烧伤医院 | 涧西区 | 专题型展厅，独立展馆，少见的烧伤中医药专题展示馆，与该医院教、学、研、治疗及医药种植融为一体 |
| 5 | 汝阳县非遗展厅 | 汝阳县文化广电新闻出版局③ | 汝阳县 | 综合型展厅，以当地三个省级非遗代表性项目为主 |
| 6 | 洛阳市新安县河洛澄泥砚艺术展示馆 | 洛阳市中原厚土陶瓷澄泥文化有限公司 | 新安县 | 专题型独立展厅，目前规模最大的澄泥砚专题展示馆，藏品丰富，新创产品较多 |

资料来源：笔者根据有关资料数据自制。

---

① 现洛阳市文化广电和旅游局，下同。
② 该表仅统计依托省级非遗代表性项目的展示场馆情况，部分依托市级项目及县区级项目的也有基础设施条件较好、坚持开展相关活动的场所，为便于比较，本文暂未收入该部分内容。
③ 现汝阳县文化广电和旅游局。

表3 2017年度省级以上非物质文化遗产代表性项目传习所

| 序号 | 传习所名称 | 主办单位 | 申报地区 | 备注 |
|---|---|---|---|---|
| 1 | 高水旺唐三彩非遗传习所 | 洛阳九朝文物复制品有限公司 | 孟津县① | 以厂区为依托，多年来与高校合作建立培训教学基地，开展传习研究活动 |
| 2 | 洛阳市河洛澄泥砚技艺传习所 | 洛阳市新安窑陶瓷艺术有限公司 | 新安县 | 独立院落，正在扩建打造休闲文化场所，定期通过新媒体开展社会传承活动，形式新颖 |
| 3 | 洛阳市海神乐社传习所 | 洛阳市海神乐社 | 洛龙区 | 独立院落，定期开展排练活动并面向社会免费开放 |
| 4 | 南无拳传习示范馆 | 洛阳南无拳文化研究会 | 老城区 | 经常性开展传习活动，并组织教员在市内外开展教学 |
| 5 | 豫西狮舞（洛阳市大里王狮舞）传习所 | 洛阳市文化馆 | 洛龙区 | 定期开展狮舞训练传承活动 |
| 6 | 洛阳烧伤医院"烧伤自然疗法与自然烧伤膏传习所" | 洛阳烧伤医院 | 涧西区 | 与医院教、学、研、医药种植结合，定期与火箭军、高校合作开展培训活动 |
| 7 | 河南非遗"金属捶锻工艺"洛阳高新区传习所 | 洛阳王书品雕塑有限公司 | 高新区 | 与学校联系，不定期开展对外参观、教学活动 |
| 8 | 制鼓技艺传习所 | 洛阳市文奇鼓业有限公司 | 洛龙区 | 新建厂房，积极开展面向社会的免费参观、讲解活动 |
| 9 | 会圣宫石砚雕刻传习馆 | 偃师市会圣宫工艺品厂 | 偃师市 | 自家院落改建，规模较小 |

资料来源：笔者根据有关资料数据自制。

在洛阳市具有一定规模的非遗展示场馆中，近2/3集中在传统手工艺类非遗项目，这类项目具有鲜明的活态传承特征，其产品具有较强的直观展示条件，项目传承往往以家族传承或已形成了较为固定的组织（企业）为主，能够较为有力地开展资料收集、整理工作，并且基于项目生存发展的现实需要，通过展示馆展示其非物质文化遗产的文化特性、产品工艺特色

---

① 现为孟津区，下同。

和技艺水平，这些因素也推动了该类展示馆建设水平的提升。展示馆集中于传统手工艺类的倾向也和洛阳传统手工艺类非遗项目的整体发展情况基本相符。参照文化和旅游部等三部委公布的"首批国家传统工艺振兴目录"分类方法，传统工艺共包含 15 个小类①，涵盖我国非物质文化遗产 10 类别分类方法中"传统美术""传统技艺""传统医药"的相关内容。洛阳市县级以上非遗项目涵盖了 12 个类别（见图3）。"唐三彩烧制技艺"入选首批国家传统工艺振兴目录；"杜康酿酒工艺"等9个项目入选首批河南省传统工艺振兴目录，从侧面反映出洛阳市传统工艺类项目具有一定规模的项目单位（见表4）。

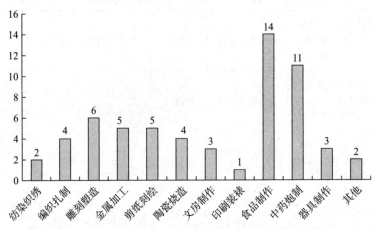

**图3 洛阳市市级非物质文化遗产代表性项目传统工艺类的门类分布**
资料来源：笔者根据有关资料数据自制。

表4 洛阳入选国家级、省级传统工艺振兴目录项目

| 序号 | 项目名称 | 传统工艺类别 | 入选传统工艺振兴目录情况 | 所属地区 |
|---|---|---|---|---|
| 1 | 唐三彩烧制技艺 | 陶瓷烧造 | 国家级目录 | 孟津县 |
| 2 | 黛眉手织布工艺 | 纺染织绣 | 省级目录 | 新安县 |

① 首批国家传统工艺振兴目录共包括纺染织绣、服饰制作、编织扎制、雕刻塑造、家具建筑、金属加工、剪纸刻绘、陶瓷烧造、文房制作、漆器髹饰、印刷装裱、食品制作、中药炮制、器具制作和其他等15个类别。

续表

| 序号 | 项目名称 | 传统工艺类别 | 入选传统工艺振兴目录情况 | 所属地区 |
|---|---|---|---|---|
| 3 | 烟云涧青铜器制作技艺 | 金属加工 | 省级目录 | 伊川县 |
| 4 | 白马寺金银器制作技艺 | 金属加工 | 省级目录 | 洛龙区 |
| 5 | 民间剪纸 | 剪纸刻绘 | 省级目录 | 孟津县 |
| 6 | 黄河澄泥砚 | 文房制作 | 省级目录 | 新安县 |
| 7 | 杜康酿酒工艺 | 食品制作 | 省级目录 | 汝阳县 |
| 8 | 洛阳水席① | 食品制作 | 省级目录 | 老城区 |
| 9 | 烧伤自然疗法与自然烧伤膏 | 中药炮制 | 省级目录 | 涧西区 |
| 10 | 洛阳牡丹栽培技艺 | 其他 | 省级目录 | 洛阳市 |

资料来源：笔者根据有关资料数据自制。

传习所多依托当地具有一定群众基础的非遗项目，具有鲜明的"活"的属性，关键在于传承人在其中积极组织并开展日常活动，但其基础设施建设条件和承接服务的能力有限，运营经费不足、受众范围较窄通常是这类传习所面临的突出问题。《中国非物质文化遗产保护发展报告（2017）》指出："2016年非遗展会和宣传活动较多，大众与非遗互动更多是浏览式的参与，仅仅了解了非遗的形式和表现，对于非遗传承活动接触较少，'轻保护'现象依然存在。在'后申遗时代'，如何更好地保护和传承非遗，让非遗真正融入民众的日常生活等，仍是有待解决的课题。"②

近年来，非物质文化遗产的展示不仅依托专门的展示场所，还往往与其他公益性文化机构结合，注重非遗的推广和社会传承，取得了不错的效果。如洛阳市少年儿童图书馆、洛阳市西工区文化馆、洛宁县文化馆等很多公共图书馆、文化馆都开设有非遗公益讲座、非遗课程，深受市民欢迎。

---

① 同一项目存在不同级别、确定名称不尽相同的情况。该项目即为后申报国家级的"真不同洛阳水席制作技艺"。

② 宋俊华主编《中国非物质文化遗产保护发展报告（2017）》，社会科学文献出版社，2017。

### （二）虚拟展示的主要类型及洛阳市相关情况

**1. 网站建设及信息发布**

目前洛阳市暂未设立单独的非遗展示网站。市级的网站有洛阳市文化广电和旅游局及洛阳市文化馆网站。其中，洛阳市文化馆网站虽开辟了非遗专栏，但更新频次较低，2017年只有2篇相关文章，2018年有6篇。县（市、区）的网站建设和更新频次更难以保障。此外，洛阳市积极向省级网站报送信息，宣传洛阳非遗工作。2018年，河南省文化和旅游厅网站非遗专栏共刊发洛阳非遗文章13篇。

**2. 微信公众号**

洛阳市尚无非遗专题的公众号，市、县多依托当地的文化馆公众号进行相关宣传。以洛阳市文化馆公众号为例，2018年共更新文章42篇，其中有关非遗的文章6篇，占总数的14.3%，2018年共更新文章19篇，其中有关非遗的文章7篇，占总数的36.8%。更新较为稳定的孟津县公众号"孟津文化"2017年共更新文章58篇，其中有关非遗的文章8篇，占比为13.8%；2018年共更新文章44篇，其中有关非遗的文章5篇，占比为11.4%。洛阳市还积极向省级公众号投稿，在河南省非遗中心的"河南非遗"专题公众号里，2018年共有非遗相关信息249个，其中洛阳市推送的信息16个。此外，洛阳市部分非遗项目为了自身项目的发展专门设立了微信公众号，并具有各自的特色，并坚持更新，推动了非遗项目的网络展示工作。如"洛阳市剪纸艺术研究会"2017年更新文章42篇，2018年更新文章30篇。该协会还因网络宣传工作的开展，入围洛阳市委网信办组织的洛阳市2018年度"'五个一百'网络正能量精品"。近年来随着非遗展示活动的日益丰富，越来越多的非遗展示活动采取网络直播的方式开展，2018年洛阳市文化广电和旅游局、洛阳市非遗中心举办的"2018年'河洛飞花'洛阳市首届非物质文化遗产展演活动"现场及网络受众人数约达11万人次。

**3. 影视作品及书籍**

影视作品及文学作品是非物质文化遗产传播的又一途径。电视剧《大国医》就是反映洛阳平乐郭氏正骨的历史。"真不同洛阳水席制作技艺"的保护单位洛阳酒家有限责任公司投入 25 万元出版了《真不同》《洛阳水席》小说一、二卷，共计 72 万字。"关公信俗"的保护单位关林管理处先后出版了《中国关林》《中国洛阳关林》《关林志》《洛阳关林匾额楹联诗词集》《海峡两岸关公文化论坛论文集》等刊物。"杜康酿酒工艺"的保护单位洛阳杜康控股有限公司先后出版杜康酒研究书籍《杜康酒》《中国杜康酒志》《酒祖杜康》等。"玄奘传说"的保护单位玄奘故里管理处也出版了众多学术论文集及研究玄奘的专著。洛阳市非遗中心先后出版了《记忆洛阳——洛阳市非物质文化遗产资源汇编（2005～2012）》《河图洛书传说》，洛阳市文化广电和旅游局与洛阳理工学院合作出版了《洛阳非物质文化遗产丛书》（3 本）。此外，洛阳市 2018 年 12 月启动了数字化工程建设，本次拍摄计划共涉及 19 个市级非物质文化遗产传统技艺类代表性项目，涵盖纺染织绣、编织扎制、雕刻塑造、金属加工、陶瓷烧造、文房制作、食品制作等 7 个小项，覆盖偃师市、孟津县、新安县、栾川县、洛宁县、汝阳县、老城区、瀍河区、洛龙区、涧西区、西工区等 11 个县（市、区），是洛阳市首次对市级非物质文化遗产代表性项目开展的专项集中性的数字化信息采集工作。

4. 报刊专栏

2018 年，洛阳市文化广电和旅游局、洛阳市非遗中心和洛阳报业集团合作，定期刊发非遗相关信息稿件，全年共刊发 25 件。内容涵盖了重点项目介绍、重点活动推介和工作动态。

虚拟展示还包括借助虚拟现实技术（VR）设备在场馆内进行的展示，主要是利用相应设备生成实时、动态的三维立体图像，与入馆观众进行趣味互动，这类展示在洛阳市刚刚起步，网上展馆、展厅等虚拟展示工作的开展，目前在洛阳市也处于起步阶段。

## （三）洛阳市非遗展示活动现状

### 1. 专题活动

洛阳市目前重点打造的是"河洛飞花"非遗品牌，重点包含动态展演活动及相对静态的非遗展示活动。

其一，自2011年起，每年牡丹文化节期间在"河洛欢歌·广场文化月"的舞台上设立非遗专场，集中展示各级各类非遗项目。该活动初期的2011~2013年，每年只有1个本地项目，3~6支演出队伍，参演人员不足20人。自2014年起，活动场次大量增多，每年有2~4场，增大了本地项目的演出力度，一般有5~8个项目，50~60人的演出规模。2016年，邀请省内外的优秀项目参与演出，活动规模得以扩大。2016年，省外项目1个、省内项目17个、本地项目11个，共34支队伍、314人参演；2017年，参演项目中，省内项目18个、本地项目11个、共36支队伍、429人参演。省内的"登封大鼓书""王屋琴书""沙河船工号子"都曾在这个舞台上进行集中展演。2018年，邀请了来自省外7个地市的国家级非遗项目，省内7个地市的国家级和省级非遗项目进行演出，宁津杂技、大明草编、山东快书、永年吹歌、洛川蹩鼓、上党八音会、华佗五禽戏等项目前来进行文化交流，来自洛阳市15个县（市、区）的11个非遗项目也纷纷亮相，河洛大鼓、河洛响器、洛阳海神乐等优秀项目得到了较好的宣传展示。

其二，"河洛大鼓曲艺节"迄今已举办10届，为河洛地区河洛大鼓艺人搭建了演出平台。前8届选择在洛阳一个县（市）开展为期一周的集中演出。2017年，在洛邑古城举办，2018年，设立了主会场（洛邑古城）和分会场（新安县、孟津县）。"'河洛飞花'2018年河洛大鼓新创作节目文化扶贫专题巡演活动"于2018年10月举办，对新创作品进行了筛选展示，6个优秀节目在全市的4个贫困县进行了巡演。

其三，每年在"自然和文化遗产日"举办相应的展示活动。2018年举办了"'河洛飞花'洛阳市非物质文化遗产项目创新成果大赛暨洛阳市非物质文化遗产成果展"，展出洛阳市60余个传统工艺类非遗项目的作品70余套200余件，是洛阳市首次成规模的传统工艺类非遗项目作品集中展示，也是洛阳市静态布展非遗活动的首次尝试。

2. 作为某项活动的组成部分

非物质文化遗产代表性项目，特别是表演类的传统音乐、舞蹈、曲艺、戏剧、体育游艺与杂技等项目，本身就和某些民俗活动紧密联系，也适合作为活动的一部分，参与到各种文化活动当中。

其一，春节元宵节传统民俗活动。春节元宵节期间是广大表演类非遗项目开展活动的重要时间。2018年春节期间，全市举办的非遗相关活动35项，其中的关林春节民俗庙会、偃师市元宵节社火表演、宜阳县元宵节唢呐调演等活动均有较为悠久的历史。省级项目中，九连灯、曹屯排鼓、大里王狮舞、竹马舞（苏羊竹马）、抬阁（东蔡庄高抬"故事"）、抬阁（崇阳垛子）、背装（旧县背装）、嵩县大铜器、河洛响器……都是当地社火活动的主力军；市级项目中，东关双龙、南街排鼓、高装、同乐社盘、三官庙挠阁、皂角树抬阁、跑阵……也都名声在外。随着人们对传统文化认识的不断增强，对过年"年味"的追求，众多非遗项目在传统文化节庆活动中承担起越来越重要的角色。

其二，中原文化旅游产业博览会。该活动由洛阳市人民政府、河南省文化和旅游厅共同主办。首届于2018年9月在会展中心举办，为期3天，展览占地面积3万平方米，设置有序馆、出彩中原展区、省辖市精品展区、陶瓷源陶瓷大师精品展区、博物馆之都（文博）展区、书香满城展区、非遗展区、全域旅游展区、智慧文旅展区、工美文创展区、休闲生活展区、中原文创旅游产品大赛暨"老家礼物"评选区、"一带一路"（国际）展区等13个主题展区和服务功能区。非遗展区内共展示了省内外6个国家级项目、11个省级项目。其中，国家级非遗项目老河口丝弦，开封汴绣、滑县木版年画、洛阳宫灯等吸引众多观众驻足观赏。

3. 社会传承传播

"非遗进校园"。洛阳市非遗中心与洛阳市水叮当艺术培训中心于2014年共同开展了"河洛大鼓进校园"活动，现已在洛阳市区的西下池小学、王城小学等4所小学建立了"河洛大鼓传承基地"，开设了培训班。"刘爱弹样剪纸"的传承人2015年3月开展了"民间艺术走近高校"活动，成立了"剪纸艺术传承基地"，并开设剪纸艺术专业课程供学生选修，选修该课程学生人数已逾300人。洛阳市剪纸艺术研究会于2013年开展了"剪纸艺术进校园"活动,现已在洛阳市老城区坛角小学、河南科技大学附属小学等7所小学建立了"剪纸艺术课堂"。2000年春,海神乐社与洛龙区十四小、洛龙区西高明德小学、洛龙区第二实验小学建立了传习关系。乐社老师为学校三年级以上学生传授海神乐曲;自2015年起,洛阳师范学院文学院定期为学生传授该技艺,2016年1月洛阳师范学院曾为洛阳海神乐社社长、省级代表性传承人郭红运颁发了教授聘书。2018年,洛阳市文化广电和旅游局、洛阳市非遗中心启动了"2018~2019年洛阳市河洛大鼓进校园"活动,在全市范围内重点筛选了10所中小学,建立了河洛大鼓校园传承基地。每个基地每年培育不低于3支能够熟练演奏3个以上唱段的学生队伍,弘扬传统文化。此外,洛阳市"戏曲进校园"活动于2017年启动,在城市区各相关学校共安排演出(授课)73场。2018年城市区共开展戏曲进校园97场,其中进中学演出28场(由洛阳豫剧院、洛阳曲剧院承担),进小学授课69场(由洛阳文化艺术学校①承担)。

### 4. 文化交流

其一,组织非遗项目参加各类专题活动。2018年,洛阳市3名传承人成功入围"第五届中国非物质文化遗产博览会"决赛,其中"宋汝瓷刻花技艺"传承人王延军获陶瓷成型项目第二名,是河南省参赛选手取得的最好成绩;组织"河洛大鼓"参加"全国非遗曲艺周""中国(淮安)大运河文化带城市非物质文化遗产项目大展""首届大运河文化带优秀非遗项目展演";组织豫剧、泥塑、剪纸等6个项目参加"豫哈青少年民俗文化艺术交流活动"等。

其二,非遗项目自行开展的文化交流活动。近年来,非遗项目利用自身条件和工作开展情况,对外文化交流日益丰富和频繁,如"关公信俗"的保护单位关林管理处近年来就和泉州洪濑关圣庙等单位开展过多次文化交流活动,洛阳海神乐社多年来一直和西安的城隍庙鼓乐社、东仓鼓乐社、西安音乐学院鼓乐社等保持文化交流联系;洛阳剪纸技艺的传承人多次到中国台湾地区和澳大利亚等国开展交流活动,宋氏通背拳的传承人也经常

---

① 现为洛阳市职业技术学院。

到国外开展演出活动。

5. 艺术创作

其一，依托非遗项目开展创作。豫剧、曲剧是国家级非遗项目，洛阳市的豫剧、曲剧有自身的特色，其中洛阳曲剧（洛阳小调曲）还是省级非遗项目。洛阳市豫剧院、洛阳市曲剧团近年来开展了一系列的创作，如创作新编历史剧《北魏孝文帝》。该剧由洛阳豫剧院演艺有限公司邀请国家一流主创团队历时三年精心创作打磨，自 2015 年 6 月搬上舞台后，得到国内戏剧界专家的充分肯定，并被河南省委宣传部列为"中原人文精神精品工程重点项目"。2018 年参加"出彩河南·庆祝改革开放四十周年——中国豫剧优秀剧目北京展演月"活动，并在清华大学演出。创作历史故事剧《洛神赋》。该剧是由洛阳豫剧院演艺有限公司邀请省内一流主创班子创作的。该剧于 2017 年 7 月 1~2 日进行了试演，7 月 5 日进行了公演，现场气氛热烈。创作新编曲剧《洛阳令》。该剧是洛阳曲剧院演艺有限公司邀请省内一流专家对曲剧传统经典剧目《洛阳令》进行修改提高而制作的精品剧目。新编曲剧《洛阳令》以深邃的思想性、高雅的艺术性、较高的观赏性，从诸多剧目中脱颖而出，在第十三届河南省戏剧大赛中荣获"河南文华大奖"。该剧创作完成后，积极参加巡演活动和下乡演出，得到社会各界的高度评价。市直各戏曲院团还加工出台了新版《穆桂英挂帅》，恢复创作了《九龄救主》，移植复排了《花为媒》等剧目，并计划排演一些反映洛阳特色文化、适合对外交流演出的短小精悍的节目，积极开拓演出市场，加强文化交流，宣传河洛文化，宣传洛阳，推动洛阳戏曲事业发展。

其二，围绕非遗内容进行的转化发展。创新、嫁接新的艺术形式和展示形式，如创作推广舞剧《关公》。该剧由洛阳歌舞剧院演艺有限公司邀请国内一流主创班子历时三年精心打造，是一部集思想深度和审美内涵于一体的原创作品。该剧自 2015 年 9 月在洛阳首演以来，经过积极运作，先后在北京、郑州、福建漳州、新乡等地进行演出，2018 年 7 月 21~22 日，该剧赴广东佛山进行演出，得到了各级领导、专家和当地观众的充分肯定，被业界称为"用唯美的形式展现了英雄的一生"。该剧入选河南省委宣传部

"中原文艺精品创作工程2016年度重点项目",并荣获河南省第十一届精神文明建设"五个一工程"优秀作品奖。

## 三 洛阳市非遗展示现状分析

### (一)实体展示场所

洛阳市非物质文化遗产场馆建设主体大致有以下三种类型。

1. 由政府(文化部门)建设

从总体情况来看,目前洛阳市综合型非遗展示场所建设落后于专题型展示场馆建设。尽管学界对非物质文化遗产是否需要一个一体的综合性场馆进行展示存在一定争议,但就现阶段非遗的发展和文旅融合的实际情况而言,综合型非遗展示场所具有突出的文化特质,比较适合进行地方文化、专题特色文化的集中推介。而非遗展示场所内部展陈及功能布局,目前在国内还是一个新的课题。其核心在于如何围绕非物质文化遗产"活态传承"的特点,将非物质文化遗产与社会、历史、人物的关系进行生动展现,应避免建设单一的、狭义的博物馆(目前洛阳市各级文化馆内设的非遗展厅主要属于简单陈列,一般具有综合性、整合性、展示手段较为单一性等特点)。

2. 由项目保护单位(或传承人群)建设

这类展示场馆中,展示馆一般和制作工厂或工坊相连,兼具产品项目宣传展示和销售等职能,主要集中在传统制作技艺门类中。传习所一般就近或就便开设,与传承人群的传习活动产生联系。如大里王狮舞的传习所就在大里王村文化广场。而洛阳海神乐社的传习所依托自有房产进行建设和使用,主要服务于附近居民。

3. 由文化企业建设

这类展示场地往往依托具有一定文化底蕴的空间场所兴办,具有功能综合的特点,通常商业化程度较高。如依托老城文化建设的洛邑古城、依托国家级传统村落卫坡建设的卫坡文化园以及倒盏村等。其展示的非遗内容也不仅以洛阳本地为主,而主要是从非遗项目的可销售服务或产品的角度出发，选取各地各级的非遗项目或手工艺项目。其优点是项目互动性较强、市场效益较好，缺点主要是项目优秀程度不足，地方文化代表性不强，丰富程度有待提升。

总体而言，洛阳市缺乏较大规模的非遗综合性展示场所，现有的综合性展示场所建设水平较为一般。已有的非遗展示场馆特色较为鲜明，但分布较为零散，地区发展不均衡，非遗展示场馆和文化文物、文化旅游的融合程度不高，对接不够充分。

## （二）虚拟展示

杨红、李晓飞在《精准定位 提升效率——省级非遗专题微信公众号调查报告》一文中，对全国 19 个省级非遗保护机构开设的非遗专题微信公众号进行了调研分析。发现较为明显的问题：一是差异化巨大，其中 5 个较好的非遗专题微信公众号的阅读量占全部非遗专题微信公众号阅读量的 82.3%；二是内容中原创的与传承人、行业信息、活动动态紧密相关的话题阅读量较高，转载的或一般性内容的阅读量较低；三是传播方式整体来说较为单一，较少使用动态图、视频、音频等形式，参与性强的互动方式更是少见。这类情况在地市一级的非遗专题微信公众号中反映得更为明显。究其原因，是可以进行展示宣传的信息资源不够丰富，尚不足以推动微信公众号、微博或抖音等引发具有一定规模影响的在线传播。更为关键的是：从信息源上看，现有活动不够丰富；从信息采集上看，尚未建立起灵活机动、迅速高效的采集机制；从对新媒体的应用上看，还未能形成和目标群体互动性强的信息交流，所以现在更多的是单向的信息发布。至于对虚拟展示的深度应用，如良好的在线观赏体验，信息的数字加工应用，以公众喜闻乐见的方式进行趣味性展现等，就更是欠缺了。

## （三）非遗展示活动

根据举办主体的不同，洛阳市非物质文化遗产展示活动大致可以分为以下三种类型。

1. 政府（文化部门）主办的活动

这类活动项目一般由各级财政予以基本经费保障，组织人员由各级文化部门、非遗中心工作人员承担。政府主办的非遗项目活动调动的参与度最高。具有统筹能力强、组织有力、较强的公益属性和具有一定活动规模等特点。但也存在一些问题。

其一，表演类活动较多，展示类活动较少，缺乏较为稳定的有利于活动开展的空间。前文提及的非遗展示活动，如"河洛欢歌·广场文化月"非遗专场利用的是广场文化月活动舞台，"'河洛飞花'洛阳市首届非物质文化遗产展演活动"是在周王城广场搭设的舞台，这在诸多项目中已算得上平地活动面积最大的了，受制于现场观众和周边环境，"十六挂转秋"等一些项目就难以在这里进行展示。又如在"首届中原文化旅游产业博览会"上，非遗展区的空间是会展中心室内两条长形通道，受制于场地等因素，无法安排较大规模的非遗演出。

其二，活动规模不大，形式不够丰富，尚未形成品牌效应。洛阳市的非遗展示活动大部分都融在民俗活动、群众文化活动或文化产业推介活动中，如每年举办的"河洛文化大集"就设置有非遗板块，各类文化庙会也逐年增加非遗演出类项目或非遗综合性的艺术表演。洛阳市的非遗展示活动整体仍处于起步阶段，缺乏特色品牌，成规模、具有影响力和一定级别的品牌就更为缺乏。洛阳市 2017 年启动了"河洛飞花"系列活动，就是寄希望于形成非遗项目展示的独立品牌，产生规模效应，但目前该品牌仍处于发展阶段。

其三，运作模式较为单一，缺乏长效机制。目前洛阳市文化部门主办的非遗展示活动，其运作模式主要有各级政府文化部门或非遗中心独立举办，或文化部门、非遗中心与企业合作举办，能坚持举办多年的不多，这在一定程度上也反映出对接非遗活动的机制还不够成熟，活动具有临时性，尚未形成规模化的品牌效应。需要有更加专业的队伍介入非遗的展示活动，非遗专题特色展览的策展、布展，以及活动的有效组织与商业运营都需要由专业团队来运作。

2. 项目保护单位（或传承人）或行业协会自行举办的活动

这类活动以非遗项目保护单位或项目所在地政府和其他单位或企业联合举办。这类活动机动灵活、指向性强，虽影响力相对较弱，但未来的发展前景乐观。如烟云涧青铜器制作技艺保护单位举办的青铜器文化节，洛阳市非物质文化遗产保护协会举办的非遗进军营、非遗进医院等活动都受到广泛欢迎，很有发展潜力。

3. 文化企业举办的活动

这类活动一般商业性较强，活动规模与企业实力、运营能力和对非遗的理解有较大关系，如 2017 年、2018 年举办的"丝路中国·洛阳非物质文化遗产博览会"，对这类活动需要积极的引导、支持和培育。

### （四）非遗展示活动有别于其他活动的特点

从展示内容而言，非物质文化遗产的一些内容具有天然的"可看性"，大众容易欣赏和接受，但部分项目特别是民间文学类项目，其"可看性"还需要进一步挖掘。还有一些非遗项目如传统戏剧、曲艺类项目，其产生的时代所赋予其的文化传播、教育意义在现代社会已被极大消减，其受众群体规模较难扩大。从展示方式而言，非遗项目中的表演类项目，特别是群体类表演项目，往往和一定的民俗活动密切相关，更适合在平地而不是在舞台上演出，这类表演项目需要的人员较多、场地空间要求较大，活动时间较长，活动现场管理较为困难，这在一定程度上也局限了项目展示的平台与机会。从展示费用而言，由于参与的演出团队多由展示技艺的手工艺人组成，他们往往没有固定收入（市级及以下非遗项目还没有传习经费），参与活动需要一定的活动补贴，而这部分费用在目前的财政支付体系下还未形成管理规范。

在现代化城市中为这些曾经是人们生活中主要文化艺术活动的非遗项目寻找合适的展示方式、妥贴的接口并非易事，对非遗展示手段的丰富、对其内在价值的挖掘都需要用心地去做，需要付出极大的努力和勇气，需要对项目的准确把握和统筹规划，需要更高水准团队的参与，这也是非遗工作者需要持续研究和努力的方向。

# 四 建议

## （一）在文旅融合中推进非物质文化遗产展示工作

非物质文化遗产拥有独特的展示魅力，目前洛阳市非遗项目的社会传承和传播已经积蓄了一定力量，需要从文旅融合角度重新审视非物质文化遗产的可视性、可参与性、历史价值和时代精神，不应局限于举办孤立、单一的非遗活动，而是应将项目资源挖掘、传承人群建设、社会传承活动等形成相互连接的体系，在这个体系中整体推进非遗的创造性转化和创新性发展。用赛事、活动、展演等方式展示非遗传承的成果，激励传承人群的热情。要鼓励、扶持非遗展示馆、传习所的非遗社会传承活动，将其中较为成熟、文旅结合度高的项目纳入全市文旅线路谋划，突出其鲜活的文化特质，增强大众对洛阳文化的感知和体验。

## （二）加快推进洛阳市非遗博物馆建设

虽然洛阳市的市级非遗项目展示厅是全省较早设立的非遗展示场馆，但它位于市文化馆展楼一楼左侧，面积不足 100 平方米，较为狭小，展示形式单一，已远远不能满足非遗展示工作需要，与郑州、周口等地市的非遗展示场馆相比差距较大。洛阳市非遗博物馆建设工作已被列入市政府"9+2"重点项目予以推进，该馆将是对洛阳市非遗资源的一次重新梳理和挖掘，将从活态传承层面对洛阳传统文化做出新的阐释，极大提升洛阳非遗展示水平，对洛阳非遗保护展示工作具有重要意义。

## （三）健全用好市级专项经费，提升市级非遗项目在抢救性挖掘、重点保护、社会传承与推广等领域的带动作用

进一步落实《洛阳市非物质文化遗产保护条例》，制定《洛阳市非物质文化遗产保护专项经费使用管理办法》，将传承人开展非遗展示传承活动、

保护单位开展项目保护和传承传播，作为考量其保护责任落实的重要方面。对有创意、有实践、切实可行的展示活动，以项目申报的方式给予一定资金扶持，引导非遗传承人群围绕非遗展示传播做文章，真正讲好"洛阳故事"。

### （四）持续培育非遗传承人群和工作人员队伍

非遗保护的主体是传承人群，其在非遗保护中具有独特重要的地位。应当进一步重视非遗传承人在非遗工作中的作用。自 2017 年以来，洛阳市文化广电和旅游局坚持每年开设 2 期非遗专题培训班，每年培训近 200 人次。但培训班次还较少，培训辐射范围有限，培训内容主要是经费管理、非遗政策等，还欠缺系统性和专业性的培训课程。应将培训分为针对传承人群和非遗工作人员两大类。针对传承人群的培训：一是应当增设国家政策特别是文化政策专题培训，以提高非遗传承人的文化站位和自我认识；二是开设洛阳历史知识讲座，针对具有文化研究或与关键项目有密切关联的关键传承人，扩展他们的视野，提升他们的历史文化水平；三是开展营销或推广技术的培训，主要针对目前"90 后""00 后"非遗传承人；四是按照项目类别进行细分，增设对非遗演出类项目的培训，在不违背项目原有特点的基础上，对节目编排、服装制作等水平加以提升。针对工作人员队伍的培训，应当注重非遗重要政策解读、活动组织开展、信息采集等技术知识。此外，还应针对具有布展条件的单位或个人，给予相应培训。在培训组织形式上，可以探索和各类学校开展合作，提高培训的专业性。对适宜的非遗项目可以尝试探索建设培训基地，有计划地招募、培训后继人才。

### 参考文献

【1】巴莫曲布嫫、张玲：《联合国教科文组织：〈保护非物质文化遗产伦理原则〉》，《民族文学研究》2016 年第 3 期。

【2】杨红：《非物质文化遗产展示与传播前沿》，清华大学出版社，2017。

【3】王燕：《传统手工艺的现代传承》，译林出版社，2016。

# 洛阳工艺和技艺类非物质
# 文化遗产传承研究[*]

王彩琴[**]

**摘　要：** 洛阳民间工艺和技艺类非物质文化遗产非常丰富，具有多样
性、交集性和娱乐性等特点，对洛阳发展具有重要的历史价
值和经济价值。目前，受快节奏生活形式和现代化进程的冲
击，民间美术和民间工艺市场急剧萎缩或消亡。本报告从洛
阳非物质文化遗产保护现状和具体措施入手，以洛阳工艺和
技艺类非物质文化遗产发展现状为例，探讨非物质文化遗产
的保护与传承问题。当前，制定完善、全面、系统的保护和
开发规划十分紧迫，应立足于洛阳的现状，从洛阳的本土性
和地域性出发保护和传承洛阳非物质文化遗产。

**关键词：** 民间工艺　文化遗产　非遗传承　洛阳

## 一　国内外非物质文化遗产保护现状

随着世界经济一体化和现代化进程的加快，世界正在变"小"，但现代
生活方式则使非物质文化遗产生存的环境逐渐变窄，传统文化传承濒临消
亡的危险，民间文化遗产后继乏人，加上相应的法律法规建设滞后，更加
速了非物质文化遗产的流失。

世界各国对非物质文化遗产的保护现状和程度参差不齐，其中中国和

---

＊　本文选自《洛阳文化发展报告（2016）》，有删改。

＊＊　王彩琴，洛阳理工学院人文与社会科学学院院长，教授，河南古都文化研究中心主任。

意大利被认为是世界上拥有最丰富物质文化遗产和非物质文化遗产的两个国家。为了保护各类文化遗产，意大利政府投入大量的资金，并建立了完善的法律体系。早在 1940 年意大利就成立了世界上第一所修复技术学校——罗马文物修复学院；各类学校从小就对学生灌输历史文化知识，1969年还组建了"艺术遗产保护小队"，因而，意大利的各类文化遗产得到较好的保存。相比之下，我国也拥有相当数量的物质文化遗产和非物质文化遗产项目。为了延续民族的灵魂血脉、抢救民族的文化遗产，全国各地正掀起一股保护非物质文化遗产的热潮。国家出台《非物质文化遗产保护法》，以法律的形式保护非物质文化遗产。我国的非物质文化遗产保护工作还处于起步阶段，面临巨大的挑战，同时也有一些非物质文化遗产在传承保护中焕发出新光彩。

非物质文化遗产是最珍贵、最重要的文化信息资源，其中包含特有的精神理念、思维模式、文化意识和生活情趣，是维护国家和民族文化身份和文化主权的基本参考依据。如果一个国家或民族的文化遗产消失了，这个国家和民族就失去了其独特的价值和意义，因此非物质文化遗产已成为维护国家和民族特征、加强民族凝聚力与认同感的载体。随着现代化进程的加快，非物质文化遗产的生存状况受到很大的冲击，迫切需要研究分析非物质文化遗产的现状及存在的问题，提出新的解决办法。

## 二 洛阳工艺和技艺类非物质文化遗产<br>保护发展现状与意义

### （一）洛阳工艺和技艺类非物质文化遗产概况

洛阳是中华文明的发源地之一。在历史积淀和长期的发展中，洛阳逐渐形成了许多富有当地特色的非物质文化遗产项目，其中工艺和技艺类非物质文化遗产项目占到 30%，而且还有不少项目为交叉项目，比如民间音乐、民间舞蹈、民间戏剧等中也包含很多工艺制作，所以洛阳市工艺和技艺类非物质文化遗产项目是洛阳非物质文化遗产保护的重中之重。

洛阳市工艺和技艺类非物质文化遗产主要项目如下：老城区洛阳宫灯，新安县黄河澄泥砚，涧西区面塑，洛宁县剪纸技艺，汝阳县、伊川县杜康酿酒工艺，孟津县洛阳市美陶三彩工业有限公司的唐三彩，洛龙区陈家鼓技艺，偃师市刘井薛氏石刻，洛龙区凉洛寨泥娃娃，老城区毛家笙制作技艺，新安县黛眉手织布工艺，新安县瓷窑烧制技艺，高新区金银铜捶锻工艺，伊川县青铜器仿古制作工艺，洛宁县洛宁蒸肉制作技艺，孟津县太仓毛笔制作技艺，孟津县铁谢羊肉汤制作技艺，瀍河区马杰山牛肉汤制作技艺，汝阳县梅花玉雕制工艺，偃师市糖塑技艺，涧西区布贴，偃师传拓技艺，栾川豆腐制作工艺，涧西区风筝制作工艺，孟津平乐脯肉制作工艺，嵩县的靠山黄，洛宁的棉纺织技艺，孟津青铜器制作工艺，李氏彩塑，会圣宫石砚雕刻艺术，李龙锡的小米黄酒传统制作技艺，瓷板釉画烧制技艺，洛阳丸子汤制作，唐白瓷烧制技术工艺，槲包技艺，白马寺金银器技艺，龙门农家芝麻焦干饼，洛宁竹编技艺，横水瑞莲卤肉卤制品技艺，裴师傅月饼技艺，王记烧鸡制作技艺，老洛阳浆面条制作技艺，韩城羊肉汤烹饪工艺，洛阳铲制作技艺，刘爱的弹样剪纸，刘心的牡丹纸雕，杨氏宣的纸雕刻，孟津的民间剪纸。

## （二）洛阳工艺和技艺类非物质文化遗产现有保护措施

洛阳拥有许多非物质文化遗产项目特别是工艺和技艺类非物质文化遗产，保护、传承、合理开发利用这些宝贵的非物质文化遗产是维护文化多样性、民族化的重要手段。因此，在各级政府部门的指导下，洛阳市各部门与社会各界共同合作，制定了一系列保护措施，以充分发挥非遗作为优秀传统文化的积极作用。

1. 规划和整理洛阳非物质文化遗产资源

洛阳市工艺和技艺类非物质文化遗产的传承、保护、开发、利用是建立在对洛阳市历史文化遗产资源充分了解和全面掌握的基础之上。洛阳市政府及职能部门对各类包括已知但并不充分了解的非物质文化遗产都做了初步的资料整理。

2. 加强对洛阳工艺和技艺类非物质文化遗产的传播和推广力度

其一，以工艺和技艺类非物质文化遗产为基础开展一系列非遗宣传活动。随着洛阳市对帝都文化、牡丹文化的大力宣传以及对周边县区工艺和技艺类非物质文化遗产的深度挖掘，洛阳牡丹文化节、关林庙会及各种以非物质文化遗产为依托的大型文化活动蓬勃开展，使洛阳传统文化的影响力持续扩大。

其二，在保持原有传统文化特色的基础上，鼓励非遗项目传承人对工艺和技艺类非物质文化遗产项目进行拓展和创新。如，澄泥砚制作在保留传统制作技艺的基础上，开发了许多新的内容，受到年轻消费人群的喜爱。其在形式上吸收各种艺术形式之长，在材质上利用高科技手段进行创新，使澄泥砚产品既散发出浓厚的本土气息又具有时代感。

其三，结合洛阳牡丹文化、帝都文化等旅游项目的开发和推广，在旅游旺季及通过大型文化活动向各界推广洛阳优秀的民间传统文化和非遗工艺产品。比如在洛阳牡丹文化节、关林庙会、河洛文化旅游节期间，都会安排狮舞、河洛大鼓等多个非遗项目出场助庆。另外，在农业及农产品博览会上，新安县黛眉手织布工艺、洛宁竹编技艺等也作为推广的重点项目亮相，吸引各方游客的关注。

### （三）洛阳工艺和技艺类非物质文化遗产面临的问题

洛阳市工艺和技艺类非物质文化遗产保护工作一直在稳步推进中，对其的开发、传承、利用已进入实践过程，而在这个阶段仍要面临很多问题，具体表现在以下几个方面。

1. 应处理好保护与开发利用工艺和技艺类非物质文化遗产的关系

非物质文化遗产既是活态文化又是静态文化，它与区域内特定自然环境、人文环境联系紧密，对非物质文化遗产的开发利用是一种更好的保护和传承方式，其不仅具有保护功能，而且可以创造更多的经济价值，静态化的保存则往往只能治标不能治本，最终会让这些非遗项目慢慢消亡。因此处理好保护与开发利用的关系十分重要。一些非遗项目在申报阶段付出了大量的精力、人力、物力，而项目申报成功后往往就被放置一旁，再无人问津。同时，对一些非遗项目重开发、轻保护的现象也比较严重，有些地方政府部门和非遗传承人为了政绩或者商业化目的，对于工艺和技艺类非物质文化遗产进行过度、无节制、超负荷的开发利用，更有甚者为了所谓的创新随意篡改非遗技艺，丢失了非物质文化遗产的原真性。所以过度、无节制的开发利用最终不仅不能保护非物质文化遗产，在一定程度上反而会使其逐渐消亡。

2. 工艺和技艺类非物质文化遗产保护与传承工作缺乏相应的法律和法规

尚没有行之有效的全国性的法律法规对非物质文化遗产的保护和传承加以规范，如职能部门责任的认定、非物质文化遗产项目传承人的权利和义务、确定非遗保护与创新的尺度等，这些都需要由相应的法律和法规来规范，使非物质文化遗产的保护与传承工作规范化和法制化，防止出现因为责任和职权不明而相互推诿、无人监管的问题，也防止传承人以个人经验和意志为准则，任意篡改传统工艺，使非遗项目的公信力下降。因此，应根据非物质文化遗产的特征制定出符合实际的有关非遗保护的法律和法规。

3. 工艺和技艺类非物质文化遗产传承保护缺乏整体的规划研究

对于工艺和技艺类非物质文化遗产的保护和传承应有具体的规划和研究，特别是政府职能部门主导的项目更需要有专家团队进行反复的论证，目前多数非遗项目常常作为文化的"附属品"被一带而过，专门研究和规划非遗项目的规划少之又少，对非遗项目的创新发展更是缺乏深入具体的研究、规划和指导，多为泛泛而谈。研究院所和高等院校具有较强科研能力，应由政府部门主导协调非物质文化遗产项目传承人和科研院所合作，制定出系统的非遗保护和传承研究规划。

4. 工艺和技艺类非物质文化遗产传承人才匮乏

受快节奏生活形式和现代化进程的冲击，传统的民间工艺正在急剧萎缩，甚至面临消亡的危险。非物质文化遗产项目传承人缺乏，项目就会后继无人，因而面临失传的困境。

澄泥砚肇始于汉，盛于唐，距今已有千余年的历史，洛阳澄泥砚采用黄河的沉泥为原料，经过高温烧制而成，新安县的黄河澄泥颗粒细腻、具有多种成分，所以用其制作的澄泥砚品相最好，但如今笔墨纸砚已不是常用品，取而代之的是更加便捷的书写工具，在没有消费市场的情况下，澄泥砚的传承前景很不乐观。

洛阳另外一个有代表性的民间工艺品是凉洛寨泥娃娃，它是一种极有地方特色的民间彩塑，是集美术和手工艺于一体的艺术品，目前凉洛寨仅存的捏泥娃娃的两个老人都已经80多岁，她们的儿女多出外打工或者从事其他行业，这一技艺面临失传的危险。

洛阳很多非遗项目传承人已经将非遗项目的技艺传授制作成课程，但由于学习者太少，另外很多讲授的课程多以营利为目的，教学效果并不理想。由于社会生存压力增加，不少年轻人特别是一些非遗项目传承人也外出务工，放弃了对非遗技艺的传承。此外，也有许多非遗技艺的传承只靠口耳相授，没有相应的文字资料，学习者和继承人无法更好地学习和练习，出现断层。因此，单靠政府协调部分学校的培养是无法完成非遗技艺传承任务的。

5. 工艺和技艺类非物质文化遗产项目保护范围不全面

洛阳历史文化悠久，具有浓厚的文化氛围，丰富多彩的民间文化艺术在这里孕育。被列入洛阳市级非物质文化遗产代表性项目名录的有156项。但是，受到社会关注并受到系统保护的工艺和技艺类非遗项目并不多，且绝大部分正面临失传的困境。必须清醒地认识到，洛阳作为一个文化资源丰厚的城市，无论是在非遗项目传承人的老、中、青梯队形成，还是在申报非物质文化遗产项目的宣传和包装推介方面，都存在着观念、理念和行动上的滞后，这些与洛阳历史文化名城的地位极不匹配，所以洛阳非物质文化遗产保护传承工作任重道远。另外工艺和技艺类非物质文化遗产主要受民间传统习俗和文化体系影响，抢救工艺和技艺类非物质文化遗产的工作时不我待。

## （四）洛阳工艺和技艺类非物质文化遗产保护意义及作用

### 1. 社会意义

开展对洛阳工艺和技艺类非物质文化遗产项目传承问题的研究，推进以洛阳非物质文化遗产为纽带的文化寻源和认知活动，对于增强中华民族的凝聚力和民族特色，对于和谐社会建设都具有重要的现实意义。

2. 经济意义

《国务院关于支持河南省加快建设中原经济区的指导意见》于 2011 年 9 月 28 日发布，在其第八部分"弘扬中原大文化，增强文化软实力"中，明确提到了要积极推进具有中原特质的文化大发展、大繁荣。其中第三十六条明确指出，要挖掘文化资源优势以提升具有中原特质的文化内涵。所以要积极开展洛阳工艺和技艺类非物质文化遗产传承问题研究，不断提升具有中原特质的文化内涵，推动中原文化特别是洛阳帝都文化"走出去"，从而提升河洛文化影响力，扩大对外文化贸易。

3. 教育意义

非物质文化遗产特别是工艺和技艺类非遗项目是民族历史和民间传统文化的载体，是一种独特的艺术形式，它不仅是记录历史的"活态"符号系统，还是民间民俗文化的具象载体，是中国社会和艺术思想的"活化石"，具有很大的教育意义。

# 三　洛阳非物质文化遗产保护、传承与开发对策

非物质文化遗产保护工作肇始于联合国教科文组织颁布的《保护非物质文化遗产公约》。2003 年，国家部委等职能部门发起"中国民族民间文化保护工程"项目，将非物质文化遗产保护纳入国家层面，其中特别提到"保护为主，抢救第一，合理利用，传承发展"是现阶段非物质文化遗产项目保护、发展、传承工作的指导方针。

伴随国家层面和河南省级层面文化遗产相关政策的出台，洛阳的非物质文化遗产保护、传承与发展取得了很大的成绩。但是也要清醒地看到，洛阳在非物质文化遗产的保护、传承、开发层面仍存在许多疏漏和问题，很多非物质文化遗产仍处于无人问津、自生自灭的状态中，没有被纳入保护范畴。所以，制定完善、全面、系统的保护和开发规划很紧迫。应立足

于洛阳的现状，从洛阳的本土性和地域性出发去保护和传承洛阳非物质文化遗产。

### （一）制定、完善法律法规

随着 1998 年我国出台《中国民族民间文化保护法》草案以及 2005 年10 月"全国非物质文化遗产保护工作会议"的召开，我国非物质文化遗产保护工作全面开展，也使非遗保护工作逐渐规范化和法制化。

在推动制定、完善非物质文化遗产法律法规的同时要注意国家层面和地方性法规之间的关系。必须以国家出台的《非物质文化遗产保护法》为根本原则和大纲，明确中央和地方在保护非物质文化遗产上的职责和分工，洛阳市政府和职能部门在国家法规的基础上，应根据洛阳非物质文化遗产的实际情况来增加和充实内容。

洛阳非物质文化遗产的保护和传承首先要做好非遗项目的申报工作，特别是高层次非遗项目的申报工作，而且要健全非物质文化遗产代表性项目名录，将洛阳非物质文化遗产保护利用纳入法制化、正规化、科学化管理。

要加强对工艺和技艺类非物质文化遗产项目传承人的培养和保护工作。与其他非遗项目不同，工艺和技艺类非物质文化遗产项目传承人在遗产的延续、传承中具有最为关键的作用。要保护和培养工艺和技艺类非遗项目的传承人，需要建立切实有效的、以传承人命名的保障制度，如政府和职能部门应吸纳社会资金建立非物质文化遗产专项基金库，专款专用，为非物质文化遗产的保护和传承以及培养传承人提供必要的活动经费。

此外，要建立健全非物质文化遗产保护与传承法律法规制度，将保护非物质文化遗产纳入政府法律条文，明晰工艺和技艺类非遗项目传承人的权利与义务，构建良性循环的奖惩机制。

### （二）加大政府扶持力度

要保护传承洛阳非物质文化遗产项目，除了建立健全完善的法律体系，政府的引领和扶持也起着至关重要的作用。

1. 增加政府资金投入，积极开展活动

政府应当引导并吸纳和集中社会资源开展一系列具有一定辐射力、一定宣传范围的文化宣讲活动。以扩大非遗项目传承人的知名度，提高民众的参与度，另外，要广开渠道吸纳外部资金建立专项非物质文化遗产基金。如对洛阳民间舞蹈"九连灯"，应由政府出面或者吸纳外部资金来解决排练场地和经费问题。

2. 加强项目研究，组织专业技术人员

洛阳前四批列入市级非物质文化遗产代表性项目的共有 156 项，仍有大量传统技艺和工艺散落在民间，无人去挖掘和整理。即使已被列入国家级非物质文化遗产代表性项目名录的，如河洛大鼓、唐三彩烧制工艺、真不同洛阳水席制作工艺、洛阳宫灯、平乐郭氏正骨、河图洛书传说等非遗项目也还没有得到深入发掘。文化内涵是非物质文化遗产得以长久延续的关键所在，所以设立专门的研究机构和专职的研究人员是必要的。研究机构和研究人员应不受专业制约，广泛开展非遗项目的研究、整理、传播、开发和利用。抢救洛阳工艺和技艺类非物质文化遗产项目需要政府引导出资，建立一支高素质、高水准的专职保护队伍，还要积极倡导建立非物质文化遗产保护的志愿者队伍，并且由政府定期举办学术研讨会和论坛，使工艺和技艺类非物质文化遗产保护及传承工作得到保障。

3. 建立行之有效的文化遗产培养体制

对非物质文化遗产项目传承人的保护和培养是非遗保护工作中的关键一环。政府要加大宣传和扶持力度，通过向全社会公布非物质文化遗产名录、授予非物质文化遗产传承人称号、表彰奖励做出贡献的非物质文化遗产传承人和保护者，来促进对各类非物质文化遗产的保护。

应由政府指导将工艺和技艺类非遗项目传授引入学校层面，以广大中小学生为基础，制定相应的政策法规，鼓励和支持各级学校开展非遗项目的通识课程，从而更好地培养和物色优秀的非遗传承人才，达到更好宣传和传承非物质文化遗产的目的。

把地方优秀的非物质文化遗产项目纳入学校教学内容，不能只靠学校自发的积极性，必须有相应的政策支持才能持续推进。当地政府应尽快制定相应政策，支持鼓励广大中小学校及大专院校开设非遗课程，加速非物质文化遗产知识的普及，通过在青少年中宣传和推广地方非物质文化遗产，使他们增强认同感和责任感，以便从中物色优秀人才并加以重点培养，达到非遗传承的目的。

4. 将项目纳入旅游产业，在发展中求保护

只依靠政府的资金投入和吸取民间资金不足以解决非物质文化遗产项目的保护和传承问题，应当在遵循非物质文化遗产本身发展规律的基础上，在不损害非物质文化遗产项目原真性的基础上进行可持续的、以"生产促保护"的策略，将文化传承和财富创造相结合。

随着人们生活环境的改变，非物质文化遗产及其生存环境也受到了不同程度的威胁，旅游开发是解决这一问题的最好办法。许多非物质文化遗产本身就是最好的旅游资源，如洛阳牡丹文化、洛阳宫灯、澄泥砚、洛阳青铜器制作技艺等非物质文化遗产项目的衍生品正是旅游产业的主导产品，旅游产业的发展使其更加具有生命力，所以对于生产型的工艺和技艺类非物质文化遗产，要加强研发创新力度，进行大量生产，为非遗项目创造活的资金链和更好的生存环境，洛阳所具有的文化旅游资源决定了洛阳工艺和技艺类非物质文化遗产项目的保护和发展应走旅游产业化道路。

## 参考文献

【1】薛存心：《河南非物质文化遗产保护开发利用研究》，《漯河职业技术学院学报》2007 年第 1 期。

【2】夏挽群、陈江风：《河南非物质文化遗产的历史、现状及抢救保护》，《河南社会科学》2007 年第 1 期。

【3】王全乐：《保护非物质文化遗产传承和延续古都洛阳的历史文脉》，《洛阳日报》2007 年 1 月 17 日。

【4】张体义：《〈河南省非物质文化遗产普查工作报告〉出炉 有多少"非遗"濒临

灭绝?》,《大河报》2010 年 1 月 23 日。

【5】〔美〕鲁道夫·阿恩海姆:《艺术与视知觉》,滕守尧、朱疆源译,中国社会科学出版社,1984。

【6】吴磊:《非物质文化遗产保护与国家文化形象的建构》,《前沿》2011 年第 21 期。

【7】涂成林、史啸虎等:《国家软实力与文化安全研究——以广州为例》,中央编译出版社,2009。

【8】钟敬文主编《民俗学概论》,高等教育出版社,2010。

【9】徐复观:《中国艺术精神》,广西师范大学出版社,2007。

【10】叶春生、杨宏海主编《全球化语境中的本土文化》,黑龙江人民出版社,2005。

【11】〔日〕柳宗悦:《工艺文化》,徐艺乙译,广西师范大学出版社,2006。

# 洛阳市餐饮类非物质文化遗产研究报告<sup>*</sup>

余东衍<sup>**</sup>

**摘　要：** 洛阳作为历史文化名城，有着十分丰富的非物质文化遗产，其中有多个餐饮类项目，具有很高的历史文化价值。然而，随着时代的发展和社会环境的变化，洛阳的餐饮类非物质文化遗产受到了较大冲击。如何对其进行更好的保护与传承，是非常重要的一件事。政府有关部门和社会各界都应当给予这个问题更多关注。

**关键词：** 非遗价值　知识产权保护　非遗餐饮类项目　洛阳

根据联合国《保护非物质文化遗产公约》，非物质文化遗产是指被各群体、团体或个人视为其文化遗产的各种实践、表演、表现形式、知识和技能及其有关的工具、实物、工艺品和文化场所。洛阳是十三朝古都、历史文化名城，有着十分丰富的非物质文化遗产，其中有很多餐饮类项目。这些厚重的非物质文化遗产见证了中华民族文明的发展，是最宝贵的"活化石"。

## 一　洛阳市餐饮类非物质文化遗产的现状

洛阳市非物质文化遗产资源十分丰富，其中有多个餐饮类项目，其特点如下。

---

＊　本文选自《洛阳文化发展报告（2017）》，有删改。
＊＊　余东衍，中共洛阳市委党校讲师。

## （一）涉及层级多

洛阳市目前有近万个不同层级的非遗项目，其中餐饮类项目中（从传统手工技艺类中析出），有国家级的1项，省级的3项，市级的14项，县级的17项（见表1）。

表1　洛阳市各层级餐饮类非遗项目

| | |
|---|---|
| 国家级 | |
| 1 | 真不同洛阳水席制作技艺 |
| 省级 | |
| 1 | 杜康酿酒工艺 |
| 2 | 小街锅贴制作技艺 |
| 3 | 银条种植栽培及烹饪技艺 |
| 市级 | |
| 1 | 新安县烫面角 |
| 2 | 洛宁蒸肉制作技艺 |
| 3 | 铁谢羊肉汤制作技艺 |
| 4 | 马杰山牛肉汤制作技艺 |
| 5 | 栾川豆腐制作技艺 |
| 6 | 平乐脯肉制作技艺 |
| 7 | 李龙锡小米黄酒传统制作技艺 |
| 8 | 老龙门农家芝麻焦干饼制作技艺 |
| 9 | 老洛阳面食制作技艺（浆面条） |
| 10 | 洛阳丸子汤制作技艺 |
| 11 | 横水瑞莲卤肉卤制技艺 |
| 12 | 裴师傅月饼制作技艺 |
| 13 | 韩城羊肉汤烹饪技艺 |
| 14 | 王记烧鸡制作技艺 |
| 县级 | |
| 1 | 鸡头豆腐脑——涧西区 |

续表

| | 县级 |
|---|---|
| 2 | 刘记烧鸡——偃师市 |
| 3 | 蔓菁小米汤——偃师市 |
| 4 | 焖子——偃师市 |
| 5 | 热豆腐——偃师市 |
| 6 | 炸咸食（烘柿咸食）——偃师市 |
| 7 | 府店肉夹火烧馍——偃师市 |
| 8 | "水代法"制小磨香油技艺——偃师市 |
| 9 | 李村油旋儿——偃师市 |
| 10 | 翟镇烩面制作技艺——偃师市 |
| 11 | 无核柿饼加工工艺——新安县 |
| 12 | 凉皮加工工艺——新安县 |
| 13 | 冯氏冻肉——宜阳县 |
| 14 | 王殿子烧鸡——宜阳县 |
| 15 | 大槽香油的制作工艺——嵩县 |
| 16 | 铁军羊肉汤制作技艺——嵩县 |
| 17 | 白土柿子醋制作工艺——栾川县 |

资料来源：笔者根据有关资料整理。

## （二）涵盖范围广

洛阳的餐饮类非遗项目众多，它们中既有真不同洛阳水席制作技艺这样的大宴制作，又有洛阳小街锅贴这样的街边小吃，还有李龙锡小米黄酒传统制作技艺这样的地方土特产，可谓涵盖范围非常广。

## （三）蕴含价值高

餐饮类非遗项目蕴含着很高的历史文化价值、艺术价值和经济价值。

1. 历史文化价值

非物质文化遗产最大的价值就是历史文化价值。① 华中师范大学国家文化产业研究中心教授于千千表示，所有入选非遗餐类的项目都不是简单的某个菜点、某种烹饪技法，更多价值在其背后，即饮食承载的文化与传统。② 洛阳的餐饮类非遗项目来自民间，历经沧桑，成为古都悠久历史的见证。通过品鉴它们，可以感受到一个鲜活的传统洛阳。

洛阳的餐饮类非遗项目是河洛地区饮食文化的重要组成部分。洛阳素有"九州通衢"之称，自古以来就是南来北往的交通要道。因此洛阳的饮食文化吸取了东西南北的各种特点，荟萃了四方风味，形成了重实用、不重花样、素油低盐、调味适中、甘咸可口、理中和气、颐养有益的河洛饮食文化特色③，造就了洛阳汤汤水水的餐饮特点。在洛阳最受欢迎的美食就是形形色色的汤，洛阳水席可以说是洛阳"汤文化"高端大作的代表，牛肉汤、羊肉汤等则是洛阳"汤文化"家常之作的代表。

2. 艺术价值

艺术价值是指非物质文化遗产在帮助人类认识不同历史时期及不同地域审美观生成规律的过程中所呈现出的独特的认识价值。它不一定为所有非物质文化遗产所共有，但在通常情况下，很多非遗项目都具有相当的艺术内涵。

在洛阳的餐饮类非遗项目中，有些项目的艺术价值比较突出。比如洛阳水席中的"牡丹燕菜"，该成品如一朵洁白如玉、色泽夺目的牡丹花浮于水面之上，结合"洛阳牡丹甲天下"的意蕴，令人叫绝，简直就是上乘的工艺品。④ 再如，新安烫面角在笼箅中呈菊花状旋转排列，成品状如新月，晶莹剔透；偃师的李村油旋儿，成品呈旋涡状，色泽金黄。这些虽只是民间饮食，却仍不乏雅致和趣味。

---

① 苑利、顾军：《非物质文化遗产保护干部必读》，社会科学文献出版社，2013。
② 陈恒、邱玥：《中餐申遗究竟难在哪儿》，《光明日报》2017年3月28日。
③ 刘福兴：《洛阳水席与河洛饮食文化》，《洛阳师专学报》1999年第4期。
④ 余东衍：《洛阳市非物质文化遗产的保护与开发》，《洛阳师范学院学报》2015年第12期。

### 3. 经济价值

洛阳的餐饮类非物质文化遗产项目都具有一定的经济价值。这些项目的传承人也大多是通过经营相应的项目来谋生。事实上，这些餐饮类非遗项目也是洛阳餐饮服务行业的重要组成部分。有的项目已经做得比较有规模，获得了比较可观的经济效益。如国家级餐饮类非遗项目真不同洛阳水席制作技艺的经营方洛阳真不同饭店已多次跻身洛阳市年度餐饮业前十强企业，省级餐饮类非遗项目杜康酿酒工艺的经营方洛阳杜康控股有限公司更是国内白酒行业的知名企业。

综上所述，洛阳市餐饮类非遗项目具有涉及层级多、涵盖范围广、蕴含价值高这三个特点。通过把握这些特点，可以更好地认识其本质、探索其规律、做好对其保护与开发工作。

## 二 洛阳市餐饮类非物质文化遗产保护的成绩

自从 2004 年文化部、财政部联合发出《关于实施中国民族民间文化保护工程的通知》、2005 年国务院办公厅出台《关于加强我国非物质文化遗产保护工作的意见》以来，洛阳市一直积极行动，多管齐下，采取切实的政策措施对包括餐饮类在内的非物质文化遗产进行保护，并取得了很大的成绩。

### （一）设立了专门的保护机构

自 2006 年洛阳市非物质文化遗产保护中心（设在洛阳文化馆）设立以来，洛阳市又相继申报设立了非遗传习所、展示馆、研究基地、生产性保护基地等，以此来加大对非遗项目的研究和保护力度。真不同洛阳水席制作技艺项目的生产性保护基地就设在洛阳酒家有限责任公司，杜康酿酒工艺项目的基地设在洛阳杜康控股有限公司。

### （二）争取了专项保护资金

洛阳市依据《国家非物质文化遗产保护专项资金管理办法》和《河

南省非物质文化遗产保护专项资金管理办法》的有关规定，已申请到国家级、省级非遗项目保护经费共计 300 余万元，国家级传承人每人每年可获得 1 万元补助，省级传承人（公司法人代表除外）每人每年可获得 3000元补助。[①]

### （三）通过了地方性非遗立法

依法治国是党领导人民治理国家的基本方略，法律法规是政府进行行政管理的基本依据。在《中国非物质文化遗产法》和《河南省非物质文化遗产保护条例》相继颁布实施的背景下，洛阳市结合本地区的实际情况于 2016 年 11 月制定了《洛阳市非物质文化遗产保护条例》，并于 2017 年 3 月起施行。这是在依法治国的大背景下，将非遗保护工作纳入法治化、制度化、科学化轨道的必要举措，为非遗保护提供了可靠的法律保障。洛阳由此成为全国屈指可数、河南唯一的对非遗保护进行地方性立法的城市（直辖市中只有上海，省会城市只有南京、武汉，地级市只有苏州），走在了全国前列。

### （四）通过媒体宣传扩大非遗影响

洛阳市非遗中心与《洛阳日报》、洛阳新闻网合作，多次向社会报道介绍包括餐饮类在内的非遗项目，组织非遗保护系列访谈，例如"拿什么拯救非遗""洛阳水席背后的故事"等；与《洛阳晚报》联合开展"非遗大讲堂""寻找地道洛阳头脑汤"等活动。特别是 2013 年《记忆洛阳——洛阳市非物质文化遗产资源汇编（2005～2012）》一书由中州古籍出版社正式出版，是迄今为止洛阳市第一本正式的非物质文化遗产资源汇编，填补了洛阳非遗类图书的空白，是洛阳市乃至河南省非遗工作的一项重大成就。[②]

---

① 余东衍：《洛阳市非物质文化遗产的保护与开发》，《洛阳师范学院学报》2015 年第 12 期。
② 余东衍：《对改进河南非物质文化遗产保护工作的思考——以洛阳市为例》，《濮阳职业技术学院学报》2015 年第 5 期。

## 三 洛阳市餐饮类非物质文化遗产保护的短板

尽管洛阳市对于餐饮类非遗项目的保护与传承已取得了相当的成绩，但仍有许多不足之处，亟须改进。这些不足主要表现在以下几个方面。

### （一）政府在非遗保护工作上的力度不够

这些餐饮类项目作为非物质文化遗产，在保护工作方面，面临着与其他类别非遗项目类似的困境，主要是保护资金的投入尚不充足。

非遗保护是一项系统工程，每一个环节都需要有大量的经费投入，否则，很多工作难以进行。目前洛阳市的国家级非遗项目如真不同洛阳水席制作技艺等有文旅部的非遗专项保护资金，部分省级项目也有专项保护资金，但是市、县级非遗项目大多没有专项保护资金。直到《洛阳市非物质文化遗产保护条例》通过施行并设立非遗保护专项资金后，加强非遗保护的资金才有了明确的地方性法规的支持。但从总体上看，洛阳市对于非遗保护的资金投入仍然不足。

### （二）餐饮类非遗项目的产业化开发不足

这些餐饮类非遗项目，作为本地饮食行业有经济价值的一部分，在通过产业化开发进行生产性保护方面还存在很多问题。这些问题也是洛阳市整个餐饮行业发展所面临的问题。

#### 1. 规模偏小，卫生条件差

洛阳市的餐饮行业企业普遍经营规模偏小，餐饮业前十强企业的营业收入占全市餐饮行业营业收入的比重较低（在3%左右），反映出目前洛阳餐饮业的集中度非常低，整体发展水平相对落后，没有真正意义上的餐饮大企业，餐饮企业规模、实力、影响力不强。在这些餐饮类非遗项目中，也只有经营真不同洛阳水席制作技艺和杜康酿酒工艺的企业规模稍大，经营其他项目的均为小作坊、小店铺，规模普遍偏小，而且它们的就餐环境和卫生条件普遍较差。特别是一些制作牛肉汤、豆腐汤、丸子汤、豆腐脑等非遗项目的餐馆，由于卫生条件较差，给人不上档次的感觉。

调查显示，小型餐饮业的从业人员主要是来自农村的农民或城市的下岗职工。经营业主和从业人员的卫生、法律意识较为淡薄。另外小型餐饮企业的规模小、资金少，没有配套先进的卫生设备，这也导致小型餐饮店整体的卫生环境较差。① 在经济水平和社会总体文明程度提高、人们对于食品安全和就餐环境的要求越来越高的时代背景下，在洛阳城市定位为"国际旅游文化名城"的发展目标下，餐饮类非遗项目的发展情况越来越难以满足市场需求，亟须改进。

2. 缺乏知识产权保护意识，缺乏有影响的大品牌

洛阳市经营餐饮类非遗项目的企业，大多较缺乏知识产权保护意识与品牌意识。以"铁谢羊肉汤""新安烫面角"两个非遗项目为例。由于没有注册商标和专利，也没有统一的行业标准，目前经营这两种食品的店面虽然非常多，但质量、口味大不相同，严重影响了这个非遗项目的做大做强。再以洛阳水席为例，虽然洛阳本地经营水席的大小饭店有不少，但是除了"真不同"水席在本地较有名气外，在外地经营洛阳水席的餐饮企业极少，真不同洛阳水席制作技艺这个国家级非遗项目在洛阳以外地方的影响力几乎是微乎其微。② 缺乏真正有影响、叫得响的大品牌，已经成为阻碍洛阳餐饮类非遗项目推进生产性保护的瓶颈。

3. 经营方式落后，缺乏个性化服务

洛阳餐饮类非遗项目普遍经营方式落后，连锁经营的企业很少。目前除了经营省级非遗项目"小街锅贴"的西工饭庄有限责任公司采用了连锁经营，有7个加盟店以外，其他很多项目如"铁谢羊肉汤""新安烫面角"等，虽然能看到很多店面，但是它们都不是真正意义上的连锁店，也不是加盟形式，只是招牌一致，一般是原创人员的亲戚、朋友、同乡挂同样的招牌各自经营，甚至是彼此毫无关系的人员未经授权就使用这个名义

① 邓宝玉：《我国小型餐饮业发展问题及对策研究》，《济源职业技术学院学报》2014年第2期。

② 李波、于志华、邵文军、刘李：《关于洛阳水席的调查报告》，洛阳理工学院调研报告，2012年4月23日。

开店，根本谈不上统一进货、统一管理、统一标准规范等。① 自己建有中央厨房的企业只有经营洛阳水席的"真不同"等几家，涉足蔬菜、肉蛋禽等上游生产基地建设的企业则没有一家，整体经营方式比较落后。

这些餐饮类非遗项目同质化现象比较明显，普遍缺乏个性化服务。以国家级非遗项目"真不同洛阳水席制作技艺"为例，目前的全套水席量太大，就餐的人少的话，只能点其中一两样菜，无法满足了解全套水席的需求。口味上也是酸辣、咸淡程度一样，无法调节。这些都不能满足顾客丰富多样的个性化需求。

4. 缺乏信息化支撑，未能与文化旅游有机结合

洛阳经营餐饮类非遗项目的企业在营销手段上的信息化建设比较滞后。近年非常火爆的团购活动，洛阳参与的餐饮企业多是一些名气不太大、生意不太好的小企业，稍有名气、稍大点的企业很少参与。利用微博、微信、二维码营销的餐饮企业也很少。红遍全国的美团网、大众点评网在洛阳的餐饮业并没有激起多少波澜，商家与大众的互动显然不足。各餐饮企业对内部信息化建设也不够重视，本土企业大多没有建立自己的网上自助订餐系统。信息化建设滞后，导致外地游客对洛阳餐饮类非遗项目的了解渠道少。② 这也体现出这些餐饮类非遗项目还没有很好地与文化旅游业相结合。除了洛阳水席中的"牡丹燕菜"和杜康酒开发了旅游商品外，其他绝大多数项目都尚未开发出适合销售的旅游产品，也未能与旅游广告宣传、线路设计推介等有机结合，导致很多餐饮类非遗项目不为人知，这对于餐饮类非遗项目的市场化开发显然是不利的。

## 四 洛阳市餐饮类非物质文化遗产保护的对策

### （一）加大对非遗保护的资金支持力度

如前所述，非遗保护是一个需要长期坚持的系统工程，需要持续不断

---

① 许春艳：《洛阳餐饮业突出问题及对策研究》，河南科技大学硕士学位论文，2013。
② 许春艳：《洛阳餐饮业突出问题及对策研究》，河南科技大学硕士学位论文，2013。

的资金投入，政府应当想方设法加大资金扶持力度。在这方面国内其他地方已经有不少探索，积累了经验。例如，北京市除了有市级财政每年安排的非遗保护专项资金（重点安排保护项目补助、市级代表性传承人保护传承补助、非物质文化遗产实物征集三个方面）以外，石景山区政府也印发了《石景山区非物质文化遗产保护传承专项资金管理暂行办法》，该专项资金采取先开展工作后进行资金支持的形式。同时，为支持非遗企业发展，减轻非遗企业税收负担，北京市财政局开展了非物质遗产企业税收情况调查工作，听取非遗企业对税收政策方面的诉求，切实为非遗企业传承发展排忧解难。① 从 2006 年到 2013 年山东省财政共安排资金 10210 万元，用于支持非遗保护工作。江苏省无锡市则从 2017 年起，将该市 140 多名市级非遗传承人全部纳入定额补助范围。

事实上，《河南省非物质文化遗产保护条例》中已明确规定县级以上人民政府应当将非遗保护、保存经费列入本级财政预算，《洛阳市非物质文化遗产保护条例》也明确规定市、县（市、区）人民政府应当设立非物质文化遗产保护专项资金。但是，受限于各种因素，截至目前，市级和县级的非遗传承人还没有得到过资金补助，对非遗场馆建设、人才培养等的资金投入仍显不足。这个短板亟须补上。除了政府财政支持，洛阳市还应想方设法利用社会资源，吸引非官方资金加入非遗保护事业。这一点，可以考虑借鉴河南省设立河南省荆浩非物质文化遗产传承发展基金会的思路。

## （二）做好非遗的宣传和人才培养

### 1. 加强宣传

要想传承好一项非物质文化遗产，应当加大对全社会的宣传力度。如果宣传力度不够大，人们的参与度不够高，就会造成认同感缺失。洛阳市必须利用新媒体技术，采取将非遗资源与动漫产业等新兴产业相结合的方式，使非物质文化遗产这个民族文化瑰宝在整个中原区域、整个河洛族群中得到普遍认同和关注，让这些非遗项目成为洛阳人乃至整个华夏民族的

---

① 《各地财政积极支持"非遗"保护》，《中国财经报》2012 年 5 月 25 日。

骄傲，增强洛阳人乃至全国人民的文化自信。①

2. 优化人才培养

人才培养方面也需要政府的大力支持。《洛阳市非物质文化遗产保护条例》中明确规定："市、县（市、区）人民政府应当加强非物质文化遗产保护人才队伍建设，培养和引进非物质文化遗产研究、传承、保护、管理等各类专业人才。"该条例还规定："教育主管部门应当支持和引导高等学校、中等职业学校通过开设非物质文化遗产保护课程，建立教学、传承基地，推进产教融合、校企合作等方式，培养专门人才。应当支持和鼓励中小学校通过课堂教学与社会实践相结合的方式，将非物质文化遗产内容融入相关课程，建立社会传承基地，普及非物质文化遗产知识。"

对于传承人的培养，既要探索新型师徒传承机制，完善收入分配激励机制，又要探索传统项目与学校教育相融合，企业与普通高校、职业院校合作，推动非遗进课堂，尽一切可能做好非遗传承人的培养工作。②

## （三）有针对性地改进餐饮类非遗项目企业经营状况

1. 改进行业结构，改善卫生条件

洛阳餐饮类非遗项目必须改进行业结构，培育具有带动作用的行业龙头企业，同时对一时难以扩大规模的企业进行优化，使其小而美。

洛阳应出台一系列政策措施，对有发展潜力的、有实力的大型餐饮企业重点扶持，走集团化、连锁化之路，尤其是对传承洛菜、豫菜文化的"老字号"餐饮名店，比如对经营国家级非遗洛阳水席的真不同酒店，经营省级非遗小街锅贴的西工饭庄应重点扶持，打造有洛阳特色的餐饮品牌，承载千年帝都饮食文化传承的使命。同时，对经营"马杰山牛肉汤""铁谢羊肉汤""老洛阳面食制作技艺（浆面条）"等企业，进行政策支持，促进其升级优化，成为小而美又能吸引八方游客的老洛阳风味招牌。

① 余东衍：《洛阳市非物质文化遗产的保护与开发》，《洛阳师范学院学报》2015年第12期。

② 余东衍：《对改进河南非物质文化遗产保护工作的思考——以洛阳市为例》，《濮阳职业技术学院学报》2015年第5期。

2. 强化知识产权保护，打造有影响的品牌

根据《洛阳市非物质文化遗产保护条例》的相关规定，市、县（市、区）人民政府及其文化主管部门负责指导非物质文化遗产代表性项目的代表性传承人和保护单位，依法保护其享有的知识产权。政府应推动提高餐饮类非遗项目经营者的知识产权及专利保护意识，加大对商标、外观设计、发明专利和原产地的保护力度，严厉打击侵权行为和假冒伪劣产品，营造公平竞争环境。

对于那些规模小、经营项目单一的餐饮类非遗项目的知识产权尤其要加强保护，洛阳应当学习借鉴外地对于相同问题处理的正反两方面的经验教训，如对"周村烧饼"和"黄桥烧饼"的不同做法。山东淄博对国家级非遗项目"周村烧饼"的保护经验值得学习。"周村烧饼"源于汉代，成于晚清，在清光绪末年由周村聚合斋烧饼铺始创。"周村烧饼制作技艺" 2008年入选第二批国家级非物质文化遗产名录。早在1961年，企业就将"周村"注册为大酥烧饼的商标，从此开始了对"周村烧饼"的知识产权保护，山东周村烧饼有限公司如今已是当地纳税大户前20强之一。而同样名声很大的"黄桥烧饼"是江苏泰州黄桥镇的特产，"黄桥烧饼制作技艺"于2009年进入江苏省非物质文化遗产名录。但由于未能及时成功注册"黄桥烧饼"商标、地理标志产品和原产地标志，缺乏对知识产权的保护，这一餐饮类非遗项目陷入被大量仿冒，且维权打假乏力的尴尬境地。

洛阳有很多类似的餐饮类非遗项目，如"新安县烫面角""洛宁蒸肉""栾川豆腐""韩城羊肉汤"等，亟须加强知识产权保护，强化品牌意识。只有这样，才能真正避免恶性竞争，做大做强品牌，扩大品牌影响力。

可以考虑成立行业协会来促成此事。虽然现在有"洛阳市餐饮与饭店行业协会"，但还没有餐饮类非物质文化遗产协会，因此洛阳市应在政府有关部门的牵头引导下，早日成立分门别类的餐饮类非遗行业协会，由协会发起活动，推行行业自律，强化知识产权保护和推进品牌打造。

3. 改进经营和营销方式，提供个性化服务

经营餐饮类非遗项目的洛阳餐饮企业应大力推动标准化、连锁化经营

和专卖店经营，推动网络营销，从而在降低配送成本、人力成本的同时提高质量和效益，并应当与文化旅游相结合。如与旅游线路策划相结合，推出"听黄河涛声，尝铁谢羊汤"的旅游线路推介。再比如，与传媒广告合作，拍摄形象宣传片，编制《品味洛阳非遗》《洛阳非遗餐饮本地通》等宣传册，打造"吃在洛阳、根在河洛"的餐饮文化之旅品牌。

政府应当引导产业集聚，建设集创意、研发、制造、流通、服务等功能于一体的餐饮类非遗产业集聚区，吸引游客到非遗项目园区观看演出或生产全流程，丰富旅游观赏内容，进而开发出具有参与性的餐饮类非遗旅游项目，最大化发挥洛阳市非物质文化遗产独特的魅力，增强非遗对游客的吸引力，同时获得较好的经济效益。[①] 洛阳市目前对此已有初步尝试。由洛阳中渡非遗城文化旅游发展有限公司运营的占地面积约70亩、总建筑面积4.8万平方米的洛阳文峰塔非遗文化产业园区已初步建成，并开园迎客。这是一个很好的探索，但仍有很多地方尚需改进。

要注重个性化服务。餐饮企业必须根据时代的发展和顾客的需求，进行不断改进。要做到与时俱进，灵活调整。以国家级非遗洛阳真不同水席为例，可在以酸辣（胡椒的辣）为主味的水席菜单上设置"极辣、辣、微辣"的选择，对海碗盛的汤品设置"大碗、小碗"的选择，菜品设置"多盐、中盐、少盐""加糖、不加糖""正常、少油""一份、半份"等多种选择[②]，做到更人性化、健康化，以便让更多的外地游客接受本地美食。

4. 处理好保持非遗原真性与企业创新发展的关系

众所周知，守住"手工制作特色"是实施非遗生产性保护的底线，是保持非遗原真性的关键。随着科学技术的飞速发展，既要提高餐饮企业的生产经营水平，又要在传统饮食类非遗项目中完全推行手工制作几乎不太可能。此外，受传统工艺生产能力的限制，许多企业为满足市场需求、保证经济效益和员工收入，不得不进行技术创新。以上海市的市级（相当于省级）非遗项目"上海黄酒传统酿造技艺"为例，传统酿造时间是从一年

① 余东衍：《洛阳市非物质文化遗产的保护与开发》，《洛阳师范学院学报》2015年第12期。
② 许春艳：《洛阳餐饮业突出问题及对策研究》，河南科技大学硕士学位论文，2013。

的立冬开始到下一年的立春结束，因此民间将其俗称为"冬酿酒"。因传统酿制工序太过繁复，极大地限制了黄酒的产量。目前该项目的保护单位金枫酒业公司除了每年按传统工艺生产 1000 吨左右的"冬酿酒"外，其他大部分产品都是用现代化设备和技术酿制的。

洛阳市市级非遗项目"李龙锡小米黄酒传统制作技艺"，其经营者任鲜茹称，传统技艺酿制的李龙锡小米黄酒微酸、微苦、微腥，不适合大众的口味，且手工作坊式的生产难以满足市场需求，所以她和家人一直在寻求改善的机会。2014 年，任鲜茹的儿子李世凯成功注册"李龙锡"商标，并于同年年底，与洛阳温雁酒业有限公司合作，采用现代生产技术，使消毒和制酒过程中的温度和酒曲活跃度得到控制，突破了家庭作坊式生产的局限性。

这些企业探索两条腿走路虽是无奈之举，但在当下不失为一种有效的办法，它实现了技艺传承与规模生产的双赢。我们不能一味要求非遗项目完全保持原状，也不能要求逐渐壮大的公司再回归家庭小作坊，因此对于非遗企业来说，只有保证核心工艺不变又有所创新才能走得更远。

# 五 结语

餐饮类非物质文化遗产鲜活生动地传承着丰富的历史文化，是民族的生命力和精神的依托。洛阳市餐饮类非物质文化遗产的传承与保护，必须坚持"政府主导、社会参与、保护为主、抢救第一、合理利用、传承发展"的方针，采取得力措施，加大投入，充分调动各方面积极性，形成合力。要处理好保持非遗原真性与企业创新发展的关系，做大做强经营这些非遗项目的企业，打造出有影响力、有竞争力的品牌。只有这样，才能使洛阳市餐饮类非遗的保护与开发工作取得长足的进展，获得更好的效果。

# 洛阳三彩小镇建设研究报告[*]

秦　华[**]

**摘　要：** 洛阳市孟津县朝阳镇是第二批中国特色小镇，是目前洛阳市唯一的国家级特色小镇。该镇依托唐三彩烧制技艺和唐三彩传习馆建设三彩小镇，打造集三彩文化、旅游、餐饮、娱乐、体验于一体的三彩产业旅游基地。本报告从三彩小镇的建设目标、建设进程、存在的问题三个方面进行全面系统分析，针对三彩小镇发展的短板，从特色产业支撑、创新体系构建、强化文化内核等路径提出了相应的对策建议，助推三彩小镇建设成为具有明确产业定位、文化内涵、旅游特色的综合体。

**关键词：** 特色小镇　三彩小镇　南石山　三彩文化

特色小镇是新型城镇化的重要载体，对于促进发展模式转变、破解城乡二元结构、推进区域协调发展具有十分重要的意义和作用。自 2016 年以来，住房和城乡建设部、国家发展改革委等部门陆续出台了《关于开展特色小镇培育工作的通知》《关于保持和彰显特色小镇特色若干问题的通知》《关于规范推进特色小镇和特色小城镇建设的若干意见》等一系列文件。这些文件的出台推动了各地特色小镇的建设。截至 2017 年底，全国有 403 个镇入选中国特色小镇名单。

洛阳市作为国家新型城镇化试点城市，为探索新型城镇化发展模式，

---

\* 本文选自《洛阳文化发展报告（2018）》，有删改。

\*\* 秦华，中共洛阳市委党校科研咨询部副主任，副教授。

2016 年 12 月出台了《洛阳市人民政府关于开展全市特色小镇培育工作的实施意见》，通过培育特色鲜明、产业发展、绿色生态、美丽宜居的特色小镇，加快构建现代城镇体系，推动新型城镇化和美丽乡村建设。在市委市政府的高度重视和各乡镇的共同努力下，洛阳市涌现出一批产业突出、特色鲜明的小镇。其中，以国家级非物质文化遗产——唐三彩制作为主导文化产业的洛阳市孟津县朝阳镇，在当地被冠以"三彩小镇"的美称。2017 年 8 月，三彩小镇成功入选第二批全国特色小镇，成为洛阳市小城镇建设的典范和引领。

## 一　三彩小镇建设的优势分析

朝阳镇（三彩小镇）位于河南省洛阳市孟津县，该镇区位优势明显，历史文化底蕴深厚，是驰名中外的唐三彩发源地。全镇总面积 68 平方公里，镇区面积 2.2 平方公里，下辖 27 个行政村，常住人口 4.47 万人。朝阳镇凭借自身文化底蕴、特色文化产业和自然禀赋，2000 年被河南省命名为"唐三彩之乡"，2008 年唐三彩烧制技艺入选国家级第二批非物质文化遗产名录，2017 年入选第二批全国特色小镇，先后被授予国家级非遗传承基地、河南省省级生态镇、河南省国土绿化模范镇、洛阳市新型农村社区建设先进乡镇、洛阳市文明镇等荣誉称号。近年来，朝阳镇围绕"洛阳北部特色宜居卫星镇"和"全县文化传承创新和全域旅游发展示范镇"的目标，依托唐三彩烧制技艺和唐三彩传习馆，建设三彩特色小镇，打造集三彩文化、旅游、餐饮、娱乐、体验于一体的三彩产业旅游基地。

### （一）合理的规划目标

科学的战略规划是特色小镇建设和发展的基础。自 2017 年以来，朝阳镇以发展唐三彩产业为龙头，围绕"国际三彩创意艺术生产基地、中国传统产业创新示范基地"定位，先后编制了《朝阳镇总体规划》《朝阳镇新镇区控制性详细规划》《三彩小镇总体规划》等，高标准设计规划"三彩小镇"的建设蓝图。在规划设计中，朝阳镇将在未来 3~5 年内，通过三期项目建设，以非遗传习馆、三彩工坊街、三彩艺术淘宝街、大师工作室等为重点主导产业项目，构建三彩体验、产业创意、物流贸易、文化交流功能区，实现"产、城、人、文"四位一体融合发展。通过全方位的开发建设，把三彩小镇打造成为国内唯一的三彩文化艺术发源、传承、创新、发展、交流基地，使其成为焕发时代技艺、展现三彩技艺、传承河洛文化的特色文化小镇。

### （二）优越的区位优势

朝阳镇位于洛阳市区和孟津县城之间，北接孟津县城、南融洛阳市区。镇区 10 公里半径内，分布着洛阳飞机场、洛阳火车站、洛阳汽车站等交通枢纽，连霍高速、新 310 国道和洛孟吉快速通道穿镇区而过，镇内基础设施完备、交通便捷，连霍高速洛阳站和孟津城区站都在朝阳镇境内，其中孟津城区站距朝阳镇区中心仅有 1 公里。优越的区位优势和便捷的交通吸引众多商家前来进行项目投资，有效带动了朝阳镇文化旅游、特色产业、电商物流、餐饮酒店等相关产业的快速发展，推动了全镇经济的繁荣和发展。

### （三）深厚的文化底蕴

朝阳镇历史悠久，文化积淀深厚，拥有众多物质和非物质文化遗址、遗存，是驰名中外的唐三彩发源地。朝阳镇古称"海资"，海即大，资通瓷。据历史记载，朝阳镇是盛唐时期京城瓷器的交易市场。随着唐三彩烧制技艺的传承和发展，朝阳镇唐三彩烧制技艺入选第二批国家级非物质文化遗产名录，该镇现已发展成为国家级非遗传承基地。其中，南石山村被誉为"中国唐三彩文化第一村""河南省特色文化村""河南省特色景观旅游名村"。南石山村古称南廓村，地处邙山隋唐古墓区的核心地带，曾出土过数以万计的珍贵文物。南石山村修补、制作唐三彩的技艺驰名中外，其唐三彩工艺保留了唐三彩古色古香、浑厚质朴的大唐韵味，且品种繁多，千姿百态，生动逼真，釉色艳丽。该技艺制作的成品"三彩马"多次被作为国礼赠送给各国领导人。朝阳镇文物古迹众多。北魏孝文帝皇陵位于该镇官庄村，其作为邙山陵墓群之一，是全国重点文物保护单位；新石器时代的伏羲画八卦遗址位于卦沟村，是河南省重点文物保护单位；现存豫西地区规模最大、保存最完整明清古民居建筑的卫坡村，是河南省级文物保护单位，是中国传统村落、河南省级历史文化名村，也是河南省特色景观旅游名村。此外，东汉时期"丝绸之路"的重要贡献者班超葬于朝阳镇张阳村，南唐后主李煜的墓葬也与后李村有着深厚的渊源。朝阳镇凝聚了众多的历史信息、文化景观和民族记忆，是乡村历史、文化、自然遗产的宝库，众多珍贵的物质文化和非物质文化遗产具有较高的历史、文化、艺术、社会、经济价值。

### （四）独特的文化产业

朝阳镇自古就有修补、仿制和制作唐三彩陶器的传统。近年来，随着文化产业的繁荣，朝阳镇以南石山村为核心区域，以唐三彩产业为重点发展产业，极大地提升了朝阳镇的知名度和美誉度，镇域综合实力大幅提升。

第一，三彩产业集聚发展。朝阳镇拥有唐三彩生产企业 72 家，其中仿古工艺生产企业 44 家，新工艺生产企业 28 家，产品包含马、驼、俑、兽、花瓶、壁画等类型达 3500 余种，年产 100 余万件，从业人员 2000 余人，占全国三彩市场份额的 95% 以上，是唐三彩产业领域资源最丰富、人才最集中、工艺最优秀、产业规模最大的专业镇。① 其文物仿制品风格跨越多个朝代，从以"唐三彩"为主的唐代到秦汉陶器制品均有涉猎，三彩产品造型多样，种类丰富，其文物仿制品有 60% 销往海外，每年三彩产业的产值达到 7500 多万元。

第二，三彩技艺传承人才荟萃。朝阳镇作为三彩制作技艺传承基地，汇集了众多高级技师、熟练工人和经营管理人才。现拥有国家级工艺美术大师 1 名、省级美术大师 6 名。其中，高水旺是国家级非物质文化遗产（唐三彩烧制技艺）代表性传承人、高级工艺美术师、河南省民间文艺家协会

---

① 张锐鑫：《以文化旅游促进三彩产业发展》，《洛阳日报》2017 年 12 月 9 日。

副主席、洛阳唐三彩研究院院长，曾被联合国教科文组织授予"民间工艺美术家"称号；张二孬是中国唐绞胎烧制技艺代表性人物，河南省工艺美术大师。随着三彩产业的不断发展，朝阳镇结合三彩产业发展需要，注册成立了南石山唐三彩文化产业协会，申报注册"洛阳唐三彩"地理标志，定期进行唐三彩生产技艺、人才培养、市场动向、新品开发等信息交流。同时，注入专项资金扶持专业人才的引进，并在孟津县职教中心开设了相应专业，为产业发展培育后备人才队伍。

第三，三彩制作工艺考究。陶品手工业源远流长，北魏时期以铅绿釉制品为主，隋末开始生产有棕黄色的釉陶，唐代陶品手工业有了飞速发展。"唐三彩"是一种低温铅釉陶器，是中国唐代彩色釉陶艺术品的总称，其种类以人物、马匹、骆驼、器皿最具代表，至今已有1300余年的历史。唐三彩采用纯净的高岭土，经过雕塑、制模、成型、素烧、釉烧等20多道工序，经2次不同温度的烧制才能成型。半成品在施釉过程中由于在色釉里加入不同的金属氧化物，各种材料在烘制过程中发生化学变化，促使色釉互相浸润，形成浅黄、赭黄、浅绿、深绿、天蓝、褐红、茄紫等多种色彩，但多以黄、赭、绿三色为主，故称"唐三彩"。2008年，唐三彩烧制技艺入选国家级非物质文化遗产名录。2014年九朝文物复制品公司被授予国家级非遗生产性保护示范基地，且成为唐三彩行业标准的编制单位。由于唐三彩制作技艺独特，非遗传承人高水旺的作品《古道守望者》获得"中国工艺美术百花奖"金奖；在第四届中国陶瓷文化艺术创意设计精品展中，高水旺、高顺旺以候风地动仪为原型创作的唐三彩作品《地动仪》，获得展会最高奖项——"大地奖"金奖。

第四，研发创新推动产业融合发展。三彩技艺传承人和企业在传承传统工艺的同时，不断研发创新，进一步丰富了三彩产品的造型和种类。近年来，三彩产业研发了文房四宝、十二生肖、牡丹工艺等40余种系列产品，深受市场和消费者的喜爱。其中，洛阳市九朝文物复制品公司承担了课题"河南省科技攻关计划——唐三彩胎体原材料改进项目"，其研制的新技艺极大提升了唐三彩的观赏性，仅此一项，就为公司年增销2万余件，年增加产值1000万元。此外，朝阳镇在发展三彩产业的同时，积极创新经营机制，建设唐三彩烧制技艺保护展示传习博物馆，提供产品展示、三彩工艺品制作体验等服务。朝阳镇通过开发三彩技艺新产品延伸产业链条，以文化展示、文化体验、文化旅游、文化创意推进三彩产业与文旅产业的融合发展，以独特的文化辨识度进一步培育和强化了三彩产业和三彩小镇的文化魅力。

第五，产业带动成效显著。朝阳镇三彩文化产业的蓬勃发展极大地带动了当地其他产业的发展，镇区环境也实现了质的转变。三彩产业的发展和繁荣，在镇域内带动发展印刷包装企业12家、运输物流企业16家、农村淘宝店45家、餐饮酒店6家、特色农业园区28家，从事相关行业的人员达1.5万人。以三彩文化产业为龙头的产业体系已成为朝阳镇的主导产业，乡镇综合实力得到了大幅提升。2016年，朝阳镇实现地区生产总值29.8亿元，财政收入9040万元，城镇居民人均可支配收入15325元，农村居民人均可支配收入10523元，镇域综合实力在全市130个乡镇综合实力排序中居第22位。同时，朝阳镇以生态建设为重点，坚持生态建设与美丽乡村建设统筹推进、老镇区改造与三彩小镇建设同步推进，先后建成了省级美丽乡村示范村2个、市级美丽乡村示范村8个，17个行政村达到县级美丽乡村标准，成功创建省级生态村6个、市级生态村8个。镇区生态环境的转变，为文化旅游产业的发展搭建了平台，有利于朝阳镇打造以三彩制作、三彩鉴赏、三彩体验为特色的乡村文化旅游目的地。

## 二 三彩小镇建设目标及现状

在新型城镇化建设中，洛阳市不断优化城镇布局，通过积极打造一批工业强镇、商贸重镇、旅游名镇和特色小镇，不断增强县城和小城镇的综合承载力，构建城乡一体发展新格局。2016年12月，洛阳市颁布了《关于开展全市特色小镇培育工作的实施意见》《洛阳市特色小镇培育工作导则》等指导性文件，并建立了特色镇、中心镇联席会议制度和督查制度。针对特色小镇的发展，洛阳市明确要求，通过培育特色鲜明、产业发展、绿色生态、美丽宜居的特色小镇，促进供给侧结构性改革和经济转型升级，加快构建现代城镇体系，推动新型城镇化和美丽乡村建设，到2020年，全市累计培育10个各具特色、富有活力的特色小镇，引领带动全市小城镇建设。

孟津县在新型城镇化建设中，依托乡镇资源禀赋、产业基础、人口吸纳能力，通过强化产业支撑、打造生态屏障、彰显文化特色的方式，积极打造有区域带动能力的特色小镇。朝阳镇抢抓特色小镇建设的机遇，在充分发挥三彩产业优势的基础上，以文化产业重点项目建设为抓手，在深挖三彩文化内涵的基础上，通过文旅融合发展，打造富有特色韵味的三彩小镇。在各级部门的共同努力下，朝阳镇于2017年8月成功入选全国特色小镇名单，成为洛阳市唯一一个入选的乡镇。

## （一）三彩小镇的建设目标

朝阳镇作为国家级非物质文化遗产唐三彩烧制技艺的发源地和传承基地，在海内外享有"唐三彩之乡"的美誉。朝阳镇按照"创新、协调、绿色、开放、共享"的发展理念，以国际三彩创意艺术生产基地、中国传统产业创新示范基地为发展定位，明确了三彩小镇建设的目标体系，力争把小镇建设成为"助推产业升级的孵化器、活化三彩文化的博物馆、触摸手工艺术的体验馆、构建宜居宜业的新家园"。

在三彩小镇建设的具体实施中，朝阳镇以唐三彩产业为主导产业，进一步明晰了未来的发展目标。到2020年，全镇产业发展目标为完成产业升级改造，培育3~5家龙头企业，带动70家作坊企业向规模企业转变，产业综合收益达到15亿元。城镇建设目标为镇区新集聚人口1.2万人，城镇综合承载能力均衡完善，新旧空间协调发展，小镇特色凸显。环境保护目标为三彩烧制全部使用清洁能源，污水收集、垃圾无害化处理达到100%，小镇四周360度生态环廊建设完成，绿化率达40%以上。旅游发展目标为旅游服务产业形成，接待设施完善，年接待游客93万人次，实现旅游综合收益8.1亿元。带动就业目标为产业链条快速延伸，基本完善，新增工商户300家，新增就业10000人，其中吸纳周边群众就业2000人。总体目标为以三彩小镇建设为载体，以唐三彩文化为核心，通过切实加强唐三彩烧制技艺的保护和传承，推动"产、城、人、文"四位一体融合发展，将三彩小镇打造成为国内具有文化美誉度的三彩文化艺术交流中心和传承创新基地。

### （二）三彩小镇的建设进程

三彩小镇是在孟津县政府的大力支持下，由孟津文化旅游发展集团有限公司精心打造的集生产销售、旅游观光、休闲体验等于一体的特色小镇。孟津县政府制定了《关于支持朝阳镇特色小镇建设发展的指导意见》，明确了发展目标和保障措施，有力推进了三彩小镇的建设。按照《三彩小镇总体规划》，三彩小镇总面积约 3 平方公里，总投资 5.13 亿元，分三期建设，建设内容包含四街、九馆、三十六院。其中四街指三彩工坊文化街、翰林第文化老街、三彩艺术淘宝街、民俗美食文化街；九馆是依托三彩文化创意打造九大三彩文化体验场馆，如非遗传习馆、文物修复科技馆、三彩宴膳体验馆、三彩丝路胡风馆、三彩科技体验馆等三彩文化传习和体验场馆；三十六院则主要结合原有三彩工厂作坊进行改造。其中，一期集中小镇改造，主要建设三彩文化创意园区，包含生态停车场、道路提升改造以及唐三彩传统烧制记忆传习馆、大师工作室、创意研发展示中心等。同时依托现有村庄，按照"豫西民居、三彩元素"风格进行提升改造，对三彩重点企业进行改造，设置体验式旅游项目，完善相关配套服务设施，满足基本的旅游接待功能。二期集中延展历史文化，建设三彩文化园区。三期完善综合配套，完成三彩小镇打造。

2017 年 6 月，三彩小镇建设开始启动。三彩小镇在原有产业和设施的基础上，各项建设按照规划设计全面有序展开。截至 2017 年底，三彩小镇一期建设启动区的基础清理、征迁、文物发掘、土地平整、道路改造、街景提升等工作基本完成，唐三彩体验馆建成，唐三彩烧制技艺保护展示传习博物馆主体工程完工。三彩核心民俗区建设以现有村庄范围展开，通过对现有的四条街道进行基础设施、配套设施和豫西民居特色景观打造，重现三彩工坊街、民俗文化街、艺术淘宝街、翰林第文化老街，提升小镇整体风貌。三彩小镇在基础设施建设方面，先后实施了道路改造提升工程、亮化工程、燃气管网工程、供排水管网工程、污水处理工程等，形成了完善的镇区路网框架。在生态环境保护和环境污染防治方面，三彩小镇通过开展瀍河流域治理、实施生态造林和生态建设等方式进行综合环境整治。2017年朝阳镇牵头与燃气公司签订协议，建设天然气管网10公里，实现了天然气户户通，并出台了唐三彩行业污染治理奖补方案——拆掉一个煤柴炉奖励500元；建立一个气窑，最高补贴8000元。① 现已拆除煤柴窑136座，新建气窑、电窑199座，除保留少数煤柴窑用于传统工艺展示和旅游观光外，唐三彩企业生产全部实现了向绿色、环保的气窑和电窑的转变。通过践行绿色发展理念，三彩产业走上了转型升级的快车道。在运营管理方面，三彩小镇借助"文化+互联网+旅游"，打造智慧旅游文化小镇，通过文化体验提升旅游品质，在旅游信息发布、游客活动信息、网络预订支付、舆情监控、数据分析、过程管理等方面融入智慧旅游的概念，不断推动小镇服务提升和管理创新。

## 三　三彩小镇建设中存在的问题

在政策机遇和特色产业双重优势下，朝阳镇以三彩小镇建设为契机，积极围绕三彩产业优势，通过三彩技艺展示、制作体验、文化传习等方式，彰显三彩文化内涵，打造文旅融合发展的特色小镇。但是，在小镇建设中仍然存在产业规模小、产品结构单一、文化融入不足等问题，有待进一步完善和提升。

### （一）三彩产业规模效应不强

追溯历史，早在清代中期朝阳镇就有一批以修补三彩文物为生的民间艺人。经过长期的探索和研制，1920年前后，南石山村陶塑艺人高良田研发成功唐三彩仿制工艺，之后开启了三彩产业的新发展，自此南石山村成

---

① 张锐鑫：《"唐三彩第一村"烧旺"绿色之火"》，《洛阳日报》2018年1月26日。

为国内三彩工艺的发源地。近百年来，经过几代人的精心研究、改良创新、吸纳人才，三彩产业不断壮大，2017 年，朝阳镇年生产总值近 30 亿元，三彩企业 72 家，从业人员 2000 余人。从横向比较来看，剔除沿海产业基础雄厚的特色小镇（广东省佛山市顺德区北滘镇 2016 年生产总值为 493.67 亿元），与中西部的贵州省遵义市仁怀市茅台镇（生产总值为 402 亿元）、山西省吕梁市汾阳市杏花村镇（生产总值为 151 亿元）等特色小镇相比，朝阳镇产业规模、从业商家、就业人员等方面还有很大差距。朝阳镇现有三彩产业中，以中小企业居多，以传统产业为主，产业结构层级偏低，市场竞争能力不强，产业的链条发展和带动能力有限，能够形成规模生产的企业较少，三彩产业还存在不强、不优等问题。

### （二）三彩产业创新能力有限

通过近年来的发展，朝阳镇三彩产业在传承传统工艺的同时，不断研发创新，现已开发包含三彩马、骆驼、仕女俑、十二生肖、花瓶、壁画、文房四宝、牡丹工艺等 40 余种系列产品。在经营中注重文化与产业的融合，通过技艺传习、文化体验等方式实现产业融合发展。但是三彩产业的创新和研发都是单个企业自我革新的成果，缺乏产业间协同研发和创新的平台。现有的产品研创和开发都是以展示功能为主的仿古产品和工艺品，产品的多样性、实用性还有待提升。此外，随着文化、旅游、互联网产业的融入，在三彩产业的二次开发、文化创意的融入、新媒体品牌形象打造等方面还缺乏有效的方式和平台。

### （三）三彩文化深度挖掘和融入不足

三彩文化是朝阳镇的特色和灵魂，形成了三彩小镇独特的不可复制的小镇特色。但是朝阳镇对三彩文化 IP 的高附加性、强融合性认识还不够深入，在文化内涵的挖掘和创新方面、在文化产业与小镇风貌的结合方面，还存在诸多不足。在特色小镇的评选环节中，专家的评审意见明确指出，要加强唐三彩文化的研究，将唐三彩文化与小镇建设充分结合，打造富有特色的小镇形态。河南省委常委、洛阳市委书记在三彩小镇实地调研时也明确指出，在传承保护好唐三彩文化的同时，要在开发利用上下更大功夫，通过提供更多个性化服务，让游客参与唐三彩制作，感受唐三彩魅力。虽然三彩文化作为一种文化软实力正在成为朝阳镇独特的文化标识和小镇精神，但充分挖掘利用非物质文化遗产唐三彩烧制技艺价值，保护与传承三彩技艺和文化，培养一批文化传承人和工匠，避免非物质文化遗产的传承断档、技艺流失、过度商业化仍显得尤为重要。

## 四　推进三彩小镇建设的对策建议

特色小镇的建设和发展，本质是为了促进乡镇经济发展的再提速、再提质，提高当地人民收入水平，实现可持续发展。因此，三彩小镇应因地制宜，围绕三彩产业和特色文化等优势，打造具有明确产业定位、文化内涵、旅游特色的综合体，助推城乡一体化新型城镇化建设和经济转型升级。

### （一）强化特色产业支撑，打造文化产业示范基地

特色小镇的生命力就在于能够引领带动周边村庄的发展，让村民致富，因此，三彩小镇的建设发展应立足区位条件、资源禀赋、产业积淀和地域特征，以富有特色和潜力的三彩产业作为谋划发展的核心，凸显特色、放大特色，聚焦高端产业和产业高端方向，着力发展优势主导特色产业，延伸产业链、提升价值链、创新供应链，走差异化、规模化、链条化的发展道路，充分发挥优势主导产业，打造特色产业集群。[①] 特色产业集群的发展，要注重以洛阳市提出的"五强六新五特"现代产业体系和《洛阳市文化产业转型行动计划（2018—2020 年）》为方向，结合资源禀赋和发展基础，培育骨干企业、龙头企业，促进产业集群发展，形成一批规模大、实力强、经营好的示范性文化企业，打造凸显三彩产业新业态、新模式、新

---

① 《国家发展改革委 国土资源部 环境保护部 住房城乡建设部关于规范推进特色小镇和特色小城镇建设的若干意见》，2017 年 12 月 4 日。

动能的示范基地。

### （二）强化多元创新体系，促进产城人文融合发展

特色小镇作为新型城镇化建设的重要载体，要始终贯彻突出特色、市场主导、以人为本、改革创新的原则，构建三位一体、三生融合、四化同步的有产业、有文化、有生活、有景致、有品牌、有灵魂的产城人文融合发展特色小镇。朝阳镇以"助推产业升级的孵化器、活化三彩文化的博物馆、触摸手工艺术的体验馆、构建宜居宜业的新家园"作为三彩小镇发展的目标，应通过多元创新体系，实现功能叠加，优化小镇持续发展的内生动力。在发展理念创新中，要注重城镇整体环境的优化和空间的拓展，按照 3A 级以上景区打造的模式进行全域整治，将小镇空间划分为核心区和拓展区。在核心区域，主要围绕三彩产业，强主导、抓配套、建标志，布局三彩小镇的内核；在拓展区域，围绕抓整治、提形象、拓空间，优化区块环境，完善各种配套，为产业与文旅的融合奠定优良的基础。在产业发展创新中，在突出三彩产业的同时，更要注重产业的细分和产业的联动发展，可将现有产业划分为三彩仿古产业、三彩工艺产业、三彩文化传播产业、休闲度假产业，通过产业链、创新链、服务链、要素链的有机融合，优化产业生态，提升产业创新环境，最终形成一个融文化创意、研发创新、成果转化、体验应用及休闲度假于一体的特色产业系统，进一步强化推动区域范围内三彩产业的发展能级。在城镇风貌的提升中，在保持小镇现状肌理，尊重小镇现有路网、空间格局和生产生活方式的基础上，从整体风貌和生活细节上完善老街区功能和环境改善。在兼顾特色文化、特色建筑的基础上，提炼文化经典元素和标志性符号，并将这些符号合理应用于建设运营及公共空间。为营造三彩小镇宜居宜业宜游的环境，应增强小镇的生活服务功能，构建便捷的生活圈、完善的服务圈和繁荣的商业圈。

### （三）强化三彩文化内核，彰显小镇文化魅力

文化是特色小镇的灵魂，特色小镇所蕴含的文化元素赋予其与众不同

的历史人文气息或现代气息，文化元素通过与小镇产业、生态、风貌的融合，对特色小镇的特色品牌塑造、主导产业的转型升级和小镇经济的可持续发展具有重要的作用。在三彩小镇的文化建设中，一方面，要加强文化与产业的融合。通过挖掘小镇的文化内核，将传统文化、文化遗产、田园风光、人文空间等文化基因植入三彩产业发展全过程，推进文化与产业有机融合，促使文化成为吸引优质资源、促进产业集群发展的重要载体和平台。另一方面，加强文化与城镇发展的融合。特色小镇建设是发展县域经济、构建现代城镇体系、改善优化人居环境的重要抓手，是推进供给侧改革的重要平台，在三彩小镇建设中要凸显文化积淀和文化元素，形成具有"独特气质、文化内核"的小镇特色，通过人文历史、文化遗产、山水风光、风俗人情、个性产业等元素，塑造三彩小镇独特的文化品牌和标识，增强三彩小镇的文化传播力和吸引力。

# 洛阳关公信俗文化研究报告<sup>*</sup>

# 洛阳关公信俗文化研究报告 [*]

徐莲梅 [**]

摘　要：　历史上的关羽因忠、义、仁、勇的品质而被褒封不尽，并不断被神化，受到后世无上敬仰和膜拜，从而也形成了一种与中华民族心灵高度契合的文化——关公信俗文化。关公信俗文化所承载的忠、义、仁、勇等道德精神集合了我国传统文化的思想精华，并与社会主义核心价值观相契合。传承发展关公信俗文化具有积极的社会意义。洛阳关林是关公信俗文化的重要承载地，关林办事处及洛阳市政府为推动关公信俗文化的传承发展做了大量工作并取得了重要成效。

关键词：　关公　信俗文化　忠义　仁勇　关林

中华文明绵延5000多年，历史长河中的名人浩如烟海，灿若繁星，但能成为圣人的则屈指可数，被尊为"武圣"的关羽就是其中之一。关羽，因忠、义、仁、勇的品质而被"褒封不尽、庙祀无垠"，名扬海内外，受到后世的敬仰和膜拜，并成就了一种与中华民族心灵高度契合的文化——关公信俗文化，国学大师南怀瑾称它是"民俗文化之中坚信仰"。关公信俗文化融合了儒家的忠义、佛家的慈悲等精髓，不仅符合统治者的需求，也表达了广大民众的心灵寄托和道德追求，既反映了传统社会的主流价值，也与社会主义核心价值观相契合。洛阳关林作为历史最为悠久的关庙，作为我国唯一的冢、庙、林三祀合一之地，是关公信俗文化的重要承载地，为

---

　　*　本文选自《洛阳文化发展报告（2018）》，有删改。

　**　徐莲梅，中共洛阳市委党校科研处副教授。

推动关公信俗文化的传承发展做出了重要贡献。

# 一　关公信俗文化的内容与特点

关公，名关羽，字云长，是名传华夏大地的三国名将，一生驰骋疆场，武勇绝伦，忠心辅佐刘备完成鼎立三分大业。从宋元至明清，历代封建帝王从维护统治需要出发，对其不断崇封、不断圣化，"侯而王，王而帝，帝而圣，圣而天"，直至"三界伏魔大帝"。庶民百姓、文人学子、草莽义士等也从各自需求出发对关公不断美化、神化。罗贯中的《三国演义》更使关公忠、义、仁、勇的形象深入民心，推动了关公信俗文化的发展。

## （一）关公信俗文化的内容

总的来说，关公信俗文化从内容上可分为两大类：一是关公"忠义仁勇"的道德精神；二是关公至高无上、无所不能的神圣性。从形式上有物质形态的庙宇文化、活动形态的祭祀与祈福等信俗活动。

1. 关公忠、义、仁、勇的道德形象及形成

关公信俗文化中，关羽首先是以忠义仁勇的道德形象出现的。历代帝王对关羽追谥的封号，如"忠惠公""义勇武安王""忠义神武灵佑仁勇显威护国保民精诚绥靖翊赞宣德关圣大帝"等，都极尽赞美关公忠义仁勇的精神。文艺作品、民间传说中，关羽也以忠义仁勇的形象显现。

忠，是关公信俗文化的核心。关羽一生驰骋疆场，征战群雄，忠心辅佐刘备。后人对他的忠义精神极尽赞扬："彻底一忠，耿耿乎生死不相背负；横绝千古，洋洋哉云天常著英灵。""劲气常摩星斗，精忠直薄云天。"《三国演义》通过"桃园三结义""身在曹营心在汉""过关斩将""千里寻兄"等故事使关公忠义形象深入人心。

义，是关公信俗文化的精髓。这里的义，既有忠义、信义之意，又有侠义的意思。关公曾被称为"义神""义绝"。《三国志》称关羽"勇而有义"。关公一生对刘备做到了"义不负心"，辞曹归刘是关公忠义最集中的

表现。华容道释曹则突出了关公知恩必报、义重如山的信义品格。曹操曾赞关羽："事君不忘本，义士也。"忠义、信义、侠义，使得关公被官民共崇，形成超越阶级的"全民文化"。

仁，是关公信俗文化的基本内容。所谓仁，即仁慈、仁爱。关公不仅忠义勇武，而且宽厚仁慈。不仅生前是仁爱之人，死后更成为伏妖降魔、扶贫济困、惩恶扬善、祛病疗疾的仁爱之神。

勇，是关公信俗文化中独具特色的重要内容。《三国志》称关羽"万人之敌""勇而有义""熊虎之将""勇冠三军"。经过历代文人名作，特别是《三国演义》中对"过五关斩六将""单刀赴会""刮骨疗毒"等事件的精心描绘，关公作为"武圣人""古今名将第一奇人"，手提青龙偃月刀、下跨威猛赤兔马的神勇形象深深扎根在国人的心里，其非同寻常的勇武受到世代称颂。

2. 关公祭祀文化的形成与发展

随着关公被历代封建帝王的不断崇封，其祭祀规格也不断提升，祭祀文化成为关公信俗文化的主要内容。

关公的官方祭祀大概始于唐上元初年。当时还只是从祀于武成王姜太公。到了明代，"从祀"升级到"专祀"，祀典也日益隆重。《关帝志·祀典》称："明嘉靖年间，定京师祀典，每岁五月十三日遇关帝生辰，用牛一、羊一、猪一、果品五、帛一，遣太常官行礼。四孟及岁暮，遣官祭，国有大事则告。凡祭，先期题请遣官行礼。"到了清朝，正式把祭祀关公列为国家祀典，并对关公的祭祀礼仪、祭器、祭品、祭文、乐章等都作出了详尽而严格的规定。清代后期，祭祀关帝的典礼达到极盛。咸丰三年，将关帝正式列入"中祀"，祭关公要"行礼三跪九叩，乐六奏，舞八佾，如帝王庙仪"，并出台了一系列与之配套的礼仪制度，使得对关公的崇祀达到了最高峰。

随着官方祭祀关公活动的不断升级，民间对关公的祭祀也逐渐兴盛，娱神活动是其主要内容。

## （二）关公信俗文化的特点及意义

关公信俗文化有三大特点。

### 1. 鲜明的道德教化色彩

忠义仁勇等道德精神是关公信俗文化的本质、核心。忠义仁勇是中华民族的传统美德，历代封建统治者从自身统治利益出发都极力称赞、宣扬关公的忠义仁勇精神，目的就是教化天下。千百年来，关公也一直被视为忠义的化身、仁勇的榜样，被普遍敬仰，教化着人心，所以关公信俗文化具有鲜明的道德教化色彩。

### 2. 儒、释、道三教共尊

古时民间所信仰的神明，大多可分出其所属的系统，如孔子属于儒教，观音属于佛教，界限相当清楚。关公却是唯一被三教共尊的神灵：儒教尊关公为"文卫圣帝"，或尊他为"亚圣"或"亚贤"，塑造出"青史对青灯"的儒家风范；佛教将关公封为守护佛法的伽蓝菩萨、护国明王、盖天古佛等；道教则奉关公为玉皇大帝的近侍、天界北极紫微宫的朱衣神，尊称他为"翊汉天尊"、三界伏魔大帝、"关圣帝君"等。关帝庙一副楹联曾云："儒称圣释称佛道称天尊三教尽皈依式詹庙貌长新无人不肃然起敬；汉封侯宋封王明封大帝历朝加尊号刬是神功卓著真可谓荡乎难名"。

### 3. 官民共奉的万能神

关公文化首先是由官方造起来的，历代封建帝王对关公不断崇封。北宋时期，关羽不仅成为号召人们对抗金兵的忠勇楷模，也开始向求雨祈晴、拯救生灵的护国佑民之神转化。随着官方的崇封与神化，百姓对关公也日益崇奉起来。读书人称关公为"山西夫子"，视其为"文衡帝君"（"五文昌帝君"之一）。关公又被称中华武圣，习武者、军士将其奉为武圣、战神。自古男丁上战场，都要到关帝庙前拜一拜，进则保佑自己建功立业，退则保佑自己平安归来。民间早已将关公拜为能够保佑财源广进的武财神。百姓还尊关公为"医药神"，祈求其驱魔治病。另外，关公还是剃头匠、香烛业、银钱业、典当业、描金业、皮革业、酱园业、糕点业、算命业的祖师爷、行业神。胡孚琛主编的《中华道教大辞典》曾称："明清以来，关帝信仰已不囿于教门……关圣帝君既是武神，又是财神，具有司命禄，佑科举，治病除灾，驱邪避恶，诛罚叛逆，巡察冥司，庇护商贾，招财进宝之职能，且法力无边。"

总之，关公信俗文化形成于隋唐，发展于宋元，极盛于明清。在中华文明史中，是具有道德教化功能又被三教共尊、官民共奉的全能化神，被千秋烟祀且庙祀无垠的历史人物只有关羽一人。发展关公信俗文化，对提高民族道德精神、提高中华民族凝聚力具有重要意义。

# 二　关林的关公信俗文化

东汉建安二十四年冬，东吴孙权偷袭荆州，关羽退走麦城，被东吴所擒，大义归天。为了离间魏、蜀的关系，孙权把关羽的首级献给远在洛阳的曹操。曹操识破他的伎俩且敬慕关羽的为人，于是将计就计，追赠关羽为荆王并刻沉香木为躯，以王侯之礼把他的首级厚葬于洛阳城南十五里（今洛阳市洛龙区关林），即为关王冢，迄今已有1800多年。天下关庙千百座，唯独关林被称为"林"，是唯一的冢、庙、林三祀合一之地。按照封建礼制，皇帝的墓称为陵，王侯墓称为冢，百姓墓称为坟，只有圣人的墓才被称为林。康熙五年敕封洛阳关帝陵为"忠义神武关圣大帝林"，"关林"的称谓由此而来。独特的优势奠定了关林在海内外关庙中的领袖庙宇地位，使关林成为规模宏远的朝拜关公的圣域，形成了丰厚的关公信仰文化。

## （一）关林庙宇承载的关公信俗文化

如今的关林是在关庙原址扩建而成的，主体扩建工程始于1592年。作为品级最高的关庙，作为明清时期皇帝遣官致祭、地方官吏和百姓朝拜关公的场所，洛阳关林建筑群按照宫殿形式修建，布局严谨壮观，文化内涵丰富，处处显示出帝王及民间对关公至高无上地位和道德精神的尊崇与敬仰。

首先，历代帝王对关羽的无上崇封和精神褒扬。关林庙的布局按帝王宫殿建筑而建。沿着中轴线由南向北依次是舞楼、大门、仪门、正殿、二殿、春秋殿、关林（冢），其他建筑的布设皆沿此线左右对称。舞楼，又称戏楼、千秋鉴楼，建于清乾隆五十六年，乾隆皇帝曾为其亲题"千秋鉴"匾，主要为祭祀关羽献戏之用。关林属于列入专用朝廷礼制的祭祀庙宇，依照我国礼俗，祭祀酬神往往要演唱大戏以助祭，舞楼因此而建。该建筑重檐楼阁，设计精巧，构筑绝妙，前台歇山处前檐的倒挂楣子上精雕龙凤、花鸟等。大门，建于 1791 年，为五开间三门道硬山两坡式建筑。中间门上镶刻着九行九排共八十一颗金色乳钉，是封建社会等级制度最高品级的标志，显示了关羽身后崇高的地位和世代的荣耀。仪门，原为关林大门，建于明万历年间，曾悬挂万历皇帝亲题的"义烈"匾（今已不在）。清代改称仪门，寓意"有仪可象"，门额上悬挂着慈禧太后御笔的"威扬六合"匾。"六合"指东、西、南、北、上、下六方，"威扬六合"赞美关公威名扬天下。到了仪门，文官要下轿，武官须下马。连接仪门与大殿的，是一条颇具特色的步道。步道两边石栏有 36 根望柱、104 个石狮，被誉为"洛阳小卢沟"，是古代帝王及仪仗等的专用步道，所以又称"石狮御道"，这样的步道是其他关庙所没有的。步道后是拜殿（又称启圣殿），它是正殿的附属建筑，每年的春秋诞三祭时百官僚属要在此谒拜。拜殿门额上方悬挂着乾隆亲书的"声灵于铄"匾，寓意关公的声名如美好的音乐一样传扬四方。正殿（又称平安殿、大殿），建于明万历二十一年，是关林的中心建筑。屋顶为绿色琉璃瓦，屋脊两端正吻为龙头，内套一盘龙，吞口也是龙口，张嘴衔脊，非常生动。垂脊、岔脊等饰有麒麟、凤凰、狮子、天马和牙鱼。正殿门悬挂有慈禧皇太后亲题的"气壮嵩高"匾。殿里的关羽塑像镶金佩玉，头戴帝王冠，身着锦龙袍，完全是帝王的形象，且手捧七星玉圭，玉圭上刻着北斗七星，昭示着关羽作为圣帝君手握乾坤、神力无边的万能神地位。二殿，又称财神殿，明代时称为寝宫，殿门悬挂有光绪皇帝手书的"光昭日月"匾。中轴线上最后一座殿宇——春秋殿（也称寝殿），是五开间硬山式建筑，五脊六兽，虬龙正吻，前昂刻龙 45 个，龙首横九竖五式排列，昭示着关羽的"九五至尊"地位。立于关林前的敕封碑亭内的"忠义神武灵佑仁勇威显关圣大帝林"碑（碑文记载了关羽生平事迹及封号、建庙等情况），更是古代帝王对关羽最高尊崇的直接见证。

其次，随处可见的对关羽忠义仁勇精神的宣扬。关林庙的外墙、内壁、门扉、斗拱、额坊、石碑等，均以木雕、绘画或书法等形式描绘、赞美着关羽至忠至勇、义参天地的英雄气概。关林大门东西两边为八字墙，分别篆写着"忠""义""仁""勇"四个大字，这既是对关羽人生的评价，又是对忠义仁勇道德精神的宣扬。大门东西两侧约60米处，各有一座石牌坊，形制相同，因石牌坊有三处通道，故又称为三门道石牌坊。两座石牌坊坊额上书写着"刚健中正""博厚高明""允文允武""乃神乃圣"。西侧石牌坊坊柱上有对联两副："义存汉室丹心耿，志在春秋浩气长""诚则无贰无杂，气也至大至刚"。东侧石牌坊坊柱上也有对联两副："千秋义气蒸尝远，万古英风俎豆新""劲气常摩星斗，精忠直薄云天"，皆是对关羽忠义仁勇精神和光明磊落品格的颂扬。仪门西侧镶嵌的刻石画"关帝诗竹"无言地向人们诉说着关羽"身在曹营心在汉"的忠义气节：关羽携两位皇嫂降曹后，曹操为表示对关羽的惜才之意，封侯赠马送锦袍，三日一小宴，五日一大宴，也没能收买关羽的心。得知刘备下落后，他立即向曹操辞行。曹操不忍关羽离去，装病不见。关羽无奈，只得挥笔作了一幅丹青竹子图，以竹喻志，以画藏诗，托人送给曹操，表明自己的心志："不谢东君意，丹青独立名；莫嫌孤叶淡，终久不凋零。"大殿、二殿、春秋殿等处处都有反映关公忠义仁勇故事的刻绘、彩画，如"桃园结义""三顾茅庐""单刀赴会""斩颜良""诛文丑""挑锦袍""三英战吕布""长沙战黄忠""威镇荆州""曹营观马""收廖化"等。春秋殿内有关公夜读《春秋》的塑像，西墙壁上有《崇文习武关羽行侠仗义图》，充分表达了关羽的忠义仁勇。春秋殿之后、关冢之前，有两座明清所建的石牌坊和供案、小石坊，上面刻着九副对联，皆是对关羽忠义仁勇精神的赞誉。比如清道光年间洛阳文学家、书法家草书题联："浩然之气塞天地，忠义之行澈古今。"

最后，丰富浓郁的祈福纳祥文化。关林石狮御道的石柱四周各雕刻一枚铜钱，寓意四方来财，表达了人们希望在关公的庇护下生意兴隆、财源广进的美好诉求，所以这条御道又被称为"生财之道"。甬道北端两侧有善众设立的左祈福右避禳焚帛炉，炉壁上有"岁寒三友""喜梅登枝""麒麟望月""东海献寿"等民俗吉祥图案。拜殿是旧时关羽春秋诞三祭设坛陈牲、点烛燃帛、谒拜祈愿的祭区。月台左右各置的万历二十年的铁花瓶是中原地区历史悠久、形制最大的铸铁花瓶。正殿东西墙壁上绘有《关圣帝出巡降福图》和《武圣人降魔回宫图》，描绘了关帝率众仙应百姓所求，到各地降妖除魔及回关林的场景。二殿内塑着关公的武财神像，关平、周仓分列左右，招财童子、利市童子侍奉在前。东西墙壁上分别绘着《招财进宝如意图》和《平安兴旺吉祥图》。古往今来，百姓特别是商人常在这里祈平安、求财运和事业发达。二殿的东配殿是娘娘殿，这里供奉着关羽夫人胡氏等。娘娘殿内东西两侧分别绘有"祛病祈福图"和"求子还愿图"。洛阳民间把关夫人奉为祛病送子的"百病娘娘"，人们常在娘娘殿前焚香祭拜、求嗣祛灾。

### （二）关林的关公信俗活动

关林的关公信俗活动内容丰富，形式多样，包括关公祭祀文化、娱神活动、祈福纳祥活动等。

#### 1. 庄严隆重的官祭文化

洛阳关林是最早的关庙，祭祀关公的活动最早起源于此。洛阳关林庙碑记载"内葬灵首，汉时有庙""历晋唐宋元……数百祀于此"。

我国自古有祭祀鬼神的习俗。曹操在洛阳礼葬关羽并建庙祭祀后，附近村落的百姓怕关羽变为厉鬼惊吓自己，纷纷前来祭祀。之后，人们发现关羽的神灵不仅没有作祟，反而对百姓的祈求庇护有加，于是就在家中悬挂关羽像以求庇护，久而久之，关羽在百姓心目中就成为福佑吉祥的神灵。出于对关公的敬仰、对神灵的膜拜，更多的百姓前来关林祭拜祈愿，关林庙会由此产生。到明代，随着皇帝对关公的逐步加封，关林庙会日益兴盛。明万历二十年，关林已形成数万人规模的"关王冢会"，香烟浩荡，百姓云集，远近闻名。

关林作为朝廷礼制的祭祀庙宇，也是我国古代最早由朝廷派人专司承祀的庙宇。在明代，农历正月十三、九月十三的关公春秋二祭被列为国家祭祀，届时或由朝廷遣官或由地方官员主持的祭祀活动已成定制，关林设有专祀承礼的生员。清康熙五年敕封洛阳关帝陵为"忠义神武关圣大帝林"，从此关林成为封建级别最高等级的关庙，届时皇帝或亲自御书致祭，或遣官到关林致祭，以官方为主导、以庙会为表现形式的关公信俗成为人们生活中的一件大事。乾隆至道光年间，每年的正月十三春祭、五月十三诞祭、九月十三秋祭均由地方官主祭，附近官邸神社也纷纷前来助兴，声势浩大，关林庙会也由庙内延伸到庙外。咸丰三年，关公祭祀被列为"中祀"，形成了"行礼三跪九叩，乐六奏，舞八佾，如帝王庙仪"的关公祭祀文化。

关公官方祭祀文化的主要内容是迎神、献太牢、祭五谷、祈平安等，其中最具特色的是献太牢和八佾舞。太牢是祭祀典礼中的供物，按照封建礼制，太牢是只有帝王、社稷活动才能享有的规格，其具体内容在不同的时期有所不同，清时的太牢是牛羊猪三牲合祭。关公被以帝王之礼祭祀，所以献太牢是其祭祀文化的重要内容。佾，指的是舞列，八佾指纵横都是八人，共六十四人。八佾也是表示社会地位的乐舞等级和规格，按照封建礼制是只有天子才能享有。八佾舞共九十六个八拍，五步一顿，庄重、缓慢，是用来祭拜文武圣人、太庙的乐舞。

祭祀仪仗也是关公传统祭礼中的重要组成部分。祭祀仪仗由五谷神、风伯、雨师、雷公、电母，青龙、白虎、朱雀、玄武等象征忠义仁勇道德精神的灵牌和财神组成，充分体现了人们祈求平安、富足，重视忠义仁勇的传统观念。仪仗中的五谷神象征丰收富足，风伯、雨师、雷公、电母象征风调雨顺，青龙、白虎、朱雀、玄武则是护佑四方的神灵。

2. 热闹非凡的民祭：娱神活动

关林祭祀文化中，既有庄重的官祀文化，也有热闹的民祭文化。从明代开始，关公的祭祀活动除了依照朝廷典制进行官方拜祭外，各地神社也纷纷前来助兴并形成浩大声势，称为"娱神"。以前关林曾有许多兼具祭祀与社火表演性质的民间团体，如"关爷社""海神社"等。传统的舞狮、排鼓、十万（洛阳古曲，又称社盘）、高跷、旱船、杂技等是娱神活动的主要形式。民国时期，庙会影响越来越大，娱神活动也越来越丰富，闻名遐迩的大里王舞狮，排演了"狮子上老杆""狮子上天梯""狮子走软索"等杂耍，在关林庙会亮相，引起轰动，吸引众多善男信女和远近百姓前来，至今仍是民祭文化的主要内容。

除了这些社团的娱神活动，关林一带最具地方特色的民间祭拜活动还有"献灵羊""磨刀会""烧纸马""送桥布"等。正月十三，各村社社众牵着白色公羊（这些羊从头到尾被红绿绸子结成的花装饰着，脖子下方还挂一个木牌，上写"神羊刀"），由乐手吹奏引导，在社首的带领下，进庙到大殿关帝像前。社众跪地，社首先是烧香献酒，然后用酒杯盛满酒郑重地浇向羊头，如果"神羊"被浇后立即摇头，表示关公显灵同意收下这只羊，这也意味着关公能保佑全社人的愿望达成，全社因此而兴高采烈退场并回去大摆宴席进行庆祝。如果羊头不摇则表示社首敬神的心不够真诚，神羊不被接受。农历五月十三，关公诞祭时有"磨刀会""烧纸马""送桥布"等祭祀活动。传说五月十三是关羽单刀赴会日，也是怪物旱魃经过的日子，人们在这一天祭祀关公，一方面是祈求关公显灵，驱旱魃降甘霖，以解农忧，另一方面也是希望天降雨水助关公磨刀，称作"磨刀雨"。所以，这天又称"雨节"。过去也把这一天称作关公磨刀会："五月十三（儿），关公磨刀（儿）。"烧纸马是关林五月十三拜关公特有的风俗。从农历五月十二开始，关林周边各村信众抬着纸马，敲锣打鼓，绕街巡行，然后到关林门前，焚香设祭，一边用草料假装喂纸马，一边口中念念有词。各村社的纸马林立庙前，信众唱经燃炮，场面热烈，直至入夜后，将纸马焚烧献祭。"磨刀会""烧纸马"都有助力关公降妖除魔之意。烧完纸马各村社还要到庙里"送桥布"。桥布有九尺九、百尺等不同规格，人在布下托举使其状如桥，"桥布"之名因此而得。"送桥布"时，男女信众排成纵队手举黄布于头顶，跟随执事者在唢呐班子的伴奏下先在庙外巡行，后到大殿甬道处宣读祭文，唱经献祭，最后将桥布搭于大殿屋梁上，磕头许愿，焚燃号旗，才算结束。"送桥布"有神明踏桥而至、降福信众之意。

除了娱神活动，还有众多百姓的祭拜。他们带着供品到庙里，虔诚恭敬地焚香燃箔，磕头献祭，求关公庇佑。每年的农历正月十三，许多女信众还在大殿或二殿结伴吟唱，语句合辙押韵，木鱼、响铃、"嗨嗨呀"之声此起彼伏，这是女信众的特殊祭拜形式——唱经。唱的内容为称颂关帝恩德事迹，以及有关做人向善的基本道理和传统孝道等。

3. 招财进宝、祈福纳祥活动

关公信俗文化中，关公不仅是忠义仁勇的英雄，还是无所不能的万能神。千年关林不仅是朝拜的圣域，更成为祈福禳灾的圣地。不论鸿儒巨商还是平民百姓都会来这里求富贵、祈平安。特别是关公春秋诞三祭时，附近民众及远方信众纷纷来到这里摆上糕点、水果等供品，烧纸钱，焚香跪拜，虔诚祈愿，祈福避灾。甚至关林的许多柏树，如龙首柏、凤尾柏、结义柏、旋生柏、长寿柏，也成为能保佑百姓儿女成龙成凤、兄弟和睦、平安长寿的神树。

# 三 关林关公信俗的传承发展与思考

斗转星移，日月如梭。随着时光的流逝、社会的变迁，关公信俗文化在人们特别是中原人心中日渐淡化，官祭文化自不必说，民间祭祀的很多活动及团体也日渐消亡。2014年2月24日，习近平总书记在主持十八届中央政治局第十三次集体学习时曾讲："培育和弘扬社会主义核心价值观必须立足中华优秀传统文化。牢固的核心价值观，都有其固有的根本。抛弃传统、丢掉根本，就等于割断了自己的精神命脉。"① 关公信俗文化所承载的忠义仁勇精神，集中了我国传统文化的思想精华，与社会主义核心价值观相契合，是中华民族重要的精神命脉，应充分重视、积极传承。

---

① 《习近平谈治国理政》，外文出版社，2014，第163~164页。

## （一）关林关公信俗的传承与发展

作为关公信俗文化的重要承载地，洛阳关林管理处及洛阳市政府等为顺应社会发展的要求、满足联谊和沟通同胞亲情的需要，在传承发展关公信俗文化方面做了大量工作并取得了很大的成效。

### 1. 举办关林国际朝圣大典

关林是世界华人祭拜关羽、寻根谒祖的重要"圣地"之一。洛阳是河洛人的故乡、客家人的祖籍地。历史上，关公信仰随着河洛先民向湖广、福建、江浙、台湾及东南亚等地迁徙逐渐向闽南乃至世界各地传播。时至今日，关公信俗文化在闽南、台湾等地乃至东南亚、美国等世界各地仍有大量传播和影响。比如，以关公信仰为主体的民间组织——成立于美国的刘关张赵龙岗亲义总会，下设世界各国分会多达 140 个，拥有信众 300 余万人。游走异国他乡的华人仍将关林视为关公精神的家园、心灵的故乡。1980年以后，海内外要求祭祀关公的呼声很高，1993 年 10 月 25 日，宝岛台湾宜兰县 260 余人的朝拜团来关林朝拜。洛阳关林管理处审时度势，积极作为，响应海外人士及宗亲组织的要求，在挖掘关公文化的基础上，于 1994年首次举办了"东方文化寻根游中国洛阳关林国际朝圣大典"，为全球华人搭建起了祭祀关公的平台。1997 年、1999 年为迎接香港和澳门回归祖国，又相继成功举办朝圣大典。从 1999 年起，洛阳市政府决定于每年的 9 月 29日至 10 月 6 日举行中国洛阳关林国际朝圣大典。自 2000 年开始，中国洛阳关林国际朝圣大典由洛阳市人民政府主办、洛阳市文物局和关林管理委员会承办，全面恢复传统祭祀方式，从而成为拜祭关公、宣扬关公文化的盛会，成为海内外华人华侨寻根问祖的重要活动之一。

自 2011 年起，朝圣大典恢复采用了清代咸丰年间皇家祭祀典仪，再现了帝王遣官致祭关林的古老民俗和宏大场景：乐舞告祭、献太牢、献肴、献爵、行祭拜礼等。乐舞包括大合唱关帝颂、舞蹈关林神韵、武术威武关家军、祭祀舞八佾舞、舞狮舞龙等。其中的八佾舞，经抢救性发掘整理，在 2009 年的关林国际朝圣大典上首次亮相。"洋洋中华，几多英豪，威震华夏，关云长……"，乐舞告祭在大合唱《关帝颂》中圆满结束。然后由典仪宣读祭天文书，在主祭官带领下，海内外各关帝庙主委、朝拜团体由仪门沿御道来到大殿前，向关公敬献供物、上香、献酒、行祭拜礼，表达对关公的敬仰爱戴之情，纪念其忠义仁勇精神。整个朝圣仪式庄重肃穆、气势恢宏，也体现了祈求平安、富足、仁义、诚信的传统观念。

"中国洛阳海峡两岸关公文化论坛"是朝圣大典的重要组成部分，于2011年首次举办，已连续成功举办六年，成为促进两岸关公文化研究、交流和发展的重要平台，同时也是增进两岸同胞亲情、扩大关公文化认同的重要纽带。在2017年的"中国洛阳海峡两岸关公文化论坛"上，来自海内外的50多位专家学者，围绕"浩然之气塞天地 忠义之行澈古今——论关公文化在中华优秀传统文化中的地位"的主题，对关公文化的形成、传播、内涵、意义等方面进行了深入研讨。中国社会科学院特邀研究员朱高正、四川大学教授伍宗文、中国台湾道教联合会监事长颜惠玲、中国民间文艺家协会关公文化专业委员会主任胡泊、郑州大学出版社副社长骆玉安、成都武侯祠博物馆研究保管部主任梅铮铮、洛阳理工学院人文与社会科学学院院长王彩琴等关公文化专家学者参加了本次论坛。本次论坛还是国务院台湾事务办公室2017年对台交流七项重大事项之一。

总之，关林国际朝圣大典遵循华夏历史传承，贴近关公文化信俗，突出朝圣、祈福、求财和国泰民安的民间文化，并通过祭祀关公、传承古礼，展现河洛文明，弘扬关公精神。关林国际朝圣大典已经成为海内外华人华侨寻根问祖的重要活动之一，成为团结和联系海内外中华儿女的纽带。2007年4月，关林国际朝圣大典被河南省政府列入"非物质文化遗产"名录。如今，关林国际朝圣大典已成为河南省非物质文化遗产和古都洛阳的一张名片。

2. 积极申报非物质文化遗产

为了更好地传承、传播关公文化，洛阳市积极开展关公信俗文化的非物质文化遗产申报工作，并取得了一定的成效。2008年，关公信俗被国务院列入第二批国家级非物质文化遗产名录。2011年3月，河南和山西两省又共同向文化部递交了申报材料，正式启动了联手申遗的行动。

此外，从 2011 年开始，关林恢复春节古庙会，展现拜关公、上福香、挂福灯（长明灯）、请莲花灯、安太岁、降财神、求福果、祈福放生等古色古香的老洛阳民俗，以满足河洛儿女的祈福愿望。古庙会活动与时俱进，不断更新内容。2017 年的关林庙会打造了"千年香火""桃园花市""穿越三国"等景观，同时加入以穿越三国为主线的"吕布戏貂蝉""挽花姑娘"等真人互动环节。还发起财神巡游发红包活动，为民众营造出欢乐、祥和、喜庆、热烈的节日氛围。

### （二）传承发展关林关公信俗的几点思考

"滚滚长江东逝水，浪花淘尽英雄。"经过历史长河的冲刷，我国几千年文明史上留下了文圣孔子、武圣关公两位圣人。文圣孔子是我国传统社会主流价值观——仁义礼智信等的重要创立者，武圣关公则是践行这些价值观的楷模甚至成为这些价值观的化身。孔子对我国文人品格塑造产生了重要的影响，因此被称为万世师表，关公则对全民的精神产生普遍而深远的影响。作为关公信俗文化的发源地与重要承载地，关林要加强担当意识，进一步做好关公信俗文化的传承发展工作。

#### 1. 充分认识关公信俗文化的意义，增强传承发展意识

关公信俗文化承载着忠义仁勇甚至礼智信等道德精神。"仁"，即仁爱、仁慈，是儒家文化的核心范畴，仁爱精神激发社会正能量，是社会的黏合剂；"忠"，是儒家最为关键的伦理精神，忠于祖国、忠诚组织，是提高社会凝聚力的重要力量；"义"，即遵循社会准则、维护社会公利与正义，重义轻利、以义制利、义不容辞、舍生取义等是我国传统道德的基本要求，是维护社会秩序、促进社会健康发展的重要基础；"勇"，即不怕牺牲、无所畏惧，它是国家自立、自强的重要精神支撑。这些道德精神是中华优秀传统文化，是中华文化基因，展现了中华审美风范，具有永恒的社会价值。

"人民有信仰，民族有希望，国家有力量。"人的精神世界里，信仰的力量最强大。社会文化中，信仰文化对人们的意识观念浸染最深。关公信

仰是我国信仰文化的重要分支，联通官方文化、宗教文化与世俗文化，儒释道尽皈依，官民共尊奉，是中华民族标志性的文化符号之一，其跨越时空、跨越群体，不断散发着生命力。它所凝结的忠义仁勇，包括礼智信等道德精神是植根于中国人内心的中华魂，与今天所倡导的社会主义核心价值观相契合。挖掘、发展关公信俗文化，对于传承关公道德精神，弘扬社会正能量、培养社会主义核心价值观、强大民族精神、实现强国梦、提高中华民族的凝聚力都具有十分重要的意义，应予以充分重视。

2. 突出展现关公道德精神，引导关公信俗文化与时俱进，健康发展

2013 年 12 月 30 日，习近平总书记在主持中央政治局第十二次集体学习时指出："在 5000 多年文明发展进程中，中华民族创造了博大精深的灿烂文化，要使中华民族最基本的文化基因与当代文化相适应、与现代社会相协调，以人们喜闻乐见、具有广泛参与性的方式推广开来，把跨越时空、超越国度、富有永恒魅力、具有当代价值的文化精神弘扬起来，把继承传统优秀文化又弘扬时代精神、立足本国又面向世界的当代中国文化创新成果传播出去。"① 关公信俗文化里既包含对关公道德精神的褒扬，又有娱神娱乐活动，也有祈福纳祥求财的内容。我们要把关公道德精神的褒扬作为传承发展关公信俗文化的主旋律，并且与时俱进，与时代相衔接，以人们喜闻乐见、具有广泛参与性的方式把它展现出来、传播出去。

首先，关林国际朝圣大典可适当增加对关公道德精神宣扬的内容。目前的关林国际朝圣大典最大限度地复原了清朝祀典关公的官方祭祀程式，在展示传统文化、满足激发对关公的崇敬心、提高海内外华人的凝聚力方面发挥着重要作用，但是对关公道德精神的宣扬不够突出。应与时俱进，有所创新，在祭文和祭舞中增加对关公忠义仁勇等道德精神展示与颂扬的分量。

其次，加强关林庙宇文化建设，让庙里的关公文化活起来、动起来。通过现代高科技把关林庙宇内关公忠义仁勇的传说和故事转化成好听、好看、互动性强的关公信俗系列文化产品和文化活动，以增强关公信俗文化

---

① 《习近平谈治国理政》，外文出版社，2014，第 161 页。

的生动性、吸引力和感召力。

最后，要引导关公信俗文化健康发展。祈福纳祥、招财进宝是关公信俗文化的重要内容，具有一定的迷信性质，要有意识地对其进行引导，把祈福纳祥、招财进宝与关公的忠义仁勇等道德精神联结起来。如通过展示短小精悍的经典名句、经典故事等，让人们认识到忠义仁勇是福地之基、招财之本。有些关公的信俗文化与新时代文明不太相符，如关公诞祭的烧纸马习俗，大量用纸而且焚烧时产生大量烟雾，与生态文明建设的要求不相符合，应该与时俱进地改换方式。

总之，无论是中国洛阳关林国际朝圣大典，还是祈福纳祥活动都要突出对关公忠义仁勇等道德精神的传承与弘扬，以增强社会正能量并推动社会主义核心价值观深入人心。

## 参考文献

【1】李三旺：《关林：忠义英雄安魂处》，《洛阳日报》2017年1月12日。

【2】常书香：《关林庙会：绵延千年传承创新》，《洛阳日报》2017年1月25日。

【3】李三旺：《千年关林 千古信俗》，《洛阳日报》2017年3月22日。

【4】李三旺：《关林：全球华人朝圣地》，《洛阳日报》2017年5月5日。

【5】彭允好：《关公信仰与"三教合一"》，《洛阳日报》2017年6月23日。

【6】杨筝：《热闹非凡的关林民祭》，《洛阳日报》2017年7月6日。

# 新安澄泥砚发展存在的问题与对策建议<sup>*</sup>

新安澄泥砚产业发展问题研究课题组<sup>**</sup>

**摘 要:** 澄泥砚起源于前汉,兴盛于唐宋,成熟于明代。目前澄泥砚的主要产地有河南洛阳、山西新绛县、山东青州。洛阳新安县澄泥砚拥有"河洛澄泥砚""虢州澄泥砚"两大品牌,通过分析其市场营销、产品开发、企业形象策划、生产技术、产业规模等方面存在的问题,建议从文化切入提升其市场知名度、发展电子商务、提高产品开发水平、改进产品生产技术、拉长澄泥砚产业链、政府强化服务管理等方面发力,努力将其打造成为洛阳华夏历史文明传承创新核心区的文化示范产业。

**关键词:** 新安澄泥砚 文化产业 品牌效应

近年来,新安澄泥砚已发展成为洛阳知名的文化产业,生产厂商有 10 余家,产品种类达 300 余种,年产值 1000 余万元。新安县澄泥砚厂、河洛澄泥砚厂、华夏澄泥砚厂、龙龟澄泥砚厂等都具有较高的知名度,随着一批批精品的推出,新安澄泥砚蜚声中外,迅速走红中国台湾、香港地区和日本、韩国、加拿大、美国、英国、法国、澳大利亚、新加坡等国家。

## 一 澄泥砚生产及发展历程

澄泥砚起源于前汉,兴盛于唐宋,明代达至炉火纯青的地步。宋代,

---

\* 本文选自《洛阳文化发展报告(2015)》,有删改。

\*\* 新安澄泥砚产业发展问题研究课题组组长:王彩琴,洛阳理工学院人文与社会科学学院院长,教授,河南古都文化研究中心主任。课题组副组长:刘保亮,洛阳理工学院人文与社会科学学院副院长,教授。课题组成员:徐江平、廖桂华。

澄泥砚兴盛，在黄河中下游先后形成多个澄泥砚产地，虢州、陕州（今河南陕县）、泽州（今山西晋城）、绛州（今山西新绛）以及山东泗水、河北的滹沱河、陕西骊山等地都有澄泥砚出品。到了明代，在我国南方亦有澄泥砚制作。

目前澄泥砚的产地有河南洛阳、河北钜鹿、山东青州、山西新绛县、湖北鄂州、四川通州和江苏宝山等地。国内澄泥砚文化产业主要集中在河南、山西、山东三省。山西澄泥砚的重新崛起始于 20 世纪 80 年代，山西新绛县博物馆副研究员蔺永茂、蔺涛父子经过数年研究，多方搜集历史资料，不断进行产品实验，经过坚持不懈地挖掘、开发、复原、创新工作，最终使失传数百年的"绛州澄泥砚"再次问世，并研制出了烧制"澄泥砚"的新方，申请注册为"绛州澄泥砚"。自 20 世纪 80 年代以来，通过创新图案和造型设计，"绛州澄泥砚"成品色泽秀丽典雅，雕刻形式多样，风格大方古朴。绛州汾河湾的泥质干，具有韧性强、手感滑腻、可塑性高等特质，"新绛县澄泥砚传统手工技艺"于 2008 年入选第二批国家级非物质文化遗产名录，填补了此方面的国家空白。如今，山西忻州定襄县河边村的澄泥砚也有一定的生产规模。

山东澄泥砚为鲁柘澄泥砚，产于泗水县柘沟镇，在春秋时期属于鲁国，因而得名。唐朝时其已成为四大名砚之一。宋唐彦猷的《砚录》云："潍州北海县山所出烂石，土人研澄其末，烧之为砚，即柳公权所云青州石末砚。"宋李之彦的《砚谱》云："青潍州石末砚，皆瓦砚也。"宋欧阳修的《砚谱》（居士集卷七十五）载："青州、潍州石末研，皆瓦砚也。其善发墨非石砚之比，然稍粗者损笔锋。石末本用潍水石，前世已记之，故唐人惟称'潍州'。今二州所作皆佳，而青州尤擅名于世矣。"宋苏东坡论文房之"书青州石末砚"云："柳公权论砚，甚贵青州石末，云'墨易冷'。世莫晓其语。此砚青州甚易得，凡物耳，无足珍者。盖出陶灶中，无泽润理。唐人以此作羯鼓腔，与定州花瓷作对，岂砚材乎？砚当用石，如镜用铜，此真材本性也。"清沈心的《怪石录·附录》："石末，出潍县，以潍水中石碾极细末，复漂净，陶为砚，故名石末，自唐时已重之。"从上述典籍看，石末砚是将"烂石"碾碎，然后澄细为石泥，制成砚形，入窑烧制为石末砚。南宋以后，鲁柘澄泥砚工艺逐渐失传。时至中日建交的 1972 年，因日本访华团的成员要求购买鲁柘澄泥砚，引起有关部门的高度重视。泗水县此后多次进行调研，组织力量生产，但均未获得成功。1989 年首次举办中国曲阜国际孔子文化节期间，山东省内一些专家再次呼吁恢复生产鲁柘澄泥砚。泗水县决定成立鲁柘澄泥砚工艺研究所，并由出生在柘沟镇、喜爱且接触过鲁柘古砚的杨玉祯临危受命，承担起"复活"鲁柘澄泥砚的重任。1990 年冬天，第一窑鲁柘澄泥砚试烧，获得成功。鲁柘澄泥砚的特点是：温润如玉、沉静坚韧、声若金石、含津益墨，使用时手触生晕、发墨如油，不渍水、不损笔。鲁柘澄泥砚有墨、酱红、灰、花等十多个花色、品种。全国政协原副主席谷牧 1991 年 5 月出访日本时，曾将鲁柘澄泥砚作为国礼，赠送给日本前首相海部俊树、中曾根等。鲁柘澄泥砚于 2007 年初被列入山东省非物质文化遗产名录。目前鲁柘澄泥砚在日本、韩国和东南亚享有盛誉。

河南省澄泥砚生产集中在郑州、新安、三门峡三地。郑州黄河澄泥砚的创始人王玲，从 1989 年研制澄泥砚到 1991 年申请国家专利，通过近 3 年的努力，经过 100 多次试验，完全掌握了澄泥砚从选泥到风干、浸泡、过滤、泥制坯、雕刻、烧制一整套的过程。1992 年，黄河澄泥砚作品获轻工业部、商业部、国家旅游局联合颁发的最高奖"天马金奖"。黄河澄泥砚的市场出售主要是借助黄河风景名胜区，让游人有机会去了解、感受、购买黄河澄泥砚，有眼力的收藏家会趁此收藏自己中意的作品，有时也通过拍卖行去拍卖一些精品。①

三门峡市辖区为古代虢州所辖区域。据《陕州志》记载：虢州澄泥砚，唐宋皆贡，泽若美玉，击若钟磬，坚而不燥，抚之如童肤，贮墨不耗，积墨不腐。三门峡生产陕州澄泥砚，主要集中在张村塬上的人马寨村。人马寨村属陕县宜村乡，位于三门峡市南部。该村历史悠久，仰韶、龙山文化遗址就位于人马寨村东北部沟边的台地上。从明代起，村中就一直有烧制

---

① 刘玉：《黄河澄泥砚：在重生中升华美感》，《理财》2012 年第 10 期。

澄泥砚的历史。到清代，特别是晚清时期，这里的澄泥砚盛极一时，且以当地王氏家族所制澄泥砚最负盛名，出现了王玉瑞等一批制砚能手。他们在继承唐、宋时期虢州澄泥砚制作技艺的基础上，吸收了秦砖汉瓦、青铜器纹饰以及民间年画、剪纸等吉祥图案，别出心裁地制造出许多极具地方特色和文人色彩的澄泥砚，受到了文人钟爱。清光绪二十八年（1902年），创立"陕州工艺局"，为官督商办的手工业工场。清末民初，人马寨村生产澄泥砚的作坊有二三十家，在陕州城开有不少字号，当时的"王玉堂""永兴堂""永兴泰""永兴和"等享誉四方。抗日战争时期日寇攻打到陕州张村塬时，人马寨村生产的澄泥砚被日军全部打碎铺路，村人备受打击迫害，只得关窑停产。1993年，三门峡市文物局工作人员张建成经过向老专家、老学者、老艺人求教，于1995年注册生产"虢国澄泥砚"。①

## 二 新安澄泥砚文化产业发展现状

河南澄泥砚生产以新安县澄泥砚最为出名。自20世纪70年代起，新安民间工艺美术界立志传承历史文化瑰宝，历经多年的艰难探索，终于在继承制砚古老工艺、技术的基础上，融合现代科技手段，探索整理出一套独特的制砚工艺，使这一传统文化产品得以恢复、继承和创新，出现了"河洛澄泥砚""虢州澄泥砚"两大品牌。新安"河洛澄泥砚"的制作源远流长，1880年清末新安秀才游文豪游学陕州回来后，将陕州制作砚泥技艺融入新安澄泥砚制作工艺中，使新安澄泥砚制作工艺更加完美，砚形古朴典雅，质坚如石，砚色窑变出世人推崇的极为珍贵的朱砂红、绿豆青、鳝鱼黄等颜色，后传至下代游玉甫（广益）、游玉秀、游传禄等人，新安"河洛澄泥砚"这一传统绝技得以传承至今。1973年，游敏用了8年的时间基本上掌握了"河洛澄泥砚"全部制作工艺，并在形与色上取得了重要突破，不仅窑变出古澄泥砚呈现的朱砂红、鳝鱼黄等珍贵色彩，且神奇地窑变出罕见的"云水纹理"，为澄泥砚这门古老的传统工艺注入了新的活力。几十

---

① 瑞霖：《名噪一时的陕州澄泥砚》，《东方收藏》2014年第2期。

年来，他传授带徒102人，并创建了我国第一个澄泥砚专业艺术展馆"河洛澄泥砚艺术馆"。

新安"虢州澄泥砚"源自王玉瑞。李廷选随王玉瑞制砚10年，后回乡传子李虎，后又传李天祥、李德西、李中献，使这一流传千年以上的绝技在新安保留下来。20世纪80年代，李中献投资办起新安县虢州澄泥砚厂，并注册了"虢州澄泥砚"商标。他在前人制砚基础上承古而创新，产品坚持手工制作，采用药物熏蒸，通过火中涅槃而窑变百色，从而烧制出古代澄泥砚所少有的蟹壳青、檀香紫等名贵色彩，产品坚实厚古、雅俗共赏。新安"虢州澄泥砚"的配方与中医处方中"君臣佐使"的原理基本相似，即以精挑细选的黄河新安段澄泥为主，构成砚台的主体，是为"君"；以一种能和黄河泥溶合在一起的矿物质作辅料，以提高砚台的硬度、强度和耐高温度，是为"臣"；以一种矿物质来提高砚台的柔韧性和耐磨性，是为"佐"；最后再加一种矿物质，成分虽少，但能充分提高砚台的光滑和温润感，当触摸砚台时，如触童肌，是为"使"。"君臣佐使"构成了砚台配方的整体。李喜阳现为"礼智堂"创始人，注册有"黄河泥都"澄泥砚商标，先后研制出以古都洛阳文化为主体的"卢舍那佛"系列砚、"河图洛书砚"、世界文化遗产"龙门大佛"系列砚、国花"洛阳牡丹"系列砚等，纯手工批量化生产，其澄泥砚写字作画虫不蛀，嗅之还有淡淡清香，堪与古砚媲美。

新安澄泥砚的主要特点：一是质地细腻，采用黄河中段新安境内沉积的优质澄泥为原材料，质地很细腻；二是坚实厚古，经高温烧制，坚如石，扣之声若钟磬；三是窑变奇特，每一窑都不尽相同，因而产生许多珍贵稀有之色彩，如朱砂红、鳝鱼黄、绿豆青等；四是形制多样，造型日趋丰富，雕刻技法日渐成熟，品种已有上千种。与其他名砚相比，它具有造型立体性强的特点。通过长期不懈努力，2002年10月新安澄泥砚被洛阳市人民政府确定为三大旅游产品之一（澄泥砚、唐三彩、青铜器）。2003年9月，新安县被中国工艺美术协会评定为"中国澄泥砚之乡"。2006年新安"虢州澄泥砚"制造工艺被列入河南省非物质文化遗产名录。

## 三 新安澄泥砚发展存在的问题

新安澄泥砚发展已有良好基础，也有力地促进了地方文化产业的腾飞，但同时也存在一些有待改进的问题。

### （一）市场营销有待加强

新安澄泥砚制作技艺自公元前 114 年新安修筑汉函谷关之时就已兴起，制砚技艺代代相传，而且新安在唐代地处繁华的西安、洛阳两京大道之间，北宋时又紧邻西京洛阳，深厚的历史渊源和优越的地理位置使新安澄泥砚具有较高历史知名度，也奠定了其现实发展基础。由此出发，在国内澄泥砚生产河南、山西、山东三分天下中，它应该独占鳌头。但事实上，新安澄泥砚无论是市场知名度还是市场销售份额，均已落后于"绛州澄泥砚"。这差距从一系列的荣誉对比中可见一斑："绛州澄泥砚" 2006 年被认定为"中国驰名商标"；2008 年绛州"澄泥砚制作技艺"入选国家级非物质文化遗产名录；自 2003 年以来，"绛州澄泥砚"四度蝉联联合国教科文组织"世界杰出手工艺品徽章"，四度蝉联"国之宝"最高荣誉称号，四度蝉联"中华民族艺术珍品"荣誉称号；2010 年其"东方之冠砚"被特选为上海世博会定制产品；2011 年其"荷塘月色砚"被北京、台湾两岸清华大学选为百年校庆特制礼品；2011 年其"红色革命圣地系列砚"，被延安、上海、遵义、井冈山等革命圣地纪念馆永久收藏；2012 年其"关帝夜读春秋砚"被特选为关帝圣像首次赴台巡游文化礼品。①

新安澄泥砚的市场营销力度则明显不够。从走访的"河洛澄泥砚""虢州澄泥砚"两家生产厂商看，近几年工厂从未有计划、成规模地进行过市场调研，也未能系统建立客户群资料，未能追踪客户未来购买需求与意愿。澄泥砚销售的实体店数量不足，在洛阳龙门石窟、白马寺等几大著名旅游景区均没有设立专卖店或销售点，市区内店址的名气也不大，靠客户相互

---

① 吴喜德等：《绛州澄泥砚 潇洒世界行》，《农产品加工》2013 年第 10 期。

打听才可得知。营销渠道以熟人介绍为主，市场宣传造势、广告策划、文化活动几近于无。

### （二）产品开发有待深化

新安澄泥砚产品数量已有300余种，但整体上吸引客户的畅销产品为数不多。从价格上看，一方面产品高端化开发不够，高艺术设计、高技术含量、高市场价格的产品缺乏，致使其很难成为收藏品，不能成为文化奢侈品，不能更好地销售到海外市场；另一方面产品大众化程度又不够，缺乏瞄准普通游客的百元价位、携带方便的小型化产品，缺乏走进中小学校书法课堂、放置老年人书桌案头的日常砚台。从产品创新看，由于主创人员以家传为主，绝大部分传承人的年龄在30岁左右，缺乏雕塑、绘画等艺术专业背景，产品创作的水平不高。在雕刻技艺上，花草虫鱼没有质感，鸟兽虽有其形却无其神，较差的更是纹不成纹，线不成线，雕刻语言缺乏，甚至不少澄泥砚实行倒模生产。在雕刻体裁上，所雕内容陈旧，非星即月，非龙即凤，如果是动物则多为麒麟、青蛙之类，如果是植物则是瓜果、葫芦之属，无论是何种动物，往往一个圆点即为眼睛，无论是何种植物，树叶也往往只有一个模式，缺乏艺术品位。近几年定襄惠氏澄泥砚推出了十分畅销的"平步青云砚台"，颇有诗情画意：砚台右上方祥云间满月悬挂，左下方拱手而立的书生站于团团祥云之上，微风拂过，云朵流动，衣带飘飘，整方砚中似乎有一股暗流旋转、流泻于外，内含"平步青云"的美好祝愿。相比较而言，新安澄泥砚产品总体上推陈出新力度不够，产品不能紧跟时尚，不能充分体现河洛地域文化元素。从产品市场细分角度看，应针对政府、企业、学校、游客以及个体消费者的不同需求，有选择和有侧重地开发专用礼品砚、企业文化专用礼品砚、会议专用礼品砚、特色旅游纪念品砚以及个人专用礼品砚，在产品个性化设计、生产上多下功夫。

### （三）企业形象有待策划

新安的澄泥砚厂多为私营中小型企业，受到规模与资金的制约，企业对外宣传有较大的地域限制。在电子商务方面，百度搜索显示新安澄泥砚只有两家厂商设有网页，且网页内容简单，缺乏历史文化气息，产品也只是图片展览，没有进一步的详细说明和内涵介绍，客户检索信息的需求得不到满足。网站的维护也十分不力，更新缓慢，甚至两三年都没有变化，致使客户无法得到企业的有用信息。企业产品在线订购功能缺乏，没有安全验证，网络营销滞后，因此在企业增效上，电子商务基本没有发挥作用。互联网时代，新安澄泥砚生产厂家亟须开发电子商务，以提高企业效益。

### （四）生产技术有待提高

澄泥砚的制作工艺是在由简到繁、由粗到精的发展过程中不断改进和日趋完美的。澄泥砚的燥与润、粗与细，首先取决于泥材的结构，分子密度大时必细，分子密度小时必粗，这是决定砚质是否坚实、是否发墨的主要条件；其次取决于澄泥中的金属成分，这也是发墨与否的主要条件；最后是烧制的火候，火候高，泥的密度大，也会导致澄泥砚不发墨，滞涩多于滑润。澄泥砚的不同颜色也与烧制温度有关系。古人在制作砚的过程中逐渐摸索出控制火候的技术，并试着在澄泥砚中加入不同的添加剂，如石末、黄丹等，以提高澄泥砚的质量。总的来看，在原料中加入添加剂、控制烧制温度和烧成后的处理，是澄泥砚能否制作成功的关键。① 澄泥砚的制作工艺复杂，选泥、晾晒、和泥、制坯、雕刻、烧制、熏蒸等这些环节都很重要，任何一个环节出现问题，都会影响澄泥砚的质地、色泽和外观。

考察发现，新安县澄泥砚目前仍然属于典型的家庭作坊式生产，工艺及设备相当落后，致使生产效率低下，也不易保证泥料的工艺性能，进而影响制品的内在质量。以新安"虢州澄泥砚"的生产为例，其出现问题的工序主要有过筛、泥浆去水、练泥、烧成。过筛，采取多层化纤滤布自然过筛的工艺，其缺点是过筛效率低，且泥料的控制细度偏大；泥浆去水，其缺点是脱水效率极低，且泥料的含水率不易控制（或控制精度差，只能凭经验掌握），易混入杂质；练泥，采取人工揉捻、摔打泥料的方法进行练

---

① 王通：《华夏澄泥砚展销系统设计与实现》，天津大学硕士学位论文，2013。

泥，这种练泥方法一则劳动强度大，二则所得泥料不够致密、空气含量高，严重影响制品的成型与干燥质量；烧成，采用小型、简易的燃煤窑烧成，其缺点是热耗大、环境污染大、窑温波动大，而且成品率较低，只有50%左右。

### （五）产业规模有待扩张

新安澄泥砚产业规模较小，只见企业不见产业。影响比较大的企业有两家，每家从业人员基本在30人左右，年产值在200万元左右，其他企业规模更小。澄泥砚生产组织形式主要是家庭作坊，经营管理以家庭成员为主，生产澄泥砚产品的主要原材料是陈年黄河泥，燃料主要是煤（因为用气、电难以控制产品质量），其产品的价值主要取决于创作人员的智力劳动，经销半径以洛阳地区为主，因此，洛阳新安澄泥砚产业与其他产业的发展关联性较小，带动性不强，对地方经济社会发展的贡献有限。

## 四　新安澄泥砚发展对策建议

针对新安澄泥砚发展现状与存在问题，课题组提出以下建议。

### （一）从文化的角度切入，提升市场知名度

从提高澄泥砚文化内涵入手，着眼国内产业发展，建立产学研合作基地。一是依托企业成立澄泥砚研究院。以澄泥砚研究院为平台，加强与国内砚文化研究机构和行业协会的交流，特别是与国内四大名砚生产企业之间的交流，彰显四大名砚的地位和身份，叫响四大名砚的品牌。二是牵头成立黄河澄泥砚产业协会，加强与黄河沿岸特别是河南、山西、山东三省澄泥砚生产企业的合作交流，提升经营理念和产品艺术水准，在相互竞争与合作中共同开拓国内市场。三是策划举办"澄泥砚文化节""澄泥砚书法艺术展"等全国性或地域性的澄泥砚文化活动。

新安澄泥砚企业要加强宣传造势，灵活运用各种媒体进行广告宣传。

注重个性营销，通过与个人需求的充分沟通，提供产品设计方案，最大限度地满足私人定制的个性化需求，提高产品的边际贡献能力。要充分借助中国洛阳牡丹文化节、河洛文化旅游节等节会活动，扩大产品影响。

### （二）发展电子商务

新安澄泥砚生产企业多为私营中小型企业，发展电子商务是降低其成本的必要手段。中小企业面临着严酷的市场竞争，因此必须学会利用信息技术手段把握市场方向，提供更加先进的管理。通过调研，新安澄泥砚生产厂家需要发布的信息包括企业介绍、企业荣誉、行业动态、产品信息等，应设计网站管理系统，包括网站设置、用户权限管理、数据管理等网站管理模块，包含首页、信息发布与检索等功能模块。澄泥砚生产厂家应根据实际选择适当的方式开展电子商务，加强网站建设，充分利用网络信息环境，对公司信息及产品信息及时进行发布、更新，使用户尽可能全面地了解公司状况，根据自身需要对产品进行查询、浏览，并在线咨询相关信息，实现在线购销，从而使企业以更少的成本获得更大的收益。

### （三）提高产品开发水平

明确产品开发的定位。将澄泥砚产品区分为艺术品和纪念品两大类。前者注重澄泥砚的历史文化定位——四大名砚之一，找准澄泥砚与历史文化和砚文化的结合点，突出产品的艺术性，在仿古线路上下功夫，增加澄泥砚的文化价值和收藏价值。例如，在产品设计主题方面，可突出历史传说、神话传说、历史典故、历史人物、风景名胜。纪念品则应注重澄泥砚产品的观赏性、纪念性，以不同档次与价位满足大众文化需求，如构图设计上突出老百姓喜闻乐见的历史人物、动物、建筑、自然景观、花鸟鱼虫等，实现澄泥砚产品的市场价值。尤其在当今体验经济时代，澄泥砚产品要凸显文化内涵，无论何种构图和造型都应雕饰精美、栩栩如生，一方砚就是一首诗、一幅篆刻作品、一个美丽的传说、一幅优美的风景画、一个动人的故事，中华文化的博大精深都可以在这一方小小澄泥砚上展现出来。

要瞄准文化旅游市场，注重融入河洛文化元素，凸显洛阳文化符号，进驻洛阳旅游景区，或在大型文化园区设立澄泥砚专题体验区，以唤起人们的历史记忆与生命体验，让他们感受到收藏新安澄泥砚就是收藏河洛文化、收藏河洛艺术、收藏河洛历史。

### （四）改进产品生产技术

适当提高澄泥砚生产的机械化程度，如过筛采用机器振动筛可实现多次过筛，泥浆脱水采用小型压滤榨泥机，脱水后的泥料采用真空练泥机进行处理等。借鉴洛阳唐三彩、牡丹瓷的装饰技法，丰富澄泥砚产品的装饰方式。烧成窑可考虑改用由计算机程序控制的小型燃气梭式窑或电窑，以更好地保证产品质量，提高成品合格率，降低资源及能源消耗。

### （五）拉长澄泥产业链

澄泥具有可塑性强的独特优势，以澄泥为材料可以制作砚台，也可以制作其他种类的产品。目前新安澄泥砚部分厂家的探索已有了良好的开端，如制作十二生肖、书法镇纸用品、书房装饰小挂件等，但思路还不够开放。可以以洛阳博物馆馆藏的地方特色文物为依据，以澄泥为材料制作各种系列收藏品、旅游纪念品；可以以洛阳历史人文与自然山水为题材，制作各种尺寸形状、不同主题的澄泥壁画；可以向日常消费领域进军，制作澄泥玩具、饰品、茶具等。以多样化多用途的澄泥制品延伸澄泥产业链，最终建立打造一个澄泥产业集聚区，使其成为地方经济文化发展的一个支柱产业。

### （六）政府强化服务管理

洛阳市相关部门和新安县要加强对澄泥砚生产企业的管理引导，改变其"小、弱、乱"的产品生产和营销现状，尽可能组建企业联合体，共同开拓市场，构建销售网络，进行产品研发，塑造品牌形象。政府部门牵头，组织申报洛阳澄泥砚为国家非物质文化遗产项目，并做好大师级澄泥砚创作人员的挖掘、培育工作。市县两级政府要把澄泥砚作为洛阳古都文化名片之一，加大向外推广宣传的力度，并将其作为政府对外交往礼品加大政府采购量。设立澄泥砚专项扶持资金，以贷款贴息、补助、奖励等方式，对重点项目给予支持。

　　新安澄泥砚是河南省非物质文化遗产，它已超出县域范围而成为洛阳文化经济发展的一个重要品牌，成为打造华夏历史文明传承创新核心区的一个有机组成部分。当前，洛阳正在建设副中心城市文化示范区，需要动员全市力量真抓实干，以踏石留印、抓铁有痕的劲头，切实做好每一个工程、每一个项目、每一个品牌，期望澄泥砚的发展能为洛阳文化示范区建设增辉添彩。

## 参考文献

【1】王蕾：《河南郑州黄河澄泥砚的造型特点与制作工艺研究》，《美术大观》2014 年第 10 期。

【2】瑞霖：《名噪一时的陕州澄泥砚》，《东方收藏》2014 年第 2 期。

【3】史宏云：《绛州澄泥砚的艺术特征》，《民族艺术研究》2013 年第 2 期。

【4】刘铁梅：《河洛澄泥砚》，《中国统一战线》2010 年第 10 期。

【5】赵秋丽：《传承留住我们的根——虢州澄泥砚略探》，《大众文艺》2009 年第 16 期。

【6】谭静：《明朝澄泥砚样式初探》，《文物世界》2009 年第 2 期。

【7】崔秀莲：《澄泥砚的前世今生》，《中州古今》2004 年第 3 期。

【8】崔松林：《虢州澄泥砚试探》，《三门峡职业技术学院学报》2003 年第 3 期。

【9】王通：《华夏澄泥砚展销系统设计与实现》，天津大学硕士学位论文，2013。

【10】沈晓莜：《中国澄泥砚工艺研究》，中国科学技术大学硕士学位论文，2010。

# 洛阳音乐类非物质文化遗产研究报告<sup>*</sup>

余东衍<sup>**</sup>

摘　要：　洛阳作为历史文化名城，有着十分丰富的非物质文化遗产，
其中有多个音乐类非遗项目，具有很高的价值。然而，随着时
代的发展和社会环境的变化，洛阳的音乐类非物质文化遗产
受到了较大冲击。如何对其进行更好地保护与传承，是非常
重要的一件事。政府有关部门和社会各界都应当给予这个问
题更多的关注。

关键词：　音乐　非物质文化遗产　洛阳海神乐　河洛大鼓

自 2004 年 8 月中国批准加入联合国《保护非物质文化遗产公约》以
后，在国家号召之下，各地逐渐认识到了非物质文化遗产保护的价值及意
义。作为有着千百年文化积淀的洛阳，在漫长的历史发展过程中给后人留
下了诸多无法用金钱衡量的非物质文化遗产，这些厚重的文化遗产见证了
河洛文明的发展，是最宝贵的"活化石"，其中有多个音乐类项目，具有很
高的价值。随着时代发展，这些非遗项目的生存环境发生了重大改变，不
少非遗项目正面临生存发展危机。因此，更好地加强对洛阳市音乐类非物
质文化遗产的保护与传承具有重要意义。

## 一　洛阳市音乐类非遗的现状

早在 20 世纪 80 年代，洛阳市就凭借悠久的历史和丰富的文化遗存，被

---

　*　本文选自《洛阳文化发展报告（2018）》，有删改。
　**　余东衍，中共洛阳市委党校讲师。

评选为国内第一批历史文化名城。在其拥有的非物质文化遗产中包含了多个音乐类项目，其特点如下。

### （一）涉及层级多

洛阳市目前有 1258 个不同层级的非遗项目，其中国家级非遗项目 8 项，省级 58 项，市级 135 项，县（市）区级 1057 项。其中音乐类的非遗项目，国家级的有 1 项，省级的有 4 项，市级的有 7 项，县级的有 12 项（见表 1）。

表 1　洛阳市各层次音乐类非遗项目

| 国家级 1 项 | 省级 4 项 | 市级 7 项 | 县级 12 项 |
|---|---|---|---|
| 河洛大鼓 | 洛阳海神乐 | 武皇十万宫廷乐 | 船工号子（吉利区、偃师市） |
| | 硪工号子 | 同乐社盘 | 排鼓表演与鼓谱（偃师市） |
| | 木偶戏 | 洛阳龙马盘鼓 | 善书宣讲（偃师市） |
| | 三弦铰子书 | 靠山黄 | 社盘（新安县） |
| | | 嵩县大铜器 | 花鼓戏（洛宁县） |
| | | 南街排鼓 | 河洛响器（洛宁县） |
| | | 洛阳小调曲 | 洛宁鼓歌（洛宁县） |
| | | | 曹家唢呐（嵩县） |
| | | | 柴家木偶戏（栾川县） |
| | | | 牛栾越调（栾川县） |
| | | | 何村唢呐（栾川县） |
| | | | 坠琴演奏技艺（汝阳县） |

资料来源：笔者根据洛阳市文化广电和旅游局提供的数据整理。

### （二）涵盖范围广

洛阳的音乐类非物质文化遗产项目，在非遗名录中被分别列入"民间音乐（传统音乐）""民间戏剧（传统戏剧）""曲艺"这三个类目，它们中既有河洛大鼓这样的说唱艺术，又有海神乐这样的民间音乐，还有洛阳小调曲这样的地方戏曲，涵盖范围非常广。

### （三）内在价值高

#### 1. 历史文化价值

非物质文化遗产最大的价值就在于它的历史文化价值。[①]

音乐类非物质文化遗产也是中华优秀传统文化的一部分。它们为地方史志研究提供了珍贵的资料，有重要的参考价值。

洛阳悠久的历史和独特的地理位置孕育了特色鲜明的河洛音乐文化。从二里头遗址出土的早期乐器和商都西亳的乐舞，到两周青铜礼乐和汉代乐府声歌；从魏晋京洛女乐和隋唐宫廷燕乐，到宋元杂剧散乐和明清洛阳民乐，洛阳音乐类非物质文化遗产正是在河洛音乐文化的浸润和影响下产生、发展出来的。

如洛阳海神乐是洛阳市独有的汉族民间音乐，有着悠久的发展历史。据古文献记载，上古时代武王克商之后，对内陆各方诸侯加以册封，同时也对各方海神进行了册封，此外，每年还要在宫廷内举办隆重的祭祀活动，在此期间古代音乐匠人谱写了诸多与祭祀活动有关的音乐，此种音乐的出现为洛阳海神乐的发展奠定了基础。发展至隋唐时代，海神乐更为兴盛。此后，它又从宫廷流入民间，一直延续到明清、民国时期。新中国成立之前，洛阳海神乐仍在东到郑州、西到陕县的广大地区流行，涵盖城乡，受众广泛。因而海神乐可以成为现代人观照我国古代音乐流变的参照物。[②]

#### 2. 艺术价值

洛阳音乐类非物质文化遗产作为传统文艺演出项目，具有很高的艺术价值。无论是"民间音乐（传统音乐）""民间戏剧（传统戏剧）""曲

---

① 苑利、顾军：《非物质文化遗产保护干部必读》，社会科学文献出版社，2013。
② 余东衍：《洛阳市非物质文化遗产的保护与开发》，《洛阳师范学院学报》2015 年第 12 期。

艺"中的哪一种，都需要表演者通过道具、乐器，还有舞蹈动作等肢体语言的配合来呈现。多种乐曲和舞姿的表现，既反映出本地人民的审美情趣、审美理想与艺术创造力，也表现出了古时人们生活的丰富内容。不管时代与环境如何变迁，这些非物质文化遗产的艺术价值都是不可磨灭的。

## 二　洛阳市音乐类非遗项目面临的危机

不可否认，洛阳众多非遗项目包括音乐类项目大都是过去长期小农经济社会的产物，随着时代变迁、社会发展，这些非遗的生存环境发生重大变化，导致它们面临消亡的危机，尤其体现在传承方面。非物质文化与其他物质文化不同，在漫长历史发展脉络之中，非物质文化主要依靠"言传身教"的师徒方式进行传承，音乐类非遗项目的传承及发展也是如此。作为一种时间、空间相互交错的艺术门类，音乐艺术的表演及发展离不开历代传承人的勤劳付出，但也正是这种单一的传承方式，使民间音乐有着很强的易逝性，"人在艺在、人死乐亡"的情况在艺术的发展演变过程中十分常见，在科学技术高速发展的今天更是如此。通过田野式调查发现，当前国内诸多音乐类非物质文化遗产在传承过程之中存在上述问题。如何通过国家政策的引导，避免古人留下来的动人乐章销声匿迹，已成为社会各界共同关注的文化发展问题。

### （一）传承人经济困难，生存状况不容乐观

造成这种现象的原因较为复杂。首先，音乐类非遗传承人不像手工艺类非遗传承人那样，可以利用一技之长生产出转化为商品的手工艺品，进入市场，从而获取经济回报。除了少数有"看点""卖点"的项目，大部分音乐类非遗项目很难体现甚至本身就不具备经济价值。其次，要成为音乐类非遗传承人绝非易事，需要全身心投入，需要长期努力，需要有对艺术的痴情和高超的技艺等。这些痴迷于音乐类非遗的传承人或准传承人没有时间去经商，也没有精力去从事多种经营，更谈不上去发家致富，因而他

们的物质生活大都清贫得令人难以想象。①

### （二）传承人高龄易逝，身体健康状况不好

民进中央调查数据显示，已公布的全国四批国家级非遗传承人共有
1986 人，截至 2015 年 8 月，已有 250 位去世，占总数的 12.6%。全国总体
情况如此，洛阳面临的情况也很严峻。河洛大鼓、海神乐等项目的国家级、
省级传承人大多年事已高。目前，偃师长期坚持演出河洛大鼓的老艺人已
经不足 10 人。

### （三）社会环境变化，传承人后继乏人

随着社会转型，国内非物质文化遗产的发展环境也发生了翻天覆地的
变化，尤其是在古镇等乡村地区。在现代化社会环境中，乡村大量的青壮
年劳力外出打工，城乡公众可选择的文化娱乐生活内容更多，审美情趣有
所改变，传统音乐作品的市场愈加狭小，非遗传承人就业形势严峻，因而
愿意学习这些技艺的年轻人也越来越少。这些都是非遗项目后继乏人的重
要原因。

以国家级音乐类非遗项目河洛大鼓为例。

偃师的河洛大鼓是在洛阳琴书与南阳鼓儿词融合中发展起来的一种曲
艺形式，初创于清末民初，1952 年更名为"河洛大鼓"。它曾经非常盛行。
当地百姓有红白喜事不请"响器"（唢呐等吹奏音乐）而流行"请书"，也
就是请河洛大鼓艺人说书。每说三天九场书为"一棚书"。这种"请书"名
目很多，有求阖家平安的"平安书"，有婚庆娶妻的"红书"，有给儿童过
生日请客的"面书"，有给家里老人做寿的"寿书"，等等。当地人无论大
事小事，只要有事都要请艺人去家里说书，甚至政府部门有事也常常"请
书"，这被称为"官书"。②

---

① 何丙瑞：《商丘市音乐类非物质文化遗产保护与传承对策思考》，《延安职业技术学院学
报》2012 年第 2 期。
② 马春莲：《洛阳河洛大鼓音乐调查报告》，《黄钟》2004 年第 4 期。

20 世纪 50 年代河洛大鼓的演出在洛阳还随处可见，发展到 80 年代后仍然是洛阳特色文娱表演节目，在洛阳有着极高的知名度，在那个时期根本不用担心缺乏传承人，原因在于：首先它使用洛阳方言，通过形象生动且引人入胜的故事情节、妙趣横生的语言艺术，在表达方式上让不少听众感到亲切自然；其次，在早期发展过程中，内地整体经济水平发展较为落后，劳动人民的生活娱乐方式较为单一，加上淳朴的社会环境，让不少人出于对河洛大鼓表演的喜欢而选择学习该门艺术，有不少本地人学有所成后以此谋生，让个人及家庭的生活质量有了明显提升。

而现今河洛大鼓早已不复当年的兴盛。一些说书艺人虽然还在坚持表演这一技艺，但若依靠其养家糊口几乎已无可能。在这种情况下，很多优秀的说书艺人纷纷转行，说书只是其副业而已。这样一来，无论是表演水平还是内容、形式，都难以得到持续的改进和完善。说书内容多为传统题材与剧目，缺少新的题材，因此河洛大鼓就无法满足现代观众的审美诉求，观众大量流失、市场萎缩也就成为不争的事实。① 市场萎缩导致不少河洛大鼓表演者没有机会登台献艺，无法在实践过程中积累表演经验，从而形成恶性循环。加之其他现代艺术形式的冲击以及人们就业选择的增多，最终说书老艺人只减不增，愿意学习河洛大鼓的年轻人越来越少，导致出现后继乏人的尴尬局面。

## 三　洛阳市音乐类非遗保护的进展

洛阳市包括音乐类在内的非遗项目面临传承发展危机，引起了政府和社会各界有识之士的警觉。政府在推进洛阳市民族民间文化保护和洛阳市非物质文化遗产保护的过程中，做了大量的工作，取得了相当的进展。

### （一）通过地方性非遗立法

依法治国是党领导人民治理国家的基本方略，法律法规是政府行政管

---

① 　王艳：《河洛大鼓的文化嬗变边缘化与保护传承》，《戏剧文学》2016 年第 10 期。

理的基本依据。在《中国非物质文化遗产法》和《河南省非物质文化遗产保护条例》相继颁布实施的背景下，2016 年 3 月，按照《关于认真做好〈洛阳市人大常委会 2016 年度地方立法计划〉工作的通知》，洛阳市将《洛阳市非物质文化遗产保护条例》作为当年度立法项目，对各地已有的相关条例进行研究，对其在保存保护、社会传承、资金保障、传承人及传承单位引导、人才队伍和评估机制建设等方面的经验和做法给予关注和借鉴，最终于 2016 年 11 月 2 日在洛阳市第 14 届人代会第 26 次全体会议中审批通过了《洛阳市非物质文化遗产保护条例》，并于 2017 年 3 月正式在全市范围内施行。

这是在依法治国的大背景下，将非遗保护工作纳入法治化、制度化、科学化轨道的必然要求，为非遗保护提供了可靠的法律保障。洛阳由此成为河南对非遗保护进行地方性立法的唯一城市，走在了全国前列（直辖市中只有上海，省会城市只有南京、武汉，地级市只有苏州）。

### （二）设立专门的保护机构

2005 年 11 月，洛阳市成立了民族民间文化保护中心，内设"民保办"。从 2006 年 8 月起，中心更名为洛阳市非物质文化遗产保护中心，"民保办"改称"非遗办"，专门负责全市的非遗保护相关工作。同时，洛阳市利用非遗资源在本地的影响力及政府的号召力，与地方各大高校、研究机构达成共识，申报设置了非物质文化遗产的传承机构、文化展览厅，希望通过此种方式宣传及保护地方的非物质文化遗产，让更多市民感受到本地非物质文化遗产的魅力。[1]

目前，洛阳音乐类非遗项目——河洛大鼓、洛阳海神乐、南庄木偶戏、硪工号子均设立了传习所。

### （三）争取专项保护资金

《国家非物质文化遗产保护专项资金管理办法》《河南省非物质文化遗

---

[1]　余东衍：《洛阳市非物质文化遗产的保护与开发》，《洛阳师范学院学报》2015 年第 12 期。

产保护专项资金管理办法》规定，各级政府机构应及时了解地方非物质文化遗产的传承情况，应及时对本地处于发展边缘的非物质文化遗产进行保护，尤其是在历史、艺术及文学等方面，必要时可申请保护资金，以确保各项工作顺利进行。

通过多年发展努力，河南洛阳已成功申请了多项非物质文化遗产保护项目，获得诸多国家级、省级专项保护资金，有效推动了洛阳非物质文化遗产保护工作的开展。

### （四）通过"非遗进校园"培养人才

《洛阳市非物质文化遗产保护条例》明确规定，市级、县级人民政府在发展地方经济、科技的同时，也应注重地方非物质文化遗产保护队伍的建设，不断引进及培养更多专门从事非物质文化遗产保护、传承及管理的专业人才。同时，该条例还为市级、县级非遗传承人的培养工作指明了发展方向，对地方教育部门做出了指示，支持和引导地方高、中职院校开设有关非物质文化遗产保护的课程，通过校企合作助力非遗传承人培养。鼓励及支持中、小学积极组织学生实践活动，到非物质文化遗产展览场所去参观、学习，感受地方非物质文化遗产与生俱来的无穷魅力。

洛阳市非遗中心与洛阳市水叮当艺术培训中心于2014年共同开展了"河洛大鼓进校园"活动，并在洛阳市区的西下池小学、王城小学、凯旋路小学、三山小学等4所小学建立了"河洛大鼓传承基地"，开设了河洛大鼓培训班，目前有400多名儿童在学习河洛大鼓艺术。

2018年1月，教育部对认定的第二批全国中华优秀文化艺术传承中小学学校予以公示，在全国认定的1036所学校中，河南省有40所学校上榜，洛阳有4所。其中，涧西区青岛路小学的传承项目正是国家级音乐类非遗项目河洛大鼓。

2000年春季，海神乐社与洛龙区十四小、洛龙区西高明德小学、洛龙区第二实验小学建立了传习关系。乐社老师为学校三年级以上学生传授海神乐曲。海神乐社还定期为洛阳师范学院的学生传授技艺，多次为师院师生表演节目。2016 年 1 月，洛阳师范学院为洛阳海神乐社社长、省级代表性传承人郭红运颁发了教授聘书。

### （五）通过组织展演扩大非遗影响

其一，每年中国洛阳牡丹文化节期间，洛阳市都会举办非遗展演活动。在"河洛欢歌·广场文化月"专场舞台上集中展示各级各类非遗项目。2011~2013 年，每年还只有 1 个本地项目，3~6 支表演队伍，参演人员不足 20 人。自 2014 年起，活动场次大量增多，每年有 2~4 台专场，增大了本地项目的演出力度，一般是 5~8 个项目，五六十人的演出规模。2016 年，洛阳市邀请省内外的优秀项目参与演出，活动规模得到了很大扩展。2016 年有省外非遗项目 1 个、省内 17 个、洛阳本地 11 个，共 34 支队伍、314 人参演；2017 年有省内非遗项目 18 个、洛阳本地 11 个、共 36 支队伍、429 人参演。省内的"登封大鼓书""王屋琴书""沙河船工号子"都在"河洛欢歌·广场文化月"专场舞台上进行过集中展演，群众反响热烈。

其二，每年的河洛文化庙会期间，洛阳市文化部门都要求活动承办方安排非遗项目、传统文化项目展演，丰富庙会文化内涵。在公开招标中对此有相应的要求：地方戏剧的演出剧团需要有正规经营性演出许可证、工商营业执照等证件；要求在活动期间（15 天）每天演出 2 场（按整场戏要求），不允许另外收取门票；非遗项目展演至少要设 5 个演出点，每个演出点每天演出 2 场以上，每场不少于 90 分钟，不允许另外收费；民俗文化展演项目至少有 6 项；等等。

其三，洛阳市非遗保护中心从 2008 年开始举办洛阳市河洛大鼓曲艺节，已先后在偃师市、宜阳县、汝阳县、洛宁县、嵩县、栾川县、吉利区、伊川县和老城区洛邑古城成功举办了多届。举办时，邀请全市各县市区以及周边地市的河洛大鼓表演艺术家进行表演。

## 四 洛阳市音乐类非遗保护的短板

洛阳市音乐类非物质文化遗产的保护与传承工作，在地方政府及广大群众的积极努力下取得了发展进步。然而，目前在非物质文化遗产保护方面仍然存在诸多不足，主要表现在以下几个方面。

### （一）政府对非遗保护的经费支持力度不够

音乐类非物质文化遗产的保护工作，面临着与其他类别非遗项目相同的困境，主要是在保护资金投入上不充足。与物质文化的保护不同，非物质文化遗产保护牵涉的内容更为广泛，是一项系统且全面的工程，每一环节工作的开展都需要政府部门投入大量人力、物力，否则保护工作难以推进。尽管通过努力，洛阳市已成功申请了多个国家级、省级非物质文化遗产项目，同时获得了国家级、省级政府的资金支持，但在各项工作落地过程之中仍然存在资金紧缺现象。直到《洛阳市非物质文化遗产保护条例》通过并施行，设立了非遗保护专项资金，加强非遗保护的资金支持才有了明确的本地法规的支持。但从总体上看，洛阳市对于非遗保护的资金投入仍然不足。

### （二）音乐类非遗传承人的保护仍有待加强

民间艺术与高校等教育机构开设的艺术门类不同，民间艺术的发展在传承方面存在诸多问题，尤其是在音乐方面，这就需要洛阳市加强对地方老一辈民间音乐传唱者的挖掘及保护工作。目前，洛阳市已公布了三批市级非遗代表性传承人名录，同时成功完成了市内第四批非遗传承人的申报工作，现有国家级非遗代表性传承人 7 名、省级传承人 67 名、市级传承人 205 名、县级传承人 400 多名。洛阳已初步建立起国家、省、市、县四级代表性项目和代表性传承人的名录体系。

虽然政府为非遗传承人争取到了一定的经费支持，可在实际发展过程中因物质生活水平及消费的提升，现有的扶持资金仅能帮助非物质文化遗产项目传承者解决日常生活及子女教育问题，若想让他们在发展过程中专心保护、传承和发展音乐类非遗项目，还需要地方政府给予更多的经费支持。

### （三）社会公众参与度不够，"官热民冷"的尴尬局面仍存

虽然近年来洛阳市政府有关部门的非遗保护工作取得了相当进展，可

是通过走访调查了解发现，地方群众的参与度仍然有待提升。目前，洛阳市在组织及开展非物质文化遗产保护工作时，广大群众的主动性及积极性相对不足，许多人尚没有真正理解非物质文化遗产对洛阳发展的意义及价值，不愿意主动参与各项非遗保护工作，这不利于洛阳非物质文化遗产保护工作的开展，导致地方非物质文化遗产保护处于"官热民冷"的尴尬局面，这一问题需要引起地方政府的深思并加以解决。①

## 五　改进洛阳市音乐类非遗保护与传承的对策建议

### （一）进一步提高对非遗和非遗保护的认识

若想保护、传承好非物质文化遗产，首先应深入了解非物质文化遗产的内涵及意义，其次要全面了解非物质文化遗产保护的基本原则，这就要求洛阳市政府有关部门和相关组织在平时工作中全面了解联合国《保护非物质文化遗产公约》内容及章程，同时对国家颁布的《中华人民共和国非物质文化遗产法》有更深刻的认识，该法律于 2011 年 6 月生效施行。2015年，联合国教科文组织为进一步指导世界各国推动非物质文化遗产保护工作，又出台了《保护非物质文化遗产伦理原则》，该文件紧紧围绕非物质文化遗产的"活态性"与"动态性"，对世界各国非物质文化遗产保护工作提出了 12 项基本原则，要求世界各国在文物保护过程中遵守。

作为世界文化大国的一个文化大市，洛阳相关机构在准确把握联合国教科文组织、国家机构发布指导性文件内容和精神的基础上，还须在具体工作开展过程中客观、全面地认识当前各种非物质文化遗产的现状，包括在音乐类非遗项目保护方面。在科技创新日新月异的今天，伴随人们物质生活条件的改善，不少音乐类非遗项目传承人已很难依靠表演带来的微薄收入支撑自己及家人生活；此外，传统民间音乐还面临着残酷的竞争现实，

---

① 何丙瑞：《商丘市音乐类非物质文化遗产保护与传承对策思考》，《延安职业技术学院学报》2012 年第 2 期。

西方交响乐、流行乐及摇滚乐的大量涌入，让不少年轻人对传统民间音乐失去了兴趣，在平时生活中不愿意主动去学习、了解传统音乐艺术，导致传统民间音乐陷入后继无人的困境。这就需要各地区非物质文化遗产保护机构在平时的工作中努力促进传统民间手艺人生活质量的改善，同时通过与高校、社会教育性组织机构合作，引导青年学生正确认识非物质文化遗产，了解非物质文化遗产的发展脉络，认识保护及传承非物质文化遗产的必要性。非物质文化遗产并不是文物，而是在实践中积累下来的传统文化行为，非物质文化遗产的保护工作必须建立在可持续发展观念之上，确立非物质文化遗产在国家文化事业发展中的地位，让更多人积极参与富有文化内涵的非遗保护、传承工作，转变年轻一代对非物质文化遗产的认识及态度。

### （二）加大对非遗保护的资金支持力度

如前文所述，非物质文化遗产保护工作是一个系统且漫长的工程，需要大量的资金投入，政府部门作为地方经济、文化、科技发展等方面的指导者，理应承担起为非物质文化遗产保护筹集资金的重任。

《河南省非物质文化遗产保护条例》和《洛阳市非物质文化遗产保护条例》都明确规定：各级政府应当设立非遗保护专项资金。但是，受限于各种因素，洛阳市对于非遗保护的资金投入仍显不足。

这方面，苏州和上海的经验值得借鉴、参考。这两地在非遗项目的经费支持上下了很大气力，规定财政拿出专项资金对传承人授徒进行补助，不但补贴老一辈传承人，也补贴愿意拜师学艺的徒弟。这就大大缓解了非遗传承人的资金困难。

### （三）优化人才培养，加强传承人保护

人才培养方面，洛阳市虽然对于国家级非遗项目河洛大鼓和省级非遗项目洛阳海神乐的人才培养进行了大力资助，但洛阳还有其他更多的音乐类非遗项目需要培养传承人，特别是大量的市县级项目。要真正让音乐类非遗在年轻人心中扎根，还有很长的路要走。

另外，为了应对非遗高龄传承人不断去世，避免传承断档，文化部非遗司已于 2015 年启动了国家级非遗代表性传承人抢救性记录工作，目标是全面完成对 300 名年满 70 周岁及不满 70 周岁但体弱多病的国家级非遗代表性传承人的抢救性记录工作。洛阳市应当对此高度关注，尽力做好本市音乐类非遗项目高龄代表性传承人的抢救性记录工作。

### （四）唤醒公众"文化自觉"，动员全社会参与非遗保护

所谓文化自觉是指在现实生活中有一定知识积累及文化修养的人群对自己的传统文化有一定的主观认识，换句话说，就是人们自身对文化具备一定自我反思能力。若拥有良好的"文化自觉"意识，人们即可在社会环境生活中根据外界环境的变化，不断学习及巩固自身文化知识，让个人具备的文化得到延续及创新，这也有利于处理好外来文化与本地传统文化的关系，而且有利于处理本土文化内部隐性与显性文化、历史与现代文化之间的关系。① 因此，唤醒和提升洛阳民众对于非遗保护的"文化自觉"意识十分重要。

加大非遗保护宣传力度也是非常迫切的事情。要想保护好、传承好一项非物质文化遗产，就应当不断改进和拓展宣传方式。宣传效果不理想，就无法让生活在现代的青年一代更好地了解非物质文化遗产的内涵实质，从而漠视这些非遗项目，使这些非遗项目逐渐淡出人们的生活视野，直至被世人所遗忘。为此本地相关组织应紧随时代发展步伐，不断创新宣传手段，真正唤起民众的"文化自觉"意识，只有这样才能动员全社会积极参与非遗项目的技艺传承、创新发展，非遗项目的传承才不会后继乏人。

# 六 结语

习近平总书记在系列重要讲话中多次指出，要传承发展好中华优秀传统文化，实现中华文化的创造性转化和创新性发展。在多元文化时代，传

---

① 李娜：《河南音乐类非物质文化遗产的保护》，《飞天》2012 年第 4 期。

承及保护非物质文化遗产已成为国家文化复兴的主要工作任务。洛阳市音乐类非物质文化遗产的传承与保护，必须遵循国家对于非遗保护的相关政策要求和有关的法律法规，遵循艺术发展规律，通过政府引导，动员全社会积极参与，多措并举，久久为功。只有这样，才能达到更好的效果。

# 洛阳"三彩艺"文化产业发展报告[*]

刘俊月[**]

**摘　要：**　"三彩艺"是洛阳工艺美术界的著名品牌，主要以三彩釉画艺术形式展现。经过多年的发展，其工艺水平不断提高，已成为颇负盛名的陶瓷新品，加之市场化运作，现已步入多业态融合发展的新阶段。但是，"三彩艺"产业仍然存在企业规模偏小、宣传力度不够、政策扶持不到位等很多问题，亟须改进。应当多管齐下，解决企业发展面临的困难，促进这一极具洛阳特色的文化产业发展。

**关键词：**　"三彩艺"　三彩釉画　文化产业

## 一　"三彩艺"的发展历程和现状

### （一）洛阳"三彩艺"的渊源及发展

洛阳三彩都起源较早，可追溯到先秦，从出土文物看，各时期的三彩呈现出不同的特点。在汉代，三彩多为单色，通常有黄釉和绿釉两种，主要流行于黄河流域。南北朝时期，色彩开始丰富起来，既有黄、绿、褐三色并用的，也有在黄白底上加上绿彩的。到了唐代，三彩制作工艺和施釉技巧有了突飞猛进的发展：一是多种色彩交错使用，作品展现出明艳华丽的特点；二是注重形神兼备，且更加注重内在精神的挖掘展现，具有强烈的艺术感染力；三是取材广泛，造型浑圆饱满，体现了盛唐以丰腴为美的

---

　*　本文选自《洛阳文化发展报告（2016）》，有删改。
　**　刘俊月，中共洛阳市委党校法律与科技文化教研部副教授。

风格特点。因唐有厚葬之风，当代考古发掘中出土的以唐三彩居多，后人就习惯于称"三彩"为"唐三彩"。由于盛唐的影响力，三彩一度传到日本、朝鲜，甚至埃及和意大利等地。烧制工艺也随着对外贸易的发展流传到国外，在日本、朝鲜、中东和西亚等地出现大量的三彩仿烧制品。宋代以后，三彩艺术虽有一定发展，但其影响力与唐代相比已不可同日而语。近代以来，三彩艺术在洛阳民间率先得到发掘，多为仿烧"唐三彩"。

到了 20 世纪 80 年代，以中国陶瓷艺术大师郭爱和为代表的三彩艺人，打破了传统三彩仅见于立体艺术表现形式的局限性，开创出平面三彩釉画这一新的三彩艺术表现形式。平面三彩釉画是对中国传统陶瓷工艺的继承和创新，它采用先进的科技手段，通过独特的施釉技术和高超的烧制工艺，大胆用色，创造出大红、湖蓝、柠檬黄等新的几百种色彩。平面瓷板加上丰富的色彩，给陶瓷艺术家提供了广阔的创作空间，既可在其上精雕细刻，又可利用釉色的自然流动烧制出朴拙豪放、不可复制的窑变精品。入窑一色，出窑万彩。平面三彩釉画通过其独特的工艺已能完成各种题材和艺术手法的塑造，如今已演变成为一种全新的艺术画种。郭爱和创作的作品还注重融入当代审美元素和艺术表现形式，注重展现当代题材，使作品更具时代气息，符合当代审美价值，为世人喜爱。为区别于唐三彩，人们将其称为"三彩艺"。

2005 年，中国三彩艺研究院院长郭爱和在《中国工艺美术》发表论文《唐三彩与"三彩艺"》，初步介绍了洛阳"三彩艺"的发展状况，并系统阐述了"三彩艺"的概念，说明其与历经汉、唐、宋、明、清数千年演变的传统三彩艺术一脉相承，既保留和传承了三彩的传统制作工艺，又抛弃了传统三彩刻板的色彩、形制，极大地提升了三彩的实用价值和艺术审美价值，"三彩艺"品牌初步确立。2007 年，郭爱和在其撰写的《三彩艺术的传承与创新》一文中，对"三彩艺"及其特点又进行了进一步的归纳总结。2008 年，"三彩艺"得到业界权威认可，"洛阳三彩"被列入全国工艺美术门类，并把"洛阳三彩"分为洛阳唐三彩、新工艺三彩、三彩釉画艺术品三类。2011 年 7 月，郭爱和在其学术专著《中国洛阳三彩》中全面系统地论述了"洛阳三彩"学说体系，洛阳师范学院前院长叶鹏先生在序中称赞郭爱和"为洛阳三彩注入现代艺术新境"。

### （二）"三彩艺"产业的发展历程和现状

**1. 初创期（1986～1993年）**

"三彩艺"始创于1986年，毕业于洛阳师范学院的郭爱和在洛阳工艺美术厂实习，与工艺美术厂的三彩师傅共同协作，成功烧制出其人生中的第一件平面三彩釉画作品，一幅《春》和一幅《傣族舞》，郭爱和凭此作品留校，并就职于刚刚成立的"洛阳师专壁画工艺研究室"，从此踏上了三彩平面釉画研制的艰辛之路。

壁画工艺研究室成立初期，郭爱和设计的三彩壁画《求知育人》中标洛阳师专（现洛阳师院）大门壁画项目。这幅壁画首次运用大红釉料为主色调，成为中国三彩艺术史上的一个创举。1987年，这件作品在中国美术家协会河南分会组织的"黄河流经这片土地"美术展上获得大奖。1988年10月，郭爱和的三彩作品参加广交会，其三彩平面壁画作品很快引起了台商及外商的极大兴趣，郭爱和与台商签约成功并开始了第一次合作。1989年，郭爱和通过招标承包经营壁画工艺研究室，开始创业。为更好适应市场需求，郭爱和不断对产品进行调整，并借鉴先进的商业理念和台湾的艺术设计理念，不断大胆创新，每年都会设计出几百种满足客户需求的新品种。商业开发和艺术创新并重成为"三彩艺"初始创业的发展取向。

1990年，郭爱和设计制作了《京剧脸谱》，这件具有中国文化特色的三彩作品在北京亚运会期间被选定为"国礼"，这一殊荣的获得更加坚定了郭爱和的艺术信心和创业决心。

1992年，郭爱和应台北故宫博物院之邀，专门为其设计了一套三彩十二生肖，这套作品深得大众喜爱，已成为洛阳三彩的代表作之一，至今仍在畅销。

**2. 积累期（1994～2000年）**

1994年，郭爱和成立了"洛阳天旗工艺有限公司"。同时，注册"三彩艺"作为商标，借助"天旗工艺美术开发部"，展示"三彩艺"艺术魅力，扩大"三彩艺"影响力，努力开拓国内市场。

随着时间的推移，郭爱和创制的三彩釉画渐渐在全国市场声誉鹊起。1998年，郭爱和团队创作出三彩壁画《法界源流图》，这幅作品长107.4米、高2米，是目前世界上最长的佛教陶瓷壁画，历时100多天烧制镶嵌完成。在规格形制方面都有极大的突破。这件作品如今镶嵌在珠海"四大佛山"景区内。

3. 提升期（2001~2014年）

2001年之后，郭爱和的创作思想及烧制技术日臻成熟，大量优秀作品集中涌现。2004年郭爱和创作了《酣睡》，并以此参加中国工艺美术大师作品展并获奖。这次获奖极大地鼓舞了郭爱和及其创作团队，创作热情如火山迸发，一发而不可收，随后国内外各种奖励接踵而至，各种荣誉纷至沓来。2005年，郭爱和的作品《梯田》参展"第六届中国工艺美术大师作品展"，并首次斩获金奖。2005~2016年短短十年时间里，郭爱和创作的大量三彩作品在国内外多种赛事中获得大奖，如2008年创作的《鸟巢》《唐韵》《乡土中国》等，其中有八件作品获得中国工艺美术大师作品展金奖。除此之外，2009年创作的《梦幻鸟巢》入选中国美术馆举办的"庆祝中华人民共和国成立六十周年中国工艺美术大展"。特别是在2010年上海世博会上，郭爱和为河南馆专门创作了大型三彩壁画《国之中城之源》，这幅作品融多种工艺表现手法于一体，获全国"金凤凰"创新设计大赛金奖、"百花杯"中国工艺美术金奖。付出终有回报，郭爱和凭借其优异成绩于2011年当选"中国十大陶瓷杰出人物"。

2014年，三彩作品《慧》入展在法国巴黎卢浮宫举办的《寻梦丝路》；三彩作品《中国马》作为"新丝绸之路——中国当代陶瓷艺术展"展品，精彩亮相希腊亚洲艺术博物馆。

4. 拓展期（2015年至今）

近年来，郭爱和"三彩艺"作品获得的奖项不计其数，许多作品被国内外艺术博物馆收藏，"三彩艺"已成为洛阳三彩领域的领军品牌。目前，

"三彩艺"下辖中国三彩艺术研究院、洛阳三彩艺术博物馆、洛阳三彩艺术馆、西安三彩艺术馆、巩义三彩艺术馆以及正在建设的洛阳三彩国际陶艺村六个工作单位。正在规划建设中的洛阳三彩（国际）陶艺村选址设在洛宁县罗岭乡前河村，其总体设想是：通过这一载体，展示"三彩艺"近30年创作的精品以及不同时代洛阳三彩作品的仿烧品，还原洛阳三彩历史风貌，展示洛阳三彩当下的创新发展成果，为洛阳留下一座永久的艺术宝库。该项目总投资 3.45 亿元，正在推进中，建成后将成为集陶艺创作、展览、学术交流以及旅游休闲等于一体的现代陶艺村庄。

目前，"三彩艺"从业人员达 200 余人，主要是创作设计人员。艺术的灵魂在于创新，郭爱和的"三彩艺"走的是以艺术为引领、以技术为支撑、以产业促发展的良性发展路径。其不求产业急遽扩张，只求艺术创新的持久生命力和推动产业稳步前进的原动力。

## 二 "三彩艺"的主要经验和存在问题

### （一）主要经验

经过近30年的发展壮大，"三彩艺"已经成为洛阳市文化产业的一面旗帜。纵观"三彩艺"近30年的发展，主要有以下经验。

1. 持续创新是"三彩艺"产业发展的灵魂

在"三彩艺"近30年创业历程中，郭爱和始终坚定一个信条：创新乃产业发展的灵魂，他始终把勇于创新、不断创新贯穿于"三彩艺"产业发展的全过程。

第一，形式上的创新。在人们的传统观念里，三彩的造型多是唐代传承下来的马、骆驼、胖妞等。但"三彩艺"打破原有思维定式，大胆创作出平面三彩釉画，让人耳目一新，使三彩这一古老艺术门类孕育出具有时代气息的艺术新品，不仅被陶瓷界所赞颂，也深受社会大众喜爱。

第二，色彩上的创新。传统三彩给人的印象是色彩较为单一，表现手法及内容都较为刻板。经过多年实践探索，郭爱和采用独特施釉烧制技术，研发出几百种色彩，特别是超越传统的大红、湖蓝、柠檬黄等明亮色系。这些新色彩着色稳定、艺术表现手法灵活，为陶艺家在平面瓷板上表现各种题材提供了可能，也为陶艺家的创作打开了更大的想象空间。

第三，器形上的创新。如前所述，因唐代盛行厚葬之风，三彩多为陪葬品，事实上，古代三彩不仅仅用作冥器，也常常用作日常生活实用器物。经过不断创新，郭爱和开发出了许多与现代生活相结合的实用三彩器品。

第四，载体上的创新。2015 年，"三彩腕表"全球首发，传承千年窑火的"三彩艺"与国内最时尚的腕表品牌"张稻"联手，推出"腕上丝绸之路"系列手表，洛阳三彩被运用到了手表的表盘，这一令人叹为观止的创新模式，引发了国内外多家媒体关注，为洛阳三彩的未来发展开辟了更为广阔的崭新空间。

2. 注重艺术与市场的结合

艺术源于生活、高于生活，但艺术不能脱离人民群众，艺术只有贴近人民群众、为人民大众所喜闻乐见才具有持久的生命力。多年以来，郭爱和始终坚持这一创作理念，坚持弘扬主旋律，抒发时代气息，展现当代人的精神风貌。始终坚持产品要切合市场要求，坚持产业要在生存的基础上不断谋求发展，脚踏实地稳步前进，小步快跑，不断壮大，经过努力，"三彩艺"这一传统艺术焕发出勃勃生机。

第一，根据客户的需要，进行个性化产品定制。不管是大型三彩壁画作品，还是小巧可人的三彩装饰画，"三彩艺"都实现了个性化定制，满足了各种不同的需求，广受客户赞誉。

第二，以博物馆为载体，采用既进行展示又销售产品的模式。来访者通过参观博物馆的精彩展示，被"三彩艺"的作品吸引和打动，他们随即就可能转化为"三彩艺"作品的购买者。这种做法为企业产品打开了很好的销路。

第三，在多业态综合开发上做文章。洛阳三彩（国际）陶艺村项目总投资 3.45 亿元，建成后将成为一座集研究、展览、教育、典藏于一体，可看、可游的爱和陶瓷文化小镇。陶艺村由多个区域组成，首先是三彩常设展区，在这个区域将以时间为轴、以三彩发展为主线，按照不同的朝代将三彩精品加以展示，主要包括汉、唐、宋、清三彩以及当代三彩等。在这一展区，洛阳三彩团队利用现代先进的科技手段，将三彩的设计及完成过程进行直观展示，以利于参观者更好地了解三彩、认知三彩。其次是三彩特展区，这一区域以举办各类陶艺展、高端研讨会、高级研修班等形式促进洛阳三彩快速稳定发展。这一区域会配备完善的陶艺制作设备，让参观者亲身体验三彩工艺和文化。除此之外，陶艺村还设有资料中心、三彩陶艺餐厅、三彩陶艺客栈等，可为所有造访陶艺村的陶艺爱好者提供全方位的服务。

### 3. 注重理论探索

"三彩艺"创始人郭爱和在实践创作的同时，不断进行理论的研究和探索。近年来，郭爱和在国内学术界率先提出"洛阳三彩"这一说法，认为唐三彩只是洛阳三彩发展的一个阶段，按照文物首发地的命名方式，各地出土的唐三彩都应冠以"洛阳三彩"的统称，如汉三彩、唐三彩、明三彩等均应称为"洛阳三彩"。目前此学说已经得到学术界的认可，"洛阳三彩"也已经成为独立的陶瓷艺术门类。

郭爱和在河南省两会中分别提出了打造河南作为"中国陶瓷之源"的文化口号，积极倡导以河南为牵头省份，保护中国古窑址，并提出以"中国窑"的名义共同申报世界文化遗产的政协提案，受到大会代表和新闻媒体的关注。

近年来，郭爱和理论研究成果颇为显著，他先后在《中国工艺美术》《中国陶瓷画刊》等知名刊物发表学术论文十余篇，出版了《当代中国陶瓷名家——郭爱和》《中国洛阳三彩》《中国陶瓷设计艺术大师——郭爱和陶瓷艺术》《重走丝路》《写意三彩》等专著。他的部分作品被编入美术教材，比如《印象石窟》《唐马》等，理论先行已经成为郭爱和创意洛阳三彩的典型做法，这也为"三彩艺"的发展奠定了坚实的基础。

## （二）"三彩艺"发展中存在的问题

### 1. 企业发展规模受限

目前，在陶瓷艺术大师、陶瓷设计大师郭爱和的带领下，洛阳三彩的影响力日益扩大，"三彩艺"成为洛阳乃至河南省文化产业领域的突出代表，"三彩艺"也已成为洛阳的一个文化符号。由于"三彩艺"自创立以来，一直在靠自身力量谋求发展，目前企业发展规模还非常有限，企业所用厂房仍为租借，成为制约企业发展的瓶颈，亟须建立集创作、生产、销售、体验展示为一体的大型场所。

2. 政府政策扶持不到位

河南省、洛阳市均出台了发展文化产业的制度及资金帮扶政策，但由于执行中存在种种问题，各种应有的帮扶措施并未到位。这一点，不仅与国内文化产业发展比较突出的省份相比有差距，而且落后于河南省部分其他先进市。三彩作为洛阳市从古至今的一张靓丽的文化名片，其未来的发展不仅仅牵涉企业和个人，更牵涉整个城市历史文化的传承和创新，因此相关部门有必要加强对其的重视和帮扶力度。

3. 地方媒体宣传力度不够

经过近30年的努力，"三彩艺"作品已经连续八次获得中国工艺美术最高奖，并同时获得联合国教科文组织颁发的杰出手工艺奖等众多奖项，曾多次在法国卢浮宫、希腊亚洲艺术博物馆以及韩国光州美术馆等多个国家和地区的知名博物馆举行展览，数件作品被这些博物馆永久收藏。但是，洛阳地方宣传部门尚未意识到其对推广、传播洛阳文化所起到的引领作用，相关的宣传力度还很不到位。

# 三 "三彩艺"产业发展的对策建议

## （一）主动出击，争取政府更大支持

文化产业不同于其他产业，有其自身的发展特性，它更多依靠创意资源而不是物质消耗来推动经济发展，文化产业作为典型的知识经济产业普遍受到人们的重视和青睐，我国一些发达地区明确把文化产业定位为战略性新兴产业来加以支持和推进，文化产业正在成为许多地方发展最快的新兴产业。正因为文化产业的独特性，就更需要政府加以引导和支持，特别是要为企业发展创造良好的外部环境。洛阳历史悠久，物质文化遗产和非物质文化遗产资源均极其丰厚，发展文化产业有得天独厚的条件，近年来，洛阳市为推动文化产业发展，相继出台了一些扶持政策。"三彩艺"作为洛阳文化产业的一颗明珠，经过近30年的发展已具有一定规模，知名度享誉海内外，目前正处在发展的关键时期，应当利用好现有政策，积极主动争取政府在资金、宣传、人才培养等方面的大力支持，使产业尽快做强做大，产生规模效益。

### （二）加强个性化服务，拓展产业发展空间

所谓个性化服务就是主动寻找市场的过程，就是要把不同客户的需求与自己的艺术产品有机结合，客户想要表达什么主题，就通过"三彩艺"这一独特的艺术表现形式进行展示和表现。个性化服务应当是"三彩艺"的优势项目，当前的着力点应该放在把这一优势充分发挥出来上，要激发员工的潜能，调动每一位员工的积极性和主动性，为产业发展集聚持久的动力。

### （三）艺术出精品，规模出效益

"三彩艺"选择的是艺术加产业化的发展路径。艺术是整个产业的灵魂和引领，多年的实践证明，艺术精则产业兴。但"三彩艺"作为文化产业，不能仅满足于作坊式生产，只有寻求不断发展，谋求做大做强才能经久不衰，立于不败之地，这也是所有企业发展的内在逻辑。因此，"三彩艺"还应谋求规模效益，不能只注重阳春白雪，只做"高大上"，还要接地气，注重开发出老百姓喜爱且购买收藏得起的大众艺术品。产品应梯次发展，做到艺术出精品，规模出效益。

### （四）强强联合，借势而上

"三彩艺"发展到今天，已在我国陶艺领域占有了一席之地，成为洛阳市乃至河南省知名文化品牌，但就其规模看，还有很大的发展空间。未来

影响发展最大的瓶颈在于资金和市场。要解决这一难题，关键要解放思想，大胆引进国内外知名文化企业作为战略合伙人，利用战略合伙人的资金、市场和知名度等优势寻求"三彩业"的飞跃式发展。这不仅关乎"三彩艺"企业本身，同时也关乎整个洛阳市文化产业的传承与创新。

## 参考文献

【1】郭爱和：《国之中 城之源》，河南美术出版社，2010。

【2】郭爱和编著《中国洛阳三彩》，河南美术出版社，2012。

【3】郭爱和：《写意三彩》，北京工艺美术出版社，2012。

【4】郭爱和等主编《重走丝绸之路》，中州古籍出版社，2014。

【5】李燕锋：《"中国陶瓷之源"应成洛阳新亮点》，《洛阳晚报》2015年6月4日。

【6】段金金：《郭爱和的"三彩釉画"艺术探究》，陕西师范大学硕士学位论文，2014。

# 洛阳牡丹瓷文化产业发展报告<sup>*</sup>

洛阳牡丹瓷文化产业发展报告<sup>*</sup>

刘俊月<sup>**</sup>

**摘　要：** 牡丹是洛阳的名片，唐白瓷烧制技术是中国传统陶瓷技艺的重要组成部分，洛阳牡丹瓷很好地实现了洛阳传统牡丹文化与唐白瓷技艺的有机结合，成为文化传承创新的典范。本报告对洛阳牡丹瓷进行全面、深入、系统的分析，为未来洛阳市文化产业发展提供借鉴。

**关键词：** 洛阳牡丹瓷　文化产业　李学武

洛阳市提出到 2020 年全市文化及相关产业发展成为国民经济支柱性产业。大力发展文化产业是满足群众精神文化需求、加快经济发展方式转型的重要途径，也是提高城市软实力、增强城市文化竞争力的重要举措。当前，洛阳正在加快建设国际文化旅游名城，迫切需要一批有特色、有品牌、有竞争力的文化产业项目来引领和支撑。洛阳牡丹瓷股份有限公司作为中国目前最大的牡丹瓷特色工艺美术品企业，很好地实现了传统与现代的结合，已经成为洛阳文化产业发展的突出代表。

## 一　洛阳牡丹瓷文化产业形成

### （一）洛阳牡丹瓷的诞生

洛阳牡丹瓷是采用全手工制作，融合手绘、浮雕、镂空、雕刻、捏花、

---

　* 本文选自《洛阳文化发展报告（2017）》，有删改。

　** 刘俊月，中共洛阳市委党校法学与科技文化教研部副教授。

釉上、釉下、釉中等工艺，从平面到立体的一种全新的艺术陶瓷类型，其重要部分是使用唐白瓷技艺烧制，形成了"红玉瓣、黄金蕊、琥珀枝、翡翠叶"这一独有的洛阳牡丹瓷形态。

李学武是河南省洛阳市"唐白瓷烧制技艺"非物质文化遗产传承人，是洛阳牡丹瓷的创始人。李学武自幼就深受祖辈从事白瓷技艺的浸润，耳濡目染，对中国传统陶瓷技艺产生了浓厚兴趣，且打下了坚实基础。起源于隋唐时期的牡丹文化，在洛阳孕育发展已有上千年的历史，自古有"洛阳牡丹甲天下"之说，受此影响，李学武对牡丹情有独钟。牡丹高贵雍容，色彩瑰丽，是花中仙子。但是牡丹盛开期很短，花开花落 20 日，这给喜爱牡丹的人们留下些许遗憾。为了弥补这一遗憾，让牡丹花永恒绽放，李学武大胆地提出一个新构想：将典雅的牡丹文化元素与悠久的唐白瓷烧制技艺合二为一，创造出永不凋谢的牡丹花瓷。

2007 年，李学武开始了艰难的探索之路。虽然李学武出身于唐白瓷传承世家，具有传统陶瓷工艺深厚的理论功底和扎实的技术技能，但依托传统陶瓷工艺、三维展现洛阳牡丹花的美妙风姿毕竟是前人没有尝试过的开创性事业，不仅要突破传统陶瓷工艺的技术瓶颈，还要面临许多新的技术难题。面对困难和挑战，李学武没有退缩，凭着自己对传统陶瓷艺术的酷爱，以及自己作为非物质文化遗产传承人的责任担当，同时也是为了实现梦想，在 3 年时间内，他的足迹踏遍祖国的大江南北，多次往返于江西景德镇、湖南醴陵、福建德化三大瓷都；多番流连在河南禹州、河北曲阳等五大官窑；为学习更多陶瓷技艺，他遍访各处名窑、博物馆和陶瓷艺术展览馆等；为研究，他参加各种产品博览会、学术交流会，遍寻名师，四处求艺。经过潜心研读，他初步了解和掌握了各大名窑不同的胎质特征、施釉工艺及窑变特点。在探寻各大名窑在胚料、施釉、窑变等关键环节独具特色的工艺机理过程中，他先后整理出 20 余万字的学研笔记。同时，为吸取雕塑中的镂空雕花等技艺，李学武还多次深入浙江东阳、福建仙游和河南南阳等地学习研究木雕、玉雕技艺。李学武一边研究揣摩，一边大胆实验，在充分继承发展唐白瓷烧制传统技艺的基础上，通过融入各家工艺之长，历经上百次不断试验、上千次改进创新之后，他终于在白釉瓷器的坯料制作、釉药配制、雕塑制作、施釉、干燥、烧制等环节探索出一套相对成熟的工艺。在此基础上，2009年底，李学武成功研制出了集各家各派传统陶瓷技艺之长并兼融现代雕塑技艺，从而极具现代气息和艺术审美的一种新派艺术陶瓷——洛阳牡丹瓷。

### （二）洛阳牡丹瓷产业的初步形成

洛阳牡丹瓷是以洛阳出土的且有牡丹纹饰的陶瓷器为载体、以牡丹名贵品种为依托、以纯手工制作的新型牡丹文化艺术品。其独具匠心的造型、美轮美奂的装饰、浮翠流丹的色彩，博得业界一致好评。这一蕴含我国传统文化元素的新派艺术品一经问世，就备受业界专业人士的关注和青睐。为了规模化、产业化地发展洛阳牡丹瓷，李学武创办了洛阳牡丹瓷股份有限公司。

公司创立伊始，李学武对企业未来的发展定位是传统文化艺术产业。众所周知，文化产业的根本是文化元素，文化产业的灵魂是创意，如果说文化是文化产业的关键生产要素，那么创意就是最具活力的生产力。就文化来说，任何文化脉络都有渊源，都有传承基因，都有地域特色和民族特色，事实证明，文化产品只有被赋予特定的文化内涵才能彰显特色、突出个性，文化产品也只有突出个性特点才能有生命力，才能得到市场认可。当然，文化产品不是文化符号的简单复制，它应当带有文化创意和设计，一定意义上讲是艺术品。基于这样的认识，李学武和他的团队在企业起步阶段主要注重抓好三件事。一是植根文化搞创意。洛阳作为十三朝古都和国家首批公布的历史文化名城，文化底蕴深厚，牡丹文化是洛阳特有的文化元素。企业创作团队紧紧围绕洛阳特色，并结合国家发展战略，不断进行艺术创意，陆续研发、设计、生产出了李学武牡丹瓷系列、东方妞妞、"一带一路"系列、新三彩系列、卢舍那精品、牡丹灯具系列、日用品系列、特别定制等具有河洛文化特色的白瓷工艺作品，共计有1000多个品种。二是精工细作出精品。文化艺术品贵在精，粗制滥造不仅会破坏商品的应有价值，同时也会对产业造成伤害。洛阳唐三彩就是典型例子。李学武创始的洛阳牡丹瓷从一开始就致力于做精品，每一道工序都力求精益求精。从粉彩、烧制到釉色，均尽力汲取我国"五大官窑"之精华，融合各家之长，博采诸家雕塑艺术之优，烧制出来的牡丹瓷，最薄的花瓣不到0.1毫米。作品色彩鲜明亮丽，造型丰富多姿，有的薄如纸张，有的剔透如玉，有的艳若桃李，有的如绣球似皇冠，有的如台阁似伞盖，惟妙惟肖，栩栩如生，有很高的艺术审美价值。三是借助展览搞营销。为了扩大产品知名度和品牌影响力，企业不断在各类展览会上积极亮相。参展北京国际旅游商品博览会、中国国际服务贸易博览会、中国国际景德镇陶瓷博览会等，通过参展博览会，让更多的人认识了洛阳牡丹瓷，了解了洛阳牡丹瓷，爱上了洛阳牡丹瓷。2017年6月15日，在北京奥林匹克博览会上，《吉祥五环、花开五洲》系列花盘被奥组委永久收藏。同时，企业还不断参与各类赛事，并多次获得殊荣。通过这些奖项，李学武的洛阳牡丹瓷系列产品声名鹊起，为今后企业发展奠定了坚实基础。

## 二　洛阳牡丹瓷产业发展经验

洛阳牡丹瓷从2008年开发研制到如今发展成为国礼品牌，分别经历了初期研发阶段、快速发展阶段和创新研发阶段。企业在10多年的发展过程中积累了丰富的经验。

### （一）广揽八方人才，研发创意优先

在经历了艰难的初创阶段后，为使洛阳牡丹瓷文化产业迅速发展，进而成为洛阳乃至河南省具有影响力的文化品牌，为了让产品不断推陈出新，适应不同审美需求的客户群，不断扩大市场规模，使企业走向良性发展轨道，李学武极为重视新产品的研发，而搞研发就要有人才。对于一个年轻的小企业来说，人才匮乏正是其短板，为弥补人才不足，李学武想到"借船出海"，即利用现有产品优势和竞争力，吸引外部人才资源合作搞研发。

2011 年 1 月，李学武依托其公司，成立了洛阳牡丹瓷研究院，经过不懈努力，洛阳牡丹瓷的艺术价值和市场前景很快得到工艺美术界大师的认可。公司先后聘请了 7 位国家级知名专家教授，并分别与清华美院、复旦大学等签署合作协议，负责洛阳牡丹瓷的全面研发工作。这为洛阳牡丹瓷产业化发展提供了可靠的人才保障，同时也为企业长远快速发展奠定了强有力的科研基础。

为了培育基础型人才，形成自己的人才储备力量，同时也是为了响应国家大众创业、万众创新的号召，洛阳牡丹瓷股份有限公司依托老城区丽景门景点，策划成立了"河洛汇"创客空间。这个创客空间占地面积为 2000 平方米，主要服务于在校大学生和创客，为他们提供一个作品展示以及价值转化的平台，帮助大学生实现创新创业。

为迎接全域旅游时代的到来，洛阳牡丹瓷股份有限公司大力实施"旅游+"工程，着力实现产业和旅游的结合。目前已经形成集产品研发、设计、展示、制作、体验、鉴赏、旅游、艺术交流于一体的洛阳牡丹瓷文化创意产业基地。未来公司的发展目标是将所在地建成国家 AAA 级旅游景区。在牡丹宫和老城区丽景门洛阳牡丹瓷艺术馆设立了 DIY 体验专区，是专门为中小学生和喜爱洛阳牡丹瓷的游客提供洛阳牡丹瓷制作体验的理想场所，为促进我国传统文化技艺的弘扬和传承做出了探索。

### （二）主导行业标准，促进行业发展

行业规范是行业持续健康发展的"生命线"，而行业规范就是行业标准。缺少行业标准，不仅会带来行业的无序竞争，而且也会对产业造成破坏，对消费者构成伤害。洛阳牡丹瓷作为一种新型陶瓷产品，从初始研发到生产系列化产品，企业一直处于不断探索发展的过程中。由于一直没有行业标准，市场上开始大量出现简单模仿、粗制滥造的产品，严重损害了洛阳牡丹瓷的品牌价值。面对市场混乱的状况，李学武深深意识到制定行业标准的重要性，2013 年 5 月 31 日，由洛阳牡丹瓷股份有限公司起草的《洛阳牡丹瓷河南地方标准》顺利通过专家评审。此项标准定义洛阳牡丹瓷为工

艺美术新品种。行业标准的出台和实施，有效规范了生产经营秩序，也大大提升了洛阳牡丹瓷的质量和品质，奠定了洛阳牡丹瓷作为知名品牌的地位。

为了进一步扩大洛阳牡丹瓷的影响力，并进一步形成行业竞争优势，2011 年 8 月，洛阳市成立了工艺美术学会。洛阳市工艺美术学会由洛阳市工艺美术企业和个人爱好者组成，主要开展行业交流和行业合作，并进行自身的行业管理，共同推动洛阳工艺美术业发展。

2011 年 10 月，洛阳牡丹瓷博物馆成立，主要是展示洛阳牡丹瓷的艺术风采和发展成果，其既是洛阳牡丹瓷文化艺术产品展示的窗口，也是洛阳牡丹瓷科研和教学的一个基地，为洛阳牡丹瓷文化产品的传承发展与创新开辟了新的途径。随着洛阳牡丹瓷产业的快速发展，李学武成为洛阳牡丹瓷文化产业的领军人物。

### （三）塑国瓷国花品牌，展中原文化形象

洛阳牡丹瓷既有国花牡丹的华贵，又有唐白瓷的纯白、细腻、精巧；既有对传统的传承，又有现代的创新。洛阳牡丹瓷不仅是优秀的旅游商品，同时也是中原文化的形象载体。如今，洛阳牡丹瓷已入选外交部"国礼"系列，在多个外交场合，成为赠送各国贵宾的首选。同时，洛阳牡丹瓷也成为国内外重大场合中的最佳礼品。2012 年 7 月，在庆祝香港回归 15 周年颁奖大典上，洛阳牡丹瓷股份有限公司为香港繁荣稳定和发展做出突出贡献的董建华、曾宪梓、刘德华等 16 位功勋获奖人物设计订做了"牡丹紫荆花瓷盘"，经举办方审定，该作品被顺利选作唯一定制颁奖奖品，该作品美轮美奂的艺术审美价值受到社会各界的交口称赞。

2013 年 5 月，中国中部投资贸易博览会在郑州召开，洛阳牡丹瓷股份有限公司参展的 4 幅洛阳牡丹瓷屏风，受到来自乌克兰的贵宾的高度赞赏。鉴于屏风并不售卖，但异国他乡的客人又非常喜爱，为了满足来自远方客人的收藏心愿，公司打破惯例，特意安排工人为他们加班赶制了 4 幅同样的洛阳牡丹瓷屏风。由于李学武洛阳牡丹瓷精美的烧制技艺和美妙的艺术表现力，其作品不久就被推荐给了中国外交部。外交部派专人到洛阳对洛阳

牡丹瓷工艺进行实地考察后，洛阳牡丹瓷被确定为国家对外交往礼品，进入"国礼"殿堂。

2014年9月，洛阳牡丹瓷亮相天津"达沃斯"论坛会场。2015年12月，洛阳牡丹瓷花开上合组织峰会，精美的洛阳牡丹瓷受到各国领导人的青睐，大家纷纷感叹中原传统文化的艺术魅力。2016年3月，洛阳牡丹瓷成为博鳌"亚洲论坛"的指定礼品，被赠送与会的政商学界领袖。

经过多年的研发，目前，洛阳牡丹瓷形成了"河洛盛世"、精品"国礼"、"一带一路"和"东方妞妞"等多个系列，无论作为国礼赠送，还是作为面向大众的旅游商品，洛阳牡丹瓷都受到了广泛的好评。特别是近两年开展的"特别定制"业务，更是满足了不同消费者的个性需求，也带动了洛阳牡丹瓷技艺的快速发展。目前已经为中联部、外交部、中国烟草总公司、华为集团等设计生产过定制礼品。如今，洛阳牡丹瓷已作为永不凋谢的牡丹花香飘海内外。

洛阳牡丹瓷股份有限公司在陶瓷艺术创新中之所以能够花开世界、独树一帜，一是得益于不断创新、兼容并蓄、博采众长的开放意识；二是立足展现地方传统文化特色，注重融入具有时代特征的审美价值取向，从而形成个性独特的艺术珍品；三是与国家博物馆及高端企业合作，打造通向世界艺术巅峰的平台。目前公司正在谋求推动多元发展，着力实现高端艺术品向艺术生活化、城市艺术、企业定制、家庭及办公饰品等领域延伸，以开发出更多具有功能性、实用性的洛阳牡丹瓷产品，真正让牡丹文化融入寻常百姓的日常生活。

## 三 洛阳牡丹瓷产业发展的问题

经过多年发展，洛阳牡丹瓷文化产业取得了不错的成绩，但目前产业发展也遇到了一定的困难。

### （一）创新活力不足，产品规模化程度不够高

创新决定着一个企业的兴衰成败。洛阳牡丹瓷因创新而兴，也在不断

的创新中发展壮大。但目前创新仍显不足，主要表现在以下几个方面：一是产品方面，主打产品单一，批量生产的产品种类不够多样化；二是营销方面，营销模式较为传统，营销渠道不够多样化，尤其在电子商务平台、微商及电视购物等新的营销模式开发利用方面还有很大发展空间；三是创新制度方面，激励机制还不够健全，创新的奖惩制度有些滞后；四是管理方面，科学化管理水平不高，需要融入新的现代化管理理念。如果说创新是企业的生命力，那么扩大企业规模也是提高企业经济效益的一个有力途径。目前，洛阳牡丹瓷作为洛阳的特色文化产品，虽然已开发出上千个产品种类，但主打品牌主要是"河洛盛世"牡丹瓷系列，主打产品的单一性还比较突出，能够规模化生产的产品种类不多，这也是当前制约企业发展的主要问题。

### （二）人才储备匮乏，品牌影响力不够大

洛阳牡丹瓷人才短缺主要表现在以下几个方面：一是高端人才匮乏，尤其缺少国家级、省级工艺美术大师的支撑；二是各方面各环节基础型人才的水平参差不齐，整体水平不够坚实，且人员流出换岗较为频繁；三是人才培养缺乏经常化、制度化保障。文化产品的灵魂在创意，创意靠的是人才，而人才的高端与否又决定着企业品牌的影响力，洛阳牡丹瓷这一洛阳乃至河南省的文化品牌产业，要想走得更远、做到更大更强，就必须解决人才匮乏这一带有战略性的大问题，才能不断提升品牌影响力。

### （三）服务体系不健全，个性化、差异化服务有待提高

卓越的品牌尤其注重服务。当今社会是一个追求差异、彰显个性的时代，任何企业任何品牌都不能忽视差异化服务的存在。充分挖掘利用互联网电商平台，建立差异化服务窗口，提供个性化服务，满足不同客户需求，这在当前互联网时代，对一个企业的发展至关重要。着眼长远，洛阳牡丹瓷虽然针对不同客户群体的不同需求，在提供差异化服务方面迈出了坚实一步，但还需要建立更加完善的服务体系。

## 四 洛阳牡丹瓷产业发展对策建议

洛阳牡丹瓷作为洛阳的知名品牌，在未来的发展中仍需不断创新突破，在实现企业自身发展壮大的同时，力争在洛阳国际文化旅游名城建设中发挥更好的作用。

### （一）以开放的姿态经营企业，以不断创新发展企业

在世界日益扁平化的今天，开放经营是现代企业发展中不可或缺的重要理念。开放才能交流，交流才有共享，共享促成合作，合作走向共赢。洛阳牡丹瓷一直秉承开放的理念，但开放程度还要进一步增强。一是要打破门户之见，寻求技术合作。要寻求相近行业甚至跨行业技术的支持与合作，实现技术领域的不断创新和关键领域的重大突破，提高企业技术门槛，建立和加固企业护城河，拥有核心竞争技术，促使产品逐步向高端化、专业化、规模化迈进，持续引领行业发展。二是寻求艺术领域多元合作，突出产品精品化、个性化特色，提升产品的高水准和高层次艺术审美价值。三是着眼长远，寻求战略合作。就是要解放思想，大胆尝试，引进国内外知名文化企业作为战略合伙人，利用其人才、技术、资金和强大影响力等优势，实现企业可持续飞跃式发展。

### （二）建立健全人才培养、使用及创新激励机制，增强核心竞争力

人才是一个企业兴衰成败的根本。一个优秀的企业一定要有优秀的人才，优秀的人才需要有优良的环境，而营造优良的环境莫过于有好的机制。好的机制能够吸引人、激励人，能够促进创新，从而增强企业核心竞争力，能够切实提高效率和效益，提高企业生存能力。

针对洛阳牡丹瓷当前高端人才匮乏这一现状，较好的解决办法：一是有选择地高薪聘请全国及省级知名工艺大师做兼职或顾问，暂时弥补高端人才不足的缺陷；二是面向全国招录中高端人才，搭建人才的梯队。

针对基础人才不稳定这一现实，可以通过以下方法解决。一是通过激励机制稳定一批。公司发展需要人才，包括技术工人在内。要把基础人才队伍稳定下来，需要建立健全人才使用、培养长效机制，同时营造良好的工作氛围，充分发挥人才的主动性，激发他们潜在的创造力，增强企业活力，真正做到人尽其才，才尽其用。二是可与洛阳地方高校合作，有计划地定向培养所需基础人才，为企业未来发展储备后备人才。近年来，河南科技大学、洛阳理工学院、洛阳师范学院都有较快发展，办学条件与办学水平不断提高，这为人才培养提供了较好的条件。洛阳牡丹瓷股份有限公司可依托洛阳地方高校培养更多本土的、了解地方文化的新生力量。

### （三）实施差异化个性化服务，拓展发展空间

文化产品的市场竞争日趋激烈，同质化竞争市场前景不容乐观。为另辟蹊径，企业必须转而寻求差异化服务，以满足不同客户群的个性化需求。差异化服务的关键是要发挥企业人才优势和产业优势，结合客户要求，量身打造具有个性特点的文化艺术产品，因其独特的个性需求，产品附加值会远远高于同质化产品。就洛阳牡丹瓷来讲，一是要尽快建立健全差异化服务体系，通过互联网电商、微商等更好地挖掘市场潜力，以推动产业纵深发展；二是加强差异化服务，加快促进艺术瓷器向生活瓷器的转变，在提升产品附加值、提高产品竞争力和市场占有率的同时，拓宽产业发展路径，拓展产业发展空间。

### （四）加大政府宣传扶持力度，提升品牌影响力

文化产业属绿色环保可持续发展的新兴战略性产业，好的文化品牌产业，不仅能够带来实实在在的经济和社会效益，而且还是一座城市亮丽的文化旅游名片。洛阳牡丹瓷是蕴含洛阳元素的特色文化产品，是洛阳文化产业名副其实的领军产业，龙头带动示范作用十分明显。目前产业又处在努力做大做强，以实现跨越式发展的关键时期，洛阳地方政府应当加大政策扶持力度。一是要营造良好的营商环境，加强市场管理，规范市场竞争，

特别要防止市场恶性无序竞争，避免曾经出现的洛阳唐三彩低门槛、地摊化现象再度发生。二是全方位加大推介宣传力度，把洛阳牡丹瓷作为洛阳市对外交往的官方馈赠礼品，把洛阳牡丹瓷塑造成洛阳乃至河南省地标产品，提高企业品牌影响力，使洛阳牡丹瓷这张亮丽的文化旅游名片走得更远，走出洛阳、走出河南、走出中原、走向全国、香飘世界。三是切实帮助企业克服各种困难，给予各种优惠政策，给予资金支持，帮助企业扩大生产规模。协调教育机构及办学单位，加快人才的合作培养等。

### （五）主动对接，积极融入洛阳城市建设

当前，洛阳市正在打造和推进洛阳世界文化旅游城建设，洛阳牡丹瓷作为洛阳牡丹文化的标志性文化品牌产品，应当以此为契机，抓住机遇，乘势而上，力争把以李学武洛阳牡丹瓷为代表的牡丹文化元素更多融入洛阳城市整体规划和建设中。一方面传承牡丹文化基因，扮靓古都城市形象，提高城市文化品位，突出洛阳城市发展的历史感、厚重感，凸显洛阳牡丹文化特色；另一方面突出宣传展示李学武洛阳牡丹瓷的艺术价值和品牌价值，突出其洛阳文化龙头产业的形象。

# 伊川仿古青铜器文化产业调研报告[*]

伊川文化产业发展课题组[**]

**摘　要：** 青铜器是人类社会迈入文明社会最重要的时代标志之一，已成为中华民族优秀传统文化的瑰宝与感知传统文化的重要载体。伊川县的仿古青铜器制作是当地的一张文化名片，也是发展后劲巨大的一大特色文化产业。本报告就伊川县仿古青铜器文化产业的发展特色、面临的发展瓶颈以及未来产业发展业态与趋势做了一定的调研与思考。

**关键词：** 青铜器　文化产业　伊川烟涧村

青铜器是人类社会迈入文明社会最重要的时代标志之一，从传说中的黄帝铸鼎到禹铸九鼎，从考古发现中的各类青铜器物到青铜器物上美轮美奂的铭文，青铜已然成为中华民族优秀传统文化的瑰宝与感知传统文化的重要载体。作为中华文明重要发源地的洛阳，区域内有着中国古代最早的青铜器铸造基地之一——伊川烟涧村。随着人们对青铜器器物的喜爱升温与市场的增长，仿古青铜器制作产业应时而兴，以仿古青铜器制作为主要产业的伊川烟涧村也成为豫西南一个闻名遐迩的仿古青铜器制作重要基地。

伊川县的仿古青铜器制作是当地的一张文化名片，也是发展后劲巨大的一大特色文化产业。该县自 2006 年成立行业协会之后，积极谋划成立烟

---

　*　本文选自《洛阳文化发展报告（2017）》，有删改。

**　课题组组长：高永，中共洛阳市委党校图书信息处处长、副教授。课题组成员：翟智高，洛阳烟云涧青铜工艺博物馆研究员；方长勋，洛阳烟云涧青铜工艺博物馆研究员；胡现民，中共伊川县委党校常务副校长；远利平，中共伊川县委党校讲师。执笔人：远利平。

云涧（烟涧村）青铜文化园区，并于2010年12月8日建成青铜文化旅游市场，该市场属于河南省重点文化产业项目，建成使用后，由原来全国最大的"青铜器生产加工基地"变为"全国最大的青铜器集散地"。随着工业化、城镇化、信息化和新型农业现代化的迅猛融合与发展，伊川县的仿古青铜器文化产业面临创新发展的新契机，必须在文化产业发展中巩固既有优势，抓住新机遇，顺应改革潮流，积极谋划创新，同时，仿古青铜器产业作为植根农村的文化产业，在产业发展与推动美丽乡村建设中如何发挥文化产业优势作用，也需要进行明确定位。本文就伊川县仿古青铜器文化产业的现状、发展中面临的瓶颈、未来的产业发展业态与趋势等进行系统的分析和思考。

## 一 伊川仿古青铜器文化产业的发展特色

### （一）历史遗存厚重

伊川的仿古青铜器制作核心地位于该县东南的葛寨乡烟涧村。烟涧村古称为烟云涧，该村地处秦楚、晋楚古道咽喉之地，古道遗迹在今天的村落周围依稀可见，当年也是军事商旅东南入荆楚江浙、西北进秦晋甘青的必经之地。村南邻九皋山中段，此地有被传为"天室"①的神秘之境。相传古时该地名三涂山，帝王、诸侯常到九皋山天室宝地祭祀天神，香火旖旎萦绕，瑞霭盘旋，绵延经年。发源于天室山的明水、康水，好像自烟云中袅袅而下，故有"烟云涧"之名。

作为"天室"的近邻区域，又是古代帝王、诸侯祭祀天神的必经之地，古代鼎盛时期这里成为古祭器、古礼器铸造业的繁盛区域就不足为奇了。近年来的考古发现，烟涧村方圆三十公里区域文化遗存丰富，上皇古酒遗址、新石器土门遗址、杜康造酒遗址、白元遗址、南寨遗址、徐阳陆浑戎故都遗址，以及祭天庙坡、伊尹祠、聚仙观、净土寺等古迹名胜均在这一区域。

---

① 《史记·周本纪》："南望三涂，北望岳鄙，顾詹有河，粤詹、伊洛，毋远天室。"

遗址中发掘的文物有陶器、青铜爵、青铜斝（jiǎ）酒器、"子申父己"① 青铜鼎、青铜车、夔龙纹铜鼎、青铜制编钟等，名胜中发现的石刻、碑记等不仅佐证了这里为杜康造酒地、诸侯争战地，还进一步印证了此处为诸侯国东西交通咽喉要冲，深埋于地下数代的青铜制品、散落于民间千年的铸造技艺若隐若现地经历着岁月的淘洗，在人们的传颂中成为传奇中的传奇。

### （二）产业初萌于仿制

烟涧村青铜器制造业由来已久。该村有 800 多户人家，方姓为村中大姓，据方氏家谱载，明清时期已有青铜器仿制制作，但未形成规模，仅以家族承继形式传承制作工艺。改革开放后，社会上民间手工艺制作的氛围越来越浓，村民就动起脑筋，潜心琢磨多年乏人关注的青铜器制作技法，终于用传统手工艺成功复制出仿古青铜器件。那时候主要仿制的是 13～20 厘米的青铜镜，还有 15 厘米左右的佛像等，当时的制作手法非常原始，每件器物的制作工期也很漫长。

后来，学习仿古青铜器的制作成为多数村民的选择，因为"干这行比种地强，能多少挣点钱"。当时的青铜器制作以仿古为主，产业的发展得益于 20 世纪中期开始的收藏热。因为收藏市场的推动，对仿古青铜器件的需求越来越大，带动了仿古手工制造业的发展，以一家一户为单元的家庭作坊出现，相继开始了仿古青铜器的制作，仿古青铜器产业开始萌发。伴随着工具的发展，在传统工艺环节中加入现代电动工具，改进了制作精度，缩短了工期，仿古青铜器产业逐渐开启规模化发展时期。

### （三）产业规模化发展

家族中数代的传承发展历经古老的泥范工艺、石范工艺，失蜡铸造工艺，技艺的不断提升给青铜器手工制作铆足了发展的后劲儿，正是借助于失蜡铸造工艺的传承与创新，促成了该村仿古青铜器手工制作的产业化、

---

① "子申父己"为河南伊川出土的商代子申父己鼎，典型的扁足小圆鼎，鼎身饰以蝉纹及斜角云纹。

规模化发展。如今村中的青铜器制作规模覆盖面大，制作环节也逐渐细分化，从原材料集散、刻制胎坯到上锈做旧、外包装设计与印制等，形成一条龙式环环相扣的制作链。因为不同的制作者只需要专注于某一环节，各环节中工艺与质量的提升很快，推动了器件整体的精良度得以提高。

村内随处可见户家墙壁、门店店头上挂有"售卖、定制青铜器"的招牌，青铜器手工制件已成为这个村近年来的"支柱产业"之一。时至今日，仿古青铜器产品主要有各个历史时期的文物复仿制品、人物造型、工艺品等多个系列上千种。据不完全统计，烟涧村800多户中，有257户从事仿古青铜器加工，村内从业人员达900人。2015年实现销售收入1.2亿元，利税1900万元，拥有小微企业34家，配套包装企业5家，462个个体手工作坊，百万元产值以上的厂家店面18家，产业中的行业细分也逐渐清晰起来，有卖石蜡的，有收废铜的，有卖化学药品的，有专做包装的，还有成为供货商的。此外还成立了伊川县青铜器行业协会，建有洛阳烟云涧青铜工艺博物馆，形成了烟云涧青铜文化产业园。

## （四）声名远播四海

伊川青铜器行业协会组织会员参加各级艺术品大赛，已有2人获得省级工艺美术大师的称号，11人获得省级高级工艺品雕刻工资格，有30多名青铜工匠师傅在国内各级艺术品设计大赛中获奖。2010年，经河南省文物部门批准备案，成立国内首家以青铜工艺为主题的青铜工艺博物馆，被河南省文化厅授予"河南省非物质文化遗产展示馆"称号。2011年，烟云涧青铜器制作工艺被列入河南省第三批省级非物质文化遗产名录，先后荣获洛阳市优秀旅游商品奖、河南省"农村科技博览会"金奖、全国民间工艺大赛一等奖等。其中的洛阳鼎、天子驾六、莲鹤方壶等大型仿古青铜器已被全国许多大型企业作为镇厂之宝。

铸造精美的青铜器制品自2004年被央视报道后，多家媒体相继跟进，多年来不断以不同的视角观察伊川烟涧村仿古青铜器制作产业。借助于媒体的传播，农民制作的一件件青铜手工作品已销售到港澳台地区，在东南亚地区更是抢手，甚至传播到更远的美、英、日、加、法、德等国家，当地的商人也非常喜爱烟涧村的仿古青铜器制品。伊川烟涧村的仿古青铜器制品至少被国内 20 家博物馆收藏或展出，全国众多景区、企业、单位的大型仿古青铜器雕塑很多也出自烟涧村。

## 二　仿古青铜器产业发展中需要跨越的坡坎

### （一）是"文物造假"还是"工艺品创作"，尴尬的身份

在目前可见的各类媒体报道中，对伊川烟涧村的青铜器制品不能回避的一点质疑或者争议就是：这些器具究竟是"文物造假"，还是"工艺品创作"，还是"传统技艺传承"？

重拾青铜器制作技艺的源头是收藏市场的推动。当时出村的复制品转手就被投放收藏市场，被当作文物混杂在市场上，利润与成本的差距远远超出正常市场的收益。所以，村内早期仿古青铜器最主要的市场诉求可能是文物仿真，在国家文物保护相关法律不完善的那个阶段，烟涧青铜器制作除了给制作者带去丰厚的物质利益，也引发了不少的问题，也就有了这是"文物造假"还是"工艺品创作"的质疑。

这一质疑给烟涧村内的仿古青铜器从业者带来了困扰，也给喜爱仿古青铜器制品的消费者带去不小的困惑。所以，游走在高仿制品与工艺制品的临界地带是当前仿古青铜器产业依然不能彻底摆脱的尴尬。

随着对当地历史文化的发掘与整理，"传统技艺传承"成为村内制作者新的自觉，不过传说多于史料直接佐证，原有多种版本、众说不一的制作技艺，不仅增加了烟涧村从业者需要不断澄清与重新确认的负担，也使得村内该产业的发展不易形成应有的合力。

### （二）产业中文化的式微影响产业的生命力

青铜器文化是仿古青铜器制品的生命力所在，而这却未能成为制作方的关注点。在制作者眼中每一个物件只是作为商品出现与出售，与器物所

承载的文化意蕴并无牵连，器物的用途、造型的含义、纹饰的意指、铭文的历史等在产品价格面前毫无立锥之地，文化底蕴只是附属品，只是购买者单方赋予这些商品的一些修饰而已。

作为文化产业中的一类，对文化的自觉展示还没有成为制作方的意识，在烟涧村现有的青铜器制作企业中，仅有两家企业做了陈列展馆，展示介绍青铜器文化，只有一家企业建成了综合性博物馆，纳入铸作工艺与行业发展等内容，对青铜器文化的认识和魅力进行解读。走进该村的青铜器文化产业园区，尚感受不到浓郁的青铜文化环境氛围，文化的式微势必会影响文化产业生命力的持久和旺盛。

### （三）守株待兔还是另辟天地，产品发展中的迷茫

综合各家青铜制品的销售情况来看，订单销售是起源，特别是大物件，由客户提供产品图案、产品要求，按需定制。只要提供一张图片，就可以做出一模一样的实物来。在产品的制作上属于"守株待兔"式，所以大多数大件商品都是孤品，只有部分产品有大批量的生产。

根据设计创作出一个自主产权的物件，再通过宣传推广原创制品去形成市场占有率，这样的情形在烟涧村还没有出现，来样制作的效益依旧可观，没有必要去触动市场无常的风险，抱有这样的心理使得这里的青铜器制作者无意去做新产品的创新与市场开发的尝试，就目前来看，这里依然是买方市场。

### （四）单飞还是协同，产业转型发展中对行业规范的呼唤

作为村内自发产生并发展起来的产业形态，延循农村自我管理、自我教育、自我发展的自治原则，观念与历史因素使该村仿古青铜器制作产业并未被纳入村务管理与乡镇行政指导中。近年来，国家政策的扶持力度加大、政策红利彰显，社会管理中环保防污治污要求强化，社会信息的效益成效显著等，让分散单干的经营者认识到谋求政府扶持、村集体与乡镇行政指导的益处。

在该村数百家青铜器制作企业中，发展规模比较大的企业占比不足10%，这些大户凭借自身工艺、技术、市场、资金等优势，依靠自身实力单打独斗也可抵抗市场的负面冲击，但对于占比大多数的中小型企业来说，没有更为突出的工艺、技术优势与资金实力，容易陷入市场上的恶意竞争。

恶意竞争主要表现在价格竞争上，除了私人定制件外，同类同质的产品是大多数中小企业的主打产品，这些产品占据了市场销售额的五成以上，所以成为价格竞争的目标。相互之间的价格比拼使得各家的产品价格都出现了下跌，造成整个产业形势的低迷。由于挤压了既有利润，形成了产业生存中的丛林法则，一些散户被逐步淘汰。

该村的青铜器制作大都是家庭作坊式的，即便一些大型的商家在工商登记注册与税务管理方面的手续也不完善，形成品牌的产品更是寥寥无几。

要想聚力发展、减少行业内耗，提升产业的美誉度与知名度，政府规范与行业自律是今后发展中应有的期待。

### （五）"先富"能否带动"共富"，美丽乡村建设中的社会担当

在个人先富的前提下，先富带动后富、扶贫济困、形成共富的发展势头是当前美丽乡村建设中的一大导向，也是一大批先富起来的人所引以为傲的社会担当。烟涧村的仿古青铜器产业已经形成清晰产业形态与产业优势，造就了一批先富裕起来的村民，也形成许多新的就业岗位，当地村民足不出村就可找到务工处，可是村中公共设施稀少、公益互助氛围不足。要实现先富带动共富，需要引导先富者自觉承担的意识。

### （六）"曲径"再加"巷深"，交通区位上的隐患十分明显

伊川烟涧村距离城区 17 公里，与县城快速通道直线距离被伊河阻隔，与周边主干道之间均被其他村镇隔断，烟涧村犹如曲曲弯弯深巷中的一颗明珠，不甚通达的交通成为这颗明珠上的薄尘。来村客户在交通问题上多有抱怨。

综合以上，伊川仿古青铜器产业面临着明显的发展瓶颈，需要产业主

体、政府与社会协同解决这些问题，以开创产业发展新前景。

## 三 仿古青铜器产业发展瓶颈的突破点

### （一）政府和村集体补位，加强管理服务

政府应做出顶层设计，运用政策导向与税收杠杆，促使各作坊式商家亮明身份，自愿接受市场监管，同时也能最大限度地享受政策红利。

村集体的力量应适时介入，借助乡镇行政政策性指导，对仿古青铜器的生产经营者、从业环境以及村落自然环境等进行管理与服务，在助力村内仿古青铜器发展的同时，统筹村落发展与产业发展，促成农业、农村、农民与文化产业多方共赢。

### （二）营造文化氛围，提升产业内涵

作为文化产业，产品形制只是产品价值中的一部分，文化内涵是产品价值的魅力所在。要想让产品的文化内涵与产品价值契合，就需要人为自觉地去转化，既需要营销中的直接展示，也应当注重整体青铜器文化氛围的营造。

伊川的青铜器制品在营销中应注重文化内涵的表达，在产品的说明与介绍中给予直观体现。一方面需要制作者丰富自身对青铜器文化的认知，另一方面需要政府引导与社会智力支持，深入挖掘当地青铜器文化历史与相关史料，并加以规范化整理。对于青铜器文化氛围的培育既是提升产业内涵的一个途径，也是对产业未来发展的一种拓展和延伸。

### （三）做强优势产品，谋求发展新前景

文化产业中需要以优势文化产品为核心，伊川青铜器文化产业的内核应当是精妙的青铜器制品，仿古制品的工艺加上现代工艺品的理念才是产品的核心竞争力，技艺的传承与产品的创新应是手工艺制作者的不懈追求，做精做独产品才是做强做大产业的基础。

伊川青铜器文化产业只有融入社会大发展中才会得到更强盛的助力。应以青铜器文化为核心，以仿古青铜器制作为引擎，积极打造文化产业综合体。文化产业综合体的范围可以不限于一村的地理环境，应在县域统筹规划中实现村落之间的互助合作，联通上皇古酒遗址、新石器土门遗址、杜康造酒遗址、白元遗址、徐阳陆浑戎故都遗址等景区和祭天庙坡、伊尹祠、聚仙观、净土寺等周边的文化遗存，形成融文化产业、休闲农业、观光旅游业等多产业于一体共同发展的大天地。

### （四）求同存异共利，探讨行业新路

根据现实发展的需要，应进一步加强行业协会的作用，行业协会可借助相关部门的行政政策性指导，对青铜器的生产经营业务以及相关活动进行协调、规范，既要为会员提供宣传、咨询等基本服务，也要自觉维护正常的生产经营秩序，维护市场的公平竞争，提高青铜器制作行业的经济效益和社会效益。

针对当前村内市场中出现的价格博弈，需要探索谋求共同利益的举措，或者可以选择对大众产品价格指导化、透明化，特色产品价格根据市场需求确定等求同存异的可行性操作办法，谋求形成规范、充满活力的市场格局和市场秩序。

### （五）激发社会责任担当，共建美丽乡村

多年的发展促成村内一大批人已走在富裕的前列，身家百万、千万资产的人不在少数，这批人通过招工也带动了村内一部分人收入的增加，这种方式可称为劳资互助形式，是当前村内主要的协同发展方式。但这种单一的劳动与报酬的交换基于个体获利的需求，还停留在市场发展的初级阶段。市场中道德因素的强化应使市场发展由追求个体利益进步到追求群体利益乃至社会共利阶段。这需要激发从业者的社会责任意识和责任担当意识，在传统单一的互助合作发展形式基础上，还可以寻求多样化的互助协同发展方式，比如扶持村集体经济发展、以社会公益促进自我发展、共建

美丽村落促成共同受益发展等。

### （六）借势借力打造便捷通道

要解决交通不便的困扰，需要结合村落方位创造条件。烟涧村与洛栾快速通道仅有一河之隔，若能在全县统筹规划中修建伊河两岸路桥，将会使伊川烟涧村的文化产业发展如虎添翼。还可以积极联合邻近的村落，寻求部门、项目资金支持，募集社会力量支持，在现有交通基础设施上提升绿化、美化水平，共同打造田园通道。

## 四　对伊川仿古青铜器产业转型的展望

### （一）信息化营销

伊川青铜器文化产业的营销方式应由坐等客户上门，转变为借助电商走向信息化，把信息化营销作为产业发展的翅膀。与阿里巴巴、河南省云书网、河南豫满全球跨境电商、全国供销 e 家、建行善融、农行 E 商管家、洛阳农超网、玩 TA 共享汇等电子商务合作，打造烟云涧电商总店平台，开展购物、运输、定制一站式服务。电商化将对伊川青铜器批发市场的盈利模式、产业升级和可持续发展起到积极推动作用。

### （二）"烟云涧青铜器文化小镇"创业创新基地

作为文化产业发展综合体，特色小镇是一种承载形式。伊川欲整合县域内青铜器产业资源，建设"烟云涧青铜器文化小镇"创业创新基地。依托伊川烟涧村青铜器龙头企业，采取"公司+商户+互联网"模式进行市场化运作，建设国内最大的青铜文化 5D 多媒体展示厅。对原有青铜一条街、集贸市场、新型农村社区进行改造提升，规划建设基地配套设施，具体建设"一中心一基地一体系"。"一中心"是创意形成与创业培训中心，包括接待中心、创意形成中心、知识培训中心、成果展示中心、网络信息交流中心等建设功能分区；"一基地"是创业实训基地，包括青铜器研发（体验）中心、青铜器示范基地、文化小镇示范区；"一体系"是金融服务体系，建设融资平台，引入金融机构与风投公司，对基地创新团队进行相应的融资和投资。

到 2018 年，该基地入驻企业和个体工商户达 600 家，从业人员在 5000 人以上，实现产值 2 亿元以上，使仿古青铜器产业集群进一步扩大，带领周边农民一起创业，实现共同致富。

综上所述，结合伊川当地政府的规划蓝图看，伊川青铜器文化产业的发展前景十分远大。若能顺利突破名分、文化、产品、行业、村落、交通等发展瓶颈，基于伊川烟涧村的区位特点，以"烟云涧青铜器文化小镇"的形式打造文化产业发展综合体，将大有可为。一是发掘当地丝绸古道历史，一器一道，创新体验式休闲文化；二是治理村容村貌，提炼村落自有特色，保护村落自然风光，抓住乡村游民宿市场需求，拉伸产业链条、延展文化产业的辐射范围。特色小镇建设的受益群体将是大范围的，若能联通伊河两岸，直接惠及葛寨乡与鸣皋镇，周边村镇间接得利；若借助现有通道，直接受益区域将可南达酒后镇，向西辐射鸣皋镇，北及白元、水寨两乡镇，对于伊川南部片区的整体发展将有极大带动效应。

# 旧县背装（嵩县）的传承与创新发展研究

中共嵩县党校课题组*

摘　要：　旧县背装是河南省省级非物质文化遗产代表性项目，距今已
有140多年的发展历史，是嵩县非遗宝库中的瑰宝。本文在深
入实地调研的基础上，对旧县背装的发展现状进行了系统梳
理，总结了近年来嵩县在传承与保护方面所取得的成效，剖
析了其传承与创新发展中存在的问题，并提出了对策性
建议。

关键词：　旧县背装　非遗保护　河南嵩县

嵩县位于豫西伏牛山区、古都洛阳市西南部，总面积3009平方公里，全县辖16个乡镇296个行政村41个社区，总人口65万。嵩县历史悠久，建制古老，炎帝时称伊国，春秋时为陆浑戎地，明洪武二年（1369年）降州为县，始名嵩县。嵩县地处河洛文化圈，人文历史厚重，大禹治水、程门立雪、源头活水、问鼎中原等历史典故均发生于此，境内分布有两程故里、伊尹祠、云岩寺等众多积淀深厚的历史文化景观。2000多年来，世世代代勤劳智慧的嵩县人民在伊水河畔谱写了辉煌灿烂的文明篇章，积累了厚重的文化底蕴，在嵩县大地上留下了丰富的物质文化遗产和非物质文化遗产。

嵩县的非物质文化遗产资源丰富多彩、包罗万象，有民间文学、传统音乐、舞蹈、美术、曲艺、体育、游艺与杂技、传统技艺、医药、民俗等，

---

*　课题组组长：吕媛，中共嵩县党校讲师。课题组成员：白玉辉，中共嵩县党校讲师；张驰，中共嵩县党校助理讲师；王韶华，中共嵩县党校助理讲师；刘志龙，中共嵩县党校教师。

它们遍布于嵩县的沟沟岔岔、山山岭岭、村村寨寨。嵩县有不少河南省级非物质文化遗产代表性项目，如旧县背装、嵩县大铜器、靠山黄、伊尹传说和抬阁（车村抬装）等，有许多洛阳市市级非物质文化遗产代表性项目，如高装、姜公庙会、放河灯、黄牛交易习俗暗语、鳖官断案、王记烧鸡制作技艺等，另外还有陆浑戎的故事、程门立雪、桥北水墨画、杨氏烙画等几十余项县级非物质文化遗产代表性项目。在嵩县众多的非物质文化遗产项目中，丰富的民间文学滋养了人民的文学情操，精彩的表演艺术丰富了人民的精神生活，精湛的手工技艺提高了人民的生活质量，淳朴的民风民俗稳定了和谐的社会环境。这些丰富的非物质文化遗产不仅是嵩县的重要历史文化成就，也是中华民族优秀传统文化的重要组成部分。

背装又称"背妆""背桩""垴装"，是源自民间的一项古老而独特的社火表演。旧县背装以其惊、奇、险等特点被誉为"高跷上的舞蹈"，其享誉省内外，颇具影响力，可谓是嵩县非遗宝库中的瑰宝。

# 一 旧县背装发展现状概述

旧县背装发展距今已有140多年的历史，是由洛阳市嵩县旧县镇西店村的民间艺人，将戏剧、曲艺、舞蹈、雕塑等多种艺术融合，经过几代人的不断继承、发展、创新，并结合现代杂技高跷发展起来的民间绝技，其艺术造型独特，以表演传统历史传说和历史故事为主，情节性故事性强，极具观赏力。近年来，随着民众对传统文化的关注度不断加深，背装已成为深受群众喜爱的一种民俗舞蹈表演形式，它反映了伊洛河畔悠久的历史、淳朴的民风和灿烂的民间文化与艺术，具有较强的艺术感染力。

## （一）背装的地域分布

背装在嵩县境内的发源地是嵩县旧县镇西店村。除了西店村，在车村镇孙店村和大章镇大章村也有过短暂的兴盛，但种种原因使然，车村镇、大章镇背装已经失传许久。

旧县镇距离嵩县县城约 23 公里，西店村地处旧县镇西 1 公里处，位于谷雨河流域下游。村域总面积 9.92 平方公里，辖 11 个自然村，有 858 户 3366 人。目前，旧县镇西店村共有 17 个村民小组，但只有 8 个村民小组从事背装活动，另外 9 个村民小组无人从事这一活动。在背装发展之初，其主要是用于祭祀火神，村里每次在演出前，都要敬火神，举行隆重的上装仪式，以祈求演出顺利进行。当时村里专门成立了火神社，火神社成员后来将背装代代相传，才使其发扬光大，其后代主要分布在现在的 8 个村民小组里，而另外 9 个村民小组无人传承。

## （二）背装的历史变迁

关于旧县背装的历史起源，据记载始于清康熙八年（1669 年），是康熙帝亲征抓捕鳌拜叛党后，祈福国泰民安的一种祭祀活动，后流传于民间。

清光绪三年（1877 年），孟州铁匠李装奇、李英科父子逃荒至嵩县旧县镇西店村定居，他们带来了精湛的铁艺技术。当时，村里成立了火神社，在每年正月十五的晚上和正月十六举行祭祀活动。为兴盛神火，李氏父子便开始用自己的聪明才智和精湛的铁艺进行背装创作，他们带领村民经过上百次试验，又和社火铜器相结合，创作出了背装这种造型独特的民间舞蹈形式。此后背装就在西店村逐渐发展起来，其最初主要是用于节庆时取悦神灵，祈福消灾，保佑平安。

新中国成立后，由于当时村里的文化活动比较匮乏，村民缺少文娱活动，为丰富精神文化生活，西店村的老艺人将背装演变为纯粹的民间娱乐项目，一时得以兴盛。1958 年兴起全民大炼钢铁运动时，背装的主要部件——暗铁架要被收回炼铁，当时负责保管的老艺人金西川将部分铁架秘密转移保管起来，使其"中节"制作技艺得以继续传承。"文革"期间，旧县背装被定为"四旧"而遭到禁演，背装的发展陷入低迷期。为了使背装能够得以传承发展，老艺人们又进行了创新，将"样板戏"《红灯记》《沙家浜》等新式剧目融入背装表演，使背装得以延续。改革开放以后，在党和政府的关怀下，旧县背装不断创新发展，表演由原来的 7 垛传承改良到

13 垛，在西店村及周围村庄再次盛行，成为村民们在节庆时不可或缺的表演节目。

2001 年，西店村党支部书记李大克提出要让旧县背装走出大山，发扬光大。于是，他集合村里的背装演员和道具制作人员，成立了西店背装艺术团。在当年的洛阳牡丹花会上，艺术团的演出引起了轰动，旧县背装从此走出大山，有了更广阔的发展空间。

2003 年，艺术团演职人员商量后决定将背装与高跷"混搭"，增加了表演的惊险性。表演"下装"的演员都是文艺能手，高跷、背装都很拿手，但是把两者结合起来，也是很困难的事情。演员们经过刻苦训练，终于将高跷上的背装表演完美地呈现在世人面前，让老艺术开出了"新花"。2004 年受文化部邀请，旧县背装代表河南省赴南京参加世界博览会狂欢节文化巡游演出，声名大噪。2011 年参加了 CCTV-7 春耕行动拍摄，在全国引发了强烈反响。

2015 年，旧县背装入选河南省省级非遗名录，西店背装艺术团的成员们欢欣鼓舞。在嵩县文广新局的支持下，艺术团发展成为嵩县背装演艺有限公司，使旧县背装实现了商业化发展，有了演出证，外出演出更正规了，也更有利于艺术团乃至背装这门艺术的发展。

2020 年旧县背装受邀参加央视春晚郑州分会场的演出。旧县背装的精彩亮相，给全国乃至海外观众留下了深刻的印象，依靠央视这个更加广阔和强大的舞台，不仅向世界展示了旧县背装的独特造型和表演艺术，也展示了河洛文化的深厚底蕴和强大魅力，又打造了一张极具河洛地方文化特色的非遗新名片。

### （三）旧县背装概述

#### 1. 背装的造型艺术

背装属于造型艺术，表演大都以戏剧生、旦、净、末、丑人物造型出现，其每个典故情节的表演小组，艺术名称为"垛"，每垛分上、中、下三部分，用铁架和装饰品固定在一起，既可各自表演，又可相互配合，组成一个故事整体。按背装铁架的造型形式可以分为双、活、吊、顶、平、高跷六种垛法，有顶拐、袖拐、活拐之分。

背装的上、中、下三个部分，经过反复演练配合，熟练掌握重心技巧，同时又吸取高跷的表演手法，把高跷与背装合二为一，使整个表演突出精、奇、妙、险、绝的艺术精髓。

上层表演者称"上垛"，多为经过严格筛选和充分演练的儿童，他们化装成生、旦等角色（称上装人物）表演，对儿童的体重有着严格要求，单垛一般不超过10公斤，双垛一般不超20公斤；下层表演者称为"下装"，统一由经过严格训练且熟悉掌握技术技巧的成年人表演；中间技术、艺术部分称为"中节"，由钢筋打制而成，主要是用与故事相关的装饰品点缀钢筋，如风景、建筑、花、鸟、动物等。中节是背装表演的关键一环，经过浓缩造型艺术，用来连接上、下装人物，用毡布层层密实地捆绑在"下装"的腰上，从"下装"的衣领、袖口处蜿蜒伸出，给人一种孩子坐在"下装"的头部、胳膊上的感觉，往往能以假乱真，其主要作用是承上启下，展示故事情节，给人联想，让人产生身临其境的感觉，是古老艺术与现代技术的有机结合。

背装的演出乐队由配备大型铜器的数十人组成，其演奏方法与乐谱，由老艺人秘传，为背装表演节奏专用。演奏雄壮有力，通过上、下层的表演和艺术展现以及乐队的气氛效果，给人以独特的艺术享受。

2. 背装表演

背装表演故事情节大都取材于群众喜闻乐见、家喻户晓的民间传说和历史典故。根据时代的发展和要求，经过几代艺人的传承与创新发展，其故事情节也在不断发生变动，其垛数和参演阵容大小也在不断调整，现在已经形成比较经典的十八名垛。

一垛蟠桃会。此垛表演的是孙悟空大闹蟠桃会故事。上装为儿童装扮的孙悟空，个个精神抖擞，可以做360度悬空旋转和前后180度空翻，有武打动作特效；中节部分是蟠桃树枝，中有一石猴，用石猴尾巴把上装撑起，摇曳起伏；下装是成年人装扮的土地仙，长须白发，手持拂尘，战战兢兢。

二垛哪吒闹海。此垛表演的是哪吒闹海的故事。上装为儿童装扮的哪吒，身披混天绫，手持火尖枪，脚踏风火轮，大闹东海龙宫；中节为乾坤圈；下节为夜叉，站立于高跷之上，跟随步点，不停走动来维持平衡，惊心动魄，扣人心弦，此演艺是其他同行业无法比拟的。

三垛穆桂英下山。此垛表演的是杨六郎大破天门阵时，其子宗保与隐居山寨的将门子女穆桂英私订终身，下山参战，保家卫国的故事。上装儿童装扮穆桂英脚踏战马；中节为战马，连接上下装，威风凛凛；下装为成年人装扮的宗保英武少年，此为活垛，表演艺术上突出"活"字，技术上借鉴于高空杂技之长。

四垛宝莲灯。此垛为高跷垛，表演的是沉香救母的故事。下装由成年人装扮三圣母，上装为儿童装扮小沉香，中节用宝莲灯连接。

五垛送京娘。此垛来源于民间传说《千里送京娘》。赵匡胤乔装私访江南，途中巧遇金娘被恶人欺负，住在庙中，赵匡胤见义勇为救下金娘，拒绝金娘以身相许美意，将京娘送回家中。此垛上装儿童装扮京娘，下装成年人装扮赵匡胤，中节由京娘所住之庙连接。

六垛金刚葫芦娃。此垛来源于童话故事《葫芦娃》。下装由成年人装扮老汉，上装由儿童装扮葫芦娃，中节有宝葫芦连接。此垛为活垛，葫芦娃可做跟头表演。

七垛丑三打柴。此垛来源于传说，相传有一樵夫丑三，上山砍柴遇一猛虎叼一小孩，丑三毫不畏惧，与虎搏斗，将小孩救下，颂扬了丑三人丑心不丑，有舍己救人的高尚品格。此垛采取高跷手法，下装为丑三，中间为猛虎，上装为小孩。

八垛郑德下江南。此垛表演的是正德皇帝下江南的故事。明朝时期，皇帝私访江南，在一酒楼看上颇有姿色的民女凤姐，从而引发一场帝王与民女的风花雪月之事。上装为民女凤姐，下装为皇帝，中节由凤姐的酒楼相连。

九垛牡丹仙子。此垛背景来源于神话故事《白云牡丹》。下装是由成人装扮的在白云山修炼的白牡丹仙女，上装是儿童装扮的牡丹仙子，中节部分用红牡丹连接。

十垛大登殿。此垛为双垛表演，来源于戏剧《红鬃烈马》中薛平贵称帝后的一段经典爱情故事。上装两个女童装扮王宝钏、代战公主，下装由成人装扮成年男子薛平贵，中节部分由一龙二凤连接。

十一垛松鹤延年。此垛来源于传说故事。相传远古时期，南极仙翁与白鹤童子受命天庭，下凡人间专管延年益寿、人间富贵之事，被人们供为长寿吉星。上装儿童装扮仙童，中间仙鹤站立松枝之上，形态逼真，栩栩如生，下装为成年人装扮的童颜鹤发的南极仙翁。

十二垛五鼠闹东京。此垛演绎的是《三侠五义》中江南五鼠武艺高强，因不满展昭被皇上封为带刀护卫御猫而与其作对的故事。五鼠白玉堂在松林与御猫对打，四鼠蒋平藏于松树待机出动，上装为儿童装扮的蒋平，下装由成年人装扮韩彰，中间由老松树连接。

十三垛赵云截江。此垛来源于《三国演义》，刘备东吴招亲之后回到荆州，夫人孙尚香生下太子阿斗，因孙权从中挑拨，孙尚香带太子返回东吴，赵云率兵追至江边，在船上将太子救回。此垛上装为儿童装扮的太子阿斗，下装为成人装扮的赵云，中节是江边渡船。

十四垛戏牡丹。此垛根据众所周知的《八仙过海》中八仙之一的吕洞宾和牡丹仙子的故事而设计，上装儿童装扮牡丹仙子，下装成人装扮吕洞宾，中节由牡丹花相连。

十五垛回荆州。此垛来源于《三国演义》。孙权设计欲害刘备，假将其妹孙尚香嫁予刘备，刘备赴东吴招亲，将计就计，将夫人孙尚香带回荆州。上装儿童装扮孙尚香，下装成人装扮刘备，中节由金龙相接。

十六垛高老庄招亲。此垛根据《西游记》中猪八戒在取经前与高老庄高员外之女结为夫妻一段故事设计。上装儿童装扮高小姐，下装成年人装扮猪八戒，中节为高家庄。

十七垛杨八姐游春。此垛来源于豫剧经典剧目《杨八姐游春》。上装是两个人，故称双垛，与其他垛相比，独具风格。上装由两个女童装扮八姐、九妹，身着艳丽服饰，英姿飒爽，中节部分有两匹骏马，雄壮威武，支撑上装八姐、九妹站在马头之上，马腿连接下装宋仁宗，着君王服饰，手持马鞭，巧借戏剧故事情节，手法新颖，惟妙惟肖，融入舞蹈步伐表演，将故事尽显眼前。

十八垛状元祭塔。《状元祭塔》讲的是《白蛇传》故事中许仙和白素贞之子许仕林中状元后奉圣命前往雷峰塔祭母的故事。上装由儿童装扮白素贞，下装由成年人扮演许仕林，中节为一条白蛇穿塔而过，讲述了千古悲壮的爱情故事。

### 3. 表演流程

旧县背装一般在每年传统节日和重大节庆时候外出进行表演，如每年的春节、元宵节、中秋节、五一劳动节、十一国庆节、洛阳牡丹文化节、伏牛山兰花节等。演出一般在白天进行，每天可安排四个场次表演，每次表演约一个小时，晚上在灯光条件比较理想的场地，也可进行表演。

背装的表演主要有四个流程：准备、上妆、起乐、支杆。

每次表演前半个月，如有新人加入，都要重新进行队形排练，铜器乐队也要进行排练。表演前几天，要对所有的道具服装进行检查，相关人员召开会议，布置好演出任务，确保演出安全进行。演出当天，召集人员，九点准时开始上妆着装，在上妆的同时，铜器乐队奏乐，起到暖场、烘托气氛作用。所有演员化妆着装准备就绪后，就要开始支杆，由几个成年男子用一根几米长的木棍将上装小演员支起来放到中节上去。排好队形后，在排鼓、锣、镲等民族打击乐的伴奏中进行巡游表演，整个队伍可作直线行进，也可以"0"、"8"和多列队形穿插变换。

背装表演规模灵活，可露天踩街表演，也可固定舞台表演。背装艺术造形独特，设计精密，故事性强，反映了嵩县悠久的历史、淳朴的民风，同时也创造演绎了灿烂的文化与艺术，展现出民间艺术的魅力。背装艺术具有独特的地方风味，与舞狮、旱船、鼓铙等传统艺术相比，更具艺术感染力。

## 二　旧县背装传承与保护现状调查

旧县背装于 2008 年入选洛阳市市级非物质文化遗产名录。多年来，根据《中华人民共和国非物质文化遗产法》《河南省非物质文化遗产保护条例》《洛阳市非物质文化遗产保护条例》等有关规定，嵩县相关部门认真贯彻"保护为主、抢救第一、合理利用、传承发展"的工作方针，积极开展旧县背装的保护、管理工作，并积极组织其参与省级非物质文化遗产项目的申报和评审工作。2015年旧背装入选第四批河南省省级非物质文化遗产代表性项目名录，这对于进一步加强旧县背装的资源抢救、保护、研究、利用具有重要意义。在多年的非遗保护之路上，政府和社会各界探索了旧县背装的各种传承保护路径，在舞蹈形式、相关资料及传承人、道具制作技艺方面都取得了一定的成效。

## （一）完善领导班子

依照新的非物质文化遗产保护法和保护条例完善了旧县背装艺术团的领导班子，设立团长1人、副团长4人（分管组织、业务、外联、财务），各演出小组设小组长，按分工负责管理，使背装的发展有了更加稳定的基础。

## （二）建立各项制度

### 1. 传承人传授演练制度

通过定期开展培训班和不定期组织传承活动等途径，建立了传承人传授演练制度，传授暗铁架制作工艺，使新传承人基本掌握了暗铁架制作工艺流程及要领；传授外装饰制作工艺，使新传承人基本掌握中节、伞制作工艺流程及要领；传授乐谱及乐器演奏技巧，让新传承人熟记演奏乐谱，基本掌握乐器的演奏技巧；传授下装演员表演技艺，积极参加省市组织的专题活动，辅导新传承人掌握下装的表演技艺，并吸纳多家演义之长，巩固传承成果。

### 2. 财务收支公开制度

制定了财务收支公开制度，使收支公开透明化。对出场费、工资、补贴、公共积累都进行公示，实行财务公开"四个一"制度，做到演出一次、报账一次、结算一次、公示一次。每次演出后召开8个生产队集体队长会议，对相关财务收支情况进行说明。财务收支公开制度的建立，使每个参加演出的村民心里都有了一笔明白账。

3. 服装道具定期检修制度

制定了服装道具定期检修制度。指定专人对所有的服装道具、铜器都做好登记造册，做好经济账、库存实物台账。对服装道具、铜器要进行定期的检修检查，凡是服装道具和铜器新增、损坏、保修、废弃都要登记在册。如果个人可以维修的，个人维修登记，如果个人不能维修的上报集体统一集中修理。服装道具分组分垛指定专人保管，每次演出前后组织检查、维护，确保演出万无一失。

4. 演出安全保障制度

组建了安全保障小组，每次演出前，派出专人对道具的安全性、牢固性进行仔细检查，如发现不安全隐患，及时进行抢修和加固。表演过程中，安全小组随时应对突发状况，保障演员的安全。

5. 技艺保密制度

制定了保密制度，严格技艺保密，根据老艺人传内不传外的规定，任何陌生人和与本团无关人员不得随便进入道具保管室。管理人员不得向团外任何人泄露、传授背装的关键技艺。

由于各种制度较为健全，全团上下齐心、协力团结一致，近年来，在演员培养、道具制作、技能传授及器材保养等方面较为顺利，保障了正常传承和演出。

## （三）制定五年保护计划

其一，对背装资源、资料深入挖掘采集，对人才传承、道具购置、历史文献材料、乐谱图纸等宝贵资料实行统一登记备案，建档保存。

其二，确定培训传承人，在业务培训中对各类不达标的技艺传承人进行及时调整，使其技术熟练后再予以确认。

其三，传承、保护、交流、发展相结合，在传承保护的基础上求发展，发展为传承奠定基础，采取请进来人才帮助提高技艺、走出去演出交流的方式，取长补短，增加收入，为传承和保护提供动力（见表1、表2）。

**表1　背装传承谱系**

| 第一代 | 1877年 | 铁艺 | 李装奇 | 制作 | 李英科 | 表演 | 李振清 |
|---|---|---|---|---|---|---|---|
| 第二代 | 1901年 | 制作 | 周德华 | 表演 | 关老虎 | 伴奏 | 李玉海 |
| 第三代 | 1930年 | 铁艺 | 李松成 | 表演 | 石克州 | 伴奏 | 金涛 |
| 第四代 | 1955年 | 铁艺 | 周进道 | 制作 | 金西川 | 表演 | 金明忠 |
| 第五代 | 1976年 | 制作 | 赵志良 | 表演 | 徐京霞 | 伴奏 | 金明生 |
| 第六代 | 1994年 | 制作 | 孟建生 | 表演 | 李长富 | 伴奏 | 金明臣 |
| 第七代 | 2008年 | 制作 | 贾海发 | 表演 | 范现法 | 伴奏 | 孟遂山 |
| 第八代 | 2014年 | 制作 | 李来庆 | 表演 | 李来正 | 伴奏 | 韩遂军 |

**表2　主要传承人（群体）**

| 周进道 | 男 | 1937年出生 | 1965年学艺 | 铁艺 |
|---|---|---|---|---|
| 孟岳 | 男 | 1942年出生 | 1980年学艺 | 指挥 |
| 徐京霞 | 男 | 1955年出生 | 1985年学艺 | 下装演员 |
| 金会芳 | 女 | 1966年出生 | 2006年学艺 | 下装演员 |
| 金宝安 | 男 | 1953年出生 | 1988年学艺 | 中节制作 |
| 贾海法 | 男 | 1951年出生 | 1990年学艺 | 中节制作 |
| 金明辰 | 男 | 1951年出生 | 1976年学艺 | 铜器伴奏 |
| 韩遂军 | 男 | 1966年出生 | 1988年学艺 | 铜器伴奏 |

资料来源：表1、表2均为课题组根据调研资料整理。

## 三　旧县背装传承与创新发展面临的问题

虽然近年来嵩县在旧县背装的传承保护方面取得了一定的成绩，但通过实地调研，发现其传承与创新方面还存在一些问题，在一定程度上制约了旧县背装的进一步发展。

### （一）财政投入难度大，缺乏专项资金投入

《中华人民共和国非物质文化遗产法》明确规定，县级以上人民政府应将非遗保护经费列入当地财政预算。但由于嵩县在洛阳市各县区经济发展中排名比较落后，于 2020 年刚刚实现脱贫摘帽，县级财政比较困难，提高非遗保护经费的财政预算条件尚不充足。旧县背装的普查、发掘、整理、保护、传承、利用等工作受到了经济因素的制约，有的传承项目因缺少专项资金支持而创新发展受限，对传承人的经济补助不足，旧县背装发展目前主要以依靠自身演出收入维持，演出收入也十分微薄。特别是背装主要表演者以年龄比较大的老艺人为主，平时多以务农为主来保障生活，他们自身也没有其他收入来源，生活相对窘迫，因缺少必要的经费保障而不能经常性开展传授、创新等工作，这些都影响了旧县背装的传承和创新。

### （二）缺乏专业团队指导，阵地建设亟待解决

旧县背装的保护、传承与发展对专业人才的要求非常高，因此为了能更好地发展下去，必须组建一支理论知识与实际操作兼备的复合型人才专业团队，要建立固定的训练排练活动阵地。目前西店村从事背装的人员多以儿童和年长的农民为主，其知识性和专业性远远不能满足背装的创新发展。大多数传承者都源于个人兴趣爱好，没有专业团队和专家的指导，往往是遇到有演出时就临时召集，训练不够系统化、完整化，部分人员往往是过年务工返乡参加一段时间的训练，到表演时又常远在他乡不能及时赶回，这给旧县背装的传承与发展带来很大的困难与阻碍。此外，旧县背装没有自己固定的排练场所，排练多在村内的公共场所、户外空地，活动场地不固定、活动空间受限，很多服装道具也没有统一存放的场所，靠埵长自己收藏管理，比较分散。因此，强化专业传承团队建设及解决阵地建设的问题刻不容缓，必须引起高度重视。

### （三）传承艺人老龄化，传统技艺面临失传

实现非遗传承创新最根本的还在于培养接班人。没有接班人，就没有

传承，所以，最好的非遗传承就是努力培养接班人，让更多年轻人接受非遗。旧县背装传承创新存在一个比较突出的问题就是传承人老龄化严重，传统技艺面临接班人少的困境，特别是年轻有专业知识的接班人更是难得。旧县背装最关键的传承技艺就是铁艺制作，出现了有老艺人愿意教却没有年轻人愿意学的局面。一方面从事非遗的传承人没有得到社会的认可，年轻人觉得从事这项工作成就感不足，不能很好地实现自我价值，从而放弃进入这个行业；另一方面，现在的年轻人缺乏对传统文化的认同感和归属感，缺乏对非物质文化遗产传承的热情。这些因素促使旧县背装技艺传承过程中教与学的矛盾凸显，导致旧县背装传统技艺面临失传的危险。在非遗项目的传承中年轻人是关键，只有让年轻人了解、接受和喜欢，非遗项目才能经受时间考验，具有持久生命力。

### （四）表演队伍断层严重，表演人才青黄不接

在进行走访调查中发现，在西店村现今可以从事背装表演的大概有200多人，但从其年龄结构上分析，多以7岁以下儿童和55岁以上老年人居多，占到了总人数的85%以上，表演队伍年龄断层严重，表演人才青黄不接。背装的上装人物多由儿童装扮，需要经过严格训练，对体重有特殊要求，所以其年龄限定范围很窄，有的孩子一到了上学年龄，就只能抽时间参与，有的孩子到城里上学，就直接放弃了参与，导致上妆演员数量也在日益减少。在背装表演中，下装人物是关键，是体力活，既要承重上装人物，还要进行走步表演，但目前扮演者多为55岁以上的老人，年龄越大胜任下装表演的能力越受限，这是很棘手的问题。特别是随着当今社会的快速发展和人们快节奏的生活，年轻人需要外出上学，或打工养家糊口，很难全身心投入，无法把精力放在需要多年时间磨炼的背装表演上，也无法保证排练时间，造成旧县背装表演人才以老少为主，缺乏中青年的问题突出，制约了背装的发展。

### （五）文化传承宣传不到位，没有利用好媒体力量

目前旧县背装非物质文化遗产宣传工作取得了一定的成绩，能及时跟

进报道，但宣传手段还不成熟，特别对于新兴媒体手段的利用还很不到位。没有建设相关网站、公众号或入驻短视频平台，没有通过网络直播等现代大众喜闻乐见的形式进行宣传及传播，部分传承人通过个人"朋友圈""抖音"等形式进行宣传，但更新时间不固定、更新缓慢，不成规模，没有起到更好的宣传作用。

### （六）创新意识不足，活化利用水平有待提高

一方面是对优秀传统文化的利用不足，对做好新形势下优秀传统文化传承保护的重要性认识不足，创新之举不多，将非物质文化遗产保护与经济社会发展相结合的自觉性不够，存在"死保死守，保而不用"的现象。旧县背装虽于2015年成功申请省级非物质文化遗产代表性项目，也登上了春晚舞台，但没有得到进一步的发掘整理和合理利用，项目展示也还仅仅局限于重大节庆、会展活动，深度开发利用不够，走出去的程度还不够；经典剧目虽然有所改动创新，但剧本创作和演出与新时代衔接滞后，缺乏歌颂新时代的作品创作；传统文化元素挖掘不够，无法有效地和当地文化产业对接，活化利用水平有待提高。

## 四　旧县背装传承与创新发展对策建议

### （一）完善法律法规保护体系，加大财政和政策支持

一是完善具有操作性的法律法规体系。在非物质文化遗产保护方面，特别是如旧县背装这类已经被列入省级非物质文化遗产的项目，县人民政府应根据《中华人民共和国非物质文化遗产法》相关内容制定便于操作的实施细则，并据此加强地方性法律法规和制度建设，为开展保护工作提供法律、制度和政策保障，使非遗保护工作成为各级政府、社会各界及公民的责任和义务，形成对县内非物质文化遗产保护和发展的统一体系。二是制定符合嵩县实际的优惠激励政策。给予非物质文化遗产类、民族传统手工艺类保护传承活动税收减免优惠和信贷贴息，支持其健康发展、扶持其

创新发展。三是建立旧县背装发展专项基金，奖励为非物质文化遗产保护、传承和发展作出贡献的传承人和相关人员，对旧县背装发展过程中出现的精品和珍品要进行抢救性保护，对优秀剧目、制作精良的服饰、器物等进行评审、征集及保护性展示，扩大其影响力，并为项目所需的宣传、收购、收藏、展览提供资金保障。

### （二）政府纳入规划，尽快完成阵地建设

一是以政府为主导，动员社会各界力量保护非物质文化遗产。县乡村各级应把非遗保护工作纳入当地国民经济、社会、文化发展整体规划。根据经济、社会、文化发展的实际情况，制定好非遗保护工作规划，明确保护范围、措施和目标，在促进保护的基础上，推动非物质文化遗产的传承与创新。二是建议西店村紧跟县委县政府发展规划，积极整合资源，利用现有条件建设群众文化艺术馆，并设立非遗传习所和展示场馆，完善非物质文化遗产保护和传承发展的基本设施，加强非遗项目的传承和宣传推广。三是建议县文化广播电视和旅游局牵头协调县级旅游景区的游客接待中心，为旧县背装等非遗项目提供展示空间，实现非遗项目接续有力、借鉴发展的目的。

### （三）建立科学的传承人制度，扩大各年龄段技艺人才

一是建立传承人、工艺大师、表演大师评定制度，让那些身怀绝技的民间人才能够脱颖而出，通过政府、社会组织授予各种荣誉称号，颁发荣誉证书，使他们得到社会的认可。二是根据嵩县实际情况设立传承人保护专项基金，通过发放专项补贴等，解决他们的生活困难，激发其保护非物质文化遗产、传授技艺的热情，引导年轻人热爱传统技艺，学习研究传统技艺。三是建立传承人责任制度，明确传承人职责和义务，通过制度的形式督促传承人传习技艺，培养后继人才。

### （四）深入开展培养教育合作，加大宣传力度

一是积极促进旧县背装走出去，以县乡政府为主导，与高等院校、专

业技术学校合作，积极引导开展有计划、有步骤、分类别、分专题的培训活动，提高参与人员的素质，提高传承与创新发展的能力。二是在中小学开设民族传统文化特色课程，让旧县背装走进课堂，让学生有机会深入了解嵩县非物质文化遗产，从娃娃抓起，打好传统技艺传承和创新发展的根基。三是充分利用报纸、电视、广播、网络等，对嵩县非遗重点项目加大宣传力度，提高全民传承保护非遗的意识，营造良好的社会氛围。

### （五）强化文化品牌意识，提升艺术品位价值

一是积极融入传统文化元素，创立特色品牌。旧县背装历史悠久，本身就是从传统文化中来，又在历代传承人努力下得到了创新性发展。以旧县背装为例，在嵩县非物质文化遗产创新发展的同时，更要秉承传统技艺的文化本质，坚持以发展传统技艺为主流，创新性地将地方特色传统文化融入其中，使其富有地域特色，增强观众的心理认同、价值认同。二是发挥传统工艺人创新的主动性，提升艺术品位。旧县背装集历史文化、手工技艺、表演艺术于一体，本身就具有很高的艺术价值。在发展过程中要更好地发挥传统工艺人创新的主动性，进一步将历史文化和现代审美融合，提升旧县背装在剧目、服饰、器物、表演形式上的艺术品位。三是在坚持传统手工技艺的基础上，提升工艺价值。旧县背装应在工艺上积极创新，鼓励在坚持传统手工技艺的基础上，加大现代制作工艺的研究，提升工艺价值。旧县背装服饰、各种样式的"垛"都很有特色，而特色就是竞争力，要把每一件服装、每一个器物按照工艺品的目标去打造，提升其审美、收藏等价值。

### （六）强化市场创新意识，提高活化利用水平

一是强化市场理念，挖掘旧县背装的应用功能。旧县背装具有悠久的历史，以独特的表演形式受到人们的追捧和喜爱。旧县背装应积极融入市场，接受市场的选择和考验，应根据时代发展更新剧目、创新形式，深入挖掘其应用功能，提高表演场景的契合度，获得市场认可。二是从市场需

求的角度，挖掘旧县背装的审美功能和收藏功能。旧县背装在服饰、垛、装饰制作等方面具有丰富的审美、收藏价值，旧县背装应放大其精雕细刻的民族传统手工技艺、融合性的剧目设计、独特的表演形式而具有的独特审美情趣，借此增强其欣赏、展览、收藏等功能，也可在工艺品或纪念品制作上大做文章。三是以产业化发展思路，挖掘旧县背装的经济功能。旧县背装作为非遗项目，是传统技艺，也是家庭副业，经济功能一直未被充分挖掘。在文化大繁荣大发展的今天，洛阳副中心城市建设加快推进，嵩县作为南部生态涵养区的区位优势明显，这些都为旧县背装提供了难得的发展机遇，应广泛挖掘旧县背装经济功能，走出一条嵩县特色的非物质文化遗产产业化发展之路。

## 参考文献

【1】《旧县背装：高跷上的舞蹈（走进洛阳非物质文化遗产）》，《洛阳晚报》2011 年 3 月 2 日。

【2】《旧县背装：民间绝活 艺术"杂烩"》，《洛阳日报》2015 年 12 月 31 日。

【3】《西店村：深山中旧县背装的非遗宝地》，《洛阳日报》2016 年 2 月 15 日。

# 河南省非物质文化遗产传承创新研究

## ——以洛阳市为例

杨菲雪*

**摘　要：** 非物质文化遗产是人类文明和历史传承的宝贵财富，见证了人类文化的延续。然而，随着现代化步伐的加速，不少非物质文化遗产逐渐失去了其生存的土壤，面临失传的危机。河南历史文化悠久，非物质文化遗产丰富，其中，洛阳非物质文化遗产数量众多、价值独特。本文以洛阳市非物质文化遗产为研究对象，对其数量、种类进行梳理，同时概述其发展现状，选取其中具有代表性的三个非物质文化遗产代表性项目进行个案分析。随后探讨在新时代条件下阻碍洛阳非物质文化遗产传承创新的瓶颈，并在此基础上提出推动非遗项目进一步传承创新的对策。

**关键词：** 非物质文化遗产　河南　洛阳

2021 年 8 月，中办、国办印发《关于进一步加强非物质文化遗产保护工作的意见》，该意见明确指出，非物质文化遗产是中华优秀传统文化的重要组成部分，保护好、传承好、利用好非物质文化遗产，对于延续历史文脉、坚定文化自信、推动文明交流互鉴、建设社会主义文化强国具有重要意义。2021 年 9 月 7 日，河南省委工作会议召开，把实施文旅文创融合战略列为"十大战略"之一。河南地处中原腹地，历史文化资源丰富，非遗

---

\* 杨菲雪，洛阳市社会科学院助理研究员。

项目更是种类繁多，涵盖了舞蹈、戏曲、民间文学、杂技等多个种类。在省内，洛阳市非物质文化遗产家底丰厚，且在非遗保护利用方面有不少探索和经验。2021 年底，洛阳印发了《洛阳市文旅文创融合发展行动计划》，提出了包括"实施文化遗产保护利用行动"在内的八大行动计划。非物质文化遗产的传承、保护、利用、创新是文旅文创融合发展的重要内容，对非物质文化遗产的研究和调查将助力文旅文创融合发展战略的实施。

# 一 洛阳非物质文化遗产传承创新概述

## （一）洛阳非物质文化遗产概况

洛阳是国务院首批公布的国家级历史文化名城之一，被誉为"十三朝古都"。悠久的建都史和灿烂的文明史给洛阳留下了丰富的文化遗产，有集中反映洛阳建都史的遗址类文化遗产"五都荟洛"，也有世界文化遗产"龙门石窟"，还有众多闻名中外的非物质文化遗产。

### 1. 数量众多、种类丰富

洛阳非物质文化遗产资源丰富，据统计，洛阳市现有国家级非物质文化遗产代表性项目 9 项，涵盖民间文学、曲艺、传统美术、传统技艺、传统医药、民俗。洛阳市有靠山黄、民间剪纸、通背拳等省级非遗代表性项目 89 项（含国家级项目），洛神的传说、皂角树抬阁、老城排鼓等市级非遗代表性项目 240 项（含国家级、省级项目）以及县级非遗代表性项目 1000 余项，覆盖非遗名录全部十大类。这些非物质文化遗产形式多样，涉及民间文学、民俗、传统医药、传统体育、游艺与杂技、民间舞蹈等多个方面。就非遗数量和种类而言，与其他地市级城市相比，洛阳较为突出，家底丰厚。

### 2. 地位重要、价值独特

洛阳市非物质文化遗产是我国非物质文化遗产中耀眼的存在，其中"河图洛书传说""关公信俗""牡丹花会"等国家级非物质文化遗产代表性项目在中华传统文化中占有重要地位。

洛阳非物质文化遗产蕴含的独特价值不仅表现在其具有珍贵的历史价值，还表现在其具有较强的社会价值和艺术价值。非物质文化遗产是经过历史的洗礼而沉淀保留下来的活态文化，不论表现形式如何，都不同程度地反映了其所处的历史环境和文化现象，是我们认识历史的一扇窗口，因此，历史价值是非物质文化遗产所具备的基本价值。如省级非物质文化遗产代表性项目洛阳海神乐，其起源可以追溯到远古时期，人们把对海洋的崇拜融入乐曲之中。到了隋唐时期，洛阳海神乐更为兴盛，如洛阳海神乐所使用的乐器编制管子、笙、筝、笛子等均为唐朝宫廷宴乐中经常使用的乐器。由此可见，洛阳海神乐保存有许多隋、唐时期的文化元素，是对隋、唐历史文化的形象记忆。艺术价值是非物质文化遗产所呈现出的文化价值、美学价值及艺术风格。在洛阳非物质文化遗产项目中，豫西狮舞所展现的舞蹈艺术、河南坠子所展现的戏曲艺术、黄河澄泥砚所展现的绘画艺术无一不在向我们展示洛阳非遗独特的艺术审美和欣赏价值。洛阳非物质文化遗产所蕴含的社会价值主要表现在它连接了过去和现在，尤其是如今仍在对社会发展产生影响，如河图洛书传说。"河出图，洛出书，圣人则之。"现今洛阳孟津境内的龙马负图寺就是为河图洛书传说而建。河图与洛书是中国文明的图案，是中华文化、阴阳五行术数之源。它所表达的数学思想、阴阳五行思想至今仍对我国哲学、美学、军事学等领域的发展有深远影响。

## （二）案例研究

为了深入研究洛阳市非物质文化遗产的传承创新现状，本文采用案例研究的方法，从小切口入手，从不同级别的非物质文化遗产中选择具有代表性的项目，分别选取了一个国家级非物质文化遗产代表性项目洛阳牡丹花会、一个省级非物质文化遗产代表性项目小街锅贴制作技艺和一个市级非物质文化遗产代表性项目程门立雪传说，从三个案例中窥视洛阳市非物质文化遗产的传承创新现状。

### 1. 洛阳牡丹花会

2008 年，洛阳牡丹花会入选第二批国家级非物质文化遗产名录，属于民俗类非物质文化遗产。① 在众多花卉中，牡丹因花朵硕大、色泽艳丽、观赏性高而尤受国人喜爱。全国种植牡丹的地方有洛阳、菏泽、濮阳、垫江等地，洛阳因气候、地脉非常适宜种植牡丹，其牡丹品种优良、种植历史悠久、品种丰富多样，得到了"洛阳牡丹甲天下"的美誉。这一美誉的由来还得益于历代文人、百姓对牡丹的欣赏。唐开元中，牡丹盛于长安，大多出现在宫廷内和达官贵人家中，那时便流行栽培观赏牡丹，也有了不少关于牡丹的诗作。唐代刘禹锡一句"唯有牡丹真国色，花开时节动京城"为牡丹冠上了"国色天香"的美称。白居易的"花开花落二十日，一城之人皆若狂"生动描述了牡丹花开时节百姓对牡丹的追捧与喜爱。牡丹"至宋以洛阳为第一"，每年在牡丹盛开时节会举办"万花会"以供观赏。北宋著名文学家、史学家、政治家欧阳修撰写了我国第一部有关牡丹的专著《洛阳牡丹记》，足见宋代洛阳牡丹的繁荣发展。洛阳人不仅赏花，还把牡丹戴在头上作为一种装饰，咏花、画花更是十分常见，牡丹花会成了一种民俗活动。

长期以来，牡丹在洛阳人心目中都占据着不可替代的地位，它不仅仅是花卉，更是洛阳古都文化和城市气质的象征。1982年，洛阳市人大常委会正式将牡丹定为市花，并开始筹办牡丹花会。1983年，洛阳市举办了首届牡丹花会，这是具有官方性质的赏花节会，开启了洛阳牡丹花卉在当代的传承发展。② 1991年，洛阳牡丹花会升级为河南省洛阳牡丹花会，由河南省政府主办。2010年，洛阳牡丹花会再次升级，经国务院、文化部正式批准更名为"中国洛阳牡丹文化节"，成为国家级节会。

作为非物质文化遗产的洛阳牡丹花会，经历了从一项古代赏花民俗向具有政府性质的正式节会的转变，这是其传承创新的过程。传承的是牡丹及其背后的牡丹文化、民俗文化以及与牡丹相关的艺术创作形式；创新的是牡丹花会的表现形式，从1983年第一届洛阳牡丹花会到2023年第四十届

① 白之仑：《非物质文化遗产视野下的洛阳牡丹文化节》，中国艺术研究院硕士学位论文，2018。

② 关利柯：《新媒体语境下中国洛阳牡丹文化节传播策略研究》，西安工业大学硕士学位论文，2022。

中国洛阳牡丹文化节，风雨四十载未曾间断，这本身就是对非物质文化遗产的保护和传承。每一届洛阳牡丹花会都透着"创新"二字，尤其是第四十届中国洛阳牡丹文化节，不仅在开幕式上运用 XR 技术、CG 特效等科技手段打造了极具现代感、科技感的元宇宙之"牡丹幻城之夜"，还在洛阳广播电视台及抖音、微博、视频号等平台全网同步直播了"四月为爱奔赴洛阳"线上推介特别节目，同步推出了"神都奇幻志"全城剧本杀、"隋唐洛阳城 国风穿越节"和"博物馆奇妙夜"等主题活动，极大地丰富了牡丹文化节的活动，带给游客更多新鲜体验。① 洛阳牡丹花会"以花为媒"，搭建了洛阳走向世界的桥梁，成为世界了解洛阳的名片，凭借创新和活化利用让古老的非遗焕发出绚丽的光彩，是洛阳非物质文化遗产创新的典范。

2. 小街锅贴制作技艺

小街锅贴制作技艺是河南省省级非物质文化遗产代表性项目，属于传统技艺类非物质文化遗产。

锅贴在北宋时期盛行于中原地区，以河南开封（古汴梁）、洛阳为代表。现在中原地区的一些地方还保留着锅贴这一美食和制作技艺。此外，在我国江浙一带也有锅贴，是从中原传入后融合了当地人的口味和饮食习惯而形成的特色美食，如南京锅贴。

在洛阳，美食小吃有很多，其中小街锅贴因其味道鲜美、价格实惠得到不少人的钟爱。其制作技艺十分讲究，加工程序规范严谨，包括选料、制馅、和面、调配料、成形、煎制、出锅等多道工序。要精选上等的一年成猪肉，制馅时按七分瘦肉三分肥肉的比例搭配；以新鲜整齐粗细均匀的韭菜、本地的大葱、安徽产的老黄姜及新鲜菌类等作为搭配；调料选用绍兴料酒及盐、味精、糖、大料水、上等一级酱油、纯正小磨香油、配比合理的十香粉等；面粉选用正规大型面粉企业生产的优质精粉，煎制用油选用上等优质菜籽油等。② 不论是制馅和面还是捏制成形都有严格的标准。对

① 田宜龙：《"新文旅"带火一座城——第四十届中国洛阳牡丹文化节综述》，《河南日报》2023 年 5 月 15 日。

② 《"小街锅贴"河南省非物质文化遗产》，http://www.lysxgfz.com/index.asp。

锅贴相关制品也有要求，需要选用平底铁煎锅，因其传热能力强、保温性能好。为了使锅贴口感外焦里嫩，对锅贴煎制的火候也有较高的要求，通常用以煤做燃料的炉灶来煎制成品质量最佳。制作完成的小街锅贴造型美观、色泽透亮、外焦里嫩、灌汤利口、焦脆软香，不仅多年来受到本地人的喜爱，而且深受外地游客的青睐。

小街锅贴制作技艺传承至今实属不易。相传最早在北宋建隆三年（962年），一位御厨误打误撞创造了这一美味并由宋太祖赵匡胤取名为锅贴。小街锅贴的形成源于西工饭庄的前身野味香饭店，初期，锅贴只是饭店一道小吃点心，制作成本较高，价格比较昂贵，消费人群也有限，一度不被看好，发展也因此停滞。后来，西工饭庄的刘永康先生带领攻关人员查找历史资料，进一步发掘、整理，同时遍访老一辈名师、名厨，并到浙江一带寻觅锅贴制作技艺，对和面、制馅、成形、煎制、出锅等工艺进行了反复尝试，研究出符合中原地区饮食习惯和口味特点的锅贴，使这一传统小吃变成现代著名美食。2007年，小街锅贴制作技艺入选洛阳市市级非物质文化遗产名录；2009年，被列入河南省省级非物质文化遗产名录；2011年，西工饭庄凭借其注册的"小街"品牌商标获得"河南老字号"称号。

在小街锅贴的传承过程中，传承人对锅贴制作技艺的改良、总结和推广功不可没，这是小街锅贴能够繁荣发展至今并受到顾客喜爱的重要原因，也是其作为非物质文化遗产的创新之处。是创新赋予了锅贴这一普通小吃新的活力，使其长盛不衰。在展现中原饮食文化深厚内涵、丰富群众饮食文化的同时，小街锅贴作为洛阳市西工区龙头产品，也为企业创造了经济效益，带动了当地就业。"小街"牌锅贴品牌效应基本形成，以"小街"锅贴为代表的西工小街已然成为洛阳网红美食打卡地，前来品尝小街锅贴、欣赏小街锅贴制作技艺的游客络绎不绝。

3. 程门立雪传说

程门立雪传说是洛阳市市级非物质文化遗产代表性项目，属于民间文学类非遗项目。在程颢、程颐的《二程全书·遗书十二》中记载："游、杨初见伊川，伊川瞑目而坐，二人侍立，既觉，顾谓曰：'贤辈尚在此乎？日既晚，且休矣。'及出门，门外之雪深一尺。"这是《二程全书》关于程门立雪传说的文字记载，此外在《宋史》的《杨时传》中也有类似的记载。大意为元祐七年（1092年）冬季的一天，游酢和杨时到伊皋书院来拜访正在午休的程颐。游、杨二人虽拜师心切，但当得知伊川先生午休尚未醒时，为不打扰先生休息他们就恭恭敬敬地侍立门外。这时正值冬季，气候寒冷，片刻间竟下起鹅毛大雪。过了约半个时辰，程颐醒来得知游酢和杨时还纹丝不动地站在雪地等着求见，非常感动，后悉心传授，为他们答疑解惑。据考证，游酢和杨时二人当时已过40岁，但仍不怕艰辛，他们千里寻师的浓浓诚意和如饥似渴的求知欲望，不仅感动了程颐，也感动了后人。

程门立雪传说在我国及世界多个文化地区分布，如福建省、湖南省、河北省以及日本、新加坡等东南亚文化区。除洛阳外，程门立雪的典故也被其他地区作为非物质文化遗产列入保护名录，如福建省在2017年将其列为福建省第七批省级非物质文化遗产代表性项目。然而，该传说在洛阳被列为非物质文化遗产的价值非常独特。一是程门立雪传说发生在洛阳，现在洛阳嵩县的两程故里内还立有"程门立雪处"石碑；二是程门立雪传说中的"程"指程颐，宋明理学的奠基人、开创者，其长期在洛阳讲学和生活，并在洛阳创立了伊川书院，与同胞兄弟程颢并称"二程"，其学说也被称作"洛学"。

作为非物质文化遗产的程门立雪传说传承至今，不仅演变成"程门立雪"这一耳熟能详的成语，而且其背后所传达的教化意义更成为中华优秀传统文化极为珍贵的一部分。它承载了数千年来我们所崇尚的儒学思想、礼仪规范，是理学思想的一个代表，程门立雪的传说直到现在还在鼓励无数求学路上的莘莘学子虚心求教、尊师重教。

在访谈和实地参观中，发现程门立雪传说所涉及的历史文献资料、文学典故、人物传记、风俗等少之又少，对该传说的阐释还不够深入，其他相关的文学表现形式也十分单一，亟须加以重视和保护。

### （三）洛阳市推动非物质文化遗产传承创新的举措

洛阳十分重视非物质文化遗产的传承创新工作。2006年，洛阳印发了

《关于加强洛阳非物质文化遗产保护工作的意见》，成立了洛阳市非物质文化遗产保护工作领导小组，全市非遗保护传承工作拉开序幕。近年来，非遗工作取得了较大的进展，在非遗传承和创新上做了不少努力，主要有以下举措。

1. 加大保护措施

为了加强对非物质文化遗产的保护，洛阳市采取了多种措施。一方面开展了非物质文化遗产普查工作，对全市范围内非物质文化遗产项目和传承人开展普查和资料整理工作，摸清家底。现有国家级非遗代表性传承人 8 名，省级 75 名，市级 267 名，县级 932 名，已初步建立起国家、省、市、县四级代表性项目和代表性传承人的名录体系。另一方面，洛阳市实施河洛文化资源保护工程，共采集线索 17 万余条，完成项目调查 9946 个，收集登记实物资料 1581 件，1000 余个非遗项目被列入各级非遗保护名录。① 此外，洛阳以立法的形式对非物质文化遗产专项经费的申报、传承人的保护、人才队伍建设等作了规定。2017 年是洛阳非遗工作的关键年，这一年洛阳市出台了《洛阳市非物质文化遗产保护条例》，是继苏州后全国第二个颁布非遗保护条例的地级市，自此洛阳的非遗保护工作迈入新的阶段。

2. 设立专门机构

当前洛阳与非物质文化遗产工作相关的机构主要有两个。一个是洛阳市非物质文化遗产科，设在市文化广电和旅游局，负责拟订全市非物质文化遗产保护政策和规划并组织实施；组织全市开展非物质文化遗产保护工作；指导全市非物质文化遗产调查、记录、确认工作；建立全市非物质文化遗产代表性项目名录体系；组织开展市级非物质文化遗产代表性传承人认定；组织全市非物质文化遗产研究、宣传和传播工作。另一个是非物质文化遗产保护中心，原设在洛阳市文化馆，现设在河洛文化生态保护发展中心。该中心负责非物质文化遗产保护工作的政策咨询；组织开展全市范围内的非遗普查工作；指导非遗保护计划的实施；进行非物质文化遗产保护的理论研究；举办学术、展览（演）及公益活动，交流、推介、宣传非

---

① 李冰：《河洛大地非遗丰》，《洛阳日报》2021 年 6 月 9 日。

遗保护工作的成果和经验；组织实施研究成果的发表和人才培训等。① 将非物质文化遗产保护中心设在河洛文化生态保护发展中心，表明了对非物质文化遗产保护工作的极大重视，对于传承非物质文化遗产、宣传推广河洛文化、提高非遗传承实践能力建设大有裨益。此外，洛阳还依托高校设立了非遗展示馆、研习所、研究基地等，为非遗传承创新提供了发展场所。

3. 举办展演活动

非物质文化遗产的重要特征在于活态传承，尤其是传统音乐、传统舞蹈和传统戏曲等交互性强的非遗类别。洛阳市利用特殊节日、节会等将部分非物质文化遗产通过表演的方式展示给广大群众，不仅有力地宣传了非遗，还丰富了群众的文化生活。一是在每年的"文化和自然遗产日"开展非遗系列活动，如 2019 年开展"河洛飞花·洛阳市非物质文化遗产保护成果历史回顾展"，2022 年邀请河洛大鼓、少林功夫、二鬼摔跤、老城排鼓等优秀非遗项目进行展演。二是通过牡丹文化节、春节等开展非遗活动。2023 年 1 月开展的"非遗扮靓中国年"系列活动，有非遗灯会、非遗剪纸进书房等多项非遗活动。在第四十届中国洛阳牡丹文化节上举办了"河洛欢歌·广场文化月"全省非遗民间艺术展演，来自洛阳、周口、焦作等 10 多个市（县）的非物质文化遗产项目在舞台上精彩亮相，展示了非物质文化遗产项目的魅力，达到了良好的宣传效果。

## 二　洛阳非物质文化遗产传承创新的困境

非物质文化遗产保护传承工作全面开展以来，洛阳市不断探索、推陈出新，为非遗传承创新做了大量工作，取得的成绩有目共睹。但同时也面临一些困境，需要重点思考。

### （一）失传危机仍然存在

非物质文化遗产属于文化的一种非物质形态，所有文化的产生与发展

---

① 余东衍：《洛阳市非物质文化遗产的保护与开发》，《洛阳师范学院学报》2015 年第 12 期。

都离不开所处的地理环境、物质基础。虽然洛阳市坚持保护优先，对非物质文化遗产采取了多种保护措施，如对非物质文化遗产的普查、传统技艺抢救保护工程、传统美术抢救保护工程、数字化信息采集计划等。但是部分非物质文化遗产失去了原有的生存土壤后，还是面临失传危机。如河洛大鼓，它曾是豫西地区民间娱乐消遣的一种重要艺术形态，简单的舞台、通俗的说唱形式、简洁的伴奏深受百姓喜爱，但如今观看河洛大鼓的观众越来越少，愿意学习传承这一表演技艺的人更是屈指可数。

### （二）专业人才缺乏

虽然洛阳市在非遗保护上投入了不少人力，但与非遗传承创新的时代要求相比、与非遗工作的现实需求相比，还存在专业人才短缺的问题。一是人员编制少，经费相对不足，难以满足搜集整理资料、开展传承保护活动等工作的需要。二是人才专业度不足。现有从事非遗工作的人员大多是兼任多项工作，非专业出身，且缺乏非遗工作的专业知识，对相关法规政策也不甚了解，影响工作开展的效果和质量。

### （三）民众保护意识淡薄

多年来，我国对非物质文化遗产保护工作高度重视，出台了一系列非物质文化遗产保护政策，各地政府也相应出台地方性法规和保护条例，投入了大量资金和人力。政府在非遗的传承保护中扮演着重要角色，但非遗的传承创新不能只是单一的政府行为，既要依靠政府的扶持，更需要广大民众参与进来。目前，民众参与意识不强、保护意识淡薄，对非遗的了解还比较少。

## 三 洛阳非物质文化遗产传承创新的思路

针对洛阳市非物质文化遗产传承创新面临的困境，仔细分析原因，提出以下思路。

### （一）厘清保护、传承、创新三者关系

通过查找文献、访谈和实地观察，本文认为传承创新非物质文化遗产首先要厘清保护、传承、创新三者关系。非物质文化遗产这个课题提出以来，如何保护是第一个要研究的问题，接着过渡到如何开发利用这一问题。这是第一个阶段，即非物质文化遗产的"保护与开发"阶段。当前，随着非遗保护开发工作的推进和文化市场的加速发展，越来越多的人关注到非遗所独有的价值和特色，对其研究过渡到"传承与创新"阶段。保护是传承创新的前提，非遗一旦没有得到保护而失传，那不仅是一个非遗项目的消失，其所承载的文化和一段历史也会逐渐被遗忘，这将是整个人类文明传承发展的遗憾。传承是创新的基础，非物质文化遗产任何形式的创新都以传承为前提，在以人的参与为特征的非遗传承中，传承人、受众是"传"与"承"两个环节，是同样重要的参与主体。创新是传承的动力，当非遗的传承遇到困难而面临失传时，创新是最好的解决方法。通过内容创新、形式创新、传播方式创新等多种创新方式，赋予非遗崭新的生命力，这是支持非遗传承的动力源泉。

### （二）坚持分类保护与重点开发

长期以来，洛阳市秉承"保护优先、整体保护、见人见物见生活"的理念，把保护放在首位，极大促进了非遗的繁荣发展。在今后传承创新非物质文化遗产中，仍然要坚持"保护优先"的原则。

非物质文化遗产类型多样，在进行保护时要坚持分类保护。对于濒危型非物质文化遗产，遵循"抢救第一"的原则，及时采取措施，主动利用信息化新技术将其宝贵资料加以保存，以便日后研究；对于不适宜开发但具有一定价值的非遗项目，要进行整体保护，保留其原生态特征；对于开发利用价值大且具有一定市场前景的非遗项目，要在有效合理保护的前提下重点开发，尝试引入市场化运作机制，积极对接旅游、演艺、商业等领域，让非遗在开发中得到更好的保护和传承。

### （三）大力培育非遗产业

在新的传播方式与时代条件下，文化的影响力和传播力日益增强，并以不同形式呈现出来。以博物馆为代表的文化场所，功能不断完善，已经从单一的收藏展示向社会教育机构、文化会展、旅游目的地、城市文化客厅、文化交流使者等多角色转变。[①] 非物质文化遗产也同样处于这样的发展潮流之下，与其他业态的融合是大势所趋，因此要主动培育非遗产业，创新活化传承。

洛阳要持续以活化历史文化、传承城市文脉为目标，在推动非遗活化传承上下功夫。乘文旅融合东风，发展"非遗+旅游"模式，以旅游为载体展示宣传非遗文化，深入挖掘非遗内涵，吸引游客。依托乡村振兴战略，加强非遗在乡村的保护力度，同时开发非遗的潜在价值，通过"非遗进民宿"等活动促进农民增收，助力乡村发展。借文创产品热度，做好非遗转化，做强"非遗+文创"模式。走好研学发展路线，打造"非遗+研学"融合新模式，叫响"研学洛阳，读懂中国"研学旅行品牌。通过丰富非物质文化遗产活化利用业态，让非遗融入群众生活，展现时代魅力，推动非遗文化在新时代得到更好的传承和弘扬。

### （四）优化非遗生态环境

非物质文化遗产的传承创新需要良好的生态环境，这个生态环境指生存土壤，包括政策环境、传承环境、市场环境等多种环境。

从非物质文化形成至今，其所处的生态环境已发生了极大变化。对于大多数非物质文化遗产来说，其原生环境遭到了破坏。如起源于东汉时期的洛阳宫灯，距今已有近2000年的历史。最初是一种只允许在皇宫内使用的华丽灯饰，后流传到民间在节日庆典中使用。显然，在电灯如此发达的今天，我们不再使用制作工艺复杂、工序繁多的宫灯照明，因此洛阳宫灯

---

① 吕丽、杨菲雪、李大伟等：《洛阳市博物馆资源转化现状与提升路径》，《河南科技大学学报》（社会科学版）2022年第1期。

的生态环境需要在政策扶持、扩展宣传方式等方面的支持下进行重塑和弥补。又如市级非物质文化遗产殷天章专门喉科。它在喉科治疗领域专业性强、见效快、费用少，是我国优秀传统中医药技术的体现，但当前殷天章专门喉科看诊治疗无法使用医保，患者只能自费，医保报销体制不畅影响了殷天章专门喉科的传承发展，制度环境和政策环境亟待优化。

2020年6月，文化和旅游部同意将河洛文化生态保护实验区设立为国家级文化生态保护实验区，这是河洛文化生态保护的一件大事，对优化非遗的生态环境是一大利好。洛阳市在2022年出台的《河洛文化生态保护区总体规划（2021~2035年）》中明确了河洛文化生态保护区重点保护的非物质文化遗产、非物质文化遗产代表性传承人①，以及相关的物质文化遗产、文化空间、自然生态环境和河洛文化氛围与知识体系。提出按照"一个核心、三大区域、六大对象、六大工程"总体思路，推动河洛文化的传承发展和文化生态整体性保护。"一个核心"便是河洛地区非物质文化遗产与其文化空间和地域自然环境共同构成的文化生态系统，其中非物质文化遗产是核心。② 这是优化洛阳市非遗生态环境的重要一步，对于从整体上构建良好的非遗发展环境意义重大。

## 参考文献

【1】《中华人民共和国非物质文化遗产法》，法律出版社，2011。

【2】王文章：《非物质文化遗产保护研究》，文化艺术出版社，2022。

【3】宋俊华主编《中国非物质文化遗产保护发展报告（2021）》，社会科学文献出版社，2022。

【4】刘福兴、陈启明主编《洛阳文化发展报告（2016）》，社会科学文献出版社，2016。

【5】陈启明、刘福兴主编《洛阳文化发展报告（2017）》，社会科学文献出版社，

---

① 何洋芳：《数字环境下"平乐郭氏正骨法"非物质文化遗产档案资源的开放共享研究》，《河南科技大学学报》（社会科学版）2022年第6期。

② 田宜龙、郭歌：《传承河洛文化 培育文化生态》，《河南日报》2022年5月29日。

2017。

【6】刘福兴、陈启明主编《洛阳文化发展报告（2018）》，社会科学文献出版社，2018。

【7】汪振军：《河南非物质文化遗产传承与产业化研究》，中国社会科学出版社，2014。

下　篇

# 洛阳非物质文化遗产资源概况

# 洛阳国家级非物质文化遗产名录项目介绍

## 一 民间文学

### （一）河图洛书传说

河图洛书传说是诞生于洛阳地区的关于河出图、洛出书等相关故事的民间传说体系，主要包括龙马负图寺的传说、神龟献洛书等内容。2014 年，河图洛书传说入选第四批国家级非物质文化遗产代表性项目名录。

《易传·系辞传》云："河出图，洛出书，圣人则之。"这是关于河图洛书的最早记载。"河图洛书"的传说在洛阳的孟津和洛宁一带广泛流传。河图传说的内容为伏羲在孟津东部一条无名小河与黄河的交汇处发现一只背上似有图画的怪兽，兽背上的鬃毛旋成一个个深窝，散点成线，自成方形，十分奇妙。伏羲根据兽背上的图画悟出了以"乾、巽、坎、艮、坤、震、离、兑"为内容的卦图，开创了中国文字起源的"符号"时代。后人将卦图命名为"河图"或"伏羲八卦"。周文王又将"河图"演成八八六十四卦，并据以编著《周易》，被历代尊为群经之首，流传了 3000 多年。

河图洛书的传说，反映了中国古代的君权神授思想和天人感应意识。原本的历史事实很可能是伏羲创立了八卦、大禹制定了《洪范九畴》，却由于河图洛书传说而归之为神的授予，而中华民族的伟大人物伏羲和大禹便成为上天与神的权力与力量的体现者。后世贤哲用阴阳学规范万物，将天地以阴阳为理，解说万物之生灭运动。阴阳学和后来由洛书演变出来的五行学，共同奠定了中华文明的根基，这就是所谓的"河图洛书"，其产生和发展，推动了古文字学、天文学、预测学、医学、道学、经学、音乐等多种学科门类的发展，铸造了一部灿烂的中华文明史。

河图洛书是有关中华文明起源的传说之一，是中华民族的根源文化，它印证了中华文明的悠久历史，对研究中华文化的起源有重要意义。目前，由于人们大多对河图洛书缺乏了解，河图洛书的研究又较为深奥，且受到现代化进程中强势文化的激烈冲击，河图洛书的研究传承面临着严重的危机。作为国家级非物质文化遗产代表性项目，对河图洛书传说的保护将有利于对河图洛书本身内容、内涵、价值的研究和利用。

### （二）玄奘传说

玄奘（602~664 年），本名陈祎，洛州缑氏（今河南洛阳偃师区）人，唐代著名高僧，法相宗创始人，被尊称为"三藏法师"，后世俗称"唐僧"。公元 629 年，年轻的玄奘背负行囊，告别故土，踏上了西行取经的遥远征途。他历经千难万险求取真经、回归故国并潜心译经的真实经历，让千千万万的后人钦佩与惊叹。他在充满艰险的西行之旅中所彰显出的顽强意志、坚定信念、求知欲望、团队意识和高度的爱国主义精神，正是他取得圆满人生的关键。

645 年玄奘取经归来，长期从事翻译佛经的工作，玄奘及其弟子翻译出经论 75 部（1335 卷）。玄奘口述、辩机编撰的《大唐西域记》十二卷记录了玄奘西游中亲身经历的 110 个国家及听闻的 28 个国家的山川、地邑、物产、习俗。《西游记》即以玄奘取经事迹为原型而创作。玄奘的辉煌业绩和不朽人生留给人们无尽的思考和启迪，他留下的丰富文化遗产也成为人类取之不竭的精神源泉。

中国社会科学院东方文化研究中心主任、中国玄奘研究中心主任黄心川先生把玄奘精神概括为："真诚向外国学习、勇于开拓的精神；历尽千难万险、百折不挠的顽强奋斗精神；孜孜不懈、寻求真理、攀登学术高峰的精神；不慕荣利、返回祖国、造福人民的爱国主义和国际主义精神；工作作风踏实、计时分业的严谨精神。"佛学大师赵朴初先生 1964 年在纪念玄奘圆寂 1300 周年的大会上，对玄奘精神做了极为全面和精辟的论述。他说"玄奘那种一往直前、绝不后退的顽强意志，刻苦钻研、求深求透的治学精神，认真研究、不弃寸阴的工作态度，对于祖国学术的无限责任感，对于各国友好的真挚热情，都是永远值得我们钦佩和学习的。"

玄奘是中华民族及世界历史上极其光辉灿烂的伟大人物，他的人格是崇高而伟大的，在西行路上，历经艰难险阻，走过八百里大沙漠的行程，经常是"上无飞鸟，下无走兽，四顾茫茫，人马俱绝"。时常忍饥挨饿，还要面对盗贼威胁，但玄奘志向坚定，誓言："不求得大法，誓不东归一步。"这种为法忘我、不怕牺牲的精神，体现了玄奘"难行能行，难忍能忍"的行愿。《大唐西域记》十二卷，详细记载了唐代西北边境至印度的疆域、山川、物产、风俗、政事和大量佛教故事及史迹，成为后人研究西域和印度古代政治、经济、宗教、文化、民族关系等问题的珍贵文献。他把印度的天文、历算、医学、因明乃至制石蜜技术等介绍传入中国，丰富了中国传统文化的宝库，成为中外文化交流的杰出使者。玄奘精神不仅属于中国，而且属于世界，其历史意义早已超越了时间、空间和宗教的限制，成为整个中华民族乃至全人类共有的精神财富。

2011 年 12 月，玄奘传说被列入河南省第三批省级非物质文化遗产代表性项目名录。2021 年，玄奘传说经国务院批准被列入第五批国家级非物质文化遗产代表性项目名录。2023 年 10 月，《国家级非物质文化遗产代表性项目保护单位名单》公布，玄奘传说项目评估合格，洛阳市偃师区人民文化馆获得该项目保护单位资格。

# 二　曲艺

2006 年，河洛大鼓经国务院批准被列入第一批国家级非物质文化遗产名录。

河洛大鼓起源于清末民初，是在洛阳琴书的基础上发展起来的。洛阳琴书旧称"琴音"，早期的伴唱乐器是我国传统的七弦古琴。"琴音"原本仅在官宦商绅和文人之间传唱，词曲典雅，流入民间后，改称"琴书"，其琴也改为扬琴。早期洛阳琴书的演唱方式多为闭目坐唱，其唱腔委婉细腻，字少腔多，节奏缓慢，其演唱书目也多为有关才子佳人悲欢离合的中、短篇。

20 世纪初，洛阳琴书与"单大鼓"结合，并吸收了"河南坠子"的一些曲调，形成了风格独特的地方曲种——河洛大鼓。其早期被人们称为"大鼓书""鼓碰弦""钢板书"。至20世纪50年代初正式定名为河洛大鼓。

脱胎于洛阳琴书的河洛大鼓，唱腔质朴流畅，清新明快，便于叙事和抒情，胜过琴书的冗繁拖沓；演唱者改坐唱为站立表演，通过形体动作形象地刻画人物；演员在道白中加入大量方言，使观众感到亲切自然；其唱腔属"板腔体"，板式丰富，方便演说各类书目。在演唱书目方面，河洛大鼓脱胎伊始便大量演唱公案书、武侠书和袍带书等长篇书目。如《刘公案》《双打擂》《大红袍》《大八义》《小八义》等，这些描述风云际会、金戈铁马，赞颂拔刀英雄、耿直义士的书目，更符合广大群众的欣赏口味，很快便取代了洛阳琴书的地位和作用，迅速在伊、洛河两岸流传发展开来。

在河洛大鼓传承过程中，先后出现过许多知名的艺人。第二代传人张天倍有"说书状元"之称，在洛阳几乎家喻户晓；第三代传人程文和享誉豫西，并曾代表河南参加全国首届曲代会，一曲《赵云截江》受到国家领导人的赞赏；第四代传人段介平，以及原河南省曲艺团团长王小岳等都曾独树一帜，闻名遐迩。

# 三 传统美术

洛阳宫灯是一种特色传统工艺品，是元宵佳节期间常见的装饰品，2008年入选第二批国家级非物质文化遗产名录。

洛阳宫灯繁荣发展于洛阳，有上千年的历史。"宫灯"刚出现时，为皇家专用，并未走向民间，因而有"宫灯"之称。让宫灯走出皇宫的是汉明帝刘庄。据《中国民俗辞典》记载："东汉明帝提倡佛教，于上元夜在宫廷、寺院'燃灯表佛'，令士族庶民一律挂灯。此后，这种佛教礼仪便演变成民间盛大节日。"汉明帝下旨每年的正月十五夜，家家户户均要悬灯礼佛。从此，宫灯从皇宫走入民间，从洛阳走向全国，并与正月十五"灯节"紧紧地结合在了一起。隋唐时期，每逢元宵佳节，洛阳全城家家宝灯高挂，处处明灯璀璨，人人提灯胜游，盏盏宫灯争奇斗艳。这种风俗风靡全国，并传到海外，也由此有了"洛阳宫灯"之称。宋以后，洛阳屡遭战乱，元宵灯节逐渐失去了旧时的风采，但宫灯制作技术一直流传至今。

洛阳宫灯为手工制作，独特之处就是可以在用时撑开，不用时合上，伸缩自如，收藏方便。制作材料主要有两样——竹子和丝绸。传统用竹为洛宁产青竹，丝绸为各地制品。洛阳宫灯看似简单，制作起来却十分复杂，从制作到成灯需要经过70多道工序。

洛阳宫灯品种分为纱灯类、方灯类、多角类、红小灯等四大类，四大类中又各有若干小类。圆形宫灯为洛阳宫灯的主打产品，行销全国各地，并出口东南亚及欧美各国；老样宫灯因灯形自然，长期不走样，多作"字号灯"销于城镇商店长期悬挂；清化样宫灯是旧时群众敬神的"还愿灯"，销量较多，其中"长命富贵"灯主要销往陕西南部各县，是亲友年节馈赠的礼品灯。方形彩绘宫灯中的粗方宫灯价格低、销量大，多销往豫西、陕西、山西、河北等地，多为群众性的社火组织集体购买。大白绢宫灯、罗汉宫灯多销于城镇富家。多角彩绘宫灯，多为城镇中各种社火团体购买。玩灯、花灯、纸灯类，种类多，精巧玲珑，价格便宜，是灯节中儿童的主要玩具。大大小小、形形色色的各类宫灯经手艺高超的工匠之手共同构成了绚丽多彩的洛阳宫灯世界。

洛阳宫灯作为河洛文化的重要组成部分，它的形成是劳动人民智慧的结晶。

# 四　传统技艺

## （一）唐三彩烧制技艺

唐三彩是中国唐代彩色釉陶艺术品的总称，其烧制技艺是洛阳市的传统手工技艺。2008年6月，唐三彩烧制技艺经国务院批准被列入第二批国家级非物质文化遗产名录。

唐三彩是中国唐代优秀的文化遗产之一，距今已有1300多年的历史。所谓三彩就是在白色素胎上涂以黄、赭、绿、兰和紫色等釉色，其中多以黄、绿、白为主组合使用,故称三彩,亦表示多彩多色之意。因大批珍品文物在洛阳出土,故又称"洛阳唐三彩"。这种彩色釉陶是在汉代低温铅釉陶基础上不断演变,并继承和吸收唐代及以前的绘画、石刻、雕塑等艺术精华,逐步形成的一种独具华夏文明特征的艺术产品,被誉为"东方艺术瑰宝"。

唐三彩不仅造型美、色彩美、装饰美,而且通过神奇的造型、缤纷的色彩、华丽的装饰,充分表现了人和物的精、气、神,给人以神奇、灵动、飘逸、呼之欲出的感觉,其内在美与外在美达到了非常完美的和谐统一。唐三彩代表了唐代陶瓷艺术的最高成就,这些艺术珍品从多方面反映了当时社会各阶级、各阶层人物的现实生活,是研究唐代历史和中国陶瓷史的重要媒介,也是了解古代文化、振兴传统文化的重要载体。

唐三彩始于初唐,盛于中唐,衰于两宋,迄今已有 1300 余年的历史,其技艺失传的断代史亦有近千年。20 世纪初陇海铁路修建到洛阳邙山时其被大量发现,受到王国维、罗振玉等国学大师的极力推崇,使这一沉睡千年的华夏古老艺术重获新生。经过专业技术人员和民间艺人的悉心研制,唐三彩已由原来简单仿制"马、骆驼"发展到今天可以表现人物、动物、器皿、鸟兽、版画、杂项等六大类,数千个品种的产品远销世界各地。

### (二)洛阳(真不同)水席制作技艺

洛阳水席是洛阳一带特有的特色传统名宴,属于豫菜系,是中国迄今保留下来的历史最久远的名宴之一。2008 年 6 月,洛阳(真不同)水席制作技艺入选第二批国家级非物质文化遗产名录。

洛阳水席形成于唐武周时期(684~705 年),是在中国饮食习俗由分食制转成合食制过程中出现最早的同桌而餐的名宴之一,历史上称此为"大唐国风"。因武则天改洛阳为神都,此宴席在洛阳一带广为流传,宋以后流入民间,传承保留至今。虽经过千年沿革其内容有了很多变化,但其文化内涵与宴席独特的制作工艺与形式在中国宴席家族中仍是极为独特的。洛阳水席是中国宴席文化的活化石,是河洛文化的重要组成部分之一。

真不同饭店在清朝晚期以制作洛阳水席而闻名一方，长期以经营洛阳水席为主，一代代洛阳水席的厨师在这里将水席制作技艺传承至今。1997年真不同饭店并入洛阳酒家集团以后，因有集团实力支持，在洛阳水席研发与传承弘扬上更是有了长足的发展。洛阳水席与"龙门石窟""洛阳牡丹"一道被并称为"洛阳三绝"。

洛阳水席有三大特点：一是有荤有素，素菜荤做，选料广泛，天上的飞禽、地下的走兽、水中的游鱼、地里的菜蔬均可入席；二是有汤有水，味道多样，酸、辣、甜、咸俱全，北方南方口味均沾；三是上菜顺序有严格规定，菜肴搭配合理、选料认真、火候恰当。洛阳水席风味独特，味道鲜美，咸甜酸辣，一菜一味，上至山珍海味，下至粉条萝卜，都能做出一席菜，可适合不同层次消费者的需要，因此洛阳水席历经千年，经久不衰。

# 五 传统医药

## 洛阳正骨（平乐郭氏正骨）

洛阳正骨又称平乐郭氏正骨，起源于 1793 年，是历史悠久的中医骨病治疗流派，2008 年 6 月，被国务院列入第二批国家级非物质文化遗产名录。

平乐郭氏正骨始创人是洛阳市孟津县平乐村郭氏家族第十七代郭祥泰，字致和，人称老八先儿，清乾隆、嘉庆年间人。关于正骨医术传入平乐的传说有多种。其一，传说明末清初洛阳道士"祝尧民，字巢夫，明末举人，伤明亡，而弃举业医，号薛衣道人，得仙传疗医，凡诸恶疮，敷药少许即愈，或有断胫折臂者，延治，无不效，世人比之华佗"。其二，据传河南孟县（今河南孟州市）同姓道人郭益元，逃难至平乐，饥寒交迫，病倒路旁，正值郭祥泰路过，怜而相救，让其住在郭氏家中，悉心照顾、救助，使其幸免于难，郭益元承蒙郭氏惠顾，遂秘授正骨奇术，报答相救之恩，此后郭氏世代行正骨医术。郭氏正骨曾将行医名号定为"益元堂"以表感戴。其三，说此是得传于武林高僧，一位擅医骨伤的武林高僧，北上途经平乐村，贫病交加，困厄于平乐，郭祥泰遇之，好心收留，百般照顾，悉心疗疾，病愈却别时，传授正骨医术和医书以作报答。郭祥泰潜心学习，得正骨医术，经长期反复实践遂成远近闻名的正骨名医。其四，也有人说，郭家先世郭步溪于清代早期成名于诗文书画，仰慕拜师者甚众，其子郭伯丰弱冠入痒后，始习医书，深究医理，为乡邻爱戴并授徒传子，是为郭氏正骨术之创始人。

郭祥泰潜心习医，经不断实践成为遐迩闻名之正骨名医。郭祥泰晚年将正骨医术传授其侄郭树信（世居平乐北门里，人称"北院益元堂"）及长子郭树楷（世居平乐村中街，人称"少八先儿"，行医号"南院人和堂"）。抗日战争爆发后，郭氏正骨后裔部分外迁，但仍以行正骨医术为业。历经清朝末年以及民国世事混乱，平乐正骨始终以疗效神奇、医德清廉而享誉河洛地区，还演绎出了许多神话般的故事和传说。新中国成立前后，平乐郭氏正骨轰动中原，当时在平乐村坐南面北的三座大门里，东门里坐诊行医的正骨大夫是郭景耀，中门里坐诊行医的正骨大夫是郭宗正，西门里坐诊行医的正骨大夫是高云峰。至此，平乐郭氏正骨成为我国正骨医术的一大重要流派。

经过200余年历代传人的实践，洛阳正骨形成了系统的理论和方法，即三原则（整体辨证、筋骨并重、内外兼治）、四方法（治伤手法、固定方法、药物治疗、康复锻炼），具有传奇性、科学性、系统性、实用性、传播范围广等特点。洛阳正骨是我国中医骨伤科最大的学术流派，原洛阳正骨医院院长、洛阳正骨第六代传人郭维淮是全国著名的中医骨伤科专家，荣获卫生行业最高荣誉奖"白求恩奖章"，获得"国医楷模"称号。以洛阳正骨为特色的河南省洛阳正骨医院在国内外有较高的知名度。

# 六 民俗

## （一）关公信俗

"关公信俗"是民间信仰关公的各种习俗的统称，是一种民间信仰文化。"关公信俗"在近 2000 年的历史文化进程中逐步形成并传承下来，其中最重要的支撑便是人们对关公文化和关公精神的认同与传播，"关公信俗"是关公文化的一部分，是中华民族的宝贵遗产，2008 年 6 月，"关公信俗"被国务院列入第二批国家级非物质文化遗产名录。2019 年 11 月，《国家级非物质文化遗产代表性项目保护单位名单》公布，洛阳关林管理处获得"关公信俗"保护单位资格。

洛阳关林是国家重点文物保护单位、国家 4A 级旅游景区，也是我国唯一的冢、庙、林三祀合一的古代经典建筑群。1800 余年来，关林因厚葬关羽首级而闻名天下，形成了浓厚的关公文化氛围。明万历二十年（1592 年），在汉代关庙的原址上，关林扩建为占地 200 余亩、四进院落、有 150 余间殿宇廊庑的规模。

关公文化是我国传统文化的重要一脉，以儒家文化为内核，以传统信仰形式为载体，是对历史人物道德精神表达景仰的一种文化形态。"关公信俗"首先发端于人们对关羽德行的敬慕，之后逐渐形成了道德意义上的心理认同。这种民族认同的心理是在社会公德意识主导下发育、在广泛的道德实践中发展起来的。关羽是理想与现实结合的精神寄托，随着景仰人群的扩大及与道德实践的交互作用，最终形成了道德与神祇的合璧。

一年一度的中国洛阳关林国际朝圣大典是在关羽的秋祭之期举行的文化旅游庆典，其以极富华夏民族传统美德的关公文化搭建起一座沟通海内外同胞亲情，加强华人华裔联谊，开展文化与经贸交流、合作的桥梁。洛阳关林国际朝圣大典立足于国际性、群众性，展示历史文化内涵和地方特色；围绕旅游强市战略，把朝圣大典和河洛文化旅游节相结合、将招商与引资相结合，实现观光旅游和文化旅游互补、国内旅游和国际旅游接轨、名人效应与经济交流融合，促进洛阳经济和旅游等相关产业的发展。

### （二）洛阳牡丹花会

牡丹是中国名花之一，素有"花王"之称。牡丹栽培源于河洛地区，早在唐宋时期洛阳即已具备系统的栽花技艺，形成赏花习俗及与牡丹有关的诗词、书画、传说、服饰等，由此衍生出洛阳牡丹文化。从 1982 年起，牡丹花成为洛阳的"市花"。从 1983 年开始，每年 4 月 15 日至 25 日都会举办洛阳牡丹花会。花会期间，观赏者围绕牡丹开展赏花、观灯、作画、赋诗等文化活动，使洛阳牡丹文化不断发扬光大。2008 年 6 月，洛阳牡丹花会入选第二批国家级非物质文化遗产名录。

洛阳地处中原，位于黄河南岸，属于暖温带南缘向北亚热带过渡地带，气候宜人，年平均气温为 18.5℃，降水量为 600～800 毫米，是种植观赏牡丹的发源地。洛阳牡丹历史悠久，距今已有 1600 多年的历史，由此而来的牡丹文化更是点点滴滴融入民众的生活习俗，包括牡丹诗词、书画、传说、服饰、生产等，一直流传至今，生生不息。

洛阳曾是唐朝的东京，交通方便，贸易兴隆，城内园圃林立，有几乎家家种植牡丹的传统，赏花之风盛极一时，唐代诗人白居易的"花开花落二十日，一城之人皆若狂"和刘禹锡的"唯有牡丹真国色，花开时节动京城"等诗句，正是对东都洛阳牡丹品赏习俗的生动写照。宋代以降，赏牡丹习俗在民间更为盛行，欧阳修在《洛阳牡丹记》描述说："洛阳之俗，大抵好花。春时城中无贵贱皆插花，虽负担者亦然。花开时士庶竞为遨游，往往于古寺废宅有池台处为市，并张幄帘，笙歌之声相闻……至花落乃罢。"宋代，洛阳牡丹有 100 多个品种，不少品种称得起名贵非凡，其中的"姚黄""魏紫"被誉为"牡丹之王"和"牡丹之后"，尤受人们青睐。

洛阳牡丹"始于隋，盛于唐，甲天下于宋"，其历史文化源远流长，已深深地渗入人们的精神文化生活。从东晋画家顾恺之的牡丹画到当今洛阳书画界的众多牡丹画作品，无不寄托着人们心目中对铮铮铁骨和富贵安康的期盼；牡丹诗词也是牡丹文化宝库中的瑰宝，从古至今，有关牡丹的诗词歌赋灿若烟霞；牡丹富贵吉祥的寓意和人们对美好生活的向往使牡丹文化体现在人们生活中的方方面面，如歌曲、壁画、砖雕、木雕、瓷器、丝绸、剪纸、年画、服饰等。

从 1983 年开始，洛阳牡丹花会已成功举办 41 届，并在 2011 年升级为

"中国洛阳牡丹文化节"，成为国家级文化盛会。洛阳牡丹花会已经成为洛阳发展经济的平台和展示城市形象的窗口，成为洛阳走向世界的桥梁和世界了解洛阳的名片，同时，也成为众多企业展示实力、树立形象、宣传扬名的极佳平台和舞台。

# 洛阳省级非物质文化遗产名录项目介绍

## 一 民间文学

### （一）洛神的传说

洛神的传说在民间广为流传，主要分为两类。

一类是在群众中自发传承的口头传说。相传洛神是华夏祖先伏羲氏和女娲的女儿，名曰宓妃，是一个美丽、善良的姑娘。为了让人们都过上好日子，她把从父亲那儿学来的狩猎、放牧、养畜、种植五谷的好方法教给大家。人们非常感谢她，又因她居于洛水，故尊称她为"洛神"。

在河洛岸边群众中流传着许多有关洛神宓妃的故事。说她不仅长得美丽，而且能捕鱼、唱歌、跳舞，深得人们喜爱。当时洛河里有一个怪物，经常兴风作浪，残害人民，并要挟说只有宓妃嫁为他妻，他才可平息祸乱。宓妃为拯救万民，不顾自己生死，于六月二十三日梳云掠月后从容走入河中，洛河水患从此平息。为了纪念宓妃，人们在洛河岸边盖庙宇、塑金身，四季奉祀，并尊称她为"洛河娘娘"。

另一类是历史文献中记载的传说。洛神最初源于屈原的《天问》，自唐以降，曹植与甄妃的传说基本代替了宓妃本体神话。甄宓，正名甄洛，世称甄妃。她是中山无极人（今河北省无极县），是东汉宰相甄邯的后裔，后与袁绍之次子袁熙结婚。袁绍在官渡之战中被曹操打得惨败。战乱中，曹植在洛河神祠偶遇藏身于此的甄宓，赠白马一匹助她逃返邺都，甄宓感激不尽，回赠玉佩一枚。204年，曹丕娶甄宓为妻，随后，曹操举兵追击袁绍败军，曹丕随曹操南征北战。此时，曹植尚小，经常与甄宓写诗谈天，建立了友谊。205年，甄宓为曹丕生下了儿子曹睿，后来，曹操在洛阳病逝，曹丕继承了王位，册封甄宓为妃。接着曹丕有了新宠郭贵嫔（郭嬛）等人，甄妃写了一首藏有埋怨之情的诗，曹丕看后很恼怒，再加上郭贵妃从中挑唆，曹丕便派人到邺城，迫甄妃自杀。曹植此时已被封为侯王，住在山东甄城，对曹丕的皇位不再构成威胁。曹丕便召曹植回洛阳。席间，曹丕把甄妃的金缕玉带枕赠予曹植，曹植睹物思情，落泪不已。饭后就启程离开了洛阳城，返回封地，当他和行人来到景山时，已是人困马乏，在洛河边休息时，曹植神思恍惚中仿佛见到了兄嫂甄妃，二人倾心交谈，相互抒发思念之情。曹植回到山东封地，思绪万千，写出了传世之作《感甄赋》。后来甄妃的儿子曹睿当了皇帝，遂将此作改名为《洛神赋》，并追封母亲为文昭皇后。甄宓的一生是传奇的一生，她德才兼备，传说中她尤为乐善好施，心地善良，因而她的故事也得以流传。

2009 年 6 月，洛神的传说被列入河南省第二批省级非物质文化遗产名录。

## （二）洛阳传统儿歌

儿歌为儿童歌讴之词，古时候，人们称作"童谣"。《尔雅·释乐》称"徒歌谓之谣"，指无乐谱的吟唱。现代意义上，儿歌是儿童文学的一种，一般与童谣合称为儿童歌谣。

儿歌在上古时人类仅有语言、没有文字的状态下就产生了。刘师培的《论文杂记》云："盖古人作诗，循天籁之自然，有音无字，故起源亦甚古。观《列子》所载，有尧时谣，孟子之告齐王，首引夏谚，而《韩非子·六反篇》或引古谚，或引先圣谚，足徵谣谚之作先于诗歌。厥后诗歌继兴，始著文字于竹帛。"任何社会存在都是当时社会需要的产物，儿歌也是人类需要的产物。周作人在研究儿歌时说："凡儿生半载，听觉发达，能辨别声音，闻有韵或有律之音，甚感愉快。儿初学语，不成字句，而自有节调，及能言时，恒复述歌词，自能成诵，易于常言。盖儿歌学语，先音节而后词意，此儿歌之所以发生，其在幼稚教育上所以重要，亦正在此。"因此，儿歌中最先产生的是催眠儿歌。随着人类社会的演进，儿歌也在不断发展。通过各族人民一代又一代的创作、传承和积累，不仅儿歌的质量在不断提高，而且数量也蔚为大观，涉及的内容也非常宽泛。仅洛阳一地流传的儿歌就可统计分类为 20 多种，这些儿歌的内容几乎涉及社会生活的各个方面，种类齐全，花样繁多。

洛阳传统儿歌的大致种类包括催眠儿歌、数数儿歌、情趣儿歌、饮食儿歌、动物儿歌、植物儿歌、劳动儿歌、农谚儿歌、节日儿歌、游戏儿歌、绕口令儿歌、励志儿歌、酒令儿歌、谜语儿歌、正话反说儿歌、尊老儿歌、爱幼儿歌、谈婚论嫁儿歌、婆媳关系儿歌、姑嫂关系儿歌、故事儿歌、穷人苦儿歌、爱国儿歌等。举例如下。

催眠儿歌，如《哄乖乖睡》："黑狸猫，你走吧，乖乖娃儿，睡着啦；噢、噢，乖乖睡，乖乖睡睡不瞌睡。"

数数儿歌，如《数一数》："一二三四五，上山打老虎。老虎没打到，打到小松鼠。松鼠有几只，让我数一数，数来又数去，一二三四五。"

情趣儿歌，如《月奶奶》："月奶奶，白呱呱，爹织布，娘纺花，买个烧饼哄娃娃。爹一口，娘一口，咬住娃子手指头。"

饮食儿歌，如《哄娃子吃饭曲儿》："东晾晾，西晾晾，娃子喝喝不尿床；东风刮，西风刮，娃子喝喝会纺花。"

动物儿歌，如《小老鼠》："小老鼠，爬缸沿儿，手里拿着芭蕉扇；走一走，扇一扇，不知今个真热天。"

劳动儿歌，如《小娃勤》："小娃儿勤，爱死人，小娃儿懒，塌了鼻子瞎了眼。小娃子勤，爱死人，小娃子懒，惹人不待见。"

2011 年 12 月，洛阳传统儿歌被列入河南省第三批省级非物质文化遗产名录。

## （三）邵雍传说

邵雍，字尧夫，谥号"康节"，自号"安乐先生"（1012～1077 年）是我国历史上著名的数理学家、哲学家，是中华理学的奠基者和创始人之一，是北宋"五夫子"之一，其学术思想在中国乃至世界均有深远影响。

邵雍一生清贫，自称其居为"安乐窝"，身居都市，陋室粗食，终生不仕，安贫乐道，自甘淡泊，怡然自乐。他德高望重，极受时人尊崇。有士大夫过洛，不至公府必至其家拜访，而他待人接物不分贵贱，一视同仁，均以诚相待，故恶人感其德，好人服其化，忠厚之风闻于天下。

邵雍终生不仕，一心钻研学术，有名著《皇极经世》《伊川击壤集》《渔樵问对》等流传于世。其内容包罗世间各个领域，从社会治乱、历史演进、日月盈亏、山川变化、阴阳刚柔、万物盛衰到人物变迁无不描述精湛，是中国历史上不可多得的哲学名著。

关于邵雍先生的很多神奇故事至今还在民间广泛流传。邵雍在当时虽只是一介平民，布衣耕作，陋室粗食，但他同情民间疾苦、高风亮节、宽厚待人和乐于助人的高尚品格却令人钦佩，久而久之邵雍事迹在民间渐渐形成一种传说，且独具魅力，历经千年。

2015 年 9 月，伊川县申报的邵雍传说被列入河南省第四批省级非物质文化遗产代表性项目名录。2021 年 7 月，洛龙区申报的有关邵雍的项目被列入河南省第五批非物质文化遗产代表性项目扩展名录。

### （四）牡丹传说

洛阳的牡丹传说是有关武皇贬牡丹的故事。《事物纪原》记载：武皇要于冬日间游上苑，道："明朝游上苑，火急报春知。花须连夜发，莫待晓风吹。"百花不敢违抗，一夜发蕊开花。次日武皇驾幸上苑，只见万紫千红，芳菲满目，独有牡丹不肯奉承女主，花苞紧闭。武则天大怒，贬牡丹于洛阳民间。谁知，牡丹喜爱邙山土质，一入新土，即扎根发芽，来年春天，满山姹紫嫣红，百姓见牡丹漂亮，家家移种，户户育植。牡丹仙子看到洛阳百姓这样喜欢自己，也非常高兴，一到春天便株株怒放，千姿百态。

牡丹仙子的传说表现了人们对不畏权贵气节的赞扬，对于引导人们宣扬我国优秀的民族文化、树立正确价值观、人生观有很深的教育意义。

2021 年 7 月，牡丹传说被列入河南省第五批省级非物质文化遗产代表性项目名录。

### （五）龙门传说

龙门位于洛阳市南 6 公里处的伊水河畔。这里两山对峙，伊水中流，状若门阙,因而古称"伊阙";又因其地处隋唐"龙庭"所在都城的正南,故亦称"龙门"。493 年北魏孝文帝迁都洛阳,因其信奉佛教,开始在龙门东西两山断崖上凿龛造佛像,历经东魏、西魏、北齐、北周、隋、唐、宋诸朝,龙门共有窟龛 2345 个,造像(最大的卢舍那佛通高 17.14 米,最小仅高 2 厘米)10 万余尊,碑刻题记 2800 块,佛塔 50 多座,与敦煌莫高窟、大同云冈石窟并称中国三大佛教艺术宝库。

相传远古时期,洛阳南面有一大片烟波浩渺的湖水,周围青山苍翠,芳草萋萋。人们在山上放牧,在湖里打鱼,过着平静的生活。村里有个勤劳的孩子,天天到山上牧羊,常常听到从地下传出"开不开"的奇怪声音,回到家他便把这件事告诉给母亲。母亲想了想,便告诉他,如果再听到的话就回答:"开!"第二天,孩子便照母亲的话做了,谁知他话音刚落,便见天崩地裂,龙门山顷刻从中间裂开,汹涌的湖水从裂口涌出,奔腾咆哮地绕过洛阳城,一泻千里流向东海。水流之后,无数清泉从山崖石罅中迸出,蓄为芳池,泻为飞瀑。两山的崖壁上则出现了无数蜂窝似的窟窿,窟窿内影影绰绰全是石像,有的眉清目秀,有的轮廓不清,千姿百态,蔚为奇观。从此,龙门石窟名扬天下。其实,龙门石窟的产生有其历史缘由,但这则神话传说反映了古代劳动人民丰富的想象力,也赞美了龙门石窟巧夺天工、精妙绝伦的雕刻艺术。

唐代大诗人白居易曾说:"洛阳四郊,山水之胜,龙门首焉。""龙门山色"被列入洛阳八大景之首。因此,龙门历来是人们向往的旅游、拜佛胜地。

2000 年 11 月 30 日,联合国教科文组织将龙门石窟列入《世界文化遗产名录》,龙门的传说也随着龙门石窟的声名远播而受到人们的重视。

2021 年 7 月,龙门传说被列入河南省第五批省级非物质文化遗产代表性项目名录。

## (六)黄大王传说

黄大王传说是古代劳动人民治水智慧的结晶,是黄河文化的组成部分。

治水功臣黄守才是明末清初人，出生在偃师区伊河北岸王庄村。黄守才幼时就父母双亡，跟随做船夫的舅父长大。他天资聪颖、思维敏捷，由于求知欲强烈，到处求学，尤其对历代治水方略的钻研领悟较深，遂自著《禹贡注疏大中讲义》《治河方略》等书。当时，伊、洛河和黄河中下游一带经常洪水泛滥，给广大人民群众的生命财产造成了极大的损失。黄河多次决口，皇帝派去治理的官员都治理不了，最后派黄守才去治理，结果决口很快就被堵住了。由于他治水有功，清朝多个皇帝都授予他封号，封号多达12个。特别是乾隆皇帝封他为"灵佑襄济王"并祀"金龙四大王"之后，黄守才被人民群众称为黄大王，又由于他治河济民的事迹突出，有的地方就给他建立生祠。他去世以后，在伊、洛河流域及黄河中下游沿河一带，人们为了敬仰他，纷纷建起大大小小的黄大王庙，据初步考证，约有2700座。偃师是黄守才的故乡，大大小小的黄大王庙有18座之多。最有名的是黄大王纪念馆、九龙庙、黄爷坟和黄大王庙。

黄大王传说包括黄守才一生的传奇故事，有祥瑞诞降、落井戏水、柳枝定船、虞城活粮船等有关他幼年的故事，也有其舍身堵决口退水患不受福王珠宝、柳园口帮孝子捞金、施药避疫、掘泉活民等治水故事，还有各类善行故事、义举故事共40余种50多篇。这些内容丰富的传说以故事、歌谣、民间歌舞等形式存在，糅合儒、释、道等文化及劳动人民智慧，塑造出以黄大王为代表的亦人亦神的治水英雄形象，其流传区域包括河南省黄河中下游地区，以及陕、晋、冀、鲁、皖、苏等地。

2007年12月，黄大王的传说被列入洛阳市第一批市级非物质文化遗产名录。2021年7月，其被列入河南省第五批省级非物质文化遗产代表性项目名录。

### （七）刘秀的传说（宜阳县）

刘秀是汉高祖刘邦的九世孙，东汉开国皇帝。刘秀的传说主要形成和流传于宜阳县以汉光武帝庙为中心的洛河两岸及周边地带。据旧《宜阳县志》二《光武庙记》记载："宜阳县治之西九十里，有镇曰乡，唐属福昌，即古宜阳也。治之西北，山高数仞，古柏苍然，汉光武之庙在焉。建武三年，光武降赤眉于此，明帝即位，遂诏立庙，历代咸无纪述。"汉明帝为了纪念这个重要事件，就在汉山之巅修建了皇家庙院——光武庙，虽迭经新朝旧代，仍岿然于宜阳汉山。

宜阳众多与刘秀相关的历史古迹，如洗眉泉、赤眉寨、王莽村、刘秀沟村等都为刘秀的传说奠定了传承的基础。

民间文学（口头）中刘秀的传说起源较早，自东汉开始就在宜阳的洛河两岸和周边地带百姓中广为流传，在宜阳民间称其为"王莽撵刘秀"，主要以口传为主，通过一代又一代的口口相传把其变得更加理想化和神化。新中国成立后，新编纂的《宜阳县志》《宜阳文史资料》《宜阳旅游文化》等书籍对民间流传的刘秀的传说进行了搜集、整理。2006 年，由宜阳县文联整理的《中国民间故事全书·河南宜阳卷》中收录了部分相关传说，书中有这样的描述："王莽撵刘秀的传说，在宜阳流传较为广泛，且有各种不同的版本，书中仅选择了一些有代表性的篇什。"由此可见刘秀的传说在宜阳流传之广。

宜阳境内关于刘秀的传说颇多，与刘秀有关的地名也众多，涉及人物、事件、典故、地名由来等诸多方面。主要有：王莽撵刘秀的传说，如扳倒井、溜马崖、倒勾针、两个村鸡叫有早有晚、隐身草、马抬蹄、白脖鸭、刘秀石等；降服赤眉军的洗眉泉传说；地名故事如刘秀沟的由来、王莽村的由来、演礼沟的由来、柿沟的由来及刘秀椅的传说等 40 多篇。

2014 年 12 月，刘秀的传说被列入洛阳市第三批市级非物质文化遗产扩展项目名录。2021 年 7 月，其被列入河南省第五批省级非物质文化遗产代表性项目扩展名录。

## （八）伊尹传说

春秋《左传》载："秋七月，有神降于莘。"《孙子兵法》曰"伊尹在夏"。战国《孟子·万章上》说："伊尹耕于有莘之野，而乐尧舜之道焉。"《韩非子·难言篇》："上古有汤至圣也，伊尹至智也；夫至智说至圣，然且七十说而不受……"《吕氏春秋·本味篇》载："其母居伊水之上，孕。"《中次二经》说："记栾川山者，从东往西有鲜山、鲜水、阳山、阳水……蔓渠之山，伊水出焉。"清光绪十九年《重修卢氏县志》，张月桂的《伊尹考》曰："按《吕氏春秋》伊尹母居伊水上，梦神，孕，身化空桑，有莘氏女采桑得儿。其说怪诞不可信，要知尹之生，必近伊水为是。"

当代亦多有学者多方考证，证实伊尹于斯地而生且躬耕于此。如《栾川县志》主编常书泽，《中国民间故事全书·河南栾川卷》主编宋明方，栾川县著名作家李玉瑞、尤安亚、崔景华等众多栾川文艺工作者都怀着深切的感情和崇敬的态度四方查考，艰苦论证，为伊尹的真实出生地提供了大量宝贵的论证材料。

伊水即今天的伊河，其源头为栾川县陶湾西沟闷顿岭。1962年，河南省文物工作队在栾川普查文物，在伊尹耕莘古地——伊尹城遗址土层中发现夹沙红陶、磨光黑陶、残石刀、石斧、石箭头等，陶器纹饰以条纹和方格纹为主。据考，出土文物属仰韶文化及龙山文化。1987年，漫子头（耕莘古地）被河南省政府批准为省级文物保护单位。从丰富的史籍、碑刻和出土文物中验证了伊尹"耕于有莘之野"的史实。

今天的栾川，在伊尹耕莘古地的遗址上，不仅保留有清代《耕莘古地》的碑刻，更有今人为纪念"元圣"所修的伊尹公园。伊尹的出身、生平及其功业和德行均在栾川广为流传，成为栾川人文底蕴及栾川人的精神象征。

2010年2月，嵩县、栾川县申报的伊尹传说被列入洛阳市第二批市级非物质文化遗产名录。2021年7月，其被列入河南省第五批省级非物质文化遗产代表性项目扩展名录。

## 二 传统音乐

### （一）洛阳海神乐

洛阳海神乐源于隋唐宫廷宴乐，五代后传入民间，称为"海神"，因为

"海神"是洛阳独有的民间音乐，故又称为"洛阳海神"，演奏团体称为"海神社"，明清时期曾在洛阳盛行，后面临失传危险。目前，洛阳地区仅有古景花村海神社一家，其余的海神社早在20世纪60年代已不复存在。古景花村海神社能够存活有其独特条件，该社历来以郭氏为主力，据郭氏祖谱记载，郭氏系唐代汾阳王郭子仪后裔，郭子仪因平定安史之乱功高盖世，被赐予可享用宫廷宴乐，自此，这些世锁深宫、专为帝王演奏的宫廷雅乐才得以流入民间。据郭氏家谱记载，其历代家族中达官贵人、儒业学者俱多，精通技艺、善制乐器者也不乏其人，尤其是海神社第九代传人郭高山博闻强记、出类拔萃，精通制作笙、管、琴、弦，并能演奏多种乐器，吹、拉、弹、唱、导无所不能。新中国成立初期，其曾受聘于西南军区文工团，任古老乐器管子乐师，为部队培养了一大批乐手。古景花村海神社也一直因实力雄厚、技艺高超而闻名遐迩。

斗转星移，世事变迁，种种原因使古景花村海神社在半个世纪中无声无息。国逢盛世，百业兴隆，幼时曾随伯父郭高山学艺的郭红运退休后，在河南省老艺术家协会常务理事郭光宇的倡导下，于2003年5月与郭绍光、郭孝宪三人共商，重新组建了洛阳古景花村海神社，收集整理了百余首海神古乐曲。目前，海神社拥有乐器管、笛、筝、笙、二胡、云锣、云板、木鱼、碰铃等近二十种乐器。乐曲的曲调平缓、典雅，颇具宫廷宴乐韵味。就乐曲适用的场合可分四类：庆典类、祭祀类、教仪类、歌谣类。

海神乐表演方式根据时间和场合大致分为锣鼓乐、锣鼓舞、吹打乐、吹唱乐、伴舞乐以及清唱乐。洛阳海神乐演奏形式分为坐乐和行乐两种。坐乐适于在室内和舞台表演；行乐适于在庙会、观礼台前及行进的群众场合中表演，行乐以吹奏为主，打击乐只起节拍伴奏作用。

2007年3月，洛阳海神乐被列入河南省第一批省级非物质文化遗产名录。

## （二）黄河号子（硪工号子）

黄河号子（硪工号子）是一种民歌，它代表着一种力量和精神，体现了劳动人民对生活的热爱、向往和追求，有凝聚民心、维系团结、怡情悦性的作用。黄河既为中华儿女创造 5000 年的历史文明提供了舞台，同时其不羁的洪水也多次摧毁过黄土地上民众的生命和财产，因而既流传有许多可歌可泣的防洪抢险故事，也产生了打硪、硪工和硪工号子。

打硪是打夯的另一种形式，在我国黄河中下游地区广泛使用，主要用于修堤、筑坝、铺路的时候以夯实地基。硪工号子是"一领众和"的音乐形式，领号的叫"号头"。刚开始打硪，号头一个人先慢慢唱起来，接着大家慢慢回应，表示各就各位，是劳动前的热身运动。一般这时候用的调子是大滑号。然后要及时改号（变换节奏），由慢到快，好让大家紧张起来，劳动强度也逐渐加大，这时用荡三号。干到高潮时要用板号，有时候大伙干得热火朝天，还可以在板号里加入花号，花号是即兴发挥的号子，见人唱人、见物唱物，有鼓励大伙的，有夸赞别人的，还有善意讽刺其他落后组的。最后还有毛蛋号，是收工前对不合格的地方进行整修时喊的一种调子，节奏最快。结束时最有意思，不管打硪时唱的是什么，最后都要喊一句："有硪不打落下来！"石硪便稳稳落地，十几位硪工同时停止打硪。

硪工号子是古代劳动人民在打硪过程中唱的一种节奏性很强的民间歌谣，随着现代化机械的广泛使用，硪工号子这种民间音乐形式已面临失传的危机。

2009 年 6 月，黄河号子被列入河南省第二批省级非物质文化遗产扩展项目名录。

## （三）十盘

十盘是流传于伊川一带的传统音乐。起源于明末清初，至今已有近 400 年的历史。十盘乐队主要由笙、管、笛等吹管乐器和云锣等打击乐器组成。演奏形式有坐乐和行乐两种。坐乐演奏主要使用吹管乐器，仅用一些小件打击乐"轻打细吹"，演奏风格古雅、庄重，主要演奏传统音乐曲牌；行乐除坐乐演奏乐器外，还增加了马蹄号、传锣、鼓、镲、铙、钹等大件打击乐器及各种仪仗执事来渲染气氛，主要演奏热烈欢快的民歌小调。

十盘是年代久远的乐种，用传统工尺谱字，以口传心授的方式世代相传。十盘音乐具有庄重严谨的演奏风格和古朴的民俗性特征，具有较高的艺术价值和民族学、民俗学价值，有益于教化民众、和睦乡里、促进社会和谐。

由于经济大潮和强势文化的冲击，学习和欣赏十盘的年轻人越来越少了，大多数十盘艺人年事已高，乐队人员很难凑齐，乐器也残缺不全，不能正常演奏，十盘这一古老的传统音乐正面临逐渐消亡的危机。

2011 年，十盘被列入河南省第三批省级非物质文化遗产名录。

### （四）河洛响器

洛宁地处豫西山区、洛河中游。河洛响器发源于洛宁，是古代劳动人民模仿古代战场擂鼓助阵的场面，用鼓、铙、镲、锣等乐器来庆祝节日、社火等活动而组织、发展起来的民间艺术表演形式。

河洛响器队伍庞大，表演气势非凡。每逢庙会、佳节，表演者组成浩浩荡荡的队伍前去献艺。响器队伍行走时三眼铳手在前鸣炮开路，开道锣随之紧跟，接着是以两米间隔排成两行的百十人手持迎风飘动的战旗跟随，扁鼓队、铙手、镲手跟在后面，然后是小鼓到大鼓以人字排列跟进，整个队伍显示出"万马千军炮连声，动地惊天狂飙生"的阵势。

表演队伍到达表演地后，以特有的阵势排列开来，即以首鼓为中心的燕形排列。燕形背后有表演节目牌，待表演时举牌向观众示意所表演节目的名称，之后是雄壮威武的"帅"字旗，两边竖幅分别写着"春雷巨响山河动""月夜旋风草木飞"，竖幅两侧是夺目的两对老虎旗。其余彩色战旗分别排列于帅旗的左右前三个方位，将响器队围成一个方块队形。方块队内左侧是两排拍铙勇士，右侧是两排拍镲的壮汉，铙、镲两排的前面是扁鼓队，指挥官在正中央站立。表演时，指挥官令旗一挥，响器队的所有成员先做出背水一战的姿势，令旗再一挥，首鼓手开始擂动，其余鼓手随之而击，铙手、镲手按曲的节奏伸展英姿。演奏中时而变换队形，时而相互对拍。演奏到高潮时，铙手、镲手将铙和镲向空中抛起丈余高，旋转着落在手中另一铙和镲上，不偏、不倚、不掉的节奏让人惊叹不已。更让人惊心动魄的场面是铙镲手互相对抛对接，一方用左手抛，另一方用右手接，铙镲在空中盘旋飞舞，场面壮观至极。

2015 年 9 月，河洛响器被列入河南省第四批省级非物质文化遗产代表性项目扩展名录。

### （五）嵩县大铜器

嵩县大铜器，又名"古城大铜器"，始于东汉末年的战场军乐，古城村自西汉起，两次建县，据传，东汉时期有一知县名唐允，钟爱鼓乐铜器，后从军中好友处秘得铜器曲牌，于是挑选精壮男子排练，用于庆典活动。后来县城南迁，古城变为一般村庄。当时，村里大部分人家都住草房、草庵，为了免除火灾，敬火神就成为全村人的主要信仰，建了东南北三座火神庙。为了取悦火神，先将舞狮、抬装、唢呐、竹马、旱船纳入火神社火。又根据遗留下来的铜器曲谱，分别成立了三路铜器队，以壮大火神社火。

每年正月初七是火神出巡的日子，全村男子披红挂绿，有的抬着火神像，有的参与打铜器。正月初七上午，各路社火分别聚集在三座火神庙前，先摆供、上香、祭拜火神，然后由铳开道，各色彩旗列队相拥，依次是铜器队、舞狮队、抬装、唢呐、竹马、旱船等民间艺术队伍，最后是火神像。队伍从火神庙前出发，先走主街道，再走小巷和胡同，最后再返回火神庙。整个仪式十分隆重，历时两个多小时左右。

"古城大铜器"属民族民间打击乐。演奏时，一人指挥，数百人着彩装击打。经历代艺人千锤百炼，其打法和队形均有较大的改良与创新，尤其是在表演中融入了舞蹈动作，更增加了观赏性。

2015 年 9 月，嵩县大铜器被列入河南省第四批省级非物质文化遗产代表性项目扩展名录。

### （六）武皇十万宫廷乐

田山武皇十万宫廷乐队位于洛阳市洛龙区龙门镇田山村，乐队有 30 余人，乐器有管子、笙、笛、背鼓、云锣、云板、碰铃等。田山武皇十万宫廷乐是从大唐传承绵延而来。据史料记载，大唐武则天年间武皇十万宫廷乐舞规模盛大，气势恢宏，乐器有 300 余种，表演人员有 1600 余人，武则天曾亲自为演出作词、作曲、编导。武则天驾崩后，武皇十万宫廷乐舞的乐师们纷纷归隐寺庙，或流落民间。

据传，白居易第 18 代孙白长乐，在宋宣和年间到汝州风穴寺进香，偶听和尚奏乐，宛转悠扬，如闻天籁，遂恳求传艺，他在寺中一学就是三个春秋。回乡后他组织起乐队传艺，自此，武皇十万宫廷乐被发扬光大，乐队经常在龙门石窟、关林庙举办的各类庆典中演绎皇家雅乐。尽管朝代变迁、社会变化，甚至辛亥革命推翻清王朝统治后，这支乐队仍然保持着祖传下来的规矩，从不参加民间婚丧嫁娶的活动，只在龙门石窟、关林庙朝圣大典上展示自己精湛的技艺。乐队现仍保留有民国年间关林庙朝圣大典时使用的清道旗和令旗各两面。

武皇十万宫廷乐使用的乐器均为文物级的唐代古乐器，如管子，有近千年的历史，古圆笙有数百年历史，圆笙内笙苗上的文字古老，是东汉时期发明的数学筹码文字。笛子是用古老方法制作的，笛身 6 等孔，不设半音，而现代笛子孔间不等分，所以能吹奏出半音。云板也有数百年历史，在乐器中起节拍作用，马蹄长号、传锣起清道作用。20 世纪 80 年代后，乐队参加了关林朝圣大典（关林庙有碑记载），中国洛阳牡丹文化节开幕式等演出近百场，中央电视台、河南电视台对其进行了多次报道，有关专家和新闻媒体称赞其为"音乐活化石""河洛一绝""千古绝响""中原第一家"。

如今，武皇十万宫廷乐流传下来的主要作品有：歌舞《朝天歌》、器乐合奏《唐韵》、表演唱《饮酒乐》、男声独唱《谓城曲》、乐舞《颂升平》、独舞《万佛飞天舞》、乐舞《春江花月夜》、乐舞《青天乐》、歌伴舞《圣明乐》、乐舞《媚娘游春》、五重奏《梅花吟》、女声独唱《赏花歌》、小组唱《何满子》、女声独唱《如意娘》、埙与乐队《苏武牧羊》、器乐合奏《观灯》、器乐合奏《嵩岳调》、琴与乐队《阳关三叠》、琴歌《钗头凤》、器乐合奏《听竹》、歌舞《盛世天长久》等。

2007 年 12 月，田山十万（武皇十万宫廷乐）被列入洛阳市第一批市级非物质文化遗产名录。2021 年 7 月，其被列入河南省第五批省级非物质文化遗产代表性项目名录。

# 三 传统舞蹈

## （一）洛阳大里王狮舞

洛阳狮舞是我国最早见于史料记载的民间狮舞，距今已有 1500 多年的历史。它历史悠久、流传广泛、风格鲜明，拥有深厚的群众基础和隽永的艺术魅力，在我国民族民间舞蹈中占有重要的地位，其对于研究遍布我国大江南北的蔚为壮观的各类狮子舞，有着极其重要的历史价值和艺术价值。

洛阳狮舞中的大里王狮舞属于典型的北派狮舞，表演奔放洒脱、刚烈矫健。通过大幅度、刚劲雄浑的舞姿，表现出狮子威武的气质和勇猛的神态。在整个表演过程中极重气氛渲染，在金鼓齐鸣、鞭炮大作的火爆氛围里，民间艺人通过跳跃、跌扑、腾翻、打斗、登高履险，将狮子"兽中之王"的威猛气势表现得淋漓尽致。

洛阳大里王狮舞在表演形式上分为"文狮"和"武狮"两大类：所谓"文狮"，主要是指在地面上（包括放在地上的桌子上）表演。在"回回"（逗狮人）的引领下，两只或多只狮子表演嬉戏、撕咬、打斗、蹿跳等动作。"武狮"的表演区域主要在高空，是在用高杆、梯子和板凳等物搭成几米乃至十几米高的、活动范围极小的"表演场地"上做出各种精彩而惊险的表演动作。

洛阳市大里王狮舞的套路众多，内容丰富，技巧性强，表演大方洒脱，具有鲜明的风格特点和极高的艺术价值，深受广大人民群众喜爱。

2007 年 3 月，洛阳市大里王狮舞被列入河南省第一批省级非物质文化遗产名录。

### （二）九连灯

九连灯是一种传统的民间舞蹈（又称九莲灯）。之所以叫九连灯，一是体现中国古老的文化传统（中国的数字有其特定的含义，"九"是最大的阳数，"九五"之尊代表皇帝，表示至高无上）；二是由九个人执灯表演，此处还有骑马人、乐队等。

清代嘉庆年间九连灯传入新安县刘岭村，刘岭村王姓人家有人在朝任职，主管宫廷礼乐，告老还乡后，将九连灯这门艺术传于后人，并规定只在本村本族延传，外姓人不传，外村人不传。至今已相传十几代（据记载有 300 余年），豫西地区只此一家。

九连灯传入民间后，随着时间推移，在内容和形式上都有很大变化。其表演内容很多，可随编随演。主要作品有：《瓦岗英雄》《忠臣救王》《雷奴救主》等；内容主要根据宣传需要而定。不同时期都有新的表演形式，最初主要由女性表演，到了民国时期，持灯者已是男扮女装。九连灯表演形式独特，在孔雀灯的指挥下，带动 32 盏花灯，上下翻飞，前后呼应。灯马穿插，队形多变，有"过街路""蛇蜕皮""翻大马""剪子箍""辘轳把""莲花盆"等表演形式。九连灯在表演时，还能以灯组成各种吉祥文字，堪称一绝。

为使表演更有气势，九连灯伴奏乐器也有很大变化，原先以丝弦管乐为主，后配以鼓、镲、铙、钹。演出队伍也由原先的二三十人发展到现在的百余人，门旗、彩旗招展，声势壮观。

2009 年 6 月，九连灯被列入河南省第二批省级非物质文化遗产名录。

### （三）曹屯排鼓

曹屯，在清代以前名为草家屯。据《洛阳县志》记载，清乾隆九年（1744 年）时，草家屯已更名为曹屯。曹屯排鼓自明代形成至今已有 400 多年的历史。在漫长的发展过程中，排鼓伴随社会民俗活动而产生和发展，形成对社会形式与民间习俗的依存性特征。

最初，曹屯排鼓主要用于祭祀、朝拜神灵，除参与隆重的祭祀活动外，概不参与其他活动，以示神社的神圣。据洛阳关林庙碑记载，明神宗万历二十年（1592 年），关林已经形成数万人规模的关王冢会，每逢农历五月十三、九月十三，善众云集。这种自发的活动当时被称为"朝冢"。每逢此时，曹屯关帝社排鼓队等民间社火组织会在活动中表演，排鼓是当时影响面最广、参加人数多、规模最大的助祭形式。随着社会的发展与进步，曹屯排鼓逐步走入民众的生活之中。

曹屯排鼓目前所演习的鼓舞套路、曲牌多为 300 多年前就已形成，并经历代艺人传承下来。表演中所用道具如排鼓、铜器、火铳等，极富民族传统特色。曹屯排鼓队分为演员（狮舞、鼓舞）、仪仗、后勤三类，分工明确，表演时，人员众多，出社庄重，威风凛凛，声势浩大，蔚为壮观。

曹屯排鼓被专家誉为"中原排鼓艺术活化石"，历经 400 多年不衰，其6 套鼓谱传承 400 多年不失。近年来，曹屯排鼓多次亮相中国洛阳牡丹文化节、河洛文化旅游节、中国洛阳关林国际朝圣大典等重大活动。

2009 年 6 月，曹屯排鼓被列入河南省第二批省级非物质文化遗产名录。

## （四）苏羊竹马

苏羊村是宜阳境内知名的古村寨，附近的百姓习惯称其为"苏羊寨"。著名的"苏羊遗址"是仰韶、龙山时期的文化遗存。"苏羊寨"的文物遗迹非常丰富，石器遗物随处可见。村落以清末及民国时期的建筑为主，其风格古朴典雅，是豫西保存较为完整的古村落之一。苏羊村以其悠久的历史、深厚的文化底蕴，赋予了"苏羊竹马"这一传统民间舞蹈形式以丰富的文化内涵。

苏羊竹马起源很早，以口传心授传承，其内涵来源于春秋时期伟大的军事家孙武与吴起操练军队的各种阵法，如"五盏灯""七盏灯""九盏灯"分别源自孙吴兵法中的"五星阵""七星阵""九星阵"；"单十字梅"和"双十字梅"源自孙吴兵法中的"四门坚守阵"和"八门金锁阵"等。可见，苏羊竹马是苏羊人民为纪念孙武、吴起两位卓越军事家，逐渐将其用于作战的阵法演变成民间传统的舞蹈形式——跑竹马。这是历代苏羊人民生产生活的智慧结晶，是中原大地上民间节日传统表演活动中的奇葩。

跑竹马突出一个"跑"字，以"跑"贯穿始终，跑出姿态、跑出阵势、跑出气势是其三大要领。表演者不念不唱，只是舞蹈，主要有退一进二、三角交叉、四边兼顾、梅花五点等基本跑法。其基本舞姿有喝马起跑、催马小跑、放马轻跑、纵马快跑、策马疾跑、勒马倒跑、吁马停跑等。队伍在跑之中不断变换。单列时，犹如一条有头无尾的蛇，可演变出"老龙摆尾"和"卷干馍"；双列时，可呈现"单十字梅""双十字梅"或"五盏灯""七盏灯""九盏灯"的阵法等。观众直视，犹如千军万马驰骋沙场；俯视，像沙场点兵，梅花朵朵，璀璨夺目。跑竹马的场地要开阔，"马"才能跑得开，其"兵"才能运筹布阵，观众才能在头脑中产生"万马战犹酣"的意象。跑竹马还要有战鼓和三眼冲等配合，这样鼓声、炮声、铃声、鞭声、马蹄声、呐喊声竞相嘶鸣，营造出战鼓擂鸣、万马奔腾的激战场面。

苏羊竹马是一项规模宏大的民间传统表演形式，是勤劳的苏羊人民用以烘托节日气氛、庆祝国泰民安的真情流露。跑竹马在我国起源很早，传承发展中衍生出了多种不同的风格和流派，苏羊竹马因其独特的文化内涵而自成一家，别具一格。

2011年12月，苏羊竹马被列入河南省第三批省级非物质文化遗产名录。

## （五）东蔡庄高抬"故事"

东蔡庄高抬"故事"是源于偃师区邙岭乡东蔡庄村的一种民间舞蹈，是一种别具韵味的民间文艺活动形式。其以戏剧故事和民间传说中的人物为原型，因人物造型多故名"故事"；又因扮演者多被巧妙地固定在高高的一枝花上，下有八人抬架行进，又名"高抬"。

"故事"原本是民间社火的一种，最早来源于古代的祭祀活动，用来祭祀玉皇、火神等，祈祷四季平安，风调雨顺，免遭灾祸。由人装扮成神，先在庙内表演，然后走村串街供人们观赏，俗称为"行社"，由于要在不宽敞的街巷里游走，站于后面的人群难以观看到，就需要设法将扮演者固定抬高。后经历代民间艺人精心研制，多次尝试，逐步产生了钢制"拐子"和"吊拐"。拐子用来抬高人物，吊拐用来固定人物，又将表演者由大人改换成 8 岁左右、体重不超过 60 斤的孩童，通过拐子和吊拐的组合，显得更加完美而奇险，既增强了表演的主动性，又方便了观众的欣赏。

东蔡庄村共有六道社，拥有"故事"六桌，每年新春庙会，六桌"故事"各展风采，多为下生上旦，其内容有"西厢记""风雪配""二度梅"等，后来又有"红灯记""智取威虎山"等，故事人物或立于枝头、花中，或站于剑戟斧头上，各具特色，惟妙惟肖。另有狮舞、打鼓等不同形式的秧歌、舞蹈，十分壮观，吸引周边十里八乡的民众专程赶来观看"故事"，观赏者常常惊喜万分，赞不绝口，却难解其中奥妙。

自改革开放以来，东蔡庄村两委积极响应保护文化遗产的号召，开始重视民间文化，为了保护"故事"，20 世纪 90 年代末专门组织有关技术人员组建了"故事研究会"，研究人员潜心搜集、整修各种拐子十余种，使故事社重现风采。其中莲花拐、菊花拐、牡丹拐、腊梅拐、大彩缸、剑戟、捡柴等都得到了保护和利用。

东蔡庄高抬故事在几百年的历史长河中，经历代艺人不断研进，从精湛的花卉、道具制作到逼真的人物造型表演，都达到了极高的艺术境界，如今已成为一朵绽放在中原大地上的民间艺术奇葩。

2011 年 12 月，东蔡庄高抬"故事"被列入河南省第三批省级非物质文化遗产名录。

## （六）崇阳垛子

"垛子"属于民间舞蹈，是一种古老珍稀的民间传统杂耍技艺，也是社火中杂耍的精粹项目，多用于庙会、元宵节、春节等活动中，供人们观赏、娱乐，欢庆节日，活跃群众文化生活。据当地文献记载，垛子始于明代晚期，盛于清末，在洛宁县兴华、下峪等乡镇的山区都有人表演。后来，这项绝技只在下峪镇的崇阳村保留下来。

"垛子"的表演队伍由招旗队、秧歌队、锣鼓队、高桩、低桩、地捞几部分组成。一般是招旗队开道，旗上写明"垛子"表演队伍的单位名称；接下来是锣鼓队，锣鼓队的基本组成是两面大鼓、八铙八镲、令锣及二人抬的大锣，演奏的鼓谱主要有《谷穗》《拧绳》《狮子滚绣球》等；秧歌队跟在锣鼓队后面，且走且舞，还不时变换队形，渲染活动气氛；最后出来的才是人们期盼的"垛子"。

"垛子"的表现特点是玄妙惊奇、气势壮观、造型优美、剧情精彩。它是一种静态惊险造型艺术，分高桩和低桩。低桩是一个不同角色的人，肩头上站着一个四五岁着装的娃童。如演《西厢记》，下边的角色是唐伯虎，上边的娃童扮演秋香，且站在唐伯虎高举的笔峰之上，非常美妙奇特。又如演现代戏《红灯记》，下边的角色是李玉和，上边是铁梅站在李玉和高举的红灯之上。观看的人搞不清小铁梅是如何站在红灯上的。

高桩是"垛子"的精髓，是社火的经典戏目。如古装剧《黄桂香推磨》，有一个八人抬的特制方桌，桌上的主道具就是磨子，磨子被八九岁的小郎推着，磨上站着四五岁的黄桂香，她扭动婀娜身姿，翩翩起舞，栩栩如生。又如剧目《西游记》，桌上可有师徒四人，一同西天取经，美不胜举。一台台高桩垛子，就像一座座流动的舞台，凌空而来，飘然而去，令观者回味无穷。

2011 年 12 月，崇阳垛子被列入河南省第三批省级非物质文化遗产名录。

### （七）旧县背装

旧县背装也叫西店背装，是融独特造型与简洁表演为一体的民间舞蹈。旧县背装始于清光绪三年（1877 年），由孟州人李英科随父李装奇逃荒至此后传入。李氏父子先后到旧县镇河南村和大章乡大章村落脚，最终在旧县镇西店村定居。当时背装由火神社承办，用于取悦神灵，祈福消灾，保佑平安。新中国成立后，经历代艺人不断改良，逐步发展为人们喜闻乐见的民间舞蹈。

旧县背装的主体由上、中、下三部分组成，上部由 3 个月至 7 岁儿童化妆成生、旦等角色（称上装人物），下部由成年男女化装成生、旦、净、末、丑等角色（称下装人物），中部（称中节）将与节目相关的风景、花、鸟、动物浓缩为造型艺术后连接上、下装人物。演出时，在排鼓、铜器等民族打击乐的伴奏中，队形变换自如，表演形式灵活，既可露天表演，也可在舞台上演绎。

旧县背装是集民间铁艺、彩绘、彩塑和剪纸于一体，以其精、奇、妙、险、绝为主要特色，以惩恶扬善、仗义安良、歌颂爱情、尊老爱幼等富有教育意义的故事为主题，弘扬中华民族的传统美德，培养人们的高尚情操和道德风尚。

近年来，旧县背装在各级政府的支持下，在西店艺人的努力下，已由最初的 5 垛发展为 13 垛，所能表演的节目也由原来的几个发展为 60 多个，曾多次走出嵩县赴各地演出，受到省内外观众普遍赞扬。

2015 年 9 月，旧县背装被列入河南省第四批省级非物质文化遗产代表性项目名录。

## （八）独角兽

独角兽是栾川县石门村人民在清末民初创作的一种独具特色的民间舞蹈，是根据历史故事创作的。传说唐朝有一个武举，名为祁华序，上京赶考行至崤函山时，遇一独角兽拦路，祁与之搏斗，降服了独角兽，并将其驯为坐骑。后人据此传说，画为画轴，创作时根据画轴，想象出斗兽的各种动作，习演而成为舞蹈。

独角兽舞蹈有具体的故事情节，不同于人们常见的狮子舞。它的突出特点是表演者是一个武士的化身，使用三股叉和乾坤圈两种武器，上打下踢，做出种种惊险动作与独角兽英勇搏斗。通过舞蹈表演战胜并降服独角兽的全过程，展现出非凡的英雄气概。

独角兽为三人舞，即一人扮武生，二人扮独角兽，武生左手执乾坤圈，右手执三股叉，先拿乾坤圈引诱独角兽做出扑、跃、跳、滚等凶悍威猛的各种动作，再执三股叉与兽搏斗，最后将兽降下，整个场面威武壮观，再加上震天动地的锣鼓声音相衬，天、地、人浑然一体，把集会和节日活动的气氛推向高潮。

2021 年 7 月，独角兽被列入河南省第五批省级非物质文化遗产代表性项目名录。

### （九）跑阵

跑阵是流行于河南省伊川一带的传统舞蹈。该舞蹈历史久远，由古代模拟战争场面演化而来，在明清时期最为兴盛，是当时迎神赛会上有名的祭神舞蹈。

跑阵表现的是古战场的阵势变换。表演时，首领挥动令旗前导，舞者手持各种道具，按照需要依次变换出各种阵式。舞队行进时演奏曲牌《马梁川》，表演时演奏曲牌《步步紧》。由于参加人数众多，加之舞者敲击的打击乐、挥动的花边彩旗，表演时旗帜飘扬，惊天动地，气势浩荡。主要阵式有盘蛇阵、游龙阵、卷白菜阵、八卦阵、七星阵、长蛇阵、线板阵等。

跑阵由于古朴壮美的艺术风格和广泛的群众性特点，深受广大群众喜爱，在加深人们对民族文化、民俗风情的了解，增强人们身心健康，促进社会和谐等方面有特殊价值，先后被收录于《中国民间舞蹈集·河南卷》《中国民间艺术大词典》等辞书中。

2021 年 7 月，跑阵被列入河南省第五批省级非物质文化遗产代表性项目名录。

### （十）抬阁（嵩县高装）

抬阁（嵩县高装）始于清光绪年间，1880 年从南召县白土岗传入。新中国成立后，经过改良，其逐渐发展成为人们喜闻乐见的一种民间舞蹈样式。

嵩县高装是融独特造型、简装表演和主题故事为一体的舞蹈形式，主体高约六米，由上、中、下三部分组成，

嵩县高装利用力学原理，巧妙构思，使人物、动物、植物以及泥塑、

绘画等有机地架构在一起，浑然一体，是融独特造型与简单表演为一体的一种特色传统民俗舞蹈。此艺术特征唯嵩县高装之独有，这正是嵩县高装的历史价值与文化价值之所在。

2007年12月，抬阁（嵩县高装）被洛阳市人民政府列入第一批市级非物质文化遗产名录。2021年7月，其被列入河南省第五批省级非物质文化遗产代表性项目扩展名录。

# 四 传统戏剧

## （一）南庄木偶戏（汝阳县）

南庄木偶戏诞生于汝阳县陶营镇南庄村，是一门融合雕刻、服装、表演、音乐、剧本等诸多元素于一体的民间戏曲艺术。

南庄村位于汝阳县陶营乡，这里东接平顶山汝州市，西连伊川、嵩县，南靠汝阳县城，北与龙门石窟相望，交通便利，群众文化生活相对丰富。木偶戏因其表演形式新颖别致、技术性强，颇受群众欢迎。

我国木偶戏种类繁多，根据木偶结构和演员操控方式等差异，主要分为提线木偶和杖头木偶两大类。南庄木偶戏属于杖头木偶类，是我国傀儡戏曲剧种中杖头木偶的一个组成部分。南庄木偶戏的内容多取自历史演义、公案小说、民间传说和神话故事，传统剧目众多，所演人物忠、奸、善、恶分明。表演中，木偶除了可做眨眼、喷烟、喷火等高难度动作，它的头部、手臂、肘、腕、指和腰腿关节都能灵活自如地伸曲，表演艺人还可令木偶开合折扇、穿衣戴帽、斟酒、拿书写字、开弓射箭，木偶的一举一动准确自然，表演生动逼真。

南庄木偶剧社诞生于19世纪末，当时的木偶表演同"玩明场"（即戏曲舞台表演）一样，"生、旦、净、末、丑"各个行当分得十分清楚，现在剧社中仍保持着这样的行当分工。

2009年6月，南庄木偶戏（汝阳县）被列入河南省第二批省级非物质文化遗产名录。

## （二）洛阳曲子（曲剧）

洛阳曲子与河洛文化一脉相承，是华夏文明发展史中民间艺术、民俗文化的一个亮点。它经历了最初的"哼海神"到"高跷曲"，再由"高跷曲"搬上舞台三个重要的历史发展阶段。

"哼海神"是民间在敬神、祭祀、祈求平安的民俗活动中的一种哼唱形式，场所固定，民众自由参与。1875年，洛阳南郊素有"老编仙"之称的王凤桐先生，把哼唱曲本改变成由四个踩跷人表演的形式，四人均以第一人称踩唱、对唱、对白，进行排练后，于1880年首演成功，"高跷曲"正式形成。

"高跷曲"多在朝拜、庆典、祭祀等活动中演出，这种踩着高跷唱曲子、唱着曲子踩高跷的演出形式，在当时对观赏者产生了极大的吸引力。然而在风靡一时之后，逐渐暴露出其唱词少、拖腔长，不便对唱表演，且唱腔音低声粗、离远听不清等问题。朱万明先生对"高跷曲"做了进一步的改良和润色，弥补了这方面的不足。1926年农历四月初七，"高跷曲"终于由踩跷演唱变为舞台演出，一个新的剧种"洛阳小调曲"就此诞生。

洛阳曲子以音乐曲牌和唱腔曲牌的联缀为依托，用曲胡、筝、琵琶、三弦、二胡、笙等为伴奏乐器，音乐优美，唱腔清新、质朴、细腻，韵味浓厚，节奏明快、跳跃、活泼，富有浓郁鲜明的地方色彩，其曲牌内容丰富，表现形式灵活多样，地方风格鲜明突出，是河洛文化和洛阳民间艺术的瑰宝之一。

1953年，洛阳市曲剧团正式成立，成为传承和发展洛阳小调曲的中流砥柱。1982年河南电影制片厂拍摄的《背靴访帅》，把洛阳小调曲唱遍了河南、唱响了全国。1997年，为迎接香港回归，洛阳市曲剧团排演了大型现代戏《红香炉》，参加了河南省第七届戏剧大赛，2002年现代戏《弯桥村》参加了河南省第九届戏剧大赛，2008年新版《寇准背靴》参加了第十一届戏剧大赛，这些均获银奖、文华剧目奖和数个表演一等奖，再次提高了洛阳小调曲的知名度。

2010年2月，洛阳小调曲被列入洛阳市第二批市级非物质文化遗产名录。2015 年 9 月，其被列入河南省第四批省级非物质文化遗产代表性项目扩展名录，并更名为洛阳曲子。

### （三）靠山黄（栾川县）

靠山黄又称靠调、靠山戏、山梆子，是栾川土生土长的剧种。其唱腔主要有二八、流水、慢板等，多运用假腔演唱，脸谱粗犷，演唱风格符合山里人粗犷豪放的性格，又因其靠山搭台而被称为"靠山吼"。靠山黄的曲牌如《一锤安》《三起腔》等，一句唱词唱三次，下三次鼓簧，两次重复去词，短句靠在长句上，谓之"靠三簧"，后逐渐俗称为靠山黄。

起初的靠山黄即使是在演出行当齐全的整本大戏时，伴奏也是比较简单的。文场只有两根皮胡琴（京胡）和一柄马蹄号；武场有一面大皮鼓、一副枣木梆和一面堂鼓。所用道具则多为真刀真矛，服装也多是自造，旦角演出时还要绑矮跷，充分体现出靠山黄质朴、粗犷的特点。

早期靠山黄演的主要是袍带戏和靠把式戏，主要剧目有《八大公篡朝》《铡太师》《雷镇海征北》《战宛城》等。也有旦角戏如《破天门》《刀劈杨藩》《辕门斩子》等。

靠山黄（栾川县）2007 年 12 月入选洛阳市第一批市级非物质文化遗产名录。2021 年 7 月，其被列入河南省第五批省级非物质文化遗产代表性项目名录。

### （四）靠山黄（嵩县）

靠山黄又称靠山吼，因靠山搭台演唱得名。其伴奏主弦乐器为京胡，组成为二胡、弹拨乐器等，有别于豫剧和曲剧的是堂锣，其唱腔具有高亢粗犷、优美、开朗的特点和风格，特别是男演员演唱时，其唱腔前半句用大嗓，后半句往往过渡到假声，且每段结束句时总带有总结性的"弯道"和"尾巴"，具有山歌的味道，充分展示了靠山黄独特的魅力。

据《嵩县戏曲志》记载："具有四百余年历史的嵩县库区乡安岭村的木偶戏班和具有三百余年历史的嵩县库区乡古路壕村的卷戏班，都一直沿用靠山吼到靠山簧声腔。"据明万历四十四年（1616年）《九皋山进香修醮记》载："大明国河南府嵩县鹤鸣观……四时有庆、八节舞娱。"据传，始建于明代嵩县城南关的"海市蜃楼"火神庙香火大会和旧县街城隍庙舞楼的演乐献舞等活动都曾盛况空前。由此可见，明代嵩县的戏艺活动已习以成俗。当时，不仅本县有戏曲名班演唱，还有洛阳、南阳、陕州、小汝州、老禹州等州、县艺人赴嵩县学艺、交流，嵩县戏曲活跃盛况素有"声传九州八府"之说。

靠山簧作为民间戏剧的一个稀有剧种，是民族梨园百花丛中不可多得的奇葩，从音乐伴奏到演员的演唱都有其独特的艺术风格，长期以来深受广大人民群众欢迎。

靠山簧（嵩县）2011年12月入选洛阳市第二批非物质文化遗产扩展项目名录。2021年7月，其被列入河南省第五批省级非物质文化遗产代表性项目名录。

# 五　曲艺

三弦铰子书也叫"三弦书"或"铰板书"，是汝阳县流行最早的曲艺形式，据《中国大百科全书》记载："三弦书相传在清代初年即已流行，长期扎根在农村，富于乡土气息，曲调朴实清新。……流传于开封、南阳、许昌、洛阳等地区。"这里的艺人演唱的三弦铰子书系平调三弦书（即平弦平唱）。据老艺人秦德成（1908年生）叙述：其祖父秦天成（清道光年间人）之前一辈老艺人曾在铁炉营组织了"三皇社"，说书祭神。由此可见，在18世纪中叶这里已有人说唱三弦铰子书了。

刘守钦（清朝时期的"童生"）曾在私塾教书，后来弃教从艺，他30多岁就带着儿子刘维忠四处以说书为生。1923年，刘氏父子成立了独立书班，走乡串村，在豫西山区享有盛誉。该班被誉为豫西四大柱子（即嵩县的高小娥，宜阳的冯匡照、耿振枝，汝阳的刘守钦）之一。刘守钦能诗善赋，经常根据民间故事或小说改编曲艺唱本，并对自己演唱的传统曲目进行整理改编，不断加工润色，使之更加完善。

新中国成立后，刘玉章于 1957 年加入汝阳县曲协并担任会长等职，1958 年汝阳县成立曲艺队，其担任队长，三年困难时期，曲艺队解散，他回乡后从事民间曲艺演出。1964 年，汝阳县再次成立曲艺队，他继续任队长。他在曲艺队期间曾传授韩秋亭、常玉琴、杨巧、刘盘、曹圈、段姣枝、段蝶等人学唱三弦铰子书。回乡后又传授刘孝良、王效章、刘水利、温三娥、刘玲、刘建鹏等人，为汝阳培养了一批又一批"铰子书"新秀，他们多次代表汝阳县参加洛阳地区、河南省曲艺汇演，并多次获奖，为汝阳的曲艺事业发展做出很大贡献。

随着社会的发展，曲艺演出市场逐渐萎缩，汝阳县从事三弦铰子书演唱的艺人日益减少。2007 年开始进行非物质文化遗产普查后，才再次激活了这一古老的民间艺术。近年来，河南省专项资金的扶持和不断开展的传习活动，促进了三弦铰子书的有序传承与发展。

2011 年 12 月，三弦铰子书被列入河南省第三批省级非物质文化遗产扩展项目名录。

# 六　传统体育

## （一）宋氏通背拳

宋氏通背拳的发源地是伊滨区李村镇的下庄村。村民宋天祥（1887～1985 年）在其父亲宋慧卿教授的"无形拳"基础上，经过刻苦磨炼与细心钻研，又在吸收融会了白猿通背拳、沙氏通背拳等其他拳法精华的基础上创立了宋氏通背拳。早年他以一身绝技闯荡江湖，在陕、甘一带曾征服过无数江洋大盗、土匪恶霸，其外号"铁掌宋天祥"在当时闻名遐迩。新中国成立后，因民间习武之风锐减他回乡定居。其子宋福堂青少年时期虽跟父学艺，但后来因身体伤残，不得不半途而废。至 1960 年，宋天祥见 7 岁的孙儿宋铁龙是块习武的料，他不忍心让自己创立的拳法失传，便开始秘教宋铁龙习武，经过 10 年的勤学苦练，宋铁龙练就一身过硬本领。

宋氏通背拳被《中国体育报》《少林太极》杂志誉为"中国最具实战威力的传统名拳""超实战拳法"。其第三代传人宋铁龙自 2004 年以来参加全国多项拳击比赛所取得的骄人成绩完全证实了以上论断。他获得金牌 10 多枚,荣膺全国"华夏武状元""散打王"等称号,体育总局奖其象征最高荣誉的"金腰带"一条。正是他的出色表现,使宋氏通背拳名扬国内外。

宋氏通背拳有 36 路、72 单操、108 手。2004 年,国家体育总局武术管理中心在全国探寻武术继承人时,发现此拳术。从 2004 年起,宋铁龙不断参加各类武术比赛,在全国各地进行表演,获得多项全国性武术比赛冠军,由此,原本默默无闻的宋氏通背拳渐渐为人所熟知,国内外的武术爱好者纷纷上门切磋、拜师。2007 年,宋铁龙受邀到瑞士进行武术交流。此后,他还到美国、俄罗斯、罗马尼亚等国家进行武术交流或表演活动。

2009 年 6 月,通背拳被列入河南省第二批省级非物质文化遗产名录。

### (二)南无拳

南无拳诞生于洛阳上清宫。上清宫是我国道教名观,东汉至隋,这里曾建有老子庙、老子祠。唐高宗时,追封老子为太上玄元皇帝,唐玄宗时,此处扩建为太上玄元皇帝庙,主要供奉老子,后增设为宗庙,奉祀唐代前期的五位皇帝。当时这里规模宏伟,殿堂巍峨,殿内有"画圣"吴道子所绘壁画《五圣千官图》。宋后战乱,遂遭荒废。明朝嘉靖年间重建,为五进院落,也就是现在遗迹的规模。

南无拳是曾任全真道掌门的道长谭处端所创。谭处端,洛阳人,初名玉,后迁山东宁海,字通正,号长真子,为王重阳次徒。王重阳 1167 年在山东宁海创立全真道,谭处端 1174 年回到洛阳,先在朝元宫(今洛南西霞宫)传道,后住持上清宫,并创立了"南无派"拳术。南无拳至今已有 800 多年历史。原来一直在洛阳道教南无派内部代代单传。清朝末年,南无派第 28 代传人郭德禄从南阳到洛阳住持上清宫,遂把传承的南无拳带回洛阳。1922 年,郭德禄把南无拳传给第 29 代传人师惟新。师惟新亦是上清宫住持,曾任中国道教协会第一、二、三届理事会理事,河南省道教协会与洛阳市道教协会会长。1962 年，师惟新把南无拳传给刘成庄，刘成庄成为南无拳第 30 代传人。1976 年，刘成庄参军到广东省海南，遂把南无拳带到了海南，目前全国习练南无拳者已达四五万人。

南无拳源于老子《道德经》中"道法自然"的思想，继承并发展了道教的"内功"（气功）、"外功"（武术）的精华，是在承袭全真教道家拳法的基础上创造出来的一套当代拳法。它在遵循顺应自然、清心寡欲、德养结合、养练合一的同时，更加注重强身健体、修心养性、攻防结合、防病去疾。南无拳特有的创意和独到的实效作用有非常重要的历史文化价值。

2011 年 12 月，南无拳被列入河南省第三批省级非物质文化遗产名录。

### （三）孙氏十六挂转秋

孙氏十六挂转秋，形成于明朝中期嘉庆年间，在孙氏先祖孙希贤带领下，由同族中的能工巧匠历经多年不断试制而成。后来为了不被失传，采用手教口传的家族传承方式，使十六挂转秋历代相传至今。

据孙氏家谱记载，孙氏十六挂转秋流传长达 400 多年，明清时期曾流传分布于北京、南京皇宫内及洛阳福王府宫内，专供皇亲国戚、宫女、娘娘享乐健体，近代流传范围多集中在洛阳市洛龙区白马寺镇孙村。

孙氏十六挂转秋分上、中、下三层，整个秋体雄伟壮观。上部"帅"字旗迎风招展，一名勇士在距地 15 米高处蹬秋表演；中部由两名壮汉在两个转秋间操作台上手推脚蹬；下部在一根冲天柱的两个转轮上，悬挂分内外两层的十六个秋千，分别各自按正反方向同时转动，随着号子声，十六个秋千转荡起来，浑然一体，悠然自得。孙氏十六挂转秋，外看雄伟壮观，精巧华丽，内看结构紧凑，同心度、垂直度、斜角度符合古代力学原理，达到正反转动平稳、坚固、安全可靠。孙氏十六挂转秋历史悠久，具有很高的历史文化价值和科学价值，充分体现了劳动人民的聪明才智。

2013 年 12 月，孙氏十六挂转秋获第 11 届中国民间文艺山花奖民间艺术表演奖。2011 年 12 月，孙氏十六挂转秋被列入河南省第三批省级非物质文化遗产名录。

### （四）洛阳心意六合拳

洛阳心意六合拳又称"圣行心意六合拳"，是中华民族古老优秀的传统拳术之一，清代初期起源于洛阳瀍河地区，开山祖师为回族人马学礼，历代沿革，至今已有近400年历史，流传范围仅限洛阳地区。

洛阳心意六合拳号称"十大形"，由模仿龙、虎、鹰、鹞、燕、猴、马、蛇、猫、鸡等飞禽走兽的搏击动作衍化而来，创拳立意旨在保国御敌、祛恶扬善、重练搏击。此拳属我国亘古固有之拳法，又称为"内家拳"，早期代代秘传，不轻易示人。练拳叫作"蹦捶"，行拳多走直线，不图外观修饰，朴实无华，久练实磨，讲究功夫，被历代武术家视为拳术之上乘，民族之瑰宝。传授规矩非常严谨，选徒必须以德为先，宁可失传，决不乱传。

心意六合拳基本理论为六合，其中内三合是心与意合、意与气合、气与力合；外三合是手与足合、肘与膝合、肩与胯合。基本身法是"单把"，"单把"身成五形，取像于鸡腿、龙身、熊膀、虎豹头、把把不离鹰爪。

整体拳法结构由八样身法组成，即缩身、展身、定身、拧身、蹿践身、跳跃身、卧身、回身。注重装束利索、四肢分明、气质卓绝，不求千招有，只要一式精，招招式式均经千锤百炼，要练到刚柔相济、攻防兼备、灵活多变。其风格为八个字：勇、猛、短、毒、疾、狠、快、利。拳势练成捶如雷动风响，掂起轻重，定身如契撅，显示出阳刚之美。洛阳心意六合拳是中华民族古老的技击术，表现出一种奋发图强的民族精神。

2007年12月，洛阳心意六合拳入选洛阳市第一批市级非物质文化遗产名录。2021年7月，其被列入河南省第五批省级非物质文化遗产代表性项目扩展名录。

# 七　传统美术

## （一）黄河澄泥砚

新安黄河澄泥砚，是中华优秀传统文化之精华。砚在中国古代又称

"研"，用来研磨颜料和墨，是作书、绘画必备的文具。随着历史的发展，砚除了文具功能外，历代能工巧匠还赋予其艺术生命。砚在中国文明史上占有重要的地位。

澄泥砚始于汉，盛于唐、宋，迄今已有近 2000 年历史，与后起的端砚、歙砚、洮砚并称为中国四大名砚。它润泽若玉，质密坚实，窑变奇异，有朱砂红、鳝鱼黄、蟹壳青、檀木紫等诸多名贵颜色，具有极高的收藏价值。虢州澄泥砚历来极受书画名家、文人雅士所青睐。历史上的苏轼、米芾、朱元璋均对其情有所钟，并有记述之。清代乾隆皇帝赞其曰："抚如石，呵生津。"

澄泥砚在唐代即为四大名砚之一，宋代欧阳修在其《砚谱》中记载："虢州澄泥，唐人品砚以为第一。"唐宋时曾为贡品，在典籍中屡有记载。其制造工艺经历代传播，至清末传至澄泥砚名匠王玉瑞，王玉瑞之制砚事略在陕县县志及一些名砚专著中均有记述。李廷选随王玉瑞制砚 10 年，后回乡传子李虎，使这一流传千年以上的绝技在新安保留下来。

随着时代变迁，新安黄河澄泥砚几近失传。国家级民间文化传承人、工艺美术大师李中献先生，在老艺人的指点下，潜心挖掘、整理、创新、研制，终于在 1991 年 3 月按照传统工艺生产出虢州黄河澄泥砚，续写了澄泥砚这一古老文化艺术演进与发展的历史，使这一濒临失传的优秀文化遗产得到继承和发展。河南省工艺美术大师游敏在探索澄泥砚传统制作工艺的过程中，先后解决了工艺上的种种难题，同时运用现代仪器设备对近百种泥样及十几种不同窑变形制进行化验分析，测定出不同河段澄泥所含矿物质元素的种类和比值，总结出不同温度条件下所产生不同色彩的变化规律，为澄泥砚工艺的发展提供了理论依据。

2007 年 3 月，黄河澄泥砚被列入河南省第一批省级非物质文化遗产名录。

## （二）洛宁剪纸

剪纸是中国最普及的民间传统装饰艺术之一。洛宁县民间自古就有剪贴窗花、墙花、灯花、床花、喜花、寿花等习俗。喜庆乔迁要贴贴剪剪，丧葬制幡也要折纸动剪。洛宁剪纸是原生态剪纸，具有悠久的历史和地域文化特征，是"千刀不断，万剪不落"的平面造型艺术。其剪纸技艺最早可追溯至东汉年间，在王莽追刘秀的传说中已有剪纸绞样之说。其艺术形式和技艺是洛宁妇女在长期劳动生活中创造提炼出来的，并世代传承延续。

早期洛宁剪纸多来自民间，用于贴窗花，装饰顶棚，装饰灯笼，以及妇女做鞋做衣服绣花时作为绣花底稿之用。随着时代的发展，剪纸艺术也在不断创新和提高，现在洛宁剪纸的题材丰富，手法多样，风格各异，形成百花齐放之势。洛宁剪纸不但保留了传统的剪纸技法，同时广泛借鉴金石、书画、碑帖、画像石、画像砖等线条韵味浓重的手法，将其运用于剪纸创作，使得洛宁剪纸具有更为丰富的表现力，受到广大人民群众的喜爱。

洛宁县出现有主题性的剪纸艺术作品是在 20 世纪 50 年代，由土生土长的李笑白先生率先将民风民俗形式的剪纸转向主体性创作，把窑洞窗棂上的剪纸引入了大雅之堂，并将其推向了一个大胆表现时代风貌的新境界，引领了豫西乃至整个河南的剪纸创作。在老一辈艺术家李笑白、李滔父子和张秀琴等民间艺术家的不懈努力下，洛宁剪纸艺术不仅做到了国内知名，还多次走向国外办展。

2009 年 6 月，洛宁剪纸被列入河南省第二批省级非物质文化遗产名录。

### （三）面塑

古代劳动人民在重大节日或婚丧喜庆中，为避灾祸、求平安，以相似的面人代替活物，敬天地、求神灵、祭列祖，过后可食之。唐代就有生面塑、熟面刷色和熟面染色塑，到明代已经发展成为独立的艺术欣赏品，清代由简单的动物、瓜果面塑向人物面塑发展，山东曹州面塑以仕女、文官、武将以及名著中的人物而闻名。

20 世纪初，王、郭、贺、杨姓面塑艺人开始对面塑原料的制作进行改进，后传至李姓高足，所制面塑原料采用小麦精面和江米精粉，掺入各种颜色，和成各色面团，蒸熟后即可使用。面塑基础色分为 5~7 色，可调出 200 多种色彩。

面塑可基本归纳为以下几类。（1）"花供"面塑：形象多为家畜家禽、桃梨瓜果、胖娃娃、老寿星等，其捏制手法粗犷，风格质朴，色彩单纯，对比强烈。这是一辈辈面塑艺人的传统技法，是必须传承的基本功。（2）单人面塑：形象多为文雅官员、风流仕女、武将侠客、名著人物、天真儿童等，在清末已逐渐发展形成，活灵活现，栩栩如生。（3）有声面塑和动态面塑：形象多为儿童玩具，作品装有哨子，用嘴吹能发出响声，或用风力使面人活动起来，多为走街串巷时，或在庙会设摊时吸引玩童所用。（4）盒装组塑：在一盒内，塑几个人物形象，表现一个故事，形成系列，小巧玲珑，惟妙惟肖，为高档工艺美术品。（5）写生面塑：根据眼前人物或动物即席制作成像，手法娴熟，特点明显。（6）建筑面塑：根据传说、名著描述、实地观看，做出各式各样、色彩绚丽、形体逼真的亭台楼阁，配以人物，如同仙境。面塑能捏出千余种不同的表现对象，只要人们需求，都能捏制表现出来，用于装饰、收藏。

面塑艺人李金诚现为中国民间文艺家协会会员、中国工艺美术学会民间工艺美术委员会委员、国家级非物质文化遗产（面塑）代表性传承人、河南省民间文化杰出传承人、洛阳市雕塑艺术研究会顾问。李菊芳为"面人李"面塑世家的传承人，她的面塑作品多取材于传统民间故事、历史典故、神话传说等，她捏制手法娴熟、做工精细，尤其擅长塑造古装人物，将人物塑造得活灵活现、生动传神。除了古装人物，她对塑造山水秀色、亭台楼阁也有很深的造诣。近年来，她不仅积极参加"面塑进校园""面塑进社区"等活动，积极弘扬传统文化，而且应邀赴亚欧一些国家进行作品展示，促进了民间传统艺术与国际文化的交流。

2009 年 6 月，面塑被列入河南省第二批省级非物质文化遗产名录。

### （四）刘井薛氏石刻

刘井薛氏石刻堪称我国民间手工技艺园中的一朵奇葩。刘井村位于伊滨区诸葛镇，西距世界文化遗产龙门石窟 4 公里，南距万安山 1 公里，村民自古多有从事石雕的技能。

在众多的石刻之家中，唯独薛氏一族一枝独秀。据史料记载，薛氏先祖有 8 代从事石雕，至薛肯堂（1894~1942 年）、薛永山父子，薛氏石雕艺术达到高峰。薛肯堂所刻张钫将军父亲张子温的墓志铭（章太炎撰文、于右仁书丹、吴昌硕撰盖，人称"三绝笔"）现存于新安县千唐志斋。另有不少作品现存于西岳华山或龙门石窟风景区等处。洛阳著名书法家李振九书写的碑文，只允许薛肯堂堂刻。由于薛肯堂过世较早，其子薛永山自幼随祖父庭恩、三叔隆堂学习石刻，经过 13 年的学习，得到薛氏石刻真传，熟练掌握多种书体刀法。

1964 年，薛永山参与设计洛阳邙山烈士陵园，并刻横碑 70 通及石狮、石人等。1975 年，薛永山参与洛阳龙门大桥有关石刻构件的雕凿工作，其中便刻有陈毅副总理所写的"龙门"二字。1980 年，他完成父亲遗愿，修复龙门石窟《二十品造像碑记》。1982 年，他参与修复龙门石窟奉先寺造像。2006 年，薛永山获"河南省民间文化杰出传承人"称号。他雕刻的石狮、石佛、石画、石马、石龟等作品，具有隋唐雕塑的神韵，雄浑大气，颇具汉魏之风。

2009 年 6 月，刘井薛氏石刻被列入河南省第二批省级非物质文化遗产名录。

### （五）会圣宫石砚雕刻

洛阳会圣宫石砚雕刻艺术是一种传统的民间美术，因鄢溪畔皇家宫殿会圣宫而得名，又名"西都会圣宫砚"，曾在宋代风靡一时，成为宫廷名砚，在米芾的《砚史》中留下美名。《砚史》是这样记载西都会圣宫砚的："会圣宫石，在溪涧中，色紫，理如虢石，差硬，发墨不乏，叩之无声。"

会圣宫砚历史悠久，文化内涵深厚，是官方制作的宫制御砚，至今仍保留着传统的原始技艺。洛阳会圣宫砚自古砚以石名、石以砚贵，至北宋已名声臻盛。早在东周时期，洛阳邙山的紫丹、青碧已被开采利用。会圣宫砚产于洛阳东部邙山下寺沟村，村旁有暖溪流过，唐宋曰"暖泉"，溪中有暖紫色的石头可做砚台，这种石头在溪涧中长年累月地接受地热及暖水滋养，使之结构细密、柔腻温润、不干不涸、浑然天成，故其以"发墨不泛"的特性赢得王公名流、文人墨客的垂青。加之上乘的工艺和构思奇妙的雕琢，自然会被奉为文房至宝，会圣宫砚在当时就是罕见而又名贵的奢侈品，是名震一时的稀世珍宝。

传承人孟金刚自幼受其堂叔影响，对会圣宫砚的选石、雕刻进行了深入研究，从其堂叔的言传身教中，掌握了采石、选料、制璞、雕刻、磨光等砚雕的一整套制作工艺。其制作的作品有洛阳牡丹、龙门大佛、洛神赋图、龙凤花鸟、山水人物等，其功力在砚台上得以体现，雕刻惟妙惟肖、栩栩如生，充分体现了洛阳会圣宫砚的迷人魅力。

会圣宫石砚以石质柔软、细腻、润滑、艳丽而闻名于世，其砚心湛蓝墨绿，水分久久不干，用会圣宫砚研墨不滞，发墨快，研出之墨汁细滑，书写流畅不损毫，字迹颜色经久不变。

2015年9月，会圣宫石砚雕刻被列入河南省第四批省级非物质文化遗产代表性项目名录。

## （六）李氏彩塑

彩塑是我国民间传统的造型艺术，以泥土为原料，由手工捏制成形，或素或彩，造型以人物、动物为主。彩塑艺术分布广泛，山西、天津、河南、陕西等地大小不同的庙宇中常有彩塑神像。

彩塑艺术曾在洛阳历史上大放异彩，尤其在盛唐时期达到顶峰。洛阳北魏永宁寺塔遗址出土的一件泥塑面像残高25厘米，按比例推算如为立像，通高约3米。该残件是现在洛阳保存的珍贵文物之一。

李氏彩塑源自平顶山市郏县李氏家族，距今400余年，由李氏彩塑第十九代传人李明甫带到洛阳，并发扬光大。作为李氏彩塑第十九代传人及代表性传承人物的李明甫，是中国民间文艺家协会会员、中国当代杰出工艺美术家、河南省民间泥塑面塑大师、洛阳市雕塑艺术研究会副会长。

李明甫从事彩塑工艺40年，创作艺术品千余件。作品曾荣获首届河南民间艺术展一等奖，被评为河南省知名文化产品。李明甫被称为洛阳"泥人李"，2016 年被授予"最美洛阳人"荣誉称号。他在继承祖辈传统彩塑技术的基础上，大胆创新，多向发展，不仅精通传统的泥塑彩塑制作，还精通面塑彩塑，并大胆尝试采用玻璃钢、铜等多种材料，作品内容也不局限于人物彩塑，更多以洛阳历史文化为背景进行创作，如洛阳牡丹、河洛大鼓、新安澄泥砚、卢舍那大佛等别具洛阳特色的传统文化都成为他的创作题材，将彩塑技艺进一步发扬光大。

2015 年 9 月，李氏彩塑被列入河南省第四批省级非物质文化遗产代表性项目扩展名录。

### （七）孟津剪纸

孟津文化底蕴深厚，是一个具有 4000 多年文明史的历史名县。龙马负图、伏羲画卦启中华文明之源；八百诸侯会盟、伯夷叔齐扣马谏等众多历史事件发生于此。孟津地区文化遗产丰富，民间剪纸技艺更是扎根于这片沃土的艺术奇葩。

始于清乾隆年间有近 300 年历史的河南"孟津剪纸"，俗称"铰花"，其既能表现黄河流域的风土人情，又能描绘时代感强的现代生活，具有鲜明的艺术特色和生活情趣。

孟津民间剪纸历史悠久，与人民生活习俗密切结合。凡岁时、节令、婚葬、寿诞等，都会制作剪纸。过春节贴花花，富含吉祥寓意的窗花带着人们对幸福生活的美好祝愿，被贴在窗格门楣间；正月十五闹元宵，观花灯，花灯上的各种剪纸装饰，伴着吉祥如意，照亮新的一年；结婚娶媳妇时，龙凤双喜、鸳鸯莲花及预示儿孙满堂的多籽石榴会贴满新房的床头、屋内及窗楣间；还有寿诞的团花、装衬花，丧葬的剪纸、寿衣花、寿枕、寿材花，等等，不胜枚举。

孟津民间剪纸有着浑厚、粗犷、简洁、明快、纯朴的特点。人们用一把剪刀将一张张红纸剪成花样，如小孩穿的肚兜花样、围嘴花样、虎头帽花样、虎头鞋花样等，至今上了年纪的老人还要自己剪制寿枕、寿鞋。"金鸡叫银鸡听，金童玉女打灯笼""笙吹石榴莲，子孙富贵赚大钱"等一系列的剪花谚语，无不蕴含着民间智慧和自古以来老百姓对吉祥美好生活的祝愿。孟津民间剪纸创作来自生活，表达了劳动人民热爱生活、赞美生活、歌颂生活、创造生活的思想情感。

孟津剪纸充分展现出黄河流域孟津地区的风土人情，反映出中原豫西地区的民风习俗，是中原豫西民俗文化的审美形式之一，也可以说是中原民俗文化的一种载体。孟津剪纸蕴含的意象主题丰富而淳厚，凝聚着生活在这片地区的人民和善的意识和对美的追求，传承着吉祥文化意蕴。

2015年9月，孟津剪纸被列入河南省第四批省级非物质文化遗产代表性项目扩展名录。

### （八）洛宁竹编

洛宁县原名永宁，位于河南西部山区，是河洛文化的发源地。《后汉书》记载："永宁金门山竹厚薄匀，断其两节，间而吹之，可应凤凰之鸣。"唐代皇宫纱灯多以洛宁竹子制作。清顺治年间，洛宁每年都要向朝廷进献贡竹400竿，供太医烧竹取竹沥之用，名载史册的二十四孝之一孟仲哭竹之地也在今洛宁县的长水乡，深厚的历史文化底蕴和丰实厚重的原生态古竹林使洛宁自古以来就有"洛竹之乡"的美誉。

洛宁竹编是指以竹子为原材料，通过手工编织形成产品的过程，是一项古老的民间传统手工技艺，其独特的工艺性和技术性是劳动人民智慧和汗水的结晶，是不可多得的非物质文化遗产之一。它的手工编织技艺从起源至今已有数千年的历史，通过劳动人民长期的不断完善和发展，在生产和加工中形成了一套独特的编织程序。

首先是备料。洛宁竹编的造料比较讲究，须在冬季时采伐所用的竹子，此时气候干燥寒冷，伐下的竹竿不易霉变、虫蛀，易于长期存放。

其次是烤竹。用炭或竹竿头对所伐之竹进行烤烧定性，经此加工后的竹子具备以下几个特点。用材较直，易于捆扎、存放、加工。烧烤过程中，竹表皮会渗出竹油，用锯末擦捋，会使表皮变得更为光泽亮艳，质感丰富，韧度增强，便于盘制。蒸竹或煮竹，再晾竹，即将所用之竹劈成篾放在锅里，蒸或煮之后，再进行晾干，其可增强竹篾的柔韧度，使精细的竹篾不易折断，易于编制，能使制品更加细腻、均匀、耐用。

最后是盘编制品。盘竹时运用手锯、尖刀、主刀、挖铲、圆刨、木钻等工具依据制品的形状、尺寸进行裁截、刮节、去皮、锯切、草加。通过炉火对契节处熏烤加温，握制定型，再经过扣架、串编等数道工序成为一个制品。编竹时先对所用竹篾进行拔篾、蒸篾、染篾、凉篾等工序加工，再通过串编、雕刻、印花、饰物点缀、上色打亮等数道工序之后竹篾才能成为制品。

洛宁竹编的主要制品有生产用品，如竹篓、竹筐、竹筛、竹耙等；有生活用品，如竹席、竹床、竹椅、门帘等；有观赏类产品，如鸟笼、竹笛、盆景架、花瓶、果盘等。

2015年9月，洛宁竹编被列入河南省第四批省级非物质文化遗产代表性项目名录。

## （九）凉洛寨泥娃娃

凉洛寨妮娃娃制作始于明代嘉靖年间，距今已有近500年历史。最初在凉洛寨捏泥娃娃的人姓杨，杨家人从事泥塑，他们捏成大小不等的泥娃娃，投放到庙会市场，很受欢迎，于是一村人都开始做泥娃娃。凉洛寨有一种独特的能捏娃娃的土，俗称"红煤土"，其密度大、有韧性、细腻，有利于泥娃娃的制作。

凉洛寨泥娃娃的制作过程比较复杂，具体制作工序是：先锤点棉纸用水泡，把煤土晒干用水浸泡，然后捞出晾一会儿，与棉纸一起搅均匀，再捞出，用塑料纸包好待用。把和好的泥擀成皮或切成块，捺到泥娃娃模具里，再晾一会，等稍离缝再倒出来，把从模具里倒出来的前后身合在一块粘好，下面再粘个底晾干，把晾干的泥娃娃用水洗洗、搓搓、弄光滑，用白土（龙门山土）兑点胶和水，把晾干的泥娃娃放在里面蘸白，如果泥娃娃脸上不白，就在脸上再蘸一遍白土。把泥娃娃全身涂白后晾干，用红、黄、绿颜色画好鼻子、眼、嘴（铁红颜色兑点胶加热），最后再用颜色给泥娃娃画上衣服和饰物。

2010 年 2 月，凉洛寨泥娃娃被列入洛阳市第二批市级非物质文化遗产保护项目名录。2021 年 7 月，其被列入河南省第五批省级非物质文化遗产代表性项目扩展名录。

# 八　传统技艺

## （一）杜康酿酒工艺

杜康是中国酿酒的鼻祖，被历代酿酒者奉为酒神、酒祖。史载杜康牧羊于空桑涧（今汝阳县杜康村），"余粥弃于桑，郁积成香，竟有奇味，杜康尝而甘美，遂得酿酒之秘"。从此杜康以酿酒为业。古籍中《吕氏春秋》《战国策》《说文解字》等书，都对杜康有过记载。

杜康酒的发源地位于河南省洛阳南部汝阳、伊川两县的交界处，它北临伊阙龙门，南临伏牛山，距洛阳市区 50 公里，地处中原腹地，属山地丘陵盆地地貌。3000 多年前，杜康在这里偶然受到"空桑秽饭，酝以稷麦，以成醇醪"的启发，反复研试，总结出酿酒之秘，创造了以粮食（秫）为原料的酿酒技术，开创了我国白酒酿造的先河，奠定了中国白酒酿造的基础。自杜康造酒以来，民间酿坊林立，其酿酒技艺世代传承，历千载而不衰，终至形成了今日中华大地上品名众多、各具特色、洋洋洒洒、蔚为壮观的华夏酒文化大观园。

自杜康酿酒之后，大到政治、经济、军事、外交、礼仪、宗教、祭祀等重大社会活动，小至宴饮聚会、婚丧嫁娶，酒都会作为重要一环浸润其间。"慨当以慷，忧思难忘。何以解忧？唯有杜康。"魏武帝曹操留下的诗句及历代名人对杜康酒的钟情厚爱，更是开创了中国酒文化名人效应的先河。杜康酿酒技艺和酒文化始终伴随着华夏文明的进步而发展，并为华夏文明的兴隆昌盛做出了重要贡献。

1972 年，在周恩来总理"复兴杜康，为国争光"的指示下，古老的杜康酿酒工艺得以传承延续，发扬光大。杜康酿酒工艺是将粮食固态发酵，再通过蒸馏将乙醇、酯类等酒味成分变成气体，然后通过冷凝，"掐头去尾"将其中的一部分馏分离出来，从而成为清洌透明、柔润芳香、纯正甘美、回味悠长的杜康酒。

杜康酿酒工艺对中国文明的形成和发展具有重大影响。中国酿酒业历史悠久，源远流长，是中国人生产、生活方面不可或缺的重要物质资料，也是民族文化精神一种特殊的表现形式。一方面，酒以文而生辉，文因酒而增色，体现了很高的文化价值；另一方面，酒更多地满足了人的精神需要，它是表达情感、增进友谊、扩大交往、调节人际关系不可或缺的珍品，杜康酿酒工艺及文化的丰富内容和基本特征，对于研究中华民族酒文化的传承和历史变迁，具有十分重要的学术价值。

2007年3月，杜康酿酒工艺被列入河南省第一批省级非物质文化遗产名录。

### （二）制鼓技艺

据史料记载，我国的制鼓技艺伴随着祖先最早的狩猎、战争、祭祀等活动，诞生于远古时期的黄河流域。洛阳位于黄河流域的中心地带，有着得天独厚的地理优势。洛龙区白马寺镇陈村，数百年来以高超的制鼓技艺而闻名，其中以制鼓世家——陈家为代表的制鼓技艺，对研究我国鼓文化的起源及发展演变有着非常重要的历史价值。

洛阳陈家制鼓技艺历史悠久，据陈氏家谱记载，陈家制鼓历史至少可追溯到明代，其制鼓传人至今已至第十九代。经过历代传人的研究探索，形成了纯手工制作、用料讲究、工序精细、技术独特、制鼓品种多、鼓音纯正、美观耐用等特点，是我国北派制鼓技艺的典型代表。特别是陈家制作的特大型鼓，在全国制鼓业中首屈一指，其鼓形高大威武、壮观，鼓音高亢、激越，具有极高的艺术价值，深受广大人民群众的喜爱，是人民群众逢年过节活动中最常用和最受欢迎的乐器之一。

新中国成立后，洛阳陈家制作的大鼓经常出现在省、市及国家举办的重大庆典活动中，其高亢、激越的鼓音已成为中华民族奋发向上精神的象征。1997年，洛阳陈家制鼓技艺第十八代传人陈氏兄弟为庆祝香港回归，特制出直径 3.03 米的"中华第一鼓",参加了 6 月 30 日在天安门广场举行的庆祝香港回归活动。1998 年该鼓被上海吉尼斯总部认定为"吉尼斯之最"。2007 年,陈氏兄弟又应广东《顺德日报》所求,制作出直径 3.28 米的"中华大福鼓"。2007 年 2 月 7 日,陈氏兄弟受中华鼓乐奥运庆典组委会所邀,制作出直径为 2.008 米的"中华奥运鼓",并参加了"鼓动北京"——奥运会倒计时 500 天鼓乐庆典晚会等一系列大型文化活动。

陈家制鼓选料考究,首先要选择质地坚实、纹理细密、不容易破裂的好木材。比较常用的木料有桑木、榆木、槐木,其中以桑木为最好,其木质硬实,所发出的声音与鼓皮产生共鸣,使制成的鼓音更为纯正。另外,陈家制鼓采用具有皮厚、坚实、韧性强等特点的公水牛皮做鼓皮。材料选好,再经过做鼓板、做鼓皮、合鼓圈、蒙鼓皮和钉鼓钉等工艺流程后,一面合格的陈家鼓才算完工。洛阳陈家独具特色的制鼓技艺引起省、市及国家媒体的极大关注,并给予了广泛宣传报道,从而使洛阳陈家制鼓技艺享誉海内外。

2009 年 6 月,制鼓技艺被列为河南省第二批省级非物质文化遗产名录。

### (三)"小街"锅贴制作技艺

锅贴在宋代已在以开封为中心的中原地区盛行,随着宋朝政权南移,这一特色小吃也开始在江浙一带流行,因其风味独特延传至今。

洛阳市西工饭庄有限责任公司是享有盛誉的一家老字号餐饮企业,其前身是 1956 年从上海内迁来洛的野味香饭店。1956 年 6 月,野味香饭店响应政府支援内地建设号召,由上海迁至洛阳南大街 55 号,经工商业社会主义改造后,成为公私合营的洛阳野味香饭店。随后几十年间,经过数度移址、更名和企业产权制度改革,昔日的野味香饭店已发展为今天的西工饭庄有限责任公司。

起初,锅贴只是饭店中一道佐菜的点心,再加上当时人们的消费水平整体较低,而锅贴售价较高,所以很少有人问津。后来经过研究改良,特别是在锅贴的和面、制馅、擀皮等方面更加迎合洛阳人的喜好,渐渐地,小街锅贴成为西工饭庄的招牌菜品。在公司董事长、法定代表人刘永康先生的带领下，企业规模不断扩大，经营品位和服务质量显著提升。尤其是饭店传承半个多世纪的锅贴品种几经苦心琢磨，反复改进，终于获得市场公众的广泛认同和好评，并于 1998 年 6 月成功注册"小街"商标，得到国家商标局的注册承认和法律保护，从而使"小街"牌锅贴成为包含企业文化理念和具有自主知识产权、品牌影响力辐射全省的洛阳著名特色小吃。

"小街"锅贴制作工艺讲究，加工程序规范严谨，从选料配比、制馅和面、包制成形到煎制出锅均有严格的质量标准和技术要求，成品造型美观，色泽透亮，外焦里嫩，灌汤利口，焦脆软香，深受广大顾客欢迎。

2009 年 6 月，"小街"锅贴制作技艺被列入河南省第二批省级非物质文化遗产名录。2011 年，西工饭庄获得"河南老字号"称号。

### （四）银条种植栽培及烹饪技艺

偃师银条的种植栽培历史可谓久远，相传始于夏，兴于唐，盛于明清。据说商代伊尹在辅佐商汤时，在东寺庄一带发现了一种"根茎洁白，嚼之酥脆"的草茎植物。作为"庖厨"出身的他，据其特点加以烹饪，便做成了一道味美可口的佳肴，人们将其称为"尹条"。因百姓能以此换回银子，又称其为"银条"。之后，历代皇帝都对其美味赞赏有加，银条也很快就成了贡品。周恩来总理和刘少奇主席视察偃师时，品尝之后，都对银条给予很高评价。

因为气候，土壤等条件所限，适宜种植银条的地方极少，即使在偃师，历史上此物也仅在不足两公里范围之内的东寺庄、西寺庄、后庄生长。因为种植面积小，人们的消费水平低，加之其刨出土后不易长时间保存的特性，长期以来，农民刨银条一般都在寒冬腊月，仅供人们过年时食用或招待客人。

20 世纪 90 年代之前，因为种植面积小、产量低，加之烹饪技术不易掌握，外地人很难品尝到银条的美味。近年来，在市场经济的促进下，技术人员经过反复研究、试验，生产出了银条罐头制品，不仅保留了它的色、香、味，而且能长期保存，使银条这一过去只能在春节前后吃到的佳肴现在随时都可吃到，消费人群也越来越壮大。

2009 年 6 月，银条种植栽培及烹饪技艺被列入河南省第二批省级非物质文化遗产名录。

### （五）"毛家笙"制作技艺

笙是中国古老的吹奏乐器，可以追溯到 3000 多年前，起源于黄河流域，《诗经》中云："我有嘉宾，鼓瑟吹笙。吹笙鼓簧，承筐是将。"可见笙在当时已经很流行了。笙也是世界上现存的簧片乐器鼻祖，其发音清越高雅，音质柔和圆润、委婉动听，具有浓郁的中国传统文化色彩，也推动了西洋乐器的发展。

"毛家笙"是洛阳市老城区邙山毛岭头村特有的一种民间工艺，距今有 200 多年的历史，从毛东兴开始做笙，后又传及毛玉荣、毛朝、毛木子、毛智远共五代人。因为做的笙技艺精良、音效非凡，深受广大乐器爱好者的喜爱，所以大家都称其为"毛家笙"。

"毛家笙"现有圆型笙和方型笙两种。圆型笙是最古老的一种，分别有十簧、十七簧、二十一簧、二十四簧四种笙，每根苗上安一片簧，十簧的笙可吹奏出 2 种音调，十七簧的笙可吹奏出 4 种音调，二十一簧的笙可吹出 6~8 种音调，二十四簧的笙可吹出所需的各种音调。方笙是近代研制成的一种笙，它只有十四簧和十五簧两种笙，分别可吹奏出 2 个和 3 个音调，吹奏方便、好学易掌握，在民间常用。"毛家笙"具有六种不同笙簧的特点，目前真正掌握这种制作技术的人并不多。

笙的制作技艺是将铜制的簧片装在插角上与竹管下端连接，用手按着竹管下端所开的相眼使簧片与管中气柱发生共鸣而发出乐音。"毛家笙"的簧片久吹不变音、不掉簧、不掉苗，所以具有音调齐全、音色优美、吹奏省力、经久不变音的特点。"毛家笙"的用料也与众不同，通常所做笙斗用的木材是楸木，楸木具有平和、耐用、不裂、不变形的特点，笙盖用梨木，笙嘴则用柏木，不同之处在于作用不同，做出来的效果也就不同。墨竹也同样如此，竹子有很多种，只有用墨竹做出来的笙档次高、耐看、美观，且有独特之处。"毛家笙"是真正的手工制作，制作时间较长，做工复杂，步骤烦琐，每个细节都要做到完美，必须靠长时间的摸索、实践，制作者才能达到这么高的要求。例如，墨竹用火烤的处理和竹竿节的对称、"土山漆"的多次油刷和明漆的油刷、镶骨节的装饰等，只有这些细节都完善，"毛家笙"才能达到光亮、精细、美观的效果。

2011 年 12 月，"毛家笙"制作技艺被列入河南省第三批省级非物质文化遗产名录。

### （六）黛眉手织布工艺

黛眉手织布是村民用原始的纺车、织布机精心编织而成，起源于黄河边的新安县石井乡，依托当地人民古老的织布文化底蕴，发展了纯棉纯手工织布系列，并在花样和用料方面比传统的手工艺有了较大创新。因其有着机织布不可比拟的优越性，如今已成为人们追逐的新时尚。

早在元代，黄河流域就开始种植棉花，使用棉花作原料纺线织布也越来越普遍，新安人民将传统的麻纺织工艺揉于棉纺织工艺，织成的棉布就是黛眉手织布。清末，随着洋布的大量涌入以及民族纺织工业的发展，手工制作的黛眉手织布受到冲击，渐趋衰微。20 世纪 70 年代，黛眉手织布在新安的农村依然普遍，当地妇女人人擅长纺线织布，产品多为自用，昌盛时期织机曾达到 5000 多台，纺棉车 10000 多架，平均三四户就有一台织布机，每户就有两三架纺棉车，很多一家一户就能独立地进行纺、浆、涮、织等工序。

黛眉手织布制作工艺复杂，大大小小的工序共 72 道，主工序有经线、闯杼、掏缯等 9 道。一团团洁白的棉花能够纺染成 22 种色线，织成 1000 多种富含民俗文化内涵的绚丽图案。黛眉手织布图案美观，种类繁多，寓意吉祥，同时其采用天然原料，纯手工织造，舒适环保，应用广泛，具有很强的实用价值和艺术价值。

2011 年 12 月，黛眉手织布工艺被列入河南省第三批省级非物质文化遗产名录。

### （七）金属捶锻工艺

古代对金属的加工主要有范铸和捶锻两种方法。范铸即模具铸造；捶锻即手工锻造。洛阳金属捶锻工艺源于我国古代的金、银、铜捶锻工艺，它继承了过去捶锻工艺的基本技法，同时又有所创新。

金、银、铜捶锻工艺（也称手工锻造工艺，锻打、錾刻工艺），即把金、银、铜经过高温熔炼后，根据所需的形状，进行手工捶锻、錾刻、焊接、挖空、抛光。此工艺在我国有着悠久的历史渊源，这在考古发掘中已得到证实，夏、商时期已有用黄金薄片制作的金器，到春秋战国时期，人们逐渐将捶锻工艺广泛用于金、银、铜器的制作，从作战用的兵器、铠甲到生活中使用的一些器皿、用具，如皇宫御用的黄金器皿、首饰，民间流行的银锁、银牌，以及腔壁较薄的铜盘、铜壶、铜面具，等等，都是用手工捶锻的方法来制作的，后经历代工匠在实践中不断摸索、改进，捶锻工艺得以逐步完善，从制作生活用品发展到饰品和艺术品。由此可见，金、银、铜捶锻工艺在古时已得到广泛应用。

在洛阳地区，自古以来就有许多民间艺人从事这门手艺，民间流传的金饰、银锁、银镯、铜器等，都是由这些民间艺人手工打造的。

洛阳金、银、铜捶锻工艺与我国古代捶锻工艺一脉相承，省级传承人王书品被同行称为"中国金属肖像锻造第一人"。在长期的实践中，王书品对传统工具进行了革新，使其多样化、微型化，又摸索出许多新的技艺和表现手法。在题材上，除了制作传统的用具、饰品和大型雕塑外，还着重尝试人物肖像雕塑的创作，历经多年，终于填补了本行业在人物肖像方面的空白，这在中国金属锻造史上是一个创举。其代表性作品"名人肖像"的艺术价值和文化价值得到了国家的重视，被外交部定为高端国礼，赠送给一些国家元首，他的许多作品也被中外名人和纪念馆收藏。

2004 年，王书品被河南省评为工艺美术大师。2011 年 12 月，金属捶锻工艺被列入河南省第三批省级非物质文化遗产名录。

### （八）烟云涧青铜器制作技艺

我国远古历史中与青铜器发明有关的传说是禹铸九鼎、黄帝作鼎及蚩尤作兵等。据现有考古资料，在新石器时代中国就已出现铜器。20 世纪 70 年代，考古工作者在陕西临潼的姜寨遗址发现公元前 4100 年前后的黄铜片与黄铜管，陕西渭南的北刘遗址也出土了大体同一时期的黄铜笄。同一时期，甘肃临夏州东乡县林家遗址发现的一件距今超过 4700 年的青铜小刀，被认为是真正意义上的青铜器。

洛阳是中华文明的发源地，也是古代青铜器的铸造基地。据《左传》记载，烟云涧一带早在夏、商、周时期就被王室列为祭祀天神的宝地，同时也是青铜器祭器的烧制地。数十年来这里出土了中国最古老的"子申父己"铜鼎、铜爵、青铜斝酒器等，这也是佐证烟云涧为华夏青铜器之源的历史印记。近代以明万历年间方荣创立仿制商周青铜器伊始，传至今日已有十六代。明万历三年，方荣创立仿制商周青铜器技术，其制作的飞天镜、双凤镜、北魏佛像、方鼎、大克鼎等最为有名，近代以此为始祖，以后代代相传。

葛寨乡烟涧村（古称烟云涧）位于伊川县东南部，东临汝阳，西接鸣皋，南通嵩县，北望洛阳，自然环境优美，地理位置优越。烟涧村一带文化底蕴丰厚，古遗迹较多，早在商周时期即被古人列为祭祀宝地，村北一带因地下有许多汉代墓穴而被文物部门定为"二级文物保护区"。据出土文物考证，烟云涧青铜器技艺已有 3000 多年以上的历史，可追溯至商周时期。方氏家谱记载，明清时期这里就有仿制青铜器的历史，但由于条件限制，没有形成规模，只作为祖传手工技艺世代流传。直到 1963 年，第十四代传人方兴庆经过潜心研究，使得仿古青铜器制作技术有了新的突破，青铜器仿古工艺得到进一步发展。

自改革开放以来，仿古青铜器的制造在烟涧村迅速发展，到现在已有青铜器加工户 200 多家，形成了规模，其制品仿真程度极高，几乎乱真，深受人们喜爱，产品远销日本、韩国、美国、澳大利亚和东南亚。

2011 年 12 月，烟云涧青铜器制作技艺被列入河南省第三批省级非物质文化遗产名录。

### （九）白马寺金银器制作技艺

白马寺地处洛阳老城东面，南邻洛水，北依邙山，释源祖庭白马寺与汉魏故城在此交相辉映，历史文化底蕴深厚，独特的人文地理环境孕育了灿烂的金银文化。白马寺金银器制作技艺是一种传统的手工技艺，其历史可追溯到明代，兴盛于清代，代代相传，其传承人至今已传至第十七代。

白马寺金银器制作技艺历史上主要分布在白马寺镇的白马寺村、陈屯村、分金沟村一带，其中以白马寺村王氏家族传承的白马寺金银器制作技艺最为出色。据族谱记载，清道光年间，白马寺金银器制作技艺第十代传人王继增（生于 1806 年），建立起金银器加工作坊，开始了规模化的金银器加工制作。在清末民国初期，白马寺金银器制作技艺进入鼎盛时期，工艺上不仅吸取了中国传统工艺技法，而且有所发展，其加工特点可用精、细二字形容。20 世纪 80 年代，第十六代传人王习礼、王应礼兄弟将祖传技艺进行了整理，将面临失传的祖传手艺很好地延续了下来。第十七代传人王亚强子承父业，凭着兴趣和过人的天赋，潜心钻研金银器制作技艺，继承并发扬了祖传技艺。

白马寺金银器制作技艺流程复杂，主要制作技艺有范铸、失蜡铸造、捶揲、錾刻、焊接、鎏金、掐丝、镶嵌、镂空、浮雕、累丝等。这些技艺全面而完整，在保留原汁原味的纯手工制作基础上又有独特的创新。

白马寺金银器制作技艺传承并发展了古代金银器加工工艺，再现了古代工匠成熟精湛的制作技艺，其对研究金银器的发展以及宫廷贵族、劳动人民的审美情趣、价值取向、意识形态等具有重要的意义，其既彰显了丰富的传统手工技艺，又展现了中华文化的博大精深，是极其宝贵的历史文化遗产。

2015 年 9 月，白马寺金银器制作技艺被列入河南省第四批省级非物质文化遗产代表性项目名录。

### （十）洛阳铲锻造技艺

洛阳铲是我国考古钻探的主要工具，发源于洛阳，故取名"洛阳铲"，在我国考古界占有非常重要的地位。其对土层独特高效的准确探测及对地下文物的保护能力，为考古界做出巨大贡献。

新中国成立后，洛阳铲正式成为田野考古工作者的必备工具，并在教科书上画出图形，介绍其使用方法，向全国推广使用，形成了中国独有的考古钻探技术，也成为中国考古钻探工具的象征。洛阳铲还广泛应用于国家基本建设、科研和工业上。从现有的考古资料来看，印度尼西亚、伊拉克和非洲等地也使用洛阳铲为或主或辅的勘探工具。可以说，洛阳铲在世界范围内也是最好的考古工具之一。

洛阳铲在全国各地都有很高的知名度，《大河报》《河南日报》《洛阳晚报》等都对洛阳铲进行了专题报道。2005 年，中央电视台的《历程》节目专题报道了洛阳铲，孙清娃与蔡运章教授和赵振华先生一同为洛阳铲的身世解密。锻造洛阳铲是一项独特的民间技艺，这项技艺从选材到锻造都有其独特性，而且世代相传。孙家祖传百年的淬火工艺、400 余次的锻打成坯、独门捏窍等技艺是洛阳铲锻造技艺的三大法宝。

洛阳铲锻造技艺第三代传承人孙清娃潜心研究洛阳铲制作技艺 60 余年，根据各地不同土质不断创新洛阳铲，由最早的单一半圆形发展到今天数十余种形状大小不同的探铲，使用范围也从单一的考古发掘到公路、铁路护坡加固，建筑桩基灌注、煤炭石油勘探、林业植树等，为各行各业所需，在国家经济建设中发挥了重要作用。

传承人孙凯强自幼受爷爷孙清娃熏陶，对洛阳铲的选材、锻造深入研究，从爷爷的言传身教中，掌握了锻造洛阳铲的一整套制作技艺。其学成之后，于 2009 年正式开始在铁匠铺锻造洛阳铲。孙凯强不但熟悉掌握洛阳铲的锻造工序，更是独家创造出孙氏特有的淬火技术，在保存最古老的锻造技艺基础上添加了现代人的智慧。后其又在传统洛阳铲的制作工艺上加以研究，手工独创观赏型洛阳铲，供海内外考古界知名人士研究使用。

2015 年 9 月，洛阳铲锻造技艺入选河南省第四批省级非物质文化遗产代表性项目扩展名录。

### （十一）唐白瓷烧制技艺

唐白瓷烧制技艺是一种始创、发展、传承于河洛地区并在中国陶瓷史上具有重要地位和影响力的传统手工技艺，在原有青瓷烧制技艺基础上，逐步改进原料的筛选、降低胎釉中的含铁量而烧制为白瓷，这是中国制瓷技术的重大突破与进步，开创中国陶瓷制作"南青北白"的历史。

唐白瓷烧制技艺始创于北魏，盛于唐，迄今已有千余年历史。唐代早期，巩义窑就已掌握成熟的白瓷烧制技艺，成为唐白瓷烧制技艺的代表性窑口；唐代中期，巩义窑白瓷制作达到最高峰；宋代，巩义窑走向衰落；金元时期，新安窑与宜阳窑相继断烧；明清时期，新安、宜阳等地窑口又开始烧制白瓷器物。其实，唐白瓷烧制技艺一直在洛阳地区民间流传。

20 世纪初，自幼喜爱陶瓷、浸润在唐白瓷烧制技艺文化中的洛阳市老城区居民李文斯，开始翻阅有关唐代白瓷烧制的典籍，探索唐代白瓷烧制技艺，被当地称作洛阳近代研究传承唐白瓷烧制技艺的开拓者。在他的影响下，其后人也开始钟情于唐白瓷烧制技艺。历经百年传承，尤其是第四代传承人李学武在家传的烧制技艺上，对白瓷产品进行了全面传承和大胆创新，于 2009 年创造出以传承唐白瓷烧制技艺为基础的新派艺术陶瓷——洛阳牡丹瓷。

唐白瓷烧制技艺自唐代传承至今，时间跨越千年，表现出很强的生命力，其根本原因在于其本身具备的技艺价值，其拉坯成形技艺、烧制原理、雕塑技艺等开创了独特的陶瓷烧制体系，在今天看来依然具有极高的技艺水平，影响陶瓷技艺发展。唐白瓷烧制技艺诞生后，对随后宋代五大官窑中的汝窑、钧窑等均产生直接影响，后者诸多元素渊源于此，成为国内外研究中国陶瓷必不可少的一环，也被称作中国古陶瓷文化的"活化石"。

唐白瓷根植于中原文化沃土，继承了千百年来中原地区的陶瓷技艺，达到了全新的行业高度，具有很高的美学价值，改变了以往学术界关于"河南地区白瓷比较粗糙"的概念，让河南陶瓷以全新高度进入学界视野。

2021 年 7 月，唐白瓷烧制技艺被列入河南省第五批省级非物质文化遗产代表性项目名录。

### （十二）栾川豆腐制作技艺

栾川豆腐制作技艺流传于栾川县境内，特别是叫河镇、三川镇、庙子镇等地。栾川四面环山，溪水纵横，气候独特，所产黄豆生长周期较长，配合栾川的山泉水，再加上特殊的制作工艺，所制豆腐与普通豆腐相比有白、细，软、筋等特点，可久煎不焦、常炖不烂，口感极好。

栾川豆腐制作技艺的主要工序为：山泉泡豆→石磨磨浆→撇沫过滤→铁锅煮浆→酸浆点卤→石板压制→包装成型，目前全部工序均为纯手工操作，其中"山泉水"和"酸浆点卤"是制作栾川豆腐最关键的原料和核心工序。栾川豆腐制作过程中使用的"山泉水"取自伏牛山北麓流出的天然泉水，属弱碱性水，富含偏硅酸、钾、钠等多种对人体有益的微量元素，具有不可替代性；"酸浆点卤"是利用发酵而成的老"酸浆根儿"点制豆汁使其凝固成型，在栾川广泛流行的民间谚语"酸浆点豆腐，一物降一物"，准确解释了"酸浆"在"栾川豆腐"制作过程中的重要作用。

豆腐是栾川县流传广泛、影响久远的代表性食品，2021 年 7 月，栾川豆腐制作技艺被列入河南省第五批省级非物质文化遗产代表性项目名录。

### （十三）黄氏粤钰青铜器制作技艺

黄氏粤钰青铜器的创造者为明末北邙山黄氏，其手工工艺传承至今已历十七代，有 400 余年历史。目前，黄氏粤钰青铜器第十七代传人黄烨儒，在继承传承优秀传统工艺的基础上，又研究和发展了制作黄氏青铜器的新工艺。在中国文物学会主办的上海 2009 仿古工艺及技术展览会上，其作品被评为优秀仿制奖，黄氏粤钰青铜器高仿的毛公鼎得到中国文物学会专家的高度评价，并荣获全国金奖。

仿古青铜器制作是祖国文化遗产的一个重要组成部分，是我国人民几千年来在生产生活过程中逐渐形成和发展起来的技艺，对于弘扬民族的科学与智慧，激发人们的爱国热情有重要价值。

2021 年 7 月，黄氏粤钰青铜器制作技艺被列入河南省第五批省级非物质文化遗产代表性项目扩展名录。

### （十四）传拓技艺（偃师传拓技艺）

传拓，又称拓印，最早出现于东汉时期的洛阳，距今已有近 2000 年历史，裴氏传拓技艺是在洛阳广为流传的一种传统手工技艺。

20 世纪七八十年代，洛阳偃师裴氏传拓技艺在传承古法的基础上，经过长期探索，达到了字口清晰、黑白分明、拓片完整、墨色均匀而不透纸的极高境界，广受赞誉。裴建平师承石庚寅，曾在千唐志斋随其学艺，他挚爱传拓技艺，在秉承传统的基础上，拓法多有创新和发展，理念也多有升华。冯其庸先生在观看了裴建平现场拓印后，挥笔写下"妙手传拓，化身千亿"的横幅。

裴氏传拓技艺的方法是首先将拓纸折叠浸泡使之含水均匀后备用；拓碑时将纸展开敷在碑石或器物上面，用棕刷反复刷扫使纸入凹紧贴字口内；待纸干燥后，均匀地层层着墨，达到黑白分明、字口清晰的效果；最后把纸揭下来，一张碑刻的复制件——拓片就完成了。

裴氏传拓主要有以下几个特点。

其一，"擦拓""扑拓"的拓印技法运用娴熟，从而成功地将两种技法合二为一，创新出一种"揉拓"（一遍成）拓印方法。

其二，恢复了被专家叹之为几近失传的"蝉翼拓"技法，拓印出的"蝉翼拓"拓片，墨色轻薄而又淡雅，灵透而又帘纹分明，俨如蝉之翼。

其三，提出"字口清晰、黑白分明、墨色均匀、墨不透纸、拓片完整"的拓印理念。

其四，采用"干拓"技法，擅用较薄的纸，拓印墓志和线刻，不仅能使墨面乌黑发亮，且背不见墨。

其五，着力于碑刻拓片书法层面的表现力，严禁"墨淹字口"的缺陷发生，使拓片最大限度地复原了碑刻的书法风貌。

裴氏传拓技艺对弘扬传统文化以及金石拓本文献和金石碑刻的保护具有重要的现实意义。

2021 年 7 月，传拓技艺被列入河南省第五批省级非物质文化遗产代表性项目扩展名录。

### （十五）铁谢羊肉汤制作技艺

新中国成立前，铁谢村称铁谢镇，当时就流传着"金铁谢，银白鹤，孟津城里烂簸箩"的民谣。因为铁谢是黄河南北的重要交通枢纽、水旱码头，这里经常是车水马龙，客商云集，一派繁荣景象，大街小巷都是商铺，光饭馆就有十几家。"李氏羊肉汤馆"于 1910 年 11 月在创始人李西连的家门前开张营业。李西连十几岁时曾在陕西羊肉汤馆学徒，深得师傅厚爱，掌握了羊肉红烧、爆炒、清炖等技艺，又得到羊肉大骨汤配料的配方，所以李家的羊肉汤味鲜且经济实惠。

铁谢李氏羊肉汤在选羊、煮肉、熬汤上极为讲究，不仅制作工艺奇特、调料配制也很独特，经过一代代传人的反复实践，不断精进。其熬汤从用料到调味都各有定式，除非手把手地亲传，否则即使是久事灶台的名厨亦难相仿。

2021 年 7 月，铁谢羊肉汤制作技艺被列入河南省第五批省级非物质文化遗产代表性项目扩展名录。

### （十六）老雒阳面食制作技艺

浆面条是极具洛阳地方特色的面食小吃，由豫菜名店老雒阳制作的洛阳浆面条，选料精细，制作讲究，需要通过制作浆水和制作面条，才能完成整个浆面条的工艺流程，达到品种的基本要求。

首先是制作酸浆。做浆时，先把绿豆或豌豆用水浸泡，待其膨胀后放在石磨上磨成粗浆，用纱布过滤掉渣，然后放在缸里，一两天后，浆水发酵变酸，就可以舀出来做浆面条了。

其次是制作浆面条。在浆水似开非开之时，下入手擀面，再淋油"打沫"。面条快熟时下白菜，即将出锅时加入韭菜、胡萝卜丝，一碗汁稠味美、酸香扑鼻的浆面条就出锅了，再根据个人口味配以熟花生米、芹菜丁、辣椒油、韭花等佐料。

最后是成品特点。由于酸浆的成分，洛阳浆面条具有清清白白、解腻开胃、酸香醇厚等特点，很受食客喜爱。

如今洛阳城中，从街头小馆到星级饭店，浆面条随处可见。它质朴自然、清新淡雅，不仅滋养了一代又一代洛阳人，也给外地游客留下了美好的回味。

2021 年 7 月，老雒阳面食制作技艺被列入河南省第五批省级非物质文化遗产代表性项目扩展名录。

### （十七）新安烫面角制作技艺

据新安县志记载，自 1914 年起开封人任老大在新安县南火车站经营小吃烫面角，由于制作讲究，色香味美，一时仿制者达数十家，流传至今并具地方特色烫面角的小吃店有两家：一是新安"老王烫面角"；二是新安"方记烫面角"。

新安"老王烫面角"的发展史与近代陇海铁路的修建有密切关系。据其第三代传人王银拴（王老闷）所说，他从祖辈口传中得知他的爷爷王金斗，祖籍宜阳丰李镇，后随其父迁居新安。当时任老大到新安后和王银拴的爷爷在车站附近开了个小饭店，成为这里最早的饭店之一，他们创制的烫面角制作讲究，色香味美，生意做得特别好。当时火车用的是蒸汽机车，过往火车都要在新安车站加水，停留时间较长。车上的旅客及司乘人员大都要下车休息、就餐或购物，因而车站附近客商云集，其中餐饮类店铺及小摊贩很快发展到几十家。人们品尝过烫面角后交口称赞，一传十，十传百，"新安烫面角"美名远扬。当时曾有人写过一副对联，称其"名扬陇海三千里，味压河洛第一家"，其名声之盛，可见一斑。任老大病逝后，王家一直经营烫面角至今。

"方记烫面角"起始于 1985 年,他在传统工艺的基础上又有创新,曾多次获奖,自 1986 年以来,曾连续三年被评为"洛阳市名小吃""河洛一绝""中原第一家"。

新安烫面角选料严格、制作精细。面皮为精白面粉,用开水烫后和成块,后将面切开放凉,再重新揉匀,切成剂后,擀成圆片。其馅以鲜猪肉为料,选择前胛后臀,肥瘦搭配,细剁成丁,放入肉汤原汁搅拌,然后配大葱、生姜、韭黄、白菜心,佐以食盐、白糖、味精、料酒、酱油、五香粉、小磨油等打拌而成。包成面饺,状为新月,食口处内侧光滑,外侧皱迭八褶,形成花边,起脊圆平。饺肚内凹外凸,造型别致,线条优美,饺皮薄如纸,色润如玉,五味俱全,鲜香不腻,为小吃中之上品。

2021 年 7 月,新安烫面角制作技艺被列入河南省第五批省级非物质文化遗产代表性项目扩展名录。

# 九 传统医药

## (一)象庄秦氏妇科

秦氏妇科起源于清朝嘉庆初年,至今已祖传十代,有 200 多年历史。因秦家人世代居住在孟津平乐乡象庄村,独创中医妇科,闻名华夏,且在家族内口传心授至今,故得名"象庄秦氏妇科"。

象庄秦氏妇科创始人为秦世禄,创制"丹方求病丸"济世,挂牌卖药,专治妇女病。之后,以口传心授的形式,父传子,子传孙,治病心得代代相传,并且逐步完善、丰富。嘉庆二十三年(1818 年),秦氏妇科曾经印票随药发行,以示药丸地道、药效可靠,也显示秦氏妇科的诚信及声望。到第五代传人秦仙洲时,秦氏妇科的声望更大,影响颇远,除发行"求病丸"外,还兼治妇女其他杂病,并开始用中医理论进行辨证施治,并指导临床治疗。第六代传人秦曾智更是潜心医学,精制方剂,创制丸散膏丹。他在继承祖业的基础上,还精于儿科、外科、针灸等,创制天德散、珍珠散、海马拔毒散、橡皮散等儿科、外科良药,具有神奇功效。求药者遍及省内外，近至中原各地，远至河北、山西、陕西、甘肃、山东等地区，前来求医者络绎不绝。

秦氏妇科的特点是以中医手法治疗，用药讲究，加工、炮制方法独特。以中医理论活血理气为核心，以普通中草药辨证施治，疗效显著。在选药用药方面也有独到之处，选材精良，制作讲究。

2007年，象庄秦氏妇科被确定为首批河南老字号；2009年6月，被列入河南省第二批省级非物质文化遗产名录；秦月好、秦彩霞、秦杰平被确定为该项目的代表性传承人。

### （二）烧伤自然疗法与自然烧伤膏

烧伤自然疗法是肖氏家族在祖传秘方的基础上，经过几代人的临床行医实践，不断创新、发展、完善而形成的医疗方法，是中医治疗烧伤中的一绝。据肖氏家谱记载，最早运用自然疗法治疗烧伤的是肖氏家族第十九代传人肖梧岗，他生于清乾隆十年（1745年）。肖家人悬壶济世于三湘四水，在治疗鞭炮、火药、山火及煤矿瓦斯等造成的各种烧伤中积累了丰富的经验。到清末，肖氏烧伤自然疗法已形成比较系统的技艺。烧伤自然疗法和自然烧伤膏源自三湘大地，后随它的传承人迁居洛阳而传入古都。

烧伤自然疗法是传统医学与现代医学相结合、融理法方药于一体的烧伤理论体系，该疗法以中医药和纯天然动植物药品为主，内外兼治，以提高人体自然疗能，使烧伤创面自然愈合。因不需要特殊设备，不受任何条件限制，尤其适用于县、乡镇卫生院。自然烧伤膏系列药品主治烧伤、烫伤、化学伤、电击伤、瓦斯伤等各类各度烧伤，适用于烧伤休克期、感染期、康复期的治疗，并对烧伤后遗症和烧伤疤痕有显著疗效。

烧伤自然疗法以中医药为主，开创了中医药抢救大面积烧伤患者的先河，并得到了卫生部的认可和支持，原卫生部部长崔月犁亲笔题词："把烧伤自然疗法推广到全世界为人类造福。"该系列药品以纯天然动植物药材精制而成，具有较强的活血化瘀、止痛、抗感染作用，有改变局部微循环、促进皮肤快速增长和减少疤痕增生等功效，该疗法获国家三项发明专利和河南省科学技术进步奖。

烧伤自然疗法具有痛苦小、疗程短、效果好、费用低等优点，同时该疗法不受任何条件限制，实用性强，患者愈后生活质量提高，给家庭和社会减轻了负担，因而深受患者好评。

2011年12月，烧伤自然疗法与自然烧伤膏被列入河南省第三批省级非物质文化遗产名录。2020年洛阳烧伤医院被列入河南省非物质文化遗产示范传习所。

### （三）纯德堂口疮散

纯德堂是一座古老的中医药诊所，位于洛阳市老城区西大街丽景门东100米处，由吴志高创建于清朝末年。

创始人吴志高是道教全真教龙门派"至"字辈道长（第二十二代师），原河南府城隍庙道长。他行医治病，以德为上，治疗口疮、咽喉、气管等疾病为其特长，首创喉症散等10余种秘方于世，治疗红白口疮、口腔炎、口黏膜糜烂、咽炎、扁桃体炎、牙周炎、齿龈炎、龈肿等口内及咽喉疾病为其绝技。其用药简练，费用低廉，因地制宜，就近取材，疗效确切，男、女、老幼均可用；无副作用，还可预防流感，对呼吸道疾病也能起到积极预防、治疗的作用。其是自制自用的便民散药，经过150多年历代人的实践，有药到病除之疗效，创中医喉科之先河，名扬豫西、陕甘等地，求医者络绎不绝。

1921~1951年，在西大街设吴金堂诊所（即纯德堂诊所），1955年合并入西大街联合诊所，后来加入洛阳卫协医院，后又更名为洛阳市中医院。2002年洛阳市老城区历史文化街修建时，为了弘扬历史文化、改善医疗环境、发扬纯德堂的高尚品质，再次恢复成立了纯德堂诊所，经市、区两级政府卫生局审核，严格考察，评定合格，并经市卫生局注册、颁发国家统一的医疗机构执业许可证。纯德堂诊所的再现为老城区历史文化街增添了色彩。如今，前往老城西大街纯德堂寻医问药的患者络绎不绝，纯德堂口疮散这一历史名药，随着第四代、第五代传人的成长，焕发出更强有力的生机，为更多的百姓祛除病痛，让祖国传统中医的魅力经久不衰。

2011 年 12 月，纯德堂口疮散被列入河南省第三批省级非物质文化遗产名录

### （四）杨氏沙园膏药

膏药距今已有 1600 多年的历史，是中医药学遗产中最重要的外科用药剂型之一。洛阳杨氏沙园膏药创始人是洛阳伊川沙园村杨氏第五世长门杨瑞，清顺治年间人，少年时遍习经史百家，医术超众。其第四代传人杨义承授祖业广学医术、广拜名医，善于吸取前人的宝贵经验，又能自出机杼，善治疮疡、疔毒、痈疽之中医外科。患者请他诊治，望闻问切之后，他便能如见五脏，如窥心腑，对其症候了然于胸，医治皆灵验，故名闻天下。

杨氏第六代传人杨宝天携子杨守铭（杨氏第七代传人）于 1947 年举家迁至洛阳老城西关行医。杨守铭行医洛阳后，运用祖传秘方，在治疗上结合自己的临床经验，灵活化裁，使之更切合实用，提高了疗效，为杨氏膏药在洛阳的广泛传播打下了坚实的基础。

由于其医术高明、药到病除且又医德高尚、乐善好施，伊、洛河畔百里之内无人不知"西关杨氏沙园膏药"，杨氏诊所门庭若市，更有千里之外来洛求医问药者不计其数。新中国成立后，杨守铭毅然打破"传子不传女""传本姓不传外姓"的家规祖训。1956 年，杨守铭献出祖传秘方，并携女杨秀清一起到洛北区公立医疗门诊部工作，继续熬制膏药。第八代传人杨秀清从小受家庭熏陶，耳濡目染，继承了杨氏遗风。由于膏药一直供不应求，1971 年洛阳洛北区政府和洛阳医药公司牵头成立西关膏药厂，膏药定名为"活血消肿膏"，行销全国各地。2003 年经河南省卫生厅批准为豫卫健用字〔2003〕第 369 号，此证为治疗腮腺炎的膏药——杨氏沙园膏药。

杨氏一脉相传 300 余年，八代传人造福桑梓，绵延至今，成为古都洛阳民间百姓口口相传的品牌。为继承和发扬中医药的特色和优势，让简、便、廉、验的中医药更好、更广泛地为群众防病治病。1986 年经有关卫生部门批准，设立"杨秀清中医诊所"。

2001 年，杨秀清被洛阳市中医学会评为"河洛名医"。2011 年 12 月，杨氏沙园膏药被列入河南省第三批省级非物质文化遗产扩展项目名录。

### （五）济世堂李占标膏药

百年老店——济世堂李占标膏药店系李占标在清朝末年所创建，坐落在洛阳市老城区东大街，因其心存济世之心，故将店名定为"济世堂"药店。

建店初期，前店应诊，为患者看病；后店作坊，生产膏、丹、丸、散 30 余种。其中的"狗皮膏药"即"李占标膏药"，有口皆碑，驰名中外，被称为"中国四大膏药"（即北京同仁堂膏药、安阳拔毒膏药、镇江膏药、洛阳李占标膏药）之一，享有"洛阳医药界三大亨"（即平乐正骨术、象庄妇科、李占标膏药）的盛名。新中国成立后，因公私合营药店被并入洛阳市民生制药厂，药品行销全国，其中有 19 种膏药被载入 1956 年出版的《河南省中成药暂行标准》一书，后被纳入《中华人民共和国中成药药典》。改革开放初期，药店被授予"洛卫药准字第 108 号"，经市卫生局批准，李占标膏药重新获准个体经营。从此，祖传济世堂李占标膏药店再次服务于患者，每天除接待省内外患者，亦常有省市领导光顾，同时还接待港、澳、台华侨和欧、美、东南亚外国友人。由于李占标膏药的疗效可靠及传人高尚的医德，多年来李占标和他的膏药及膏药店被各种文史资料、报纸杂志所记载和刊登，被多家广播电台及电视台所报道。

2004 年，济世堂李占标膏药店与国内大型制药企业合作，"祛风止痛膏"及"乳腺膏"重新获得生产批准文号，并行销全国。

2007 年 10 月，洛阳济世堂李占标膏药店被授予"河南老字号"称号。2011 年 12 月，济世堂李占标膏药被列入河南省第三批省级非物质文化遗产扩展项目名录。

### （六）聂麟郊膏药

宜阳聂麟郊膏药创制于 1902 年。宜阳县城南依锦屏山，北临洛河，距洛阳市区 30 余公里，区位优越，交通便利，商贸繁荣。宜阳属山区县，中草药资源丰富，这为聂麟郊膏药的传承发展创造了诸多得天独厚的条件。

创始人聂麟郊（1881~1956 年），宜阳县城中大街人。清末，豫西战乱不断，疾病蔓延，民不聊生，聂麟郊在教书育人的同时，深入钻研中草药及外科疾病之间的施治关系，精心研制出远近闻名的聂麟郊膏药。自 1902 年起，聂麟郊使用自己研制的膏药义务治病，疗效颇佳，其声誉很快在宜阳、洛宁、嵩县、伊川一带传开。清朝末年，他应邀到豫西绿林憨玉琨部担任"军医"，他的红、黑两类膏药，被誉为"军中救命膏"，本人被称为"神杆医"。后他回到宜阳县城，挂牌开起"中州聂麟郊膏药店"。生产经营规模最大时，雇有员工 70 多人。到 1943 年其在全国各地的经销网点达 140 多家，并且和洛阳"德太祥药行"合作，药行包销聂麟郊膏药 40% 的产品。还在"天津亨大"入股投资，发展到鼎盛时期。后来由于各种天灾人祸，聂麟郊膏药濒临失传的边缘。后聂家膏药传至聂千仓，他在宜阳城南的破窑洞内偷熬膏药，为附近矿工和农民治病。直到 1990 年以后，在聂麟郊膏药第四代传承人聂树信的努力下，聂麟郊膏药店才得以恢复经营。

聂麟郊膏药分红、黑两大类，红膏药用于伤口愈合，去腐生肌；黑膏药专治各类肿块和跌打损伤及风湿痹症。聂家膏药采用纯天然中药制剂，不含任何西药成分，无毒副作用，药效迅速，强力渗透，吸收性好，药效持久。新药制品采用高技术无纺布，柔软、舒适、透气防水，极低敏率，粘贴牢固，使用更加方便。

2011 年 12 月，聂麟郊膏药被列入河南省第三批省级非物质文化遗产扩展项目名录。

## （七）五更太平丸制备工艺

五更太平丸是治疗肺痨及咳喘疾病的传统药物，其制备工艺起源于 1911 年，形成于杨振清在山西运城创立的"四知堂药店"，至今已有百年历史。1928 年，四知堂药店迁入洛阳北大街。1930 年，杨振清携五更太平丸秘方及制备工艺加入洛阳药业公会制药研究所（民生药业集团前身），经洛阳民生药业几代人的传承，这一古老工艺获得新发展，质量技术标准得到较大提高。

2015 年 9 月，五更太平丸制备工艺被列入河南省第四批省级非物质文化遗产代表性项目名录。

### （八）李楼李八先生妇科

李楼李八先生妇科始创于清朝乾隆年间，至今已祖传九代，有 200 多年的历史。因李家人世代居住在洛阳市郊区（现洛龙区）李楼村，并因创始人在家中排行第八，且医术高超、医德高尚，父老乡亲都亲切地称其李八，故而得名"李八先生妇科"。

李楼李八先生妇科在省内外久负盛名，深受各地群众的敬仰，早在清代就被推为十大名医世家，享誉中原，到李楼李八先生妇科求医问药者车水马龙，络绎不绝。李楼李八先生妇科是祖国医学宝库中一颗璀璨的明珠。

2015 年 9 月，李楼李八先生妇科被列入河南省第四批省级非物质文化遗产代表性项目名录。

### （九）"双隆号"咽炎疗法

"双隆号"治疗咽炎历史悠久，起源于清朝，距今已有近 200 年的历史。郭氏先祖郭开怀自幼喜欢中医，后拜师学艺，尝百草，行医中不断总结经验，终成一方名医，其治疗技艺在家族代代相传。

"双隆号"第三代传人郭四辈，在家传中医的基础上总结出一套针对咽炎、扁桃体炎的治疗方案和独特药方，其将药物直接作用于咽喉部位，对慢性咽炎则采用刺烙的方法，配合药方整体调理。郭氏第五代传人郭秀珍，对父亲传授的中医理论领悟深刻，并在很多方面有自己独到的见解。在长期的临床实践中根据当代人的生活环境和饮食结构，恪守祖传疗法，并注重后天脾胃调养，使祖传的"舒咽理胃方"更加充实完备，解决了治疗咽炎单一用药、疗效不佳的弊端，还能改善病人体质，得到了病患的信任。

"双隆号"采用纯中药制剂，充分突出自己的特色，其传承人继承家传验方，发挥自己的优势，不断总结，不断改进，使传统医药发扬光大。

2021 年 7 月，"双隆号"咽炎疗法被列入河南省第五批省级非物质文化遗产代表性项目扩展名录。

### （十）孟津活血接骨止痛膏制作技艺

平乐郭氏祖传方药是平乐正骨的一个重要组成部分。平乐郭氏正骨起源于清代嘉庆年间，创始人是郭氏第十七代祖郭祥泰。他首创平乐正骨"三大绝技"：中药、手法、小夹板。中药治本，手法复位，小夹板固定，在当时就已有很高声望。因为其发端于老洛阳县的平乐村（现在的孟津区平乐村），故世称平乐正骨或平乐郭氏正骨。郭祥泰之后，经郭树信、郭贯田、郭九三、郭景仰、郭宗正、郭志忠等人 200 多年的传承，至郭芫沅已是八代相传，平乐郭氏正骨医术也上升为名震中华的一大骨伤学术流派和国家级非物质文化遗产。

平乐郭氏祖传方药总计不下百种，郭氏活血接骨止痛膏仅是其中的一个。该药配备严谨合理，采用中医中药疗法，临床 200 余年，疗效确切，显效迅速，安全无痛苦，无毒副作用，是自清代以来治疗创伤骨折、软组织损伤、劳损性颈肩腰腿痛的灵丹妙药。该药以其方剂独特、疗效显著、制作精良、历史悠久、影响广泛为特征，特别是《正骨奇术》在央视及全国各地方台播出之后，平乐正骨及其祖传方药更是享誉海内外。

2021 年 7 月，孟津活血接骨止痛膏制作技艺被列入河南省第五批省级非物质文化遗产代表性项目扩展名录。

# 十　民俗

### （一）宜阳灵山庙会

灵山寺坐落于宜阳城西 8 公里处洛河南岸的灵山北麓，是中国佛教名刹白马寺的姊妹寺，曾名"报忠寺""悬泉寺""寿安西寺"，相传周灵王葬于寺后的凤凰山，故得名灵山寺。灵山寺地处灵山风景区中心，是豫西地区集名山、名寺、名树、名泉于一体的旅游胜地。据有关专家推断，灵山寺始建年代大约在隋唐时期。旧县志及碑刻记载，现存建筑应建于金世宗大定三年（1163 年），另从宋代司马光、邵雍、张耒等历史名人记游灵山寺的诗文来看，该寺在北宋时期就已是著名的旅游胜地，在豫西地区有很大的影响力。

隋唐时期，每年农历初一、十五，灵山寺都会香客云集，到了宋朝，有组织的灵山庙会初步形成，每年农历二月初一至十五，香客和群众自发组织举办灵山庙会，并有了一定规模。宋、明、清时代，佛事尤盛，不仅香客如织，一些僧院的住持、游僧也会集聚在灵山，开办经课，弘扬佛法，进行佛学交流，香客游人达十数万人。明清后，灵山寺历经兵乱，寺院多次重修，但香客游人依旧不断。

近年来，政府部门加强了对寺院和庙会的管理和保护。自 2000 年开始，宜阳县本着"政府主导、民众参与、发展旅游、振兴经济"的宗旨对历史悠久的灵山传统庙会进行了改革和充实，变民间自发的以烧香拜佛为主的传统庙会为涵盖旅游观光、文化表演、经贸展销、佛事活动等多项内容于一体的文化庙会。每届庙会，都能吸引豫西及邻近各省民众 50 余万人次。在活动形式上也安排了丰富多彩的民间杂耍、巡行表演、集邮展览和"文化、科技、卫生三下乡"等活动。灵山文化庙会已成为春节之后、洛阳牡丹文化节之前豫西地区最具影响力的文化盛会。

2009 年 6 月，宜阳灵山庙会被列入河南省第二批省级非物质文化遗产名录。

## （二）老君山庙会

老子是先秦时代道家学派的创始人，是人们熟知的著名古代思想家。据传老子因景室山（老君山原名）秀美而归隐此处，归隐后，老子一方面修炼布道，一方面收徒讲学，善男信女感恩不尽，学徒弟子教诲难忘。公元前 471 年（一说），老子在古鸾景室山奇石林莲花台坐化升天，为了便于人们祭祀先贤，后人决定每年四月初八为老子坐化升天的祭日，以老子修行的洞府为祭奠神灵的庙宇，并建造老子衣冠冢，供香客祭拜。至此，就有栾川老君山每年四月八的庙会，庙会常在老君山脚下的十方院举行，又称"十方院庙会"，沿袭至今。

如今的老君山庙会在保留杂耍、秧歌、戏曲等古老的民间传统项目之外，还增添了一些新的内容，如民俗小吃、文艺汇演、物资交流等活动，使得老君山庙会成为展示栾川地域特色的重要平台，也是当地经贸活动的盛会。

2011 年 12 月，老君山庙会被列入河南省第三批省级非物质文化遗产名录。

### （三）洛阳喝汤习俗

中国美食历代相承，"老汤"之说由来已久。洛阳地处盆地，气候干燥但是域内河流密布，人们习惯以喝汤来取暖、去燥、润肠润肺。汤水有营养，容易消化吸收。"早上豆腐汤，晚上丸子汤"这句洛阳人的口头禅点出了洛阳人的饮食习惯。洛阳的汤和开封的包子、郑州的烩面齐名，均为河南名小吃。洛阳汤类众多，丸子汤便是其中重要的一种。

丸子汤起源于清朝末年，是由大户人家的厨师发明的。他们用做菜剩下的下脚料，例如豆芽、绿豆面、剔骨肉等原材料炸成丸子，再佐以高汤，吃起来酸辣爽口，味道鲜美。

丸子汤是荤素搭配，汤里的丸子只有绿豆面一种。每天早上将新鲜干净的黄豆芽准备好，然后用刀剁碎，装在盆子里，加上适量的食盐，再加入绿豆面搅拌均匀，面醒好之后，用手把面挤成大小均匀的丸子，随挤随放入油锅中，等丸子炸成金黄色方可捞出。将炸好的豆腐片切成细丝，这是丸子汤的配菜之一，汤内还有剔骨肉、韭菜、韭黄等。汤是选用上好的猪大骨，再配以张家祖传秘方，要熬制十几个小时后方可上桌。

洛阳羊肉汤是洛阳民间的著名小吃，喝羊肉汤也是最地道的豫西民俗之一。羊肉有独特的膻味，主要是因为脂肪中含有石炭酸的成分，但去掉脂肪之后，羊肉便不会再有膻味。煮羊肉汤极有讲究，羊肉都是现杀现煮，大块入水，确保鲜度。在容量超过 1000 毫升的大碗里，抓上一两左右的大片羊肉，注入飞滚的沸汤，顿时香气扑鼻。

喝汤已经成为洛阳人挥之不去的习惯。2014 年 12 月，洛阳喝汤习俗入选洛阳市第四批市级非物质文化遗产代表性项目名录。2021 年 7 月，其被列入河南省第五批省级非物质文化遗产代表性项目名录。

### （四）端午节包槲包习俗

槲包是豫西一带即栾川、嵩县、卢氏、鲁山、西峡等县的一种独特食品，食用历史悠久。在栾川、嵩县等地，端午节制作槲包已成为人们不可或缺的过节方式，槲包制作技艺作为一种重要的民间习俗沿袭至今。

栾川县地处伏牛山深山区，槲树分布广泛，槲叶富含多种维生素和微量元素，其中的槲叶素是一种天然的防腐剂，有防衰老和抗癌的作用，可长期保存。槲叶包裹粗杂粮制成槲包后，软硬适度，营养全面，冷热皆可食用，是受现代人追捧的纯绿色食品。

端午节包槲包的习俗经过世代口传心授，直至今日豫西地区大多数乡村妇女均能熟练制作。槲包制作技艺共分采槲叶、洗槲叶、焯槲叶、泡四季豆、泡米、包槲包、煮槲包等步骤。人们用两三片槲叶包上黍米、四季豆、芸豆，灌水后用笋叶或五彩绳捆扎，放置大铁锅中，加入山泉水，旺火煮两个时辰就做好了。食槲包时要先用槲包供奉祖先，净手焚香，家人对着祖先的牌位默默祈祷，有一种很肃穆的仪式感。这一带还有送槲包的习俗，主要是给新出嫁的女儿送槲包，因为槲包是以成双成对的形状呈现，给出嫁女儿送槲包表示父母祝愿小夫妻像五彩绳捆扎的槲包一样相依相靠、不离不弃。

吃槲包也有技巧，要一层一层剥开槲叶，用筷子一口一口夹着吃，或者拨到碗里，蘸上白糖或红糖，槲叶独有的香味加上小米的清香，沁人心脾，吃起来十分香甜可口。

2014 年 12 月，端午节包槲包习俗入选洛阳市第四批市级非物质文化遗产代表性项目名录。2021 年 7 月，其被列入河南省第五批省级非物质文化遗产代表性项目名录。

### （五）福昌庙会

福昌庙会是豫西地区影响较为深远的一个集民间信仰、民俗汇演及商贸活动为一体的传统盛会。庙会起源于唐，兴盛于明清，后演变为以宜阳福昌阁为中心的古刹大会，周边百余公里范围内的善男信女都会前来对福昌阁众多佛龛神洞进行佛事朝拜活动。农历每月的初一、十五为会期，每年农历的三月三前后最为兴盛。

福昌村位于宜阳县韩城镇最西部，地处豫西洛河北岸，古时这里曾是官道要冲。村北高台之上有始建于隋朝的道教古建筑——福昌阁。此阁坐北朝南，重檐斗拱，顶以黄绿琉璃瓦覆盖，四角挑檐悬钟，前有石牌坊，上书"天一门"三字，石台阶有 120 余级。远远望去巍峨壮观。阁内大殿供奉玄武大帝，台座半坡，四周就山崖走势修有佛龛神洞十余处，洞内有吕祖、华佗、太上老君、鲁班、药王、西佛等雕像。自明中后期以来，每年农历三月三前后，东至巩义、偃师，西达洛宁、卢氏，南到嵩县、栾川，北至义马、渑池、新安等百余公里内的众多善男信女，会手持鼓乐旌旗，浩浩荡荡地从四周前来朝拜。阁前有唱大戏、擂大鼓、说评书以及各类杂耍表演，丰富多彩，场面宏大，热闹非凡。阁前道路上车水马龙，往来行人摩肩接踵。鼎盛时期，每日前来的多达数万人次。如今的福昌民俗文化节已不再是单纯的祭祀活动，而逐渐成为具有厚重文化底蕴的民俗活动。人们可以在这里购物、听戏、看锣鼓表演，或参观游览，或祭祀上香祈求平安幸福、五谷丰登等。

2010 年 2 月，福昌庙会被列入洛阳市第二批市级非物质文化遗产名录。2021 年 7 月，其被列入河南省第五批省级非物质文化遗产代表性项目名录。

# 洛阳市级非物质文化遗产名录项目介绍

## 一 民间文学

### （一）卦沟村的传说

上古时候，黄河南岸（如今孟津区朝阳镇至会盟镇一带）方圆七里流淌着雷河、孟河、位河等八条河，是人们繁衍生息之地。那时，我们的祖先还不会耕田种地，全靠吃树上的野果过日子，每到冬季和春季青黄不接的时令，人们就只能勒紧肚皮熬日月了。

传说伏羲来到此地后教会了人们结网捕鱼和捕捉野兽，并教人们制造农具，开田种粮，从此人们四季有食，安安稳稳地过起了生活。后来，伏羲降服了黄河中的一只神兽，并把神兽拴了起来，起名叫"龙马"。传说伏羲经过 64 天研究，根据龙马身上的毛纹悟画出了八卦。

为了纪念广施恩德的伏羲和那献图的龙马，人们在黄河岸边修建了龙马负图寺，把当年伏羲拴龙马画八卦的高台叫作八卦台，并将附近的村子叫作"卦沟村"。

2007 年 12 月，孟津卦沟村的传说被列入洛阳市第一批市级非物质文化遗产名录。

### （二）鬼谷子的传说

鬼谷子生卒年不详，姓王名诩，道家称其为王禅老祖，号鬼谷先生，被世人尊为兵家、纵横家的鼻祖。经多方史籍考证，其出生地和居住地为汝阳县云梦村，位于紫罗阙南壁之云梦山下。王诩生性聪明，十岁就读了《礼记》《乐记》《易经》《韬略》《黄帝内经》《汤液本草》等众多书籍。他勤奋好学，才智超群，星象八卦、三略六韬无所不通，为后人留下了许多传奇故事，汝阳境内许多地名出自鬼谷传说，并沿用至今。

战国时期，七国争雄。鬼谷子身怀济世雄才大略，毅然走出云梦山，周游列国。他的学问闻名遐迩，求学者很多，门徒最多时达 500 余人。他的弟子在军事和外交方面多有建树，如孙膑、庞涓、苏秦、张仪、尉缭子、毛遂等人。他撰写的《鬼谷子》成为历代政治家、军事家必读之经典。

为纪念鬼谷先生，1251 年，由通真子宋道人发起，将鬼谷的生日农历二月十五，定为春祭鬼谷节，鬼谷仙逝日农历九月十五，定为秋祭鬼谷节，祭祀活动至今已传承近 800 年。

2007 年 12 月，鬼谷子的传说被列入洛阳市第一批市级非物质文化遗产名录。

### （三）刘秀的传说（孟津区）

民间文学"刘秀的传说"源远流长，它起源自东汉时期，以口耳相传的方式一代一代在民间流传至今。刘秀的传说内容众多，主要可分为神话、传说和故事三大类，涉及人物、事件、典故等诸多方面。其中神话故事主要有乌鸦自作孽、雄鸡叫三遍、天狗吃月亮、神鸟与刘秀、龙马救刘秀等；传说主要有原陵的传说、扳倒井传说、敕建三赶庙、刘秀封皇后等；民间故事主要有阴丽华、焚烧文书、刘秀不忘故旧等。

2007 年 12 月，孟津区刘秀的传说被列入洛阳市第一批市级非物质文化遗产名录。

### （四）王祥卧冰求鲤的传说

洛阳市涧西区西马沟村旁有条南北流向的小河沟，是黄河的支流，河水充盈时，黄河里的鲤鱼逆水而上，成为人们争相品尝的美味佳肴。因西晋太保王祥出仕前曾在此河上卧冰求鲤鱼以孝敬继母朱氏，人们称这条河为"王祥河"或"孝水"。如今此处有古碑一通，虽碑文字迹漫漶难辨，但"晋太保孝王祥之碑"几个大字依然清晰可见。不远处的王祥河村以及河沟处红色的岩石和土层，使人们相信这里就是二十四孝之一的王祥卧冰求鲤处。

北魏郦道元的《水经注》、清乾隆年间的《洛阳县志》以及当代许多地方文献对此都有论及，王祥卧冰求鲤的传说就此传向四面八方。

2010 年 2 月，王祥卧冰求鲤的传说被列入洛阳市第二批市级非物质文化遗产名录。

### （五）蔡伦造纸传说

蔡伦造纸的传说流传于偃师地区，自东汉以降，一直流传至今。蔡伦是东汉桂阳郡耒阳县人，出生在一个普通农民家庭。蔡伦很小的时候就进入宫廷当了太监。他整天跟随在皇帝身边，看到皇帝上朝要批阅很多大臣写在"简牍"上的奏章，连篇累牍，十分笨重，就想办法要解决书写材料问题。一日，他带着几名小太监出了洛阳城（指汉魏故城）南门，沿着古官道到了离城约 30 里的缑氏县陈堡谷。只见休水（今马涧河）溪水清澈，两岸树茂草丰、鸟语花香，景色十分宜人。蔡伦正要渡河，忽见溪水中积聚了一簇枯枝，枯枝上挂浮着一层薄薄的白色絮状物，他用树枝挑起细看，只见这东西扯扯挂挂，犹如丝绵。农夫告诉他，这是涨河时冲下来的构树（即楮树）树皮和烂麻，扭在了一块儿，经又冲又泡、又沤又晒就成了这烂絮。蔡伦想以此物代替"简牍"，急忙命太监快马回京城找来皇家作坊中的技工，在缑氏县开始试制纸张。技工找来石臼、竹帘、筛网等工具，就地取材，剥下树皮，用石臼捣碎，用筛网反复过滤，再捣碎，制成稀浆，捞出后在竹帘或者密密的筛网上摊成均匀的薄薄一层，晾干揭下，便造出了最初的纸。

蔡伦又命人将破布、烂渔网捣碎成麻缕，甚至将制丝时遗留的残絮也掺进浆中，制成的浆经摊平碾实、晾干后便不容易扯破了。蔡伦给第一批用树皮和麻料造出的"高级"东西取名叫"纸"。蔡伦把造出的纸张献给了汉和帝，汉和帝对他赞扬了一番，命他继续研制，之后，蔡伦在此基础上造出的纸既白又轻，又有韧性，世人称这种纸为"蔡侯纸"。

蔡伦改进的造纸术使人类大规模的印刷文字成为可能，加快了文化知识的传播，对人类文明的传播做出了突出贡献。

2011 年 12 月，蔡伦造纸传说被列入洛阳市第三批市级非物质文化遗产名录。

### （六）程门立雪传说

程门立雪是流传于洛阳伊川一带的民间传说，自北宋以来在民间口头传播、代代相传，至今已有近千年的历史。

程门立雪传说发源地是宋代程颐在伊川鸣皋镇创建的伊川书院（原名伊皋书院）。程颐与其兄程颢是北宋著名的哲学家、宋明理学的奠基者，被后人统称为"二程"，死后葬于伊川先莹（县城西郊的程园）。二程理学也被世人称为洛学，后经杨时等人南传至朱熹，最终发展为程朱理学，在中国古代思想意识形态领域占据统治地位达 700 余年。程门立雪传说讲的是"二程"的直传弟子杨时、游酢到伊川书院登门求学于程颐时的故事。

程门立雪故事最早见于游酢的《书行状后》、朱熹的《二程语录·侯子雅言》及《宋史·杨时传》等。故事短小精悍，生动感人。经过长期口耳相传，故事的内容虽已偏离史实，但更富有艺术感染力，被世人誉为尊师重教的典范。"程门立雪"这一词语也逐渐演化成一个著名的成语典故并被收录于《词源》《中华成语典故大全》等权威辞书中。

程门立雪传说在民间文学、教育学和研究"二程"哲学思想等方面具有特殊价值，要通过建档、保存、宣传和传承保护等有效手段，继承程门立雪传说这一宝贵的非物质文化遗产，弘扬中华优秀传统文化。

2011 年 12 月，程门立雪传说被列入洛阳市第三批市级非物质文化遗产名录。

### （七）养子沟与梨花教子的传说

养子沟与梨花教子的传说是典型的民间传说故事，是普通百姓世代相传的文化财富，在豫西地区流传较广，传沿至今，成为养子沟景区弘扬母子文化、感恩文化、孝道文化、民族精神的载体，对探索中华民族养子、教子文化思想具有重要而积极的影响。

养子沟原名三皇沟，唐朝名将樊梨花在这里生下儿子薛刚，将其养至13 岁才离去，当地人们为纪念樊梨花，将三皇沟改名为养子沟。传说樊梨花见幼时的薛刚过于顽皮，想起《礼记》上的名言"玉不琢，不成器，人不学，不知义"，于是她为薛刚请来先生讲《教子篇》，让薛刚学习"头悬梁、锥刺股""孙康映雪"等故事，激励儿子刻苦上进。与此同时，樊梨花还亲自教薛刚练习武功。在樊梨花的严格要求下，薛刚学文习武齐头并进，至 13 岁时已经十八般武艺样样精通，文韬武略非常人可比，为以后薛刚成就事业打下了坚实基础。

2014 年 12 月，养子沟与梨花教子的传说被列入洛阳市第四批市级非物质文化遗产代表性项目名录。

### （八）黄河故事

黄河沿岸的新安地区位于荆紫山、青要山、邙山之间，这里原始人居村落（仰韶时期、裴里岗时期、龙山时期等文化遗址）密集，自然景观和人文景观比比皆是，是十分适宜人类生息繁衍的地域，这里也蕴藏有许多极其深厚的原生态的黄河故事。

黄河故事是集历史性、思想性、民俗性、知识性、趣味性于一体的大众化、生活化原生态民间故事，是延续传统历史文化的一大载体。

黄河故事以新的视角诠释了民间文学，同时也把民间文学从朦胧混沌时代引向世谱支系清晰的新时代。其中《黄河起源的故事》《石寺和伏羲女娲的故事》《周公戏桃花女的故事》《母亲河的来历》等精彩故事，内涵深厚，在社会上颇有影响。特别是《黄河起源的故事》被视为原生态的中国版"创世纪"，通过故事说明了"母亲河"的起源，也阐述了人类和万物生命的起源。《周公戏桃花女的故事》揭示了中国 3000 年婚俗礼仪文明之源，在豫西新安、渑池、宜阳等地流传甚广。

2014 年 12 月，黄河故事被列入洛阳市第四批市级非物质文化遗产代表性项目名录。

### （九）李贺的传说

宜阳历史悠久，文化底蕴深厚，是唐代大诗人李贺的故乡。有关李贺的传说故事在河洛流域广为流传。

李贺七岁能诗，成名很早，诗歌成就不仅对后世影响深远，而且在其生活的中唐时期就备受推崇，李贺英年早逝更为这位奇才增添了许多神秘色彩，有关他的传说故事众多，有些在传播过程中融入了浓重的神话成分。其主要传说及故事有 50 余篇。李贺的传说从唐代中期即开始流传，至今已有 1200 余年历史。先由民间流传，再由正史、野史、小说等历代文献收录，后又不断地加工、润色、演绎、丰富，经过通俗化改造在民间广泛流传，呈现出十分明显的口头性、故事性、传奇性、地方性特征，其文学价值、史学价值、社会学价值、文化资源利用价值均极为巨大。历史上载有李贺传说故事的典籍众多，后人描写李贺生平、研究李贺诗文的书籍也层出不穷，对李贺的传说故事均有整理、辑录或考辨。

近年来，宜阳作为李贺故里，成立了"李贺研究会"，不断举办全国性的李贺学术研讨会、"李贺杯"全国散文诗歌大奖赛、诗词征文等活动，修建了李贺文化广场，立起李贺塑像，并把搜集整理有关李贺的传说故事列为重要课题之一，促进了李贺传说故事的抢救性保护和传承。

2014 年 12 月，李贺的传说被列入洛阳市第四批市级非物质文化遗产代表性项目名录。

### （十）拉荆笆的传说

拉荆笆的传说始于明朝末年，讲述了九龙山下潭头镇汤营村阎母含辛茹苦把儿子阎俊养大，儿子娶妻后，恶儿媳嫌弃阎母体弱，鼓动阎俊割了荆条回来，编了一人长宽的大荆笆，骗母亲去烧香拜佛，然后用荆笆扣住阎母并将其抛弃在山上。孙子阎敬放学回家不见奶奶，顺着荆笆印儿上山找到了奶奶，在山神的暗中帮助下，他将奶奶救回了家，夫妻在儿子行动的感悟下幡然悔悟。

拉荆笆的传说弘扬孝道、崇德向善，对弘扬传统美德、融合代际关系、促进家庭和睦、营造孝亲敬老的良好社会氛围具有重要现实意义。

2020年8月，拉荆笆传说被列入洛阳市第五批市级非物质文化遗产代表性项目名录。

### （十一）转枝柏的传说

在洛阳吉利区治戍村村南长着一棵古老的柏树，相传为晋代潘安栽种，已有1700多年历史。因它的主枝分为东南西北四枝，且只有一枝翠绿，被称为转枝柏，或晋柏，当地还有许多关于转枝柏的传说。

吉利古称河阳，南临黄河，有古都洛阳北大门之称。西晋文学家潘安在河阳任县令时，清正廉明，深得人心，造福一方，并以花息讼，倡导农户广植桃李，形成了"金谷满园树，河阳一县花"之势，当地人民为了纪念他的丰功伟绩，流传了许多关于转枝柏的故事。据说，此柏每一甲子（60年）一转，即四个主枝按一甲子轮换生长，所以得名"转枝柏"；又说它通人性，因思念主人，把腰探弯了，且翠绿的那一枝总是面向东南。转枝柏的传说体现出河洛人民对自然的崇尚及对先贤文化的敬仰之情，

2020年8月，转枝柏传说被列入洛阳市第五批市级非物质文化遗产代表性项目名录。

### （十二）刘秀的传说（伊滨区）

西汉末年，王莽篡位称帝，天下大乱，民不聊生，汉高祖刘邦九世后裔刘秀乘机起兵。据史书记载，双方的洛阳之战，涉及汉魏洛阳故城、万安山和伊河河谷一带。由此，伊滨区一带形成了关于王莽撵刘秀的传说。主要有"护驾窑村"，此村位于伊滨经开区李村镇西南，是一个丘陵小村。相传，当年王莽撵刘秀时，眼看就要追上了。此时，刘秀见一孔窑洞坐南朝北，残破不堪，便一头钻了进去。谁知，他刚钻进去，蜘蛛就在窑洞口吐丝结网。追兵搜索到窑洞时，看到蜘蛛网已结得严严实实，没有丝毫人动过的痕迹。"蛛丝"网窑，"马迹"犹在，追兵只好往前追去。这

就是成语"蛛丝马迹"的来源。由于这个窑洞救了刘秀一命，保护了圣驾，该村就被叫"护驾窑村"了。其他的传说也与此类似。如说刘秀路过一个破窑，住宿过，这个破窑所在的村庄就叫"宿驾窑村"。刘秀被王莽追得丢盔卸甲，无处可躲，一老农见他狼狈，让刘秀躲进地沟里，用土和树枝覆盖住。躲过追杀后，刘秀爬起来，衣着不整，农夫就给刘秀提了提衣服，这个农夫居住的村庄后来就叫"提庄村"。其他诸如申明村、刘井村、惊马沟村、干村的由来以及脚印石的传说、试剑石的传说等均与刘秀有关。

刘秀的传说属神话传说与历史传说相结合，传说中的动物、人物均有灵性，又属风物传说，依附于山川河流及村庄等，反映了西汉末年老百姓生活艰难困苦的现实和期盼明君、追求美好生活的愿望，彰显了除恶扬善的传统美德。

2020年8月，伊滨区申报的刘秀的传说被列入洛阳市第五批市级非物质文化遗产代表性项目扩展名录。

## （十三）洛神的传说（伊滨区）

位于洛阳汉魏故城南洛阳伊滨佃庄镇的伊洛河一带，流传着洛神与曹植的千古传奇，在民间文化中留下了浪漫的神秘色彩。传说上古时代掌管洛河的神仙名叫洛神，又称"宓妃"，据传她是伏羲氏的女儿，不幸在渡洛河时溺死，遂做了洛水的女神。三国时，曹植倾慕甄氏，曹操却将甄氏许给曹丕，甄氏死后，曹植夜经洛水，见甄氏驾云车行于烟波之上，遂作《感甄赋》记之，后明帝将此作改名为《洛神赋》。

洛神的故事正如嫦娥奔月、女娲补天的故事一样，是在中华大地上流传的一则缠绵悱恻、美轮美奂的神话传说，经汉魏时期曹植的《洛神赋》、东晋顾恺之的《洛神赋图》等文学、美术作品的描绘，使之更加形象化，洛神的故事也成为中国文学艺术作品的主题之一，洛神宓妃也成了中国女性美的代表，成为东方的美神，体现出民间对洛神的崇敬，也寄托了人们对美的追求与向往。

2020 年 8 月，伊滨区申报的洛神的传说被列入洛阳市第五批市级非物质文化遗产代表性项目扩展名录。

## 二　传统音乐

### （一）南街排鼓

南街排鼓，又名角里排鼓、角里大铜器，是众多人一起演奏的民间打击乐。起源于 2000 多年前的西汉时期，由"商山四皓"之一的角里先生根据"击鼓进军、鸣锣收兵"的战鼓特点和宫廷打击乐演奏谱创编而成。它起源于西汉，兴于唐，盛于明清，现广泛流传于汝阳、汝州、登封一带。

角里先生，名周术，字元道，是汉代的一位著名隐士。与东园公唐秉、绮里季吴实、夏黄公崔广一样均为饱学之士，并德高望重，他们四人被并称为"商山四皓"。角里先生根据宫廷打击乐谱，结合战鼓打法，编写了乐谱。每逢重大节日或祭神求雨时，人们便聚在一起敲打排练，久而久之形成了一套结构严谨、编排合理的民间打击乐，称"角里排鼓"，即汝阳南街排鼓。参与南街排鼓演奏人员可多可少，少则十几人，多则上百人。

角里排鼓初创时，是只由二面大鼓、七铙、八镲、二面锣组成的乐队，演奏鼓谱只有"顺天乐""庆善乐""大定乐""上元乐"等简单曲牌。演奏方法主要以鼓领奏，铙、镲主奏，锣、边鼓协奏。鼓手双手握槌，敲击鼓面、鼓边，节奏明快。原地演奏时，鼓手踏地腾跳，双臂舞花，边打鼓边跳；行走演奏时，将鼓挎于腰部，边走边擂。南街排鼓演奏时令旗一挥，先点燃火药铳，待三声炮响后，所有人一起奏响铜器家什，以排山倒海之势，表现了豫西人民淳朴刚毅的品质，粗犷彪悍，激昂豪迈，气势恢宏，震撼人心，有极强的艺术表现力和感染力。

自 1985 年以来，在汝阳县排鼓大赛中南街排鼓连获四年冠军。1989 年参加洛阳第七届牡丹花会开幕式，展现了河洛民风。1991 年，参加洛阳市第一届民俗文化庙会开幕式。2007 年，在洛阳市首届金鑫杯排鼓擂台赛中获特等奖。

南街排鼓是民间鼓乐的原生形态，深深植根于民间，世代传承于人民的生产生活之中，与积淀于人们心中的文化印记紧密相连，体现了中华民族薪火相传、自强不息的民族精神。南街排鼓完整地保留了中原民间传统文化的信息，体现了历史与文化多样性的民间习俗，具有极高的历史和传承价值。

2009 年，南街排鼓被列为汝阳县非物质文化遗产保护项目。2011 年 12 月，其被列入洛阳市第三批市级非物质文化遗产名录。

### （二）打獐子歌

打獐子歌，是栾川山区猎人们狩猎獐子时广泛传唱的一种民间音乐组曲，主要用于传递围猎信号、部署围猎任务，具有劳动歌谣性质。打獐子歌产生于明末清初，经过 300 多年的传唱、加工，至 20 世纪 70 年代已经形成比较完整和固定的曲调及唱词，大部分猎人都能在围猎过程中按照自己担任的角色分工哼唱。

打獐子歌音乐组曲共有 9 个互相关联的曲子，根据围猎獐子时的程序，依次为《搭伙铺歌》《祭山神爷歌》《布仗歌》《开仗歌》《撵仗歌》《围（稳）杖歌》《调铳歌》《响铳歌》《收坡歌》，完整地表现了围狩獐子的全部过程。打獐子歌曲调简单、易记，唱词中夹杂暗语，是一种既粗犷又神秘、兼具音乐性和实用性的劳动歌谣，曾风靡豫西山区一带，具有较强的原生态性和浓郁的地方特色，反映了豫西地区人们围猎时的劳动场景。从 20 世纪 80 年代起，随着对枪支管控力度增大，打獐子活动骤减，打獐子歌这一反映豫西地区古时先民打猎活动的民间音乐亟待抢救保护。

2020 年 8 月，打獐子歌被列入洛阳市第五批市级非物质文化遗产代表性项目名录。

### （三）古琴艺术

古琴，又称琴，是中国的传统乐器，至少有 3500 年的历史。古籍记载伏羲作琴，又有神农作琴、黄帝造琴、唐尧造琴等传说。传说舜定琴为五弦，文王增一弦，武王伐纣又增一弦为七弦。古琴有标志音律的 13 个徽，亦为礼器和乐律法器，属于八音中的丝。琴位列中国传统文化四艺"琴棋书画"之首，被视为高雅的代表，亦为文人吟唱时的伴奏乐器。

洛阳与古琴的发展有着密不可分的关系。东周时期，周公以礼乐治天下，为儒家思想的发展奠定了基础。东汉时期，蔡邕作《琴操》，对古琴进行艺术研究，东汉墓出土了大量弹琴陶俑，说明古琴艺术在当时非常盛行。魏晋南北朝时期，著名的竹林七贤就活动在今洛阳、焦作一带，嵇康在洛阳去世前弹奏的《广陵散》千古流传。唐宋时期，经济发达，艺术繁荣，中州琴派形成。宋朝以降，因战乱士大夫阶层大量南迁，古琴艺术也随之南移，对以后的浙江琴派、岭南琴派产生重要影响。现代以来，众多洛阳古琴爱好者在家传基础上，通贯古今，致力于传播古琴文化。

2020 年 8 月，古琴艺术被列入洛阳市第五批市级非物质文化遗产代表性项目名录。

## 三 传统舞蹈

### （一）东关双龙

洛阳瀍河东关爽明街（明清时称龙街）北端的夹马营是五代十国时期洛阳驻防军的营地，也是宋太祖赵匡胤和宋太宗赵光义的诞生地。传说某日电闪雷鸣过后，一条巨龙降到了这一带，乡亲们天天祈祷，端水往龙身上泼，求它返回上苍。乡亲们的举动感动了天庭，龙又腾空驾云回到天上，东关艺人后来模仿龙的形体制作了东关龙灯。

东关双龙久负盛名。民间流传说"龙生龙，凤生凤，一代出了两朝廷"。双龙系火龙和青龙，火龙象征宋太祖赵匡胤，青龙象征宋太宗赵光义，东关双龙之称由此而来。明朝时期东关龙灯在洛阳地区已经形成，在清朝时期达到鼎盛。民间艺人们年年在灯节（正月十三到十六）耍龙灯，东关龙灯出行，要挂白胡须，以示龙老为长。

"盘龙头"是东关龙灯的绝招。每到十字路口，龙灯就舞一阵子，或表演"双龙戏珠",或表演"爬龙山"。最精彩的表演是"盘龙头",数十人搭成人梯传递龙头,层层升高,龙身盘绕于高梯上,龙头左右摇摆,龙顺人梯步步高升,龙头升至顶端左右摇摆,龙尾在下来回盘旋,接着烟花有如从巨龙口中喷发出来,绽放出光芒,此时金鼓齐鸣,表演达到高潮,气氛热闹,场面蔚为壮观。

2007年12月,东关双龙被列入洛阳市第一批市级非物质文化遗产名录。

### (二)三官庙挠阁

三官庙挠阁是一种历史悠久且艺术水平较高的民间社火。根据道具箱上记载,康熙三年(1664年)已经有此表演,至今已有360年的历史。相传康熙皇帝继位时,大赦天下,普天同庆,三官庙村人创意改制了三官庙挠阁。三官庙村挠阁是古老的艺术文化,它融表演、舞蹈、音乐、美术、体育于一体,如今已经成为洛阳春节社火活动中一种独特的民间表演形式。

"挠"在洛阳的方言中意为"背起、举高","阁"原意为女孩,现指儿童。挠阁每组两人,从村中选出4~8岁的女孩,穿戴好头饰与长袖彩衣,站在"庄"(挠阁架子)上,然后用宽布带牢牢缚好,身体壮实的汉子在下挠庄。在婉转悠扬的民间乐器伴奏下,挠庄的人以腰为轴,把握重心,松弛有度地扭动,并遵照指挥随时变化队形,"庄"上的小孩则根据节奏甩动水袖,或上下,或左右,或轻柔,或奔放,顾盼生辉,看起来非常优美。

三官庙挠阁所演节目由七个历史故事组成,分别是小二姐打秋千、孙猴偷桃、张三跑马、肖恩打鱼、刘三组赶会、天女散花、舞洞房。三官庙挠阁规模宏大,起步时放鞭炮、响锣鼓,上边的四个小"仙人"空中旋飞舞蹈。三官庙挠阁有其独特的道具和表演形式,对研究我国民间文艺有着重要的历史参考价值。

2010年2月,三官庙挠阁被列入洛阳市第二批市级非物质文化遗产名录。

### （三）二鬼摔跤

二鬼摔跤是傀儡戏的一种表演形式。据传源于汉，盛于宋，代代相传，至今在全国许多地方都能有所见。二鬼摔跤由单人进行表演，演员穿上特制的服装，将道具牢牢绑在背上，道具为木头刻绘成的两个造型夸张的鬼头，二鬼摔跤的衣服包括两顶帽子、两件外套、两件大褂，衣服下隐藏的是木头做成的肩和腿，用几根绳子，将这个木制的道具绑在表演者的腰部，双手再穿上和"二鬼"打扮相称的鞋子和双脚一样着地，"四脚"并用，扑滚翻腾，造成背上"二鬼"相互厮打的阵势，幽默风趣，逗人发笑。

二鬼摔跤具有独特的民间杂技艺术特色，距今已有 300 多年的历史，其独特的服装道具和表演形式展现了民间艺术所特有的魅力，深受广大人民群众的喜爱。二鬼摔跤在洛阳有着广泛的群众基础，洛龙区、瀍河区、偃师区等地均有民间艺人演出，每逢春节、元宵节等重大节日，二鬼摔跤就会出现在庙会、公园内为群众演出，对于丰富人民群众文化生活，弘扬民族文化有着重要的社会价值。

2010 年 2 月，二鬼摔跤被列入洛阳市第二批市级非物质文化遗产名录。

### （四）通背武狮

洛阳通背武狮在有"武术之乡"之称的洛阳军屯村世代流传。该村舞狮子的历史至少可追溯至明代，其狮舞传人至今已传至十四代。该村居民祖上以武功立身，精通四面八方通背拳和多种作战队形，能够"立兵伍，定行列，正纵横"。该村历代男性几乎都会武术，他们把武术与狮舞巧妙结合，把狮舞与战阵糅合在一起，经过历代艺人的不断研究摸索，军屯武狮逐渐形成了以武术为根基、以战阵为框架的独特风格，表演粗犷大方、刚健洒脱、传神细腻、技巧娴熟，成为我国北派武狮的优秀代表。

通背武狮分青、白、红、黑、黄基本五色，狮脸用古代宗教面具技术刻画，与京剧脸谱有异曲同工之妙，表现狮子的不同个性。通背武狮一般先要"地摊"，再上"高空"。军屯村村民世代保持着年节、祭祖等特殊日子舞"狮子"的传统，并不断进行狮舞形式、内容以及技巧的探索和创新。明清以降，随着河洛民间社火文化的发展，通背武狮以其鲜明的造型、高超的表演技巧和独特的艺术风格成为洛阳狮舞的代表，在民间艺术展示活动中，不断显示出雄厚的文化实力。

2010年2月，通背武狮被列入洛阳市第二批市级非物质文化遗产名录。

### （五）赵岭高跷

赵岭高跷是传承于孟津白鹤镇赵岭村的地方传统民俗文化活动，其历史可追溯至1398年（一说1396年），已有600余年历史，它以高跷、竹马等为基本表演形式，随锣、鼓、镲、铙击打产生的韵律节奏进行表演，具有浓郁的地域色彩，是豫西地方传统表演艺术的代表。

赵岭高跷一般由150~300人组成大型的演出队，有12面盘鼓、30面锣、10副镲、10副铙，服装、道具为古代式样。高跷踩法是以传统踩骑为基础，全场以总令旗指挥，4匹竹马随迎马鼓声上场，一字排列，催马鼓响起后，4匹竹马开始随节奏表演。表演带有艺术杂技性质，还穿插故事情节，引人入胜。赵岭高跷从制作到表演皆以始祖传统为本，体现了历史传统及传承人的责任和才华。经典剧目《四马出征取西川》《张三追妻》《寿星献桃》等深受群众喜爱，尤其是高跷踩竹马动作惊险，马跳逼真，刚柔并济，妙趣横生，有"自古竹马看赵岭"之说。

高跷是豫西传统民间艺术，赵岭高跷历史悠久，场面壮观，道具设计巧妙，踩法路数复杂，对研究豫西民间历史文化具有较高的学术价值。

2011年12月，赵岭高跷被列入洛阳市第三批市级非物质文化遗产名录。

### （六）皂角树抬阁

抬阁原名抬歌，相传由"村人高抬儿童歌舞以送孔子"而发展成年节娱乐之技，因为与孔子的关系而流传千年不衰。到明清时期，抬歌已经成为丰收喜庆、庙会年节不可或缺的娱乐形式，清末民国时期最为鼎盛。清代以后，抬歌的形式由一层向多层发展，形成亭台楼阁之态，因此抬歌又叫抬阁。

皂角树抬阁至今已有近 80 年历史。新中国成立前由村里爱好者自发制作，后经刘进发等人整理，又由朱红欣等人重新加以改进、提高。

抬阁属民间舞蹈谱系，是集舞蹈、音乐、戏剧、绘画于一体的综合艺术表演形式。抬阁以民间故事为主题，一架阁一个故事，单阁外观优美，形似花车。小演员在道具上表演，配合锣鼓和笙、箫、笛伴奏。抬阁由多人抬，集杂技、彩扎、灯光、音乐为一体，体现了高、险、难、美的特点，多表演民间传统节目，具有浓郁的乡土气息和地方特色。

2011 年 12 月，皂角树抬阁被列入洛阳市第三批市级非物质文化遗产名录。

## （七）老城排鼓

老城排鼓发源于清朝初年绿营清军的战鼓。清朝时期，在今洛阳老城一带驻有一支绿营清军，军队中有专门的鼓队。鼓队的鼓师转业为民后，把战鼓的阵势和击法传至老城民间，老城遂有了自己的鼓队。鼓队组成人员以刘姓为主，兼有他姓，上至耄耋老人，下至垂髫学童，善击鼓者人员众多。每遇迎军、祭祀、庙会、集会等活动，民间就自发组织鼓社击鼓庆祝。清道光年间，老城排鼓社曾代表当时的"河南营"到中岳圣地——嵩山中岳庙朝圣祭拜，并敬献第一支香。1949 年 10 月 1 日，数万名各界群众在洛阳东北运动场（今老城体育场）集会，隆重庆祝中华人民共和国成立，老城排鼓社参加了这一庆祝活动。新中国成立后，老城排鼓社在政府的关怀支持下，得到了空前的发展壮大，不仅人员众多，而且器材齐全，每有重大活动，都能看到老城排鼓社的身影。

老城排鼓属集体表演项目，少则由十几人组成，多则可由几十甚至上百人组成。表演器具以鼓、镲、锣、铙、钹为主，火担子、火铳（单眼、三眼、四眼）、放荒、梢子棍等辅助。鼓又分为大鼓、中鼓、小鼓。根据表演规模，所用表演器具数量不等。表演者身着统一服装，按阵形排开，大鼓指挥，小锣引导。表演时，鼓槌上下翻飞，节奏抑扬顿挫，铙镲上拍下击，锣锤节拍紧促，有排山倒海、万马奔腾之势，可谓气贯长虹、波澜壮阔的民间交响乐。

老城排鼓形式灵活、铿锵有力、气势磅礴，富有艺术性和表现力，是一种群众喜闻乐见的民间艺术。目前老城排鼓社经常演奏的有 10 套鼓谱：《交槌》《歇拍》《二路戴帽（歇拍）》《迎宾鼓》《跑鼓》《牡丹鼓》《长胜鼓》《龙灯鼓》《舞狮鼓》《叭咕东咋》。

2014 年 12 月，老城排鼓被列入洛阳市第四批市级非物质文化遗产代表性项目名录。

### （八）范村狮舞

范村狮舞是流行于伊川县一带的传统舞蹈，起源于清嘉庆年间，距今有 200 多年的历史，是当地逢年过节、行香走会的王牌节目。

范村狮舞具有中国北方"武狮"的特点，表演时，"回回"以古代武士装扮，手握旋转绣球领舞。狮子由双人表演，一人站立舞狮头，一人弯腰舞狮身和狮尾。表演腾翻、扑跌、跳跃、登高、朝拜、决斗等技巧，表演项目有平地斗雄狮、罗汉椅子架、板凳架等，每个环节的表演均有雄壮的大铜器伴奏，场面异常壮观，动作大起大落，新奇惊险，造型优美。

20 世纪 80 年代，范村狮舞参加伊川县元宵节演出，曾一度夺魁。2018 年 4 月参加第三十六届中国洛阳牡丹文化节广场狂欢月非遗项目专场演出。2018 年 10 月参加洛阳市首届河洛飞花非物质文化遗产项目展演。

2020 年 8 月，范村狮舞入选洛阳市第五批市级非物质文化遗产代表性项目名录。

### （九）太平狮舞

太平狮舞流传于苏秦故里洛龙区太平村。太平狮舞能够传承至今，得益于"太平双相"（战国时期的苏秦、唐朝宰相萧瑀）。太平村人自古好舞乐，相传苏秦封相还乡时，乡亲们设乐舞备酒席前往迎接。唐武德八年，宰相萧瑀回老家，太平狮舞鼓乐相迎，狮舞逐渐兴盛。在当地，清乾隆皇帝游龙门到关林大东火神庙朝拜进香由太平狮舞迎驾伴送的故事流传至今。

太平狮舞由火神社创办，当地村民世代保持着年节、祭祖等特殊日子舞"狮子"的传统。太平庄守村护寨义士众多，以狮舞教授活动习武强身，老艺人在传承中把武术与狮舞表演巧妙结合，开创河洛武狮之先河。明清以后，太平狮舞以其超群技艺，折服诸多武狮社，成为众多武狮社的"社头"。新中国成立以来，太平狮舞多次参加各级民间艺术活动并获得殊荣。1955年在东方红广场欢迎志愿军凯旋，2006年获第二十四届牡丹花会民间艺术表演奖金奖，2007年参加洛阳市第一届春节文化庙会的演出等。

2020年8月，太平狮舞入选洛阳市第五批市级非物质文化遗产代表性项目名录。

### （十）蹩官断案

蹩官断案是嵩县车村镇孙店村火神社火中一种别具地方特色的传统舞蹈。蹩官断案作为孙店村社火的一项重要内容，大约起源于清乾隆十年（1745年），该项目与当地独特的地域环境、火神社火、社会治理以及推崇廉吏的朴素情怀有密切关系。

孙店村地处偏远的伏牛山腹地，清乾隆五年（1740年）在此设通判、守备和外围三署，因守备官居四品，当地民间俗称守备署为"四品守备衙门"，其主要职责是维护地方治安秩序，解决民事纠纷。每年元宵节这天，守备署不仅要维护治安秩序，还要参与组织相关活动，当任守备可从平民中选出明理正直和能言善辩之人，化装成当代廉吏施世纶，参加社火演出，可代他办案，并具有法律效力。因表演有瘸腿的走路姿态，故名"蹩官"。

蹩官断案表演按照断案进行现场布置，风格诙谐风趣，具有较强的戏剧性和教育性。蹩官断案已有300年的历史，历经十余代传承，对研究古代法律具有较高的历史价值。蹩官断案将文艺和法律融为一体，既将执法艺术化，又体现了官民移位的民主意识，对研究中国法律文化具有较高的价值。

2020 年 8 月，鳖官断案入选洛阳市第五批市级非物质文化遗产代表性项目名录。

### （十一）劳司官骑柳棍

劳司官骑柳棍源于明，盛于清，是汝阳地区农村一种传统民间文艺娱乐形式，结合传统游艺与杂技表演艺术，表现官员视察农事活动的情景。古代每逢春天，管理农桑业的官员要到各地视察粮食耕种、植桑养蚕等情况，故名之"劳司官"。因经常徒步行走，下属为讨好大人，就砍下路边柳树，让劳司官坐在上面，两人抬起前行。后来，老百姓为求风调雨顺、五谷丰登，把"劳司官骑柳棍"的情景演变成一种民间文艺活动。每到开春耕田时，汝阳县南街村民们就选一人扮演劳司官，再配上身边衙役，与铜器社和其他民俗项目共同走向街头进行表演。该项目具有率真质朴的民俗特色，反映了古代劳动人民在生产生活中祈愿风调雨顺、物阜民安的美好愿景。

随着时代发展，演艺活动在道具使用上增加了难度，表演者以自身的杂技技术把人物演绎得更加风趣、滑稽，深受人民群众喜爱。

2020 年 8 月，劳司官骑柳棍入选洛阳市第五批市级非物质文化遗产代表性项目名录。

### （十二）盐镇九莲灯

九莲灯是一种传统的民间舞蹈形式，在宜阳县盐镇乡普遍流传。九莲灯由八人舞动三十二盏莲灯，一人舞动孔雀灯或鲤鱼灯，九人共舞，故称九莲灯。同时，有伴舞和鼓乐、唢呐伴奏。

九莲灯起源非常早，据传始于唐代，宜阳县盐镇九莲灯创始于清朝乾隆年间，怀庆府人赵文涛从老家请来两位九莲灯师傅传授，在传承人焦凤池带领下，九莲灯开始在盐镇及周边村落流行。

九莲灯属于大型群体舞蹈，人员众多，表演时彩灯飞舞，竹马奔腾，鼓乐齐鸣，一片祥和欢乐气氛。九莲灯的灯形似莲花，每盏灯有 4~5 个花瓣，中间固定一根自制石蜡。两盏一组置于二尺长的木板上，执灯人两手执四盏灯。另有一人双手执两盏鲤鱼灯，或一盏孔雀灯。演出时，鲤鱼灯、大鱼灯在九莲灯中穿行，或孔雀灯和三十二盏莲花灯翻飞变幻出各种图案，因为以灯为主，所以九莲灯演出最好在晚上。其代表作有《鱼闹莲》《孔雀戏牡丹》等。

九莲灯既有赏心悦目的莲花灯、孔雀灯，又有跨马的各色戏剧人物，给人以正气凛然、四海升平的艺术美感。九莲灯传承千年而不衰，成为群众喜闻乐见的娱乐活动，反映了中原地区广大人民群众的生活和智慧，具有很高的民族文化价值。

2020 年 8 月，盐镇九莲灯入选洛阳市第五批市级非物质文化遗产代表性项目扩展名录。

### （十三）同乐社盘

水磨头社盘由来已久，原为海神社，后更名为同乐社盘。水磨头村位于宜阳县城关镇，有 5000 多人，刘姓居多。据传，村里刘姓由山西省洪洞县迁此，至今已传承二十二代，有 600 余年历史。海神社盘是刘姓祖先由山西洪洞带来的。随着历史的沿革，社盘表演逐渐成为当地百姓庆祝节日的传统习俗，老老少少竞相参加，农闲时节传授排练演出技艺，每逢年节或喜庆盛会，社盘演奏人员都要义务为村民演出助兴。

海神乐属宫廷乐，传入民间后，其演奏风格仍规范而具格律，乐风高雅、细腻，悠扬浑厚，富有唐乐神韵。因区别于民乐的粗放而独具特色。社盘演奏乐器主要有管、笛、筝、笙、二胡、云锣、云板、木鱼、碰铃等计 20 种。其中部分乐器为自制乐器，在市场上无法买到。曲谱为工尺谱，曲调由鲍、土、草、木、石、金、丝、竹八音阶组成，需要由老艺人将其转换成现代简谱才能进行演奏。社盘演出曲牌主要有《车朝园》《关元游街》《南贺调》《四进宫》等。

出于历史原因，社盘这一古老的演出技法几近消亡。20 世纪 80 年代，82 岁高龄的刘彦邦老艺人开始重新组建同乐社盘，为振兴这一珍贵的民间艺术形式，他多次访问部分在世的老艺人，回忆调门，对口补缺，购置并制作乐器。在他的努力下，同乐社盘发展到五六十人，面貌焕然一新。自此，水磨头同乐社盘有了固定的阵地与演职人员，得以传承后世。社盘重组以后，相继参加"宜阳县双节文艺调演""欢迎铁军抗震救灾归来""滨河之声文化活动"等大型演出。《洛阳日报》《河南日报》等新闻媒体对水磨头同乐社盘进行过采访报道。由于刘彦邦老人事迹突出，2008年，他被授予"洛阳市十佳人物"称号。

近年来，在各级政府和文化部门高度重视与支持下，对同乐社盘进行了挖掘整理，组建队伍，使这一传统民间艺术重新回到人民群众中来。社盘是中华民族文化的重要组成部分，它不仅在民族音乐文化方面有重要意义，而且对河洛文化甚至于整个华夏文化的研究、发展都有重要意义。

2010年2月，同乐社盘被列入洛阳市第二批市级非物质文化遗产名录。

### （十四）洛阳龙马盘鼓

鼓是精神的象征，舞是力量的表现，鼓舞结合开创了独特的艺术形式。按古文献记载，最早的鼓是进入陶器时代用陶土烧制的"土鼓"，土鼓标志着农耕文化型舞蹈之开端。从《周易》"鼓之舞之以尽神"的记述可知，早在商周时代不仅出现了原始的鼓舞形式，而且鼓与舞相结合的乐舞形式已成为激励人们团结奋进的文化力量。

洛阳龙马盘鼓是豫北盘鼓的缩影，属于民俗表演剧目，主要流传于洛阳市郊、孟津区一带。洛阳自古以来就是逐鹿中原的兵马走廊，也是黄河、洛河的洪水走廊。三国时，魏晋定都洛阳，鼓乐之盛非他方可比。黄河三年两决口为患华北，朝廷每年征用大批民工修堤筑坝，堵口治河，督战的"催阵鼓"和祭祀河神的礼乐在这里不绝于耳。

位于黄河南岸的孟津送庄镇负图村，因伏羲降服龙马途经此处而得名。盘鼓由该村兴起而流传至今。洛阳龙马盘鼓以打击乐器为主，主要是大鼓大镲，有二十四面鼓、十面镲。击鼓者保持一定队形，变化有序，或击打鼓面，或击打鼓沿，有轻有重，抑扬顿挫，边鼓边舞。击镲者排列在鼓队两边，根据鼓乐变化击镲，威猛庄重，声如霹雳，反映出北方农民豪迈坦荡的胸怀。

洛阳龙马盘鼓流传至今已有千年历史，其规模不断发展壮大，表演和打法代代相传，不断推陈出新。龙马盘鼓第十三代传人朱万灿从医多年，他在秉承盘鼓传统打法的基础上，又融入了中医理念以及太极、舞蹈、武术等动作，使打鼓者达到疏通经络、强身健体的目的，受到群众的普遍欢迎。并延伸带动巩义、三门峡、山西、焦作等地区的鼓舞爱好者前来观摩学习，极大地繁荣活跃了农村文化生活。

2010 年 2 月，洛阳龙马盘鼓被列入洛阳市第二批市级非物质文化遗产名录。

# 四　传统戏剧

豫剧是中国五大戏曲剧种之一，是在河南梆子的基础上不断继承、改革和创新发展起来的，因河南简称"豫"，故称豫剧。豫剧以唱腔铿锵大气、抑扬有度、行腔酣畅、吐字清晰、韵味醇美、生动活泼、有血有肉、善于表达人物内心情感著称，凭借其高度的艺术性而广受各界人士欢迎。因其音乐伴奏用枣木梆子打拍，故早期得名河南梆子。

洛阳豫剧渊源已久，20 世纪 50 年代政府成立豫剧团，为群众提供喜闻乐见的文化服务。近年来，洛阳豫剧以马金凤先生的艺术流派为主要特点，逐步在艺术上形成了高亢、明快、刚健、豪爽的表演风格。

数十载春华秋实，数代人薪火相传。洛阳豫剧院演艺有限公司始终坚持文艺的"两为"方向和"双百"方针，勇于探索，固本求新，先后创作、整理、改编了《穆桂英挂帅》《花打朝》《花枪缘》《杨八姐游春》《洛阳桥》《金鸡引凤》《盘夫索夫》《清风明月》等几十部深受群众喜爱的经典保留剧目。大批中青年演员在马金凤先生的亲自传授下迅速成长，主要演员有一级演员关美利、张松晓、李文革、陈大华、刘亚林、朱红斌、璩红霞等。

2020 年 8 月，豫剧入选洛阳市第五批市级非物质文化遗产代表性项目名录。

# 五 传统体育

## （一）四面八方通背拳

四面八方通背拳是秦汉时期冲天教祖创制的一套古老搏击术，明末王姓先祖王建率家人从山西洪洞县迁至洛阳县军屯村后，一直秘练此拳。300多年来，四面八方通背拳仅限于军屯村唐、王两姓家族内部代代相传。明清以降，军屯村习武成风，名家辈出，高手众多。从先祖王建到王冷子、王甲子、王二甲、唐文博、王辂、王同兴、王根、唐老八、王麦闹、唐金钟、唐狗屎、唐聚宝、王兴旺以及王运安、王二奎、唐三娃、王银喜、唐根生、唐天顺、唐天印、朱新喜、王文定、王青海、唐帅正、唐克福、唐建仓、杨胜利等，个个技艺超群，对此拳的演练与继承做出了卓越贡献，使此拳得以一脉相传，延续至今。改革开放以来，随着社会不断进步与发展，四面八方通背拳打破门规，推向大众。

四面八方通背拳单练套路有老架、红锤、二路、炮锤（六路）、劈山；对练套路有老架头、单彩脚、双彩脚、格肘、风摆柳、扫蹚、硬靠；器械有杆子、通背枪、通背单刀、通背大刀、通背锤、三节棍、双刀、双剑等；基本气功有宏元功、童子功、易筋排打功、铁裆功、铁头功等。

四面八方通背拳的"四面八方"指的是拳打四面、脚踢八方。该拳术以防御为主，进攻风格则势大力沉、刚猛雄劲，兼有阴柔狠毒的招数，让人很难防范。四面八方通背拳是难得的文化遗产，对此需要进行深入发掘整理，并一代代传承下去。

2010年2月，四面八方通背拳被列入洛阳市第二批市级非物质文化遗产名录。

## （二）武当壬九门武术

壬九门武术与人交手，先闭五行，借人之力，顺人之势，制人之身，还人之道，见招拆招，见式破式。动着为招，心念为法，吸气出拳，呼气收拳，拳打出去不是线，而似陀螺旋化钻。静如磐石动山崩，与人交手不留情，留情让步不为能，轻丢人，重丢命，还手如下山恶虎，过招似穿海蛟龙。以静制动，以柔克刚，刚柔并用，走圆而直，行直而方，走方而圆；身飘如柳，舒展大方，连绵不断，式式紧凑，扣扣如环，节节相连；式如绵里裹针，面里加刀；手起阴阳五行轮，脚踢八方九宫阵，委婉之中隐杀机，防守之中露强攻，缩身拳打卧牛地，放开脚踢丈二圆。它以反其道而先行之技法著称武学界。

壬九门武术在武当武术中占主要部分。它是养生攻防二者兼备的一种练功方法。它来自武当，扎根于道教文化土壤，从道中来，到道中去，顺从自然，体现道教文化哲学理论思想，具有传统文化内涵，又是道教传承的武学养生攻防的健身法。

武当壬九门武术在明、清、民国时期的武术界独树一帜。有古谱为证："壬九武功传明授清，府内高手出自壬九。"近年来，武当壬九门武术第二十三代掌门人仇保平，整理了《武当壬九门武术拳、械、功名录》，其中包括太虚拳、太乙拳、玄武拳、九宫拳等47种拳法；武当剑、道门剑、三丰剑、玄真刀等70种武术器械；四季养生法、颈椎功、腰椎功等19种功法。自明朝中期传承至今，壬九门武术已成为养生、攻防兼备的一种练功方法，对道教文化和道家武学都具有重要的文化理论和研究价值。

2014年12月，武当壬九门武术被列入洛阳市第四批市级非物质文化遗产代表性项目名录。

## （三）意拳

意拳又名大成拳，是近代武学宗师王芗斋先生所创，20世纪60年代，王芗斋传人杨绍庚把意拳带到洛阳。出身于洛阳中医世家的张三立师从杨绍庚，是意拳第三代最具代表性的传人之一。2012年，张三立成立了"洛阳市意拳研究会"，向广大市民宣传推介意拳，为意拳爱好者搭建了一个学习和交流的平台。

意拳包括站桩、试力、走步、发力、推手、单操手、实战散手等。主要由站桩、试力、试声、走步、发力、摩擦步、推手、散手等组成。意拳无固定招法和拳套，强调以意念引导动作，故名意拳。以意念统帅肢体，精神集中，呼吸自然，周身放松，使肢体各部连成一个整体，进而运用精神，使全身处处建力争力，并与外界建力争力，名之曰浑元力。争力为身体各部松紧的相互交替，使精神和肢体、肢体和外界达到高度协调统一，从而充分发挥精神和身体的能量。

意拳认为"松紧"是构成人体运动的基本矛盾，诸如力量、速度、争力、灵活、协调等，无不受人体肌肉松紧的制约。所谓松紧，既是肌肉的松紧，又是意念上的松紧。而首先是意念上的松紧，因此意拳要突出一个"意"字。站桩要求从精神上松紧到肢体上松紧，达到松紧协调，使精神和肢体达到高度统一，肢体间处处相互通联，构成一个整体，相互呼应，即"一动无不动"，使本体感觉极其灵敏协调。整体的弹力要做到"无处不弹簧"。试力是将站桩中所获得的浑元力充分调动起来，发力是拳术的有效打击动力，意拳发力，就是浑元力的发动，在极短的距离内，用很小的动作、爆炸式的速度，打出很整的力量，以便完成有效的打击。站桩、试力都是给发力创造条件，以便在不同情况下随机随势发力。摩擦步是结合试力的步法，要求是"上动下自随，下动上自领"，在前后、左右、进退转换中都能保持身体重心的平稳和整体协调，以利随时发力。推手和散手是意拳强对抗性的技击。推手也叫双人试力，在双方有肢体接触时，能够牵制对方并施以有效打击。散手是徒手搏斗。意拳的器械有半把杆、双把刀等。

2014 年 12 月，意拳被列入洛阳市第四批市级非物质文化遗产代表性项目名录。

### （四）易筋经导引术

易筋经是以修心为基础，通过积气之法，达到增强人体正常生理功能、实现防病抗衰之目的的一门学问。清康熙八年（1669 年），少林寺永化堂第五代弟子宁公，法名超宁，号天法，把易筋经传入登封阮村后，便在此代代相传，如今已传至第九代，第九代传人孙宗懿是伊川县孙村人，对易筋经防病抗衰机理有较深研究，经30多年努力，用易筋经破译了马王堆养生术，又用马王堆养生术解读了易筋经，孙宗懿还对易筋经的防病抗衰原理进行了苦心研究，他撰写的《治八益功法原理浅析》等论文，先后在《河南中医》《中医学报》发表。

易筋经是以积气为主的内功心法经典，通过炼筋、炼膜、炼气至守中而达积气，即"守中者，专于积气也"。积气一词源自《马王堆医书·治八益》，是修炼马王堆养生术成功的标准。孙宗懿用《治八益译文质疑》《治八益功法原理》《从房室养生论治八益》三篇论文，对易筋经导引术的功理、功法及功效，从不同角度进行了详细论述。其入门十二式，包括韦驮献杵第一、二势，摘星换斗势，倒拽九牛尾势，出爪亮翅势，九鬼拔马刀势，三盘落地势，青龙探爪势，卧虎扑食势，打躬势，掉尾势，收势。

综上所述，可以认定易筋经本源于《马王堆医书》，它不仅继承了马王堆养生理论的精华，更是集佛、道、儒、医养生文化于一体，形成了独特的少林气化理论，这不仅是对中医养生学的贡献，同时也为中医防病抗衰理论确立了依据。其入门十二式简单易学，经历代不断补充完善，流传至今。

2014年12月，易筋经导引术被列入洛阳市第四批市级非物质文化遗产代表性项目名录。

## （五）围棋

围棋在中国有近4000年的历史，千年来一直传承和沿用在王宫贵族、达官贵人群体，到宋代后，这种棋艺逐渐走向了民间。作为中华四艺之一的围棋，与华夏文明重要发祥地的洛阳有着不解之缘。关于围棋起源，晋张华《博物志》记载："尧造围棋，以教子丹朱。或云：舜以子商均愚，故作围棋以教之。"尧舜处于"河出图洛出书"期间，围棋棋盘、棋子与"河图""洛书"的方形图案和白点黑点组成的数阵相似。明代解缙《观弈棋》有"河洛千条待整治，吴图万里需修容"的诗句。

洛阳历史上的许多帝王将相、文人墨客都是围棋爱好者，东汉史学家班固不仅著有《汉书》《两都赋》，还写有《奕旨》，后者是我国现存最早的关于围棋理论的文章。唐代诗人白居易晚年归隐龙门香山寺，号称香山居士，有诗云"棋罢嫌无敌，诗成愧在前"。北宋欧阳修晚年自号"六一居士"，即"藏书一万卷，金石遗文一千卷，有琴一张，有棋一局，而常置酒一壶"，外加"一翁"，足见其对围棋之喜爱。

20 世纪 60 年代，洛阳当代围棋开始起步，经过多年发展，从洛阳走出一批驰骋国内棋坛的名将，如汪见虹，王冠军，马石等。2013 年，时越在 LG 世界围棋棋王战中夺冠，成为洛阳第一个也是河南省第一个围棋世界冠军。

2020 年 8 月，围棋入选洛阳市第五批市级非物质文化遗产代表性项目名录。

## （六）百戏

百戏是古代对民间表演艺术的泛称，是民族文化的灿烂瑰宝。孕育于中华民族的母体文化——河洛文化之中，滥觞于远古的各类祭祀活动。父系社会私有制下的战争和社会分工催化了百戏的发展，据最早的文献记载，其形成于先秦时代，"百戏"一词，语出《汉文帝纂要》。汉文帝将古代民间艺术泛称为"百戏"，该词一直沿用至今。及至隋唐时期，百戏最为繁荣，宋、明、清时代一直保持了百戏的繁荣。百戏以杂技和魔术艺术形式最为常见，在各个历史时代不断发展，开枝散叶，衍生出了多种艺术门类和品种，现在已成为所有表演艺术的代名词，如曲艺、戏曲、舞蹈、音乐、歌曲等均包含在其中。

2020 年 8 月，百戏入选洛阳市第五批市级非物质文化遗产代表性项目名录。

## （七）古轮拳法

古轮拳法是将传统的少林禅学、武学与古轮拳法及生活体悟有机结合起来而形成的一种集修心强身、养生益寿、格斗搏击于一体的功法体系。

明万历年间，少林寺第二十六代方丈无言正道主持少林寺时，将少林禅学、武学进行系统整理后，创立了少林南院"永化堂"，在此传承禅武合一的修行理念。清道光时期，偃师县东管茅村吴古轮出家少林寺，成为永化堂第十五代传人。清同治时期，时局动荡，少林寺高僧密令吴古轮还俗，于民间为少林寺禅武文化保存一支法脉。吴古轮打出山门后，迁至偃师柏峪沟杨树庙村隐居，潜心参禅研武，终形成了独具特色的武学体系——古轮拳法。古轮拳法通过禅武合一的修习方式，起到较强的健身功能。

2020年8月，古轮拳法入选洛阳市第五批市级非物质文化遗产代表性项目名录。

## （八）杨班侯小架太极拳

杨班侯小架太极拳，是在杨氏老架太极拳的基础上，吸取各门派武术之精华，由清朝末期之人杨班侯创立并传授，是集健身、技击于一体的太极拳。拳架小而偏刚，又不失柔绵；架高步活，封闭紧凑，处处合劲。该拳具有"以柔克刚、以静制动、以圆化直、以顺避害、以柔胜强"的特点。推手中有大圆、小圆、无形圆，手法小巧多变，打法精妙绝伦。不论打法和用法始终围绕着杨班侯的九个太极拳经诀，其内容极其丰富，意为主使、气为牵引。流传下来的拳谱内含十三字行功诀应用细则及注解、十三字用功诀详解、八字法诀、虚实诀等，为中华武术不可或缺的宝贵财富。

2020年8月，杨班侯小架太极拳入选洛阳市第五批市级非物质文化遗产代表性项目名录。

## （九）鹰爪翻子拳

鹰爪翻子拳创立于20世纪初，河北雄县人、著名武术家陈子正（1878～1933年）融合"岳氏鹰手"和"翻子拳"的擒拿技法和鹰爪功法的手形手法，发展出一个有"鹰爪"手型特点的新拳种。

洛阳鹰爪翻子拳传承人段钢龙，20世纪70年代师从洛阳精密机床厂的张宏友，学习鹰爪翻子拳。鹰爪翻子拳套路有鹰爪拳、罗汉拳、十二路行拳、八步追、八面追、五十路连环拳等。基本功法有内功、外功和功架。基本功有车轮功、铁臂功、站桩八翻和行桩八势等，主练鹰爪功和桩功。鹰爪翻子拳吸收了八闪翻等各翻子流派的长处，改其"有上而无下，有下而无上"的弊病，采用"上而翻下，下而翻上，首尾相顾，前后兼施"，吸收少林拳术"岳氏散手"和鹰爪功法的优点，发展成为新的拳种。

2020年8月，鹰爪翻子拳入选洛阳市第五批市级非物质文化遗产代表性项目名录。

### （十）禅武养生功

禅武养生功主要来自佛家禅宗。据传，其基本功法在达摩祖师在世时便开始尝试，至六祖慧能时得到进一步发展，至德山宣鉴时已初具规模，并开始在嫡传弟子中传授。其后渐次传承至少林寺的素光禅师、德禅禅师、行正禅师。行正禅师德行高远，教授永信法师、永海法师等名徒，并传授禅武养生功，是参禅之余的养生功法。永海法师曾救治年幼时的石晓辉，并赐其法名释延辉，待其年长之后，永海法师将禅武养生功倾囊相授。石晓辉在洛阳市开办洛阳市禅武养生堂，将功法传于弟子康文生、申红勋等人。

禅武养生功具有强身健体的功效，目前广泛分布于河南、河北、浙江、广东、北京、上海、台湾等省市，并在加拿大、新西兰等地遍地开花，徒众达万余人之多。

2020年8月，禅武养生功入选洛阳市第五批市级非物质文化遗产代表性项目名录。

### （十一）铁裆功（四面八方通背拳）

铁裆功是四面八方通背拳中一个重要的功法。明末山西洪洞县人王建率家人迁至洛阳军屯村后，一直秘练该功法，其后辈传人遍访名家高手及少林寺高僧，终使此拳成为集佛教文化、道教文化与中华民间气功文化为一体的稀有拳种。此拳朴实无华，实战技击性强，攻防兼备，并具有内功养生、强筋健骨的高深功能。

铁裆功以中国武术内功为基础，用百斤游锤拉动 1 米远距离向裆部撞击。用四根 2.25 米长、5 厘米直径的钢管和其他附件钢管组合成一个架子，用一个长 1.14 米、宽 0.15 米、高 0.17 米的铁盒装砖 15 块，用两根铁链将铁盒吊起与架子组合成形似秋千的铁架，由一人拉动盒子向裆部撞击。通过抗击打达到固肾养精、强健体魄、抵御疾病、养生延年的作用。

2020 年 8 月，铁裆功入选洛阳市第五批市级非物质文化遗产代表性项目扩展名录。

### （十二）头顶钢锥倒立功（四面八方通背拳）

头顶钢锥倒立功源于洛龙区安乐镇军屯村有着数百年历史的四面八方通背拳。军屯村位于洛河南岸，东与李楼镇比邻。据传，这里是历朝历代的屯兵之地，久而久之人们便将此地称为“军屯”。军屯村自古习武成风，历代武术名家辈出，在洛阳久负盛名，尤以铁头、铁裆、铁布衫而闻名遐迩。

头顶钢锥倒立功可以在 60 厘米高、1.2 米见方的桌面上设置一圆形旋转台面，中间固定一直径 1 厘米钢筋，上端连接一个直径仅为 2 厘米的钢锥，将头顶在之上，然后倒立书法。这种动态的立体展示，不但要气贯头顶，以保持身体平衡，而且还要气聚手臂，挥毫泼墨，是身体静态与手动写作、刚硬与柔美结合的完美体现。

2020 年 8 月，头顶钢锥倒立功入选洛阳市第五批市级非物质文化遗产代表性项目扩展名录。

## 六　传统美术

### （一）布贴

布贴（丝绫堆绣）起源于隋唐时期的洛阳宫廷补绣，后经河洛地区的民间巧妇通过言传身教和口耳相传，传承留存至今，已有 1000 多年的历史。丝绫堆绣用材十分讲究，大多采用软缎织锦堆贴，因而也称"堆锦"，同时因其原材料以布料居多，在洛阳地区民间又将其俗称为"布贴画""布堆画""布贴花""布摆花""拨花"等。

堆锦是洛阳民间巧女、刺绣能手在长期的丝绫堆绣实践中，融合了传统民间剪纸、刺绣、壁画、国画（工笔画、人物画）等工艺特点，并在此基础上，从生活出发，就地取材，采用不同色彩、不同质地、不同形状的布块，通过布缝和补花布饰，创造出具有浓郁乡土气息和生活气息的布贴作品，其画面具有浮雕感和层次感。色彩丰富鲜艳，剪贴边线明朗整洁，题材丰富多彩，且带有木刻版画中刀工的特点，充满浓郁的河洛地域文化气息和生活气息。

2011 年 12 月，布贴入选洛阳市第三批市级非物质文化遗产名录。

### （二）刘爱弹样剪纸

剪纸是一种镂空艺术，在视觉上给人以透空的感觉和艺术享受，是中华民族最古老的民间艺术之一。刘爱弹样剪纸是指刘爱传承并创作的极具特色的剪纸花样以及包括抿纸、弹样、剪花在内的整个工艺流程，是对传统剪纸的继承和发展。

我国剪纸的起源在商代，早期的艺术载体是刻画皮革、金银箔片和玉片透雕。出土的历史文物证实，早在战国时期就已有用皮革镂花和银箔镂空刻花的技艺。但真正意义上的剪纸是在公元前西汉时期伴随纸的发明才开始出现，东汉蔡伦造纸术的发明推动了剪纸技艺的发展和普及。剪纸技艺在唐朝已经达到很高的艺术水平，到宋朝时已发展成为精致且普及的艺术行业，成为生活中一种被广泛使用的艺术形式。明清时代的剪纸艺术逐步走向成熟并达到鼎盛，其运用范围也更为广泛，民间灯彩上的花饰、扇面上的纹饰以及刺绣的纹样都是以剪纸作为装饰进行再加工。

洛阳剪纸历史源远流长。河南剪纸艺术水平最高的地区是豫西，而洛阳即其重镇。在民国时期，洛阳有专营剪纸或兼营剪纸的作坊，也有以剪纸为业的普通家庭。居住在洛阳老城东关的刘爱就出生于一个剪纸世家。刘爱8岁开始跟着母亲何仁学习剪纸以贴补家用，不到20岁就成为洛阳地区远近闻名的剪纸能手，她的剪纸作品因为花样新、手法精而远销周边各县乡。为提高剪纸产量，刘爱与姐姐刘爱娃发明了弹样技术，通过抿纸、弹样可一次剪出三对相同的花样。

刘爱的剪纸作品灵透、精巧，传统性与时代性兼容，装饰性与实用性俱佳，既有"凤凰戏牡丹""连生贵子""竹报平安"等传统花样，也有"思想进步""抗美援朝"等颇具时代特征的花样；既有兜兜花、耳暖花、袖头花等日常绣样，也有枕头花、鞋面花、鞋底花等丧葬花样，门类非常广泛。在刘爱后人的传承和努力下，刘爱弹样剪纸技艺继续创新发展，不断焕发新的光彩。

2014年12月，刘爱弹样剪纸被列入洛阳市第四批市级非物质文化遗产代表性项目扩展名录。

### （三）刘心牡丹纸雕

洛阳是中国剪纸流行最早的地区之一，洛阳剪纸历史悠久，风格独特，源远流长。据考证，洛阳剪纸起源于隋唐，从造型风格上大致可分两类：一类是用剪子铰制而成的比较粗犷厚朴的民俗剪纸，常作窗花之用，主要分布于农村；另一类则是以线为主、线面结合，用刻刀刻制而成的极为精细的精巧型剪纸，经过框裱或轴裱之后作为装饰或礼品之用，主要流行于城区。刘心牡丹纸雕属于后者，它既继承了豫西剪纸的艺术风格，具有商周青铜纹饰、南阳汉画像石、北魏龙门造像和宋代开封木版年画的特点，质朴粗犷，雄浑大气，又突出了洛阳剪纸的文化特色，题材上更偏重表现洛阳的牡丹文化和历史风物。刘心牡丹纸雕是洛阳剪纸艺术的一个优秀代表。

刘心现为河南省工艺美术协会会员、洛阳市美术家协会会员、洛阳市剪纸学会理事。刘心自幼受祖辈的教育和影响，对民间剪纸艺术产生了浓厚的兴趣，随着年龄和阅历的增加，对中国传统文化尤为情有独钟。为了学习和掌握剪纸艺术，除了继承祖辈的真传技艺，他还先后赴山西、陕西、天津、河北、山东、广东、江苏、浙江等地考察学习，在虚心求教和挖掘传统的基础上，逐步形成了自己独有的技法和风格。

刘心的剪纸作品题材广泛，意寓深长，生活气息浓郁。历史故事、民间传说、民俗风情无所不包。其造型设计疏密有致，精湛刀工细致入微，每件作品都十分生动、有趣、耐看。其作品多以系列形式出现，有《洛阳牡丹》系列、《龙门印象》系列、《洛阳印象》系列、《青花瓷韵》系列、《敦煌飞天》系列、《人物肖像》系列等，既有精巧的小品，又有巨幅的长卷。

刘心牡丹纸雕作品以优质宣纸和硬质纸为载体，以独有针刀技法精工刻制而成，主题凝练、层次分明，粗犷中见清秀，雅拙中藏精巧，可谓"千剪不断，万剪不乱，细如发丝"。刘心牡丹纸雕艺术经过几代人的传承和创新，已成为洛阳知名的剪纸品牌。

2014年12月，刘心牡丹纸雕被列入洛阳市第四批市级非物质文化遗产代表性项目扩展名录。

### （四）洛阳宫廷微雕剪纸

洛阳宫廷微雕剪纸与其他民间剪纸的主要区别表现在以下几个方面。一是色彩表达不同。民间剪纸多为红色，而洛阳宫廷微雕剪纸多为黑色，洛阳古代皇帝结婚使用的双喜字也是黑色的（目前收藏在北京故宫博物院）。二是使用工具不同。民间剪纸主要使用剪刀，洛阳宫廷微雕剪纸主要以雕刻刀来制作，洛阳宫廷微雕剪纸作品甚至要使用放大镜来制作，刀法细腻、流畅、飘逸，具有"千刀不乱、万刀不断、细如丝绸"的神奇魅力。三是受众不同。过去民间剪纸局限于农村老百姓的婚丧嫁娶和春节张贴使用，适用于农村家庭气氛布置，洛阳宫廷微雕剪纸在宫廷雕花（剪纸语言的画稿附着在木制品上雕刻）、龙椅雕刻技法上多有展现，皇室家族及达官显贵常以此昭示自己地位的显赫。

洛阳宫廷微雕剪纸第一代传承人王金朝生于清道光二十九年（1849

年），是清代官府雕刻匠。王金朝将清代宫廷剪纸样式引入洛阳，在老城一带传承至今。洛阳宫廷微雕剪纸作品完好地保存了清代宫廷微雕剪纸的技艺，与民间剪纸相比，其剪纸作品以宫廷文化、历史文化为主，以手法细腻著称，有"细如丝绸"的效果。

洛阳宫廷微雕剪纸制作材料为生宣（宣纸），制作工具为刻刀和刻板，有时还需要一副卡有放大镜的镜框。具体过程如下：先画稿，进行剪纸语言的设计；接着将宣纸染色，可根据不同作品色彩的要求，在不同色浆池内染制不同色彩的宣纸，一般3天可以将宣纸阴干；再将画稿与宣纸装订在一起，铺平在重物下压放7天；之后，将装订好的画稿和宣纸拿出垫在刻板上开始用刻刀雕刻，由外至内、由简至繁，边雕刻边剔除镂空的纸屑；最后，拿掸上面的画稿，下面刻好的宣纸即为作品，可张贴，或者装裱悬挂。从染纸、画稿、制作刻板到用刀雕刻，一幅作品至少需要50道工序，每道工序都是纯手工制作，每一刀都得一气呵成，不能有丝毫差池，若刻断一根线条则整张作品作废。

2014年12月，洛阳纸雕被列入洛阳市第四批市级非物质文化遗产代表性项目扩展名录。

## （五）张乾泥塑

张乾泥塑始创于清朝末年，是一种具有地方特色的民间泥塑艺术，主要流传于宜阳县。张乾，祖籍渑池县，少年时入户宜阳福昌村，师从祖父张三甲和父亲张黑子，以泥塑为生，技艺精湛。韩城青年赵宏涛拜张乾为师，专心学艺，全面继承了张乾泥塑技艺。张乾泥塑以师徒形式传承至今。

张乾泥塑用料讲究，以洛河深层淤泥与大雨淋过的红黏土按比例混合，经过搅拌、过滤、沉淀，再经过数十天醒土、晾晒后制成泥坯备用。创作前，通过对泥坯进行反复的揉、打、甩，盘成活泥，待雏形完成适当阴干后再进行精雕细刻。张乾泥塑以人物为长，其造型夸张，表情生动质朴。第四代传承人赵宏涛在继承传统的基础上，注重创新与发展，其作品以泥人为主，并衍生出民俗摆件、假山石玩、泥砚及大型雕塑等多种泥塑艺术品。为使泥塑能够长期保存，其借鉴陶器烧制技术，根据所需颜色进行烧制、焙窑、浸窑，使泥塑作品更有质感，更具实用性。他的泥塑作品《洛阳柱》获"河南之星"设计大赛二等奖；《解放区的天》入选河南省第十二届美术作品展。

2020 年 8 月，张乾泥塑被列入洛阳市第五批市级非物质文化遗产代表性项目扩展名录。

### （六）宋氏面塑

据史料记载，面塑艺术起源于汉朝，是研究历史、考古、民俗、雕塑、美学不可忽视的实物资料。

宋氏面塑创始人为宋成德，生于清光绪四年（1878 年），其一生坎坷，四处漂泊，靠捏面人小手艺和打短工谋生。宋作君是宋氏面塑的第二代传承人，以赶大车和捏面人小手艺谋生。宋丙建是宋氏面塑的第三代传承人，以制作传统面塑为主。宋展克为宋氏面塑的第四代传承人，他在继承祖上技艺的同时，大胆创新，学习众家之长，并将其融入宋氏面塑制作，使宋氏面塑技艺更上一层楼。

宋氏传统面塑主要以面粉和糯米粉为主原料，按比例加入蜂蜜、香油、石蜡、甘油、盐、白糖、防腐剂等，并加入颜料调成各色面泥。面泥配方经过多次改良，做出来的作品不霉不裂不长虫，并可长久保存。宋氏传统面塑的特点是借鉴寺庙传统彩塑和西方雕塑手法，造型完整饱满，手法细腻，神情淳朴敦厚，色彩清新素雅。制作面塑的工具非常简单，有拨子、梳子、篦子、竹签、剪刀、铁丝等，拨子一般有竹制的、牛角质制的，也有由亚克力制作的。

2020 年 8 月，宋氏面塑被列入洛阳市第五批市级非物质文化遗产代表性项目扩展名录。

### （七）河洛面塑

河洛面塑由祭祀"端馔"演变而来，古人常以人牲为祭品祭祀祖先、神灵或自然万物，随着社会进步，开始以"面塑"人物配以牛、羊、豕等，取代活人祭祀，元、明、清时期，在洛阳仍保留着祭祀"端馔"习俗，并在民间广为流传。

河洛面塑直接传承谱系源于清末民初，第一代宗师为偃师南部面塑大师郭龙车。郭龙车家族世代为"端馔"匠作中的面塑艺人，后收徒李金平等十二人，李金平传其子李荣庆，李荣庆传侄李宏超，目前已传至第五代。河洛面塑形象逼真，造型生动活泼，色彩鲜艳，作品内涵丰富，和谐悦目，形式多样，不拘一格，易于保存。

河洛面塑具有艺术审美功能和礼仪民俗功能，与本地风俗风情紧密联系，并随之发展而变化。它保留了豫西乃至中原地区以祭祀活动为特点的传统民间文化，是研究豫西地区民众祭祀礼制活动和生活情况的重要依据，在民俗学研究中具有不可替代的作用，同时具有民族文化传承和教育功能。

2020年8月，河洛面塑被列入洛阳市第五批市级非物质文化遗产代表性项目扩展名录。

## （八）孟津木雕

木雕是雕塑的一种，可以分为立体圆雕、根雕、浮雕三大类。木雕一般选用质地细密坚韧、不易变形的树种如楠木、紫檀等。而根雕则采用自然形态的树根雕刻，依照根材的固有特征，灵活把握根材的色泽、洞穴、疤瘤、纹理等。孟津木雕中木雕、根雕技艺兼长，其制作流程包括审料、沟通、构思、打胚、雕刻、抛光打磨等工序。传承人安少明及其团队以浮雕、镂空雕、立体雕等手法雕刻各类题材的艺术品。他们在对洛阳传统文化、民风民俗进行调查研究后，结合本地房屋建筑雕刻出一批富有当地特色的"民居""山水"，雕刻作品《岁月古门》《童趣》等凸显带有怀旧情结的儿时记忆场景，其作品在北京、上海、湖北、浙江、山西及河南，特别是洛阳周边地区很受欢迎。2016年5月他们创作了"一带一路"系列作品。2016年8月与江西根雕大师曹小武合作的根雕作品《屈子行吟》在福建省根雕大赛中获金奖。

2020 年 8 月，孟津木雕被列入洛阳市第五批市级非物质文化遗产代表性项目名录。

### （九）金石博古画

金石博古画作为一门传统艺术，萌芽于唐宋，兴盛于清中叶至民国时期。金石博古画将中国传统金石传拓技法与博古画技法相结合，是中国传统金石学、金石传拓技术与书法、国画技法的完美组合，这种表现手法使其画面具有浓重的金石意味，展现出古朴苍拙的肌理质感，有着独特的东方美学特征。

2020 年 8 月，金石博古画被列入洛阳市第五批市级非物质文化遗产代表性项目名录。

### （十）陶艺篆刻

篆刻艺术是书法（主要是篆书）和镌刻（包括凿、铸）结合的艺术，陶瓷的经典色釉、造型和品种为此提供了丰富的素材，可塑性强于石印。陶艺篆刻技艺就是制作陶瓷印章的相关技艺，是用传统制作陶瓷用品的原料，综合陶艺烧制、篆刻等技艺和多工序制作的技艺，拓宽了传统印章的发展空间。河洛地区是中国制陶业的发祥地，从二里头文化、仰韶文化、巩义窑瓷到洛阳唐三彩，无论是器型制作、图案刻画，还是底款刻制，篆刻艺术始终伴随着陶瓷艺术的发展，成为中国传统文化符号，明清瓷器高度发展和瓷艺篆刻的有机结合更使陶瓷篆刻技艺大放光彩。

2020 年 8 月，陶艺篆刻被列入洛阳市第五批市级非物质文化遗产代表性项目名录。

### （十一）皮雕

皮雕是一种古老的皮革加工雕刻技艺。早在商周时期，朝廷就设有专门官吏，掌管全国的皮革工艺。古代的皮雕工艺主要用于马鞍马具、铠甲战车制作等，具有较强的实用性和观赏性。我国不同民族地区的皮雕呈现出不同的地域文化，有着民族审美的鲜明特性。皮雕制作主要包括转印、描图、刻刀线、敲边线、打立体、顶凸、染色、防染、油染、组合、缝合、磨边等数十道工序。

2020年8月，皮雕被列入洛阳市第五批市级非物质文化遗产代表性项目名录。

# 七 传统技艺

## （一）新安钧瓷烧制技艺

新安县钧瓷烧造技艺历史悠久，质量上乘，宋元时期隶属中国钧窑、汝窑、磁州窑、耀州窑等名窑系列。《中国陶瓷史》载：以河南禹县为代表的钧窑系，在元代一直生产着传统品种——天蓝釉、月白釉及蓝釉红斑器物。元代烧制钧瓷的窑场主要在北方广大地区，在河南有鹤壁、安阳、浚县、淇县、新安、临汝等地。清代、民国时期的新安县县志更是多次记载了北冶镇等的瓷器生产状况。

新安县内有古瓷窑遗址23处，其中2/3集中在滩子沟一带。介长来、介凤锦两位烧瓷师均居住在滩子沟村，世代传承钧瓷烧造技艺，在继承传统的基础上不断创新，以烧制钧瓷的瓶、壶、枕、碗、盘为主，亦烧造民用缸、盆罐等粗瓷，在民用瓷器方面，他们用独特技艺配方烧制的蒜臼在豫西堪称一绝，盛装蒜水夏季隔夜而不变味。钧瓷瓶、壶等品种得祖上真传，光泽莹润、灿如晚霞，为少有的艺术佳品。其制作工艺流程如下：把从山坡深处挖出来的坩子土放入场内晒干风化；再用水浸泡，人工、畜力、机械搅拌均匀；然后把浑水放入池中沉淀；把沉淀好的泥浆晾至一定硬度，搬运到作坊中，用专用铁铲反复铲切成堆，人站在泥堆上反复踩压，使其软硬均匀，适宜手工制作；匠人做活前仍要将泥铲切、踩压一遍，搓成泥头或泥条备用；匠人在转动的轮子上用娴熟的手法将泥条制成各种各样的坯品，通过整形、晾晒、上釉等一系列工序后，装窑待烧；烧制瓷器时温度达到1200~1300度方可停火。起火要慢要稳，停火降温亦须自然，不可操之过急。

新安钧瓷的特点是不漏水、不过盐、不渗油、耐酸碱，并且因瓷器所处窑炉内位置不同，烧成的瓷器硬如石、亮如镜、声如钟，颜色则有棕红、鲜红、天蓝、橘黄、豆绿等。

2010年2月，新安钧瓷烧制技艺被列入洛阳市第二批市级非物质文化遗产名录。

### （二）洛宁蒸肉制作技艺

洛宁蒸肉最早可以追溯到宋代，经过历史的变迁，洛宁蒸肉真正的创始人已无从查考。现在洛宁人逢年过节、招待宾客、老人过生日、家庭办喜事，都要吃蒸肉来庆贺，"蒸肉"已经成为洛宁人招待亲朋好友和外来宾客的最高礼遇，成为名副其实的地方名吃，既是节日盛馔，也是待客佳品。

洛宁蒸肉采用传统工艺，选料以当地特产为主，选用肥瘦相间的多层五花肉，或选用骨小肉多的排骨，粉条使用纯正红薯粉条。蒸肉的制作工具必须是用生铁铸造的铁笼、铁锅。制作时，把切好的肉片过水后用调料腌上，腌肉时一定要拌上大葱。接着就可以烫粉条了，待粉条儿发软而不发黏时捞出，与肉、玉米面及调料等搅拌均匀。然后擀一块薄面皮铺在笼篦上，再将原料铺在面皮上，上锅蒸熟即可。出锅后，味香色佳，粉条一根根互不粘连。只有经过十几道工序，才能做出"砂棱嶒、虚腾腾、黄灿灿、油蓬蓬、既好看又好吃"的洛宁蒸肉。

2010年2月，洛宁蒸肉制作技艺被列入洛阳市第二批市级非物质文化遗产名录。

### （三）太仓毛笔制作技艺

毛笔最初用兽毛捆扎，放置于竹竿和木竿中，沾泥浆所写，经过几千年的演变和发展，毛笔作为书写的主要工具，为我国的文化传承做出了不可磨灭的贡献。

孟津平乐镇太仓村的毛笔制作始于明末清初，距今有300多年的历史，多以家庭作坊为主，手工制作，代代相传，在清朝至民国前后达到鼎盛。当时在太仓村从事毛笔制作的有二三十家，其中以"玉天斋""潘友文""潘书冒""潘云升""潘太升"最为著名。

太仓毛笔以"笔齐、肚圆、头尖、体健"而著称，笔尖凝聚，结实柔软，毛不掉不脱、不分不叉，使用起来刚柔相济、得心应手，可挥洒自如、虚实并进，写出的字遒劲有力，婉转流畅，深得使用者的称许和赞美。太仓毛笔制作技艺精湛，毛笔选料上乘，外形美观，制作技艺求精，经久耐用。

2010年2月，太仓毛笔制作技艺被列入洛阳市第二批市级非物质文化遗产名录。

### （四）梅花玉雕制工艺

梅花玉因产在汝阳县，曾有"汝玉"之称。其质地细腻且硬度高，天然色奇，由黑、红、绿、蓝、黄、白等多种颜色组成梅花图案。梅花玉内含铁、锌、钠、镁、钾、钙等10多种对人体有益的微量元素及稀土、磁铁等成分。

梅花玉从发现至今，在人们的生产生活和文化交流中起到了重要作用。特别是新中国成立后，矿区周边村民以打制健身球和烟袋嘴为主，换取生活零花钱之需。1969年上店乡武文创办了社办企业梅花玉器厂，之后相继有李聪民、李献国、袁海江、朱保国办起梅花玉工艺厂。他们在工艺传承方面，为文化遗产的保护和发展做出了很大贡献。

梅花玉生产工艺流程较为复杂，每道工序都有其特殊性，这些制作技艺是我国劳动人民长期生活实践的智慧结晶，它蕴含着丰富的科学技术基因，是一份极其宝贵的历史文化遗产。

2010年2月，梅花玉雕制工艺被列入洛阳市第二批市级非物质文化遗产名录。

### （五）糖塑技艺

糖艺，又名糖塑，俗名吹糖人，是以糖稀为原料，以人工捏、吹、拉、提、压等方式，在特定的时间内制作成各种类似动物、植物、鸟类、水果、人物等形状的糖塑作品。制作成的作品，不仅有很高的观赏和艺术价值，而且可以食用。

赵留合是糖塑技艺的代表性传承人，15 岁时起他就师从叔父赵遂庆学艺，属世代传承。在近 50 年的学艺生涯中，他在前人技艺的基础上有所创新。因此，经他做出的作品，不仅高雅、耐看，而且种类多，色泽美，活灵活现，栩栩如生，在民间广受欢迎。农村操办红白喜事时，糖艺可以设馔摆祭；各种庙会期间，糖艺作品尤其被青少年追买；该技艺还为许多大型盛典、寺庙神像开光活动制作供品。赵留合的糖塑作品造型别致，寓意深远，曾被洛阳电视台、偃师电视台、《洛阳日报》等媒体专题报道。

2010 年 2 月，糖塑技艺被列入洛阳市第二批市级非物质文化遗产名录。

### （六）马杰山牛肉汤制作技艺

马家牛肉汤历史悠久，最早可追溯到清代咸丰元年（1851 年），自马家祖辈创始以来，沿袭至马杰山清真汤馆的主人马世贤先生已有七代之久，其传承系统是：（因前两代名字失考，故从第三代起）马新接→马福升→马杰山→马世贤→马继彪、马继承。

马杰山牛肉汤用料十分讲究，必须选用四五岁的牛，因为喂养时间长，肉质筋道，煮出的汤口感会更鲜美。牛肉下锅前至少浸泡 12 个小时，其间要换 3 次水。只有经过充分浸泡和清洗后的牛肉，才可以下锅。用料讲究是马杰山家煮出一锅好汤的诀窍。虽然马杰山牛肉汤已经传了七代人，但依然严格按照祖方选料、配料，且分季节选配，精研细磨，不能有丝毫马虎。不仅讲究用料，对煨汤也有要求。马杰山牛肉汤每天煨汤必须在牛肉煮至六成熟时放料，汤煮好了，还得边滚边卖，直到卖完为止。正是有了这一道道近似于打造工艺品的"讲究"，才让马杰山牛肉汤成为洛阳人心中渴求的一碗好汤。

2010 年 2 月，马杰山牛肉汤制作技艺被列入洛阳市第二批市级非物质文化遗产名录。

### （七）王氏风筝制作技艺

风筝起源于春秋战国时期。在古籍中对风筝多有记载，如《韩非子·外储说左上》："墨子为木鸢，三年而成，蜚一日而败。"风筝的制作和放飞在中国历史悠久，流传广泛，拥有深厚的群众基础和隽永的艺术魅力，在我国民俗活动中占有一席之地，对中国风筝的研究有着极其重要的历史价值和艺术价值。

王氏制作风筝从明洪武三年至今，家族传承已二十六代。王氏最先由山西洪洞县移民河南长垣，后又因黄河泛滥迁至开封、郑州、洛阳。王氏风筝的特点是形式古朴，骨架简洁，用料经济，飞翔性好，适合大众制作放飞，并且在传统风筝制作基础上有所创新，制作出有中国特色的软体风筝、复线风筝等。

2011 年 12 月，王氏风筝制作技艺被列入洛阳市第三批市级非物质文化遗产名录。

### （八）平乐脯肉制作技艺

平乐脯肉是流行在孟津区平乐镇的一种菜肴，制作方法在当地由郭氏家族代代传承至今。

郭氏祖上家境贫寒，祖辈郭积礼在家中排行老大，为养家糊口，经人介绍到王府帮厨，郭积礼为人随和，自幼聪明好学，对做菜也很有兴趣。一次，为了宴请重要的宾客，王爷下令要做出独具地方特色的食物，既要以地方特色为代表，又要舍弃平常吃惯了的山珍野味，经过一番苦思冥想，郭积礼就用当地特产的红薯粉以及红薯粉条加之农家饲养的猪肉和土鸡鸡蛋为原料，配以葱姜蒜和鲜肉汤，加以搅拌后将其铺成长方形的块状，放入油锅里炸至七成熟，然后再上笼蒸一小时。食用时切成长条状或炒或蒸，再配以洛阳烧制的蓝花瓷碗，显得大方典雅，古色古香。宾客吃后赞不绝口，称赞这道菜荤素结合、不肥不腻，且营养价值高。由于制作雏形是铺出来的，故名"脯肉"。

洛阳水席是豫菜的一个分支，至今已有1000多年的历史，也是中国迄今保留下来的历史最久远的名宴之一。平乐脯肉是其中一道最具代表性的菜品，体现了一定时期内平乐乃至洛阳地区饮食业发展的水平，为研究洛阳饮食文化提供了重要依据。直到今日，平乐脯肉仍是当地婚宴、诞辰、喜庆等重要活动时的代表性菜肴。

2011年12月，平乐脯肉制作技艺入选洛阳市第三批市级非物质文化遗产名录。

### （九）洛宁棉纺织技艺

洛宁棉纺织技艺，又称洛宁女红，是一种古老的民间传统手工技艺，在洛宁历史悠久，是标准的土纺土织。据史料记载，与洛宁县城隔河相望的涧口乡一带，远在春秋时期就有以麻织布的习俗，称为"麻布"，自棉花传入中国后，洛宁人的纺织习俗由麻纺织转入了棉纺织，并广泛应用于民间，如今的洛宁女红制品就是原始土纺土织的缩影。

洛宁女红使用的纺花车、织布机原始、古老，组合巧妙，工艺过程复杂精湛，产品清秀自然、古朴无华。棉花自种自弹，棉线自纺、自染、自经、自织，花色自行设计。有白细布、条子布，大小方格布，提花格子布等十余种布制品。可制作各种衣服、被单、床单、门帘等，质地柔软，雅而不俗，吸汗性强，透气性好，是地地道道的绿色生态环保产品。

随着现代工业和现代农业的快速发展，许多传统的手工技艺受到了前所未有的冲击，逐渐失去生存和发展的空间。然而，在洛宁县涧口乡的农家小院里，仍回响着纺花车、织布机纺线织布的声音，它已不再是为了自织自用，而是新时代对保护和传承民族文化的坚持。传统棉纺织技艺在现代人们的生活中虽失去了主流地位，但作为华夏农耕文明的重要组成部分，仍需要珍惜和保护。

2011年12月，洛宁棉纺织技艺入选洛阳市第三批市级非物质文化遗产扩展项目名录。

### （十）李龙锡小米黄酒传统制作技艺

在江浙一带黄酒多采用大米或糯米为原料发酵酿制而成，而洛阳市老城区西大街的李龙锡小米黄酒则采用小米发酵酿制。小米黄酒是一种中温性的药酒，由小米和中药发酵而成，亦药亦酒，既可直接饮用，又可做多种中药方剂的药引子，不但能提高中药的疗效，还有解毒和保护肠胃的作用。

中医的方剂有汤、丸、散、膏、丹、酒、露等十余种剂型。其中的酒剂古称"酒醴"，亦称"药酒"，繁体的"醫"字中即能看到"酒"的雏形。最早见于文献的是《黄帝内经》中的"鸡矢醴"，《金匮要略》中亦有红兰花酒的记载。不同于白酒、葡萄酒，黄酒是用糯米或小米发酵而制，性味温厚，既是药品，又是饮料和食品。

李龙锡小米黄酒创始于清光绪年间，已有百余年历史，由居住在老城西大街的李龙锡创制，采用古法酿酒技艺，酒性中温，老少皆宜，在民间被广为饮用。

李龙锡小米黄酒的主要原料为小米，再配以山楂、陈皮、黑豆及20多味中药，这样酿造出来的小米黄酒含有人体所需的多种氨基酸及维生素。从工序上来说，李龙锡小米黄酒首先要将小米浸泡12个小时；其次，进行双炊（即将小米蒸两次），之后将蒸好的小米降温，撒上酒曲、药曲，均匀搅拌后装缸，并进行48个小时的糖化；再次，注入小米酒原浆（传统麦曲）和熬制好的酒药，经过两次发酵后才能压榨出酒；最后，进行调配、精细过滤，并灭菌灌装。

中医认为黄酒能通血脉、利肠胃、润皮肤、养脾气、护肝胆、除风湿、祛寒、补血、养颜，具有与中药天然糅合的因子与亲和性。作为药引，它不但能将药物的有效成分溶解出来，还能将药效引导到有关经络和脏腑中，祛除身体的疾病。千百年来，黄酒的药、食两用价值已体现得越来越充分。李时珍曾在《本草纲目》中指出："诸酒醇醴不同，唯米酒入药用。"另外，还有70余种药酒需要用黄酒作为酒基而配制，它被广泛地使用于内科、妇科、外科等所用的各种中药剂型中。

2014 年 12 月，李龙锡小米黄酒传统制作技艺入选洛阳市第四批市级非物质文化遗产代表性项目名录。

### （十一）三彩釉画烧制技艺

三彩釉画烧制技艺主要分布在以洛阳为中心的河洛地区，发端为夏代的原始瓷，传承于汉、唐三彩釉色工艺，从宋代开始，三彩工艺在手法上开始注重器表的装饰，以线条和釉色勾勒造型，之后明代珐华三彩的立粉勾勒，更为三彩釉画烧制技艺奠定了工艺基础，从此该技艺日趋成熟、完备。

三彩釉画烧制技艺是在素烧过的平面瓷板或器型上，二次或多次立线施釉烧制而成，分为采矿、炼泥、开模、制坯、素烧、立线、阴刻、煅烧、配釉、磨釉、施釉、烧制等数十道工序。传承人郭爱和历经近 40 年传承发展，将三彩釉画传统釉色从十余种发展到可烧出大红、翡翠等上千种釉色，用调和、重叠技法解决了三彩釉色流动不可控的难题，烧成的瓷板幅面也由小到大，其三彩釉画作品有着艳、亮、透、流、融等特征。

三彩釉画烧制技艺对传承三彩发展进程，丰富三彩技艺，发展地方文化产业、非遗扶贫、带动经济发展等有重要作用，在陈设、文创、环艺等艺术创作方面也有很好的发展前景。

2014 年 12 月，三彩釉画烧制技艺入选洛阳市第四批市级非物质文化遗产代表性项目名录。

### （十二）老龙门农家芝麻焦干饼制作技艺

老龙门农家芝麻焦干饼制作技艺从清代一直延续至今，具有上百年的传承历史。尤其是丰李镇的"李氏芝麻焦干饼"，是经过几代传承人的精心研制实践形成的，是具有独特食疗效果的传统手工制作食品，其声名远播河洛大地。

李氏芝麻焦干饼制作工序繁杂，每道工序都有很高的技术性要求。和面时要加入食盐、黑芝麻、白芝麻，将鸡内金、蝉蜕、牵牛花籽碾碎撒入面粉中，再根据一定比例打入鸡蛋后开始和面。擀面时要用力均匀，擀得面饼又圆又薄，最后的面饼薄如纸张。然后再把面饼放到鏊子上进行烙炕。烙炕时必须不停地用翻馍杈用力压着面饼，使其充分接触鏊子并不停地翻转面饼，从而达到受热均匀的效果。从选麦、磨粉、擀面、烙炕……每张薄饼要经过近十道工序，全部为手工制作。纯手工制作使李氏芝麻焦干饼始终保持着焦酥、口感醇厚等优点。

2014年12月，老龙门农家芝麻焦干饼制作技艺入选洛阳市第四批市级非物质文化遗产代表性项目名录。

### （十三）伊川手工棉纺织技艺

手工棉纺织技艺是几千年来劳动人民世代沿用的一种手工织布工艺。《三字经》中就有"昔孟母，择邻处，子不学，断机杼"一说，可见春秋战国时期就有了这种手工织布技艺，到现在已经有2000多年的历史。

伊川手工棉纺织技艺的制作主要包括纺线、打线、浆染、落线、经线、刷线、作综、闯杼、掏综、吊机子、栓布、织布、了机等数十道工序。主要传承人岳翠萍自20世纪五六十年代开始通过家传学习织布工艺技法，深入研究后，她在前人基础上有所创新，进一步传承弘扬了手织布制作技艺。手工织布质地柔软，透气性好，又因其线粗纹深，整个布面形成无数个按摩点，对人体皮肤起到按摩作用，具有良好的保健效果。

2020年8月，伊川手工棉纺织技艺入选洛阳市第五批市级非物质文化遗产代表性项目扩展名录。

### （十四）雀金绣织绣技艺

"雀金绣"因其主要材料使用孔雀羽翎和黄金丝线而得名，以珍贵的雀羽线、金缕线为主要线材，并配以多种色线，采用编织、雕塑、缂金等多种刺（织）绣技艺，是纯手工巧妙制作的传统织绣技艺。洛阳是雀金绣织绣技艺的主要发祥地之一。据《尚书·禹贡》载"厥篚织文"，早在战国时期就已经有加工黄金来捻制绣线的技术。南北朝时期，丝绸之路促进了各国的文化交流，金线的流行就比较平常了。隋朝时期，这项技术在洛阳得到了更好的发展。至清代，着孔雀羽服饰在宫廷、贵族中更加流行。据洛阳史志记载，晚清民国时期，洛阳老城有绣坊四十八家，除了普通绣品坊外，王氏仁山堂、贺氏柏谷堂、陈氏三秀堂三家绣坊专门生产雀金绣，在当时颇负盛名。传承人王丽敏的祖父母就分别来自其中的王氏与贺氏二家，她的祖父母都是当时知名的雀金绣传人，她自幼跟随祖父母学习雀金绣技法，经过多年潜心研究和探索实践，不仅恢复了雀金绣和皇家御绣古代工艺，而且集染、织、绣、绘、缂、嵌等技艺于一身，使该技艺在传承中得到创新发展。

2020 年 8 月，雀金绣织绣技艺入选洛阳市第五批市级非物质文化遗产代表性项目名录。

### （十五）洛绣

洛绣是中国民间传统手工艺之一，在洛阳民间被称为"扎花"，其文物历史可追溯到 2500 多年前的西周时期，是河洛礼仪文化的物化载体。据《后汉书》记载，东汉宫中"置丝室"。刺绣的用途本为以衣服来表征地位的尊卑，后来刺绣逐渐普及民间，成为美化生活的装饰物。《洛阳伽蓝记》中也有关于绣佛的记载，至于刺绣具备的艺术性，随着发展阶段的变化而呈现不同的特色。宋以后，洛阳城市地位下降，洛阳刺绣工艺亦逐渐衰微。

刺绣又名针绣，俗称绣花，是以针引彩红（丝、绒、线），按照设计的花样，在织物（丝绸、布帛）上刺缀运针、以线迹构成纹样或文字的地方传统工艺。洛绣既具装饰性，又有实用性，千百年来广泛应用于日常服饰以及实用艺术品装饰，如荷包、绣帽、暖耳、肚兜、围嘴、云肩、绣衣、绣裙、裙带、绣鞋、枕顶、挂件等。门类广泛，风格独特，技艺精巧，有很高的艺术价值。从两汉时期的绣品看，当时的刺绣水平已很高，纹样以龙和凤为主，构图或匀称，或奇特。唐宋时期，洛阳刺绣施针均匀，设色丰富，盛行用刺绣作书画、饰件、佛像等。明清时期，民间刺绣进一步发展，独具地方特色的洛阳刺绣愈加成熟。新中国成立后，洛绣艺术一直在民间广泛流传。1983 年，洛阳市选送的 10 多件绣品在全国艺术展览会上受到好评。洛绣的针法和技法多达几十种，绣品的用途包括歌舞或戏剧服饰、台布、枕套等日常生活用品，以及屏风、壁挂等陈设品。

洛绣以特殊的艺术形式延续着中华民族的人文精神与思想脉搏，是中华民族传统文化的组成部分之一，也是观察一个地区民俗文化传承的窗口，它以托物寄语的表现方式，借用约定俗成的观念化形象来寄托人们对美好生活的向往。

2020 年 8 月，洛绣入选洛阳市第五批市级非物质文化遗产代表性项目名录。

### （十六）段氏传统布鞋衲制技艺

段氏布鞋早在清朝年间就有"河洛一针"的说法，后历经一代代母女、婆媳、父子相传，在汝阳当地享有盛名。进入 21 世纪后，人们的观念趋向回归自然。

段玉国作为段家手工布鞋制作的代表性传承人，继承了段氏传统布鞋衲制技艺，并不断探索创新，创作了大量工艺精良、花式多样的产品。现代流行的段氏传统布鞋无论在款式上还是在颜色面料上都适应了现代人的审美及朴素休闲的需求。其品种有牛仔、运动、时装、网花、绣花、休闲等，并运用朵花、碎花、暗花、绣花、格花等装饰，可与各种时装搭配。不但有棉质的，而且发展到采用平绒、毛呢、条纶布、牛仔布、仿布、帆布等材料，具有柔软、舒适、轻巧、健康的特性。

2020 年 8 月，段氏传统布鞋衲制技艺入选洛阳市第五批市级非物质文化遗产代表性项目名录。

### （十七）李水琴香包缝制技艺

香包历史悠久，自古流传至今，是古代劳动妇女创造的一种民间刺绣工艺品。佩戴香包的历史可以追溯到商周时期，据《礼记·内则》记载："男女未冠笄者……皆佩容臭。"这里的"容臭"就是指香包。到了明清时期，香包发展到了鼎盛，无论男女，皆可随身携带赏玩。近代，香包多用于民间端午节的赠品，用以驱恶避邪，表达节日祝福。

端午节戴香包是流传千年的习俗。人们认为端午节佩戴香包可以避邪驱瘟、抵抗毒虫的侵扰。洛阳民间曾有"戴个香草袋，不怕五虫害"之说。李水琴香包外形新颖独特，有传统牡丹花、荷花、元宝、金鱼、蝴蝶、老虎头，也有抱脚娃娃等状。在用料上采用纯天然材质即绸、缎、棉、麻及各种颜色的丝线，内部填充以棉为主，并配有苍术、细辛、白芷、薄荷、冰片等中草药香料。

2020年8月，李水琴香包缝制技艺入选洛阳市第五批市级非物质文化遗产代表性项目名录。

### （十八）牡丹花灯制作技艺

牡丹花灯制作技艺复杂精巧。传统的制作常将竹子劈成边条，用蒸汽加热晾干，抛光裁取所需长度，用绳子搭成花灯骨架，用白色宣纸裱糊底层，用红色宣纸剪出人物、花鸟、仕女等，将稀释的糯糊均匀地平刷在花型上裱好，也可彩绘、书写。现代花灯制作技艺经过创新更具有现代气息，用铁丝代替了竹子，一条铁丝可以任意造型，旋转、弯曲成圆，之后裱糊，由于丝绸色彩艳丽，防雨坚固，其逐渐取代了宣纸，同时在制作中还融入结构力学、电学、美学、材料学等专业学科知识。牡丹花灯手工制作作品集南北花灯之长，形成了声、光、动的特点，造型上简约大方，色彩明快。

2020年8月，牡丹花灯制作技艺入选洛阳市第五批市级非物质文化遗产代表性项目名录。

### （十九）缑氏金屯马氏制鼓技艺

相传东汉末年，京城洛阳制鼓艺人为躲避董卓之乱，迁居京畿缑氏县柏谷坞（今柏谷坞村）一带，成为缑氏制鼓业的发端。

清朝同治年间，金屯村回族皮匠马廷召及儿子马仁义，拜当地老艺人为师，学习传统制鼓技艺。马向阳在先人技艺的基础上，开发出战鼓、大鼓、排鼓、腰鼓等 10 大类 30 多个鼓类品种。马氏传统制鼓技艺分五步，分别是：生皮精制鼓皮，裁解月牙板，销钉合鼓圈，打擦踩鼓面，着钉上鼓环。鼓皮精选带血气的生牛皮，月牙板拼合鼓圈时，用钉竹木销钉拼接。最为独特的是踩鼓，先绑好井字架、压上两个磨盘，上放木盘，放好蒙皮的鼓圈，再绕绳打擦，接着 1~2 名壮汉赤脚上到鼓面上，反复踩鼓。

缑氏镇是远近闻名的制鼓之乡，北京和西安鼓楼的大鼓均为缑氏镇制作，1997 年为庆祝香港回归活动捐赠大鼓 20 面，2008 年为北京奥运会特制大鼓 2008 面，产品还远销日本、韩国及东南亚地区。

2020 年 8 月，缑氏金屯马氏制鼓技艺入选洛阳市第五批市级非物质文化遗产代表性项目扩展名录。

### （二十）药香制作技艺

古都洛阳盛产 200 多种合香所用香料，所产麝香更有"药之香魂"之称。考籍究源，自古河洛地区炮制的香药韵味自成风格，后经丝绸之路流传，中西香文化汇集融合，加之洛阳道教发展的历史悠久，又融合了道教合香的神秘内涵，自汉唐以来河洛道教合香都是历代文人骚客的馈赠佳品和朝贡珍品。正是洛阳独特的地理位置和深厚的历史文化底蕴，形成了药香这一传统手工艺品。

2020 年 8 月，药香制作技艺入选洛阳市第五批市级非物质文化遗产代表性项目名录。

### （二十一）牡丹香制作技艺

香的起源可以追溯到 2000 多年前的先秦时期，当时混合香料就被广泛应用于生活，从士大夫到普通百姓都有随身佩戴香囊和插戴香草的习惯。到了汉代，名医华佗曾用丁香、百部等药物制成香囊，悬挂在居室内，用来预防肺结核病。在香道发展鼎盛时期的宋代，用香成为普通百姓追求美好生活不可或缺的一部分。医学家李时珍用线香"熏诸疮癣",行医治病。在清宫医药档案中,慈禧、光绪御用的香发方、香皂方、香包方、香浴方、香丸等更是丰富多样。

洛阳牡丹栽培始于隋,鼎盛于唐,宋时甲于天下,共有 1000 多个品种,这给制作牡丹香提供了极大的便利。宋代洛阳香学家陈敬系统地总结了香文化,著《香谱》一书,其中把牡丹香作为一种类别。此后,牡丹香在洛阳得到传承。牡丹香经过几百年的发展,有独特的工艺流程和制作方式,一般用料是牡丹花朵,将一朵牡丹的花瓣、花蕊、花粉入香,保留牡丹花的完整成分。既可以牡丹花单独成香,也可以将牡丹花与其他香料结合,做成牡丹合香。牡丹香常见的形态有线香、塔香(锥香)、盘香、炼香(香膏)、粉香、竹签香、香灸、香珠、香牌等多种形态,每种都有不同的作用和适用的场合。

牡丹香以牡丹作为载体,融合自然科学和人文科学,体现人与自然和谐统一的香文化。

2020 年 8 月,牡丹香制作技艺入选洛阳市第五批市级非物质文化遗产代表性项目名录。

## (二十二)弓箭制作技艺

弓箭文化是中国历史悠久的文化之一,从最早的生产和军事工具到礼仪、人文教育和竞技体育用品,涉及诸多领域,兵家将弓箭奉为十八般武艺之首,儒家将其作为君子六艺之一,围绕弓箭发展的民族文化贯穿了整个中华民族形成的历史进程。最早关于弓箭制作的记载出现在周代的文献《考工记》,后来宋代的《武经总要》、明代的《天工开物》以及清代的《大清会典》等文献均有相关记录。

宜阳柳泉周氏从明代有记载开始,历代均有弓箭制作传承。周氏家族有制弓习射传统,周氏族谱记男子制弓箭习射,以为强身健体、凝聚人众之意。周氏传人周昊庭依家族传统将制弓技艺传给其子周宏波、彭跃宏。彭跃宏抛弃门户之见开始招收徒弟传授祖传技艺。其徒张智超 2008 年跟随师傅学习制弓技术，在师傅的指导下深究其理，广思其用，结合现代科技、材料，探索传统弓箭的现代复原制作，2014 年他又收徒江宜航，传授弓箭制作技艺，专攻验弓习射、弓箭调协。

2020 年 8 月，弓箭制作技艺入选洛阳市第五批市级非物质文化遗产代表性项目名录。

### （二十三）金银细工制作技艺

中国金银器制作工艺自商周时期产生以来，迄今已有 3000 多年历史。到东汉时期，锤蹀、掐丝、累丝、炸珠、焊接、镶嵌等金银细制作技艺已大体完备。经唐至清代 1000 多年的发展，特别是明代以后景泰蓝工艺的运用，使之更加流光溢彩、金碧辉煌，因为金、银自古以来材料昂贵，制作繁复，从而形成了一门独特的精细工艺——金银细工技法。

洛阳白马寺地区金银细工技法，传承自盛唐，延续自明清，通过对金银材质的加工制作，利用金银质地柔软、延展性强的特点，通过长时间的技法磨砺，制成薄如蝉翼、细如发丝的精美绝伦作品。

2020 年 8 月，金银细工制作技艺入选洛阳市第五批市级非物质文化遗产代表性项目扩展名录。

### （二十四）青铜器制作技艺（高新区）

中国青铜时代约始于公元前 21 世纪，公元前 13 世纪至前 11 世纪为鼎盛阶段，它跨越了中国历史上最早的夏、商、周三代，延续了 4000 多年。当时，青铜作为贵重的合金，主要被制成礼仪用器，多用于举行祭祀、宴请等盛大场合。洛阳是中国青铜器制作的发祥地之一，二里头夏都遗址中就发现有中国最早的青铜器冶铸作坊遗址，并出土了大量的青铜器翻模和制作的工具。青铜器冶铸和制作工艺随着历史的发展和技术的进步，逐步演进并持续到了现在。

洛阳钟铭雕塑艺术品有限公司是中国文物交流中心定点文物复仿制单位，是国家博物馆、故宫博物院、河南博物院、上海博物馆、南京博物院、贵州省博物馆、甘肃省博物馆、江西省博物馆等博物馆青铜器复仿制合作单位，并入选外交部礼品直供单位。该公司与洛阳职业技术学院建立培养基地，开设了河南省第一个青铜器修复和复仿制专业，为培养下一代继承者和接班人提供了重要的条件。

2020 年 8 月，青铜器制作技艺（高新区）入选洛阳市第五批市级非物质文化遗产代表性项目扩展名录。

### （二十五）汝瓷刻花技艺

汝瓷窑为宋代五大名窑之首，徽宗年间进贡宫廷 20 多年，汝瓷工匠们发挥特有的聪明智慧，创造出了独具风格的刻花青瓷，其作品精良，在中国青瓷史上独树一帜，后因金兵入侵而断代失传。清道光年间，王延军的太祖王丙耀（时任安徽直隶泗州五合县正堂）告老还乡回到洛阳老家，给后人遗留下一批汝瓷碗盘。曾祖王修业开创了"宋汝瓷刻花技艺"，祖父王崇光、表哥温治安先后研究学习该技艺，传至当代传承人王延军，经过历代摸索、改进，宋汝瓷刻花技艺具备了高超的技艺和独特的审美韵味。

宋汝瓷刻花技艺是王氏家族根据收集整理的宋汝瓷刻花残片复原之后的百余种图案，依照传统手法，在手拉泥坯上雕刻制作，并施以天然矿物釉，高温烧至 1300 度成型的特殊技艺。

2020 年 8 月，汝瓷刻花技艺入选洛阳市第五批市级非物质文化遗产代表性项目名录。

### （二十六）黑陶制作技艺

洛阳黑陶距今已有 5000 多年的历史。具有"黑如漆、明如镜、声如罄、硬如瓷"的特点，被专家学者誉为"土与火的艺术、力与美的结晶"。据民国时期的《新安县志》记载，在 1935 时，新安甘泉岭（今甘泉沟）、滩子沟、马行沟、西沃、石寺南坡、砂锅窑等处还有黑陶瓷窑 50 余孔，产品行销陕、豫、鲁三省。

黑陶选用的泥土是河底的淤泥，细腻、黏性大，且富含多种矿物元素。

在器物烧成的最后阶段，从窑顶徐徐加水，使木炭熄灭，产生浓烟，有意让烟熏黑而形成黑色陶器。当代洛阳黑陶艺术家索望是洛阳黑陶艺术的传承人，在传统铸陶的基础上引进雕刻技法，运用线雕、浅雕、深雕、镂空等技法，在黑陶上手工雕刻出绚丽神秘的图案。

2020年8月，黑陶制作技艺入选洛阳市第五批市级非物质文化遗产代表性项目名录。

### （二十七）古陶器制作技艺

洛阳是中华文明的发祥地，其辉煌灿烂的古陶器艺术是中原古代灿烂文化的重要组成部分。中原一带的先民很早就用黏土制作陶器。洛阳二里头和东马沟出土的陶斝、白陶盉代表了夏代制陶技术的水平。两汉时期洛阳处于政治和经济繁荣的中心地带，制陶业具有得天独厚的优势，出土的彩绘陶器、低温釉陶堪称佳作，在我国陶瓷史上起着承上启下的作用。洛阳汉墓中出土的古陶器中有反映当时乐舞杂技迷人风采的百戏俑。魏晋时期，古陶器陶塑也独具特色，洛阳晋墓出土的陶塑多为灰陶，造型写实，颇显古拙之气。

古陶器制作技艺在洛阳久负盛名，仿制古陶器的作坊主要集中在洛城东郊一带，比较出名的有洛阳董家。据董氏传谱记载，董家制陶技艺至少可追溯到明朝，其最鼎盛时期是在清朝，成为洛阳周边古陶器制作的著名商家。

2020年8月，古陶器制作技艺入选洛阳市第五批市级非物质文化遗产代表性项目名录。

### （二十八）绞胎三彩制作技艺（孟津区）

张家彩陶制作技艺始于1826年，经七代相传，至今兴盛不衰。家族作坊父子相承的形式保证了家族作坊文化得以保存延续，形成文化遗产。张家彩陶由于工艺复杂，制作难度大，其产品、产量在很大程度上受到限制。张氏家族居住于洛阳市孟津区朝阳镇南石山村，祖上张振富清朝时期开始烧制彩陶琉璃，家族后代将此技艺不断继承与发扬。19世纪90年代初修建洛阳至开封路段，发现大量唐代三彩器，第三代家族传承人张天才开始修复唐代彩陶，并在1910~1920年成功恢复唐代彩陶烧制技艺。第六代传承人张二孬在1980年左右将失传的唐绞胎陶烧制技艺全面恢复，目前张家彩陶烧制的作品是继承与发扬了历代不同时期、不同类型的彩陶及绞胎陶烧制技艺而制成。

唐代彩陶及绞胎陶的烧制成功，突破了隋唐以前只有单调的青白两色瓷的束缚，是深入胎骨的"釉下彩绘"。绞胎陶烧制历史悠久，根据史料考证是唐代陶瓷业中的一个新工艺，唐代以前尚未出现，宋"靖康之变"后，随着北宋战乱、金兵入侵，窑火衰退，至元代绞胎陶工艺绝迹，由此该技艺失传。现经张家几代人努力，终将失传已久的传统制作技艺恢复。

历经七代传承的张家彩陶，不仅继承了夏、商、周、秦、汉、唐、宋等时期的彩陶艺术精髓，而且结合当下审美的艺术观点，形成了自己特有的艺术气息，成为一种珍贵的文化符号。

2020年8月，绞胎三彩制作技艺（孟津区）入选洛阳市第五批市级非物质文化遗产代表性项目名录。

## （二十九）绞胎三彩制作技艺（洛龙区）

绞胎三彩是我国唐代独特的陶瓷工艺，它是用白、褐两色泥料，经手工揉搓成胎，焙烧后的器物经窑变后自然呈现出纹饰图案，是古代陶瓷装饰工艺中一种特殊的瓷种和工艺。绞胎三彩多发掘于洛阳瀍河区北窑及北邙一带，这里是烧造绞胎三彩制品规模最大、持续时间比较长的一个区域。在整个洛阳北邙一带土质层较厚、气候干燥且四季分明，地理环境非常适宜以坡就势建窑烧制绞胎三彩。现在的绞胎三彩继承了唐三彩绚丽斑驳的艺术效果，同时着力运用绞胎工艺，通过绞胎纹饰图案的千变万化来丰富绞胎三彩的艺术内涵，从而加深了绞胎三彩的艺术感染力。

2020年8月，绞胎三彩制作技艺（洛龙区）入选洛阳市第五批市级非物质文化遗产代表性项目名录。

### （三十）三彩壁画制作技艺

洛阳三彩壁画，古称五彩琉璃画，元末时期失传。清末民国时期又由日本、越南回传国内，形成三彩壁画及交趾陶等品种。

洛阳三彩壁画自唐代传世至今已有1400多年。三彩烧成温度为1100度，色彩融于釉中，是当今世上少有的中温釉中彩，以色釉直接作画，所有的色釉在作画时皆呈橙色，1000度以后才变色，故有"入窑一色，出窑万彩"之说。三彩壁画色彩饱和度极高，可做出油画、水彩、工笔、国画等各种画法效果，不惧火烧水侵。洛阳三彩壁画主要分布于洛阳市郊，目前基本采用钧瓷瓷板，各自独立配釉。釉色配方多达近千种，技艺广传于日本、朝鲜、越南等国，作为中国文化符号，在世界范围内熠熠生辉。

2020年8月，三彩壁画制作技艺入选洛阳市第五批市级非物质文化遗产代表性项目扩展名录。

### （三十一）锔瓷技艺

锔瓷，缝补生命，修复艺术。"没有金刚钻，别揽瓷器活"，说的就是这门古老的民间手艺"锔瓷"，是把打碎的瓷器用金属"锔子"再修复起来的独特技艺，锔补修复后的瓷器可以耐受食物高温而不开裂，盛汤水也不会漏。

锔瓷技艺包括：第一步"找碴""对缝"，对破损的瓷器恢复原状，准备修补；第二步"定位点记"，根据瓷器的纹饰结构以及样式张合位置和位点，确定锔钉数量和位置；第三步"打孔"，用金刚钻在瓷器上打孔；第四步"锔钉"，锔钉制作体现手艺人的水平，锔钉的韧性和制作锔钉的水平也决定着锔补器皿的使用寿命；第五步"调和补漏"，用鸡蛋清和瓷粉调和补漏，防止瓷器漏水，这样完整的锔瓷工序就完成了。

2020年8月，锔瓷技艺入选洛阳市第五批市级非物质文化遗产代表性项目名录。

### （三十二）古琴斫制技艺

古琴是我国最早的弹拨乐器之一。伊洛地区自周代即为文化艺术特别是琴文化的发源地之一，魏晋时期达到顶峰，后几经没落，20世纪90年代任胜利到北京学习斫琴技艺，并将技艺发展至今。斫琴技艺以工艺复杂、时间漫长、对原材料要求苛刻而著名。每张琴大多采用百年以上古旧庙梁为原材料，使用苎麻通体包裹，梅花鹿角霜调和野生生漆作为灰胎，遵照传统工序，需耗时一年以上斫制而成。其音色通透、圆润，低音醇厚，高音清越，余韵悠长。

传统斫琴技艺的不同风格反映出不同时期的文化特征及审美情趣，为斫琴技艺赋予了深刻的文化价值和视觉价值。同时，斫琴技艺体现的人文精神已远远超出了音乐艺术本身，成为传统文化的典型代表，对中国文化思想发展产生了深远影响。

2020年8月，古琴斫制技艺入选洛阳市第五批市级非物质文化遗产代表性项目名录。

### （三十三）管子制作技艺

管子古称筚篥，为竹制乐器，汉代自西域经丝绸之路传入中原，并进入宫廷。唐人李欣有诗："南山截竹为觱篥，此乐本自龟兹出。"觱篥即筚篥，以竹做管而成，加上芦苇制作的哨子便可吹奏。宋元后，管了随宫廷乐流入民间，并由竹管改成锡质管子。锡制管子一直流传到新中国成立初期。20世纪末，海神乐传人郭红运反复摸索，将流传千年的五音锡管改为七音，并创制了内锡外铜、美观音正的新型管子，填补了市场空缺。

完整的管子包括管身及吹嘴两部分。管身材料古代有竹、木、锡及罕见的银筚篥。管身上所钻的音孔大小及间距都很有讲究。吹嘴材料千年依旧，正如白居易诗中所写"剪削干芦插寒竹"，芦苇仍发挥着作用。所用芦苇需选取在高寒阴坡土地坚实处生长的。有了芦苇还需要经蒸、煮、削、刮、压热等处理进行定型，而后是缠、削、刮的冷加工过程，均须十分留心。

2020 年 8 月，管子制作技艺入选洛阳市第五批市级非物质文化遗产代表性项目名录。

### （三十四）箫制作技艺

箫产生的历史可以追根溯源到远古时期。中国考古发现表明，目前出土文物中出现的骨质发声器距今已有八九千年之久，考古学家称其为"骨哨"。用竹子制作箫见于《吕氏春秋·仲夏江·古乐》，说是黄帝命伶伦伐昆仑之竹为管。箫在现代音乐中被广泛应用。按"音孔"数量区分为六孔箫和八孔箫，六孔箫按音孔为前五后一，八孔箫则为前七后一，八孔箫为现代改进的产物。

洛阳箫选用四年以上的竹材，阴干两年，再经过三十多道制作工序精制而成，其音色通透饱满，有低音浑厚、中音圆润、高音明亮的特点。如今，洛阳在箫的制作上不仅继承了传统工艺，还与现代制作方法相结合，加入了南箫、尺八的制作方法，大大提高了箫在演奏时的可控性，音色变化丰富，尤其适于吹奏悠长、恬静、抒情的曲调，深受国内箫演奏家的喜爱。

2020 年 8 月，洛阳萧制作技艺入选洛阳市第五批市级非物质文化遗产代表性项目名录。

### （三十五）豫西民居营造技艺

豫西民居营造多为地面式庭院建筑。根据布局可分为四合院、三合院、七字房、一字房；根据建筑材质可分为砖木结构、木石结构、土木结构等种类。

豫西居住房屋主要由上房、东西厢房、倒座组成，整体平面多呈长方形。上房三间，坐北向南，规格较高的也有五间，三间的也多为"明三暗五"式。基本上为两层建筑，一层住人，二层为阁楼储藏食物杂器。东西两侧营造厢房，上房与厢房互不连接。厢房数量也不全一样，多则六间，少则两间。四合院的倒座与上房对称，房子高度要低于上房。整个院落主房最高，厢房低于主房。全家辈分最高、地位最尊的人居住主房，再按长幼依次分东西厢房居住。豫西民居依地势营造，一般是就地取材。豫西地区民间房屋的营造方式与当地的经济、文化、建筑材料等因素密切相关，形成了本地特有的民居营造技艺，是当地劳动人民的智慧结晶。

2020年8月，豫西民居营造技艺入选洛阳市第五批市级非物质文化遗产代表性项目名录。

### （三十六）豫西小木作技艺

豫西地区传统上把建筑中除承重木构件的制作和安装，如门、窗、隔断、栏杆、外檐装饰以及防护构件、地板、天花（顶棚）、楼梯、龛橱、篱墙、井亭等的木作制作称为小木作。随着时间推移，又将室内外所有的用木料制作的凳椅类、几案类、橱柜类、床榻类、台架类、围屏、插屏、落地屏风等家具，以及农用工具斗、犁、耙、铲等木工制作也统称为小木作。豫西小木作制件用料均来自豫西山区原产木料，常见的有松木、柏木、椿木、水曲柳、核桃木、橡子木、杨木、桐木等，小木作头道工序设计全凭设计师的精心构思，不仅要设计造型，还要设计制件的结构、雕花纹样等。木工制作即生坯制作的基本流程有划线、开凿、理线、装配、打磨等。雕刻流程则包括按设计图样铲底、理顺边线、雕刻纹样等，要做到跟脚清、花样活泼、层次清晰、有立体感。上漆共有十几道工序，包括打生坯、刮面漆、打磨砂皮、做颜色、上头胶漆、打磨胶漆、刷头遍生漆、打磨面漆、刷二遍光漆等。制件构成都是靠榫卯技艺，不论大小，都不用胶水、钉子，而是以精密巧妙的榫卯技艺来结合部件。

豫西小木作手工技艺是豫西本土木匠们历经上千年实践经验积累的智慧结晶，符合当地人们生产生活的风俗习惯。

2020年8月，豫西小木作技艺入选洛阳市第五批市级非物质文化遗产代表性项目名录。

### （三十七）传统砖瓦烧制技艺

孟津南揽古都洛阳，北临九曲黄河，东接邙山首阳，西依崤函险夷。

洛阳历史悠久，是许多朝代的重要都城，与古都毗邻的孟津也就成了烧制城墙、屋宇及陵墓等建筑所用砖瓦的重镇，其传承最为有序的当属孟津白鹤镇一带。在白鹤镇悠久的烧制砖瓦历史中，以谢氏烧制技艺最为精良，其烧制技艺已从第一代谢绍曾传至第七代传人谢博宣，至今已有 160 多年历史。

2020 年 8 月，传统砖瓦烧制技艺入选洛阳市第五批市级非物质文化遗产代表性项目名录。

### （三十八）红薯粉条手工制作技艺

红薯粉条又称红薯粉丝、粉皮，是广泛流传于北方地区的一种传统地方特产，已有 300 多年的历史。红薯粉条的质量、品相、口感在很大程度上取决于原材料——红薯的品质，栾川县潭头镇气候适宜，土地肥沃，灌溉条件便利，为红薯的生长提供了良好的自然条件，也造就了潭头镇红薯与众不同的品质。

制作红薯粉条的工艺流程为制粉、和粉、漏粉、煮粉、冷冻、晾晒、包装。整个制作过程全部为手工制作，对制作工艺的严格要求以及制作过程中不使用任何添加剂，使得潭头粉条色泽晶莹发亮，口感劲道顺滑，久煮不断，深受群众喜爱。由于红薯粉条的后期制作需要冷冻条件，所以粉条的加工、制作季节主要集中在冬季。

2020 年 8 月，栾川县申报的红薯粉条手工制作技艺入选洛阳市第五批市级非物质文化遗产代表性项目名录。

### （三十九）王家浆坊制作技艺

"绿豆浆坊"历史悠久，可以追溯到东汉时期。相传东汉年间，光武帝刘秀为躲避王莽追杀，日夜奔走，数日水米未进。一日深夜行至洛阳附近，见到一户人家，便去讨些饭食，可主人贫穷，只有几把干面条和已经放酸了的绿豆磨的浆水。主人就把面条、菜叶、杂豆下入锅中的酸浆中烧熟。日后刘秀当了皇帝，虽然有山珍海味，却依然对当年落难时吃过的浆面条念念不忘，以至于御宴中就有了浆面条这道菜。

新中国成立前，洛阳老城有四五家"绿豆浆坊"，分布在东关、西关、南关、北关。绿豆经过研磨变成糊状，将糊状的绿豆投入很细的笟内，笟不停地摇摆，还要根据情况加水稀释，绿豆很快就被分离成了白浆水和豆渣，浆水落进笟下面的缸里，分离出来的豆渣被放在废料桶里。缸里的浆水是一天的成果，要把陈年"老浆"放一点到缸内的浆水里，通过"点浆"，才能变成味道纯正的绿豆浆。王家浆坊创始于清朝，位于孟津会盟镇东关，王家祖辈靠浆坊赚钱养家，至今会盟镇老家还有当年开浆坊用的1.5米直径的大缸。清朝末年，王家浆坊的王立志携全家迁居洛阳，带着加工绿豆粉浆的手艺，开始了异地谋生之路。王家浆坊至今仍采用最原始的方法制浆，在祖传经验的基础上，经过总结、探索，不断地创新操作方法，最终提炼出一整套独特的制作工艺，使绿豆粉洁白无瑕、浆水味道独特，纯正地道。如今，古法制浆的手艺主要由王家浆坊第四代传人王文璞传承。

2020年8月，王家浆坊制作技艺入选洛阳市第五批市级非物质文化遗产代表性项目名录。

### （四十）张氏兜福豆腐汤制作技艺

洛阳的汤种类繁多，其中最有特色的豆腐汤要数张氏兜福豆腐汤。其特色有三。一是豆腐讲究。鲜豆腐方正，不破不损，夹一块入口即化，满口留香；而油炸豆腐则松软皮实，外紧内酥，集焦香与软嫩于一体，黄白两色，与小葱之嫩绿、辣椒之鲜红相得益彰，极香的葱油配上新鲜的姜汁，让一碗素汤变得口感极富层次。二是用料讲究。严格按照祖方选料配制，精研细磨，分季节选配。三是该汤能增进食欲，饱腹耐饥，还让人回味悠长。

张氏兜福豆腐汤的历史大概可追溯到朱元璋佳话里的"珍珠翡翠白玉汤"。当时的"珍珠翡翠白玉汤"还是宫廷菜，寻常人家很难吃到，时代变迁，豆腐汤因汤鲜味美、健康养生的功效得到了民众的喜爱和认可，在

"汤"文化盛行的洛阳，豆腐汤占有举足轻重的地位。张懿鹏是张氏兜福豆腐汤制作技艺的第四代传承人，在洛阳市内开有多家直营店。

2020年8月，张氏兜福豆腐汤凭借其优质的制作技艺和良好的口碑被列入洛阳市第五批市级非物质文化遗产代表性项目名录。

### （四十一）孙氏桂花糖制作技艺

桂花糖是一种历史悠久的传统民间小吃，在古代，因其香甜的味道、酥脆的口感、神奇的疗效和低廉的价格，极受老百姓的欢迎。有儿歌为证："桂花糖，桂花糖，小孩吃了不尿床；桂花糖，桂花糖，大人小孩都爱尝。"可见桂花糖在民间的认可程度。孙氏以制作和销售桂花糖为生，起始年代已不可考。孙氏祖上代代对桂花糖的制作加以改良和提高，在疗效和味道上独具一格，因此广受当地民众的欢迎。孙氏桂花糖以蜂蜜和桂花、麦芽糖为主料，配以枇杷等多种有止咳奇效的原材料，用祖传秘法精制而成。成品口感酥脆香甜，后味醇厚，还具有显著的清肺化痰、止咳败火的效果。

2020年8月，孙氏桂花糖制作技艺入选洛阳市第五批市级非物质文化遗产代表性项目名录。

### （四十二）徐记蔓菁汤制作技艺

蔓菁也称"芜菁"，富含维生素，具有开胃下气、润肺生津、利湿解毒之功效。蔓菁在我国具有悠久的栽培历史。《诗经·谷风》中有"采葑采菲"的记载，"葑"即蔓菁。三国时期，蜀相诸葛亮将其作为军粮，并用以消除瘟疫，四川人称其为"诸葛菜"。

偃师老城徐记蔓菁汤源于200多年前乾隆年间偃师县城西大街徐记饭铺。徐氏先辈用邙岭产的蔓菁、小米、红枣、槐米为主料，熬制味道甘美的大锅蔓菁汤，再配以烙饼等小吃，备受乡亲的喜爱。1990年，徐记蔓菁汤第五代传人徐振中严格按照传统技艺，熬制蔓菁小米汤，让徐记蔓菁汤饭店重新焕发生机。

2020 年 8 月，徐记蔓菁汤制作技艺入选洛阳市第五批市级非物质文化遗产代表性项目名录。

### （四十三）横水瑞莲卤肉制作技艺

孟津横水村南临洛阳、西临新安、北临黄河济源，因交通便利，为历代商贸重镇，商贾云集，市场繁荣。横水卤肉在 1837 年第一代传人王天申家门前开业，因色香味正、好吃不贵而小有名气。新中国成立后，横水卤肉经四代传人发扬光大，特别传至第五代王瑞莲后，其苦心钻研，在祖传工艺基础上，科学调制配方，改革卤制技术，使卤肉色、香、味正，入口爽滑，肥而不腻，醇香可口，成为洛阳卤肉名吃。

2020 年 8 月，横水瑞莲卤肉制作技艺入选洛阳市第五批市级非物质文化遗产代表性项目名录。

### （四十四）来自卤肉制作技艺

来自卤肉制作技艺起源于酒祖杜康的故乡汝阳县。清朝同治年间，在杜康河畔诞生了一家陈记卤肉酒馆，以朴实敦厚的农家特色和精致美味的酒肉闻名乡里，杜康美酒配陈记卤肉，让南来北往的过客趋之若鹜。来自卤肉由陈记卤肉第六代传人陈来卿主理，卤肉选料讲究、做工精细，猪肉均采用一年以上健康成龄本地猪，实行当日屠宰、当日制作，用百年老汤和二十多种名贵中草药配制。卤出的肉具有色鲜味美、肥而不腻、瘦而不柴的优点，经常食用具有开胃健脾、强身壮体、延年益寿之功效。

2020 年 8 月，来自卤肉制作技艺入选洛阳市第五批市级非物质遗产代表性项目名录。

### （四十五）劲松卤肉火烧制作技艺

卤制是中国古老烹饪技术之一。卤，即以水传热老卤入味的一种烹饪技法。卤肉先要调制卤汁，然后将新鲜肉料放入卤汁中用微火慢慢烹制，使其渗透卤汁，直至酥烂。劲松卤肉火烧起源于清末民国初期的洛阳，在刘家代代相传，四代传承至刘劲松，确定名称为劲松卤肉火烧。从抱瓦盆、挑担子卖卤肉到入驻洛邑古城开店，距今已有百年历史，得到了洛阳人和外地游客的喜爱。

劲松卤肉火烧祖传卤制技艺历经百年风雨，经过几代传承人的反复实践和不断改进，如今洛阳劲松卤肉火烧从选料、加工、调味到卤制均有严格要求，因其用料讲究，肉肥而不腻、色泽明亮、味道香浓，在当地及周边享有盛名。

2020年8月，劲松卤肉火烧制作技艺入选洛阳市第五批市级非物质遗产代表性项目名录。

### （四十六）张波卤制

张波卤制起源于民国初期，由张朝波的曾祖父张同云创办，至今已有100多年的历史。张朝波凭着对家传技艺的热衷，从小励志要把家族卤制品牌做强做大，由最初的"张记卤肉"更名为现在的"张波卤制"，并持续发展，成为卤制行业为数不多的百年老店。张波卤制选用优质原料，精选三十三味中草药卤肉料方，结合祖传百年的卤制老汤料，并融入一套独到的卤制方法。据此方制出的卤肉味醇郁而香浓，色赤亮而鲜嫩，烂而不化，肥而不腻，深受广大食客的喜爱。张波卤制对过程中的每道工序都极其严谨，由此方制作出的卤肉，令人"食之难忘其味，观之难忘其色"。

2020年8月，张波卤制入选洛阳市第五批市级非物质文化遗产代表性项目名录。

### （四十七）泮牲园酱肉制作技艺

泮牲园酱肉于1923年由田有信创立于北京，泮牲园即为皇宫里宴请大臣们用餐的场所。1938年抗日战争期间，田有信离开北京迁入洛阳，在洛阳老城区西华街办起了酱肉店，起名"泮牲园"。泮牲园酱肉的特点是"三新"，即新鲜猪肉、新鲜汤、新鲜配料。选料精湛，以前后蹄髈为主、五花肉为辅，制作的酱肉肥而不腻，松软可口，色香味俱全。

1954 年，泮牲园酱肉被评为"洛阳四大名小吃"之一。1956 年，在公私合营中，泮牲园酱肉店并入真不同饭店。1989 年，田有信儿子田小喜重操家业，以推售货车卖肉的方式恢复经营。1992 年 4 月，他在右安街口东租下门面，再次挂出泮牲园酱肉招牌。

1995 年 10 月，泮牲园酱肉被原国内贸易部授予"中华老字号"，2010 年获"河南省老字号称号"。

2020 年 8 月，泮牲园酱肉制作技艺入选洛阳市第五批市级非物质文化遗产代表性项目名录。

### （四十八）王记烧鸡制作技艺

王记烧鸡制作技艺源于清光绪二十六年（1900 年）。当时八国联军入侵，局势动荡，清宫里不时有人出逃。清光绪二十八年（1902 年），御膳房有个姓殷的厨师寻亲到河南洛阳，后辗转到嵩县后，将烧鸡技艺传给嵩县人王开琴，由此，王记烧鸡名传后世。

王记烧鸡运用纯天然的中药配料和宫廷秘方，肉味鲜美，香味浓郁；产品呈浅橘黄色，鸡皮不破不裂，形状、味道俱佳。王记烧鸡之所以传承百年，在于其制作秘方，即"要想烧鸡香，八料加老汤"。八料就是陈皮、肉桂、豆蔻、良姜、丁香、砂仁、草果和白芷，老汤就是煮鸡的陈汤。每煮一锅鸡，必须加上头锅的老汤，如此沿袭，汤越老越好。王记烧鸡具有纯手工制作的独特技艺，跨越历史的长河，口传心授，四代相传。

2020 年 8 月，王记烧鸡制作技艺入选洛阳市第五批市级非物质文化遗产代表性项目名录。

### （四十九）白鹤套肠制作技艺

白鹤套肠起源于孟津白鹤镇铁谢村，是当地最具文化特色的名吃之一。白鹤套肠由第一代传人杨江河研制，最初的灌肠是在猪大肠里装入瘦肉，制作过程简单，口感一般。经多年传承发展，第三代传人杨西召潜心研究发现，大肠具有很高的营养价值，含有很多人体所需的微量元素，具有清热、祛风、止血的功效，猪小肠味苦、性凉，有祛风败火、降压润燥的医疗功效，小肠中含有的肝素有降血脂的作用，两者结合在一起，口感香而不腻，筋道爽脆，具有很高的保健功效。根据其食性及药用价值，杨西召以十余道制作工艺，加以花椒、陈皮、大茴香、小茴香、桂皮、草蔻、丁香等数十种中药材，并用祖辈留下来的老汤大火卤制，精心制作出了现在的白鹤套肠。白鹤套肠口感特别，香味浓郁，深受人们的喜爱。

2020 年 8 月，白鹤套肠制作技艺入选洛阳市第五批市级非物质文化遗产代表性项目名录。

### （五十）朝阳羊肉汤制作技艺

朝阳羊肉汤创始于 1900 年，由孟津区朝阳镇闫洼村闫浩卿家祖传，因经营地域所在，被称为朝阳羊肉汤。传至第四代闫浩卿后，他在祖传工艺基础上，科学调制配方，结合现代烹饪技术取长补短，将古时羊肉汤的制作技艺发扬光大，在选羊、剔骨、熬汤、下料、起锅等一系列操作程序上形成完整的工艺流程，熬出来的大骨羊肉汤味鲜而不膻、汤肥而不腻、肉烂而不碎，相传几里以外都能闻到香味，逐渐成为洛阳孟津独具特色的美味佳肴，香飘河洛，誉满中原。

2020 年 8 月，朝阳羊肉汤制作技艺入选洛阳市第五批市级非物质文化遗产代表性项目扩展名录。

### （五十一）宋记羊肉汤制作技艺

20 世纪 30 年代，吴达滑从西部逃荒到洛阳白沙乡，在西大街的宋学章家落脚，在得知吴达滑有做羊肉汤的祖传秘方和技艺后，宋学章便与他合伙开了一家羊肉汤店。1937 年 8 月，"宋记羊肉面馆"正式开张。"到老宋家吃面喝汤"成了很多到白沙经商、赶集的人的习惯。1939 年，吴达滑去世，临终前把做羊肉汤的秘方传予宋学章。后来，宋学章又把这门手艺传给儿子宋永福。新中国成立后，"宋记羊肉面馆"关门，宋永福被聘请到白沙乡镇食堂工作。2009 年，宋永福之子宋秋发在伊川县豫港大道 9 号开办了"宋记老白沙羊肉面馆",因口味传统正宗,开业后面馆门庭若市,许多省内外的食客不远万里慕名而来。

2020年8月,宋记羊肉汤制作技艺入选洛阳市第五批市级非物质文化遗产代表性项目扩展名录。

### (五十二)铁谢王应奇羊肉汤制作技艺

铁谢王应奇羊肉汤店起源于孟津白鹤镇铁谢村,现位于汉光武帝陵对面。王应奇羊肉汤历经数辈相传,潜心研厨,用料考究,并加以多种名贵中药材,制出的汤鲜而不膻,肉嫩而不绵,风味独特,成为洛阳名吃。

新中国成立前,铁谢村曾被称作铁谢镇。流传着'金铁谢、银白鹤、孟津城里烂簸箩'的民谣。铁谢村是黄河古渡口,是黄河南北的重要交通要塞,千百年来,该渡口客商不断,船只云集,一派繁荣景象。铁谢王应奇羊肉汤由第一代传人在自家门前开业。因汤鲜味美,经济实惠,在洛阳以及外地享有盛名。

2020年8月,铁谢王应奇羊肉汤制作技艺入选洛阳市第五批市级非物质文化遗产代表性项目扩展名录。

### (五十三)南关街口小碗牛肉汤制作技艺

洛阳自古汤负盛名,而洛阳汤起老城。牛肉汤在洛阳最早可以追溯到夏朝,据《尉缭子》记载:"太公望年七十,屠牛朝歌,卖食盟津。"盟津即今孟津区。相传东汉光武帝时,一日光武帝便装出游,行至西华门(今洛阳老城西华街附近),闻到了从一所民宅里飘出的香味,原来是一老者正在熬制牛肉汤,光武帝邀众大臣一起品尝,只见碗中汤汁金黄,加上薄薄的牛肉,肥而不腻,光武帝及众大臣无不绝口称赞。

洛阳南关街口小碗牛肉汤制作讲究,每天下午4时将大量敲开的牛骨头置于近一人深的大锅内,汤烧沸后,就通宵用文火熬煮。小碗汤的牛肉也有讲究,需要先把牛肉煮熟,剔除牛油,然后切成小块薄片,每天早上5时和秘制香料一起放入熬煮一夜的骨汤中,待汤客到来,从汤锅中将牛肉捞至小碗里。南关街口小碗牛肉汤有着近百年的历史传承，自郑敬波曾祖郑铁成创始以来，经郑顺昌、郑西方两代人的传承，自成一派，在洛阳汤客中建立了良好的信誉和口碑。

2020 年 8 月，南关街口小碗牛肉汤制作技艺入选洛阳市第五批市级非物质文化遗产代表性项目扩展名录。

### （五十四）张学堂小磨香油制作技艺

张学堂小磨香油制作技艺最早起源于洛阳，从清乾隆年间创制至今已有 270 余年历史。该制作技艺用"水代法"制作工序提取香油，经过历任传承人的继承和发扬，已发展为需要经过 9 个主要工艺环节 20 道工艺程序才能出成品的全套制作技艺，张学堂小磨香油色泽金黄，醇香可口。

2020 年 8 月，张学堂小磨香油制作技艺入选洛阳市第五批市级非物质文化遗产代表性项目名录。

### （五十五）圆雕传拓技艺

传拓技艺即将纸覆在碑刻、甲骨、青铜器、画像石、造像等金石器物的文字、图案、纹饰之上，采用墨拓手段还原拓印文献的复制技术。圆雕传拓是以独立个体雕像为施拓对象的全形拓的一个技术工种，圆雕传拓要求拓技者具备美术和平面传拓基础，使用宣纸和墨汁将圆雕造像极富立体感和生动、逼真、传神的形象传拓复制，传达历史信息。

圆雕传拓技艺解决了平面和高浮雕传拓时不能表现圆雕作品的问题，是借鉴传统全形拓表现方法而形成的一种方法。全形拓是首先画出 1：1 图后依图渐次施拓，在波动很大的造像上，采用垂直上纸的方法，完成后由数片组成，部分会有数十片，现场揭取后，因其本身变形较大，需要后期粘接修复，才能展现平面效果。

洛阳伊滨区西李社区陈家村的陈志伟在继承祖父、父亲平面传拓技法的基础上，先后探索并掌握了平面拓、全形拓、浅浮雕拓、高浮雕拓等技艺，在此基础上创研出圆雕传拓技艺。此技艺可更好地复制青铜甲骨、古玩器物、窟龛造像、摩崖造像等上的图案，得到了多家省地级文博单位以及多所高校的一致好评。

2020 年 8 月，圆雕传拓技艺入选洛阳市第五批市级非物质文化遗产代表性项目扩展名录。

### （五十六）多色套拓技艺

传拓技艺是我国古代长期使用的一种行之有效的复制方法。所谓传拓，就是将宣纸蒙在甲骨、石刻、造像、青铜器等可拓物品表面所刻文字或图形上，用墨（朱）色将其拓出来，并使这些拓片长久相传。

传拓技艺历史悠久，其出现与纸墨的使用有着密切的关系。1900 年，敦煌莫高窟第 17 号窟的藏经洞出土了大批珍贵文物，其中有唐太宗《温泉铭》、欧阳询《化度寺邕禅师舍利塔铭》、柳公权《金刚经》和无名氏《佛说大悲陀罗尼经》的刻石拓本，此四种拓本用纸相近，均为唐初拓本，这说明唐初之时传拓技法已经相当成熟。到了北宋，随着官私刻帖的盛行，拓本使用日益广泛。清代金石学有了很大发展，传拓技艺也得到了很大提高。随着近代考古学的不断发展，金石学逐渐融入考古学，在博物馆的陈列中，往往需要用多色套拓技艺进行拓本制作，以达到最佳的陈展效果。

传拓技艺的出现促进了印章、雕版印刷、活字版印刷、版画等的发展，以传拓技艺而论，传拓是用来复制他人雕刻的作品，促使了印刷术的发明和诞生。传拓技艺对古代书法名迹有保护和传播作用。我国古代石刻内容丰富，形式多样，主要包括碣、碑、摩崖、石经、石阙、墓志、画像石、造像和经幢等，要传播这些文物的文字或图案，就离不开传拓技艺。

2020 年 8 月，多色套拓技艺入选洛阳市第五批市级非物质文化遗产代表性项目扩展名录。

### （五十七）东关大石桥陈记驴肉汤

洛阳人喝汤习俗的历史可追溯到唐武则天年间。洛阳从古至今都为兵家必争之地，在战乱的年代，美味的汤汤水水就成了既简单又理想的饮食。

东关大石桥陈记驴肉汤起源于清朝同治年间，由陈家祖辈创建，延续至今已有百余年历史。1980 年，陈氏后人陈运将秘方整理加工后重操祖业，在东关大石桥开了驴肉汤馆。陈运在祖传秘方的基础上不断研究探索，调整配方，采用花椒、砂仁、豆蔻等几十种佐料，根据四季配制不同的种类和比例，冬天下料重暖，夏天下料去热，春秋二季下料性平，制作出的驴肉汤鲜香可口，驴肉熟而不烂，成为洛阳汤中的代表。

2020 年 8 月，东关大石桥陈记驴肉汤入选洛阳市第五批市级非物质文化遗产代表性项目名录。

# 八　传统医药

## （一）殷天章专门喉科

"殷氏喉科"位于洛阳老城区西大街 179 号，洛阳老城区是洛阳历史发展的摇篮，洛阳在历史上曾数度成为中国政治、经济、文化和交通中心，以其悠悠的帝都历史承载了博大精深的河洛文化。

"殷氏喉科"创始人殷天章，生于 1904 年农历四月十四。幼读私塾，15 岁随名医吴志高学习中医喉科。1950 年，殷天章在西大街设"专门喉科诊疗所"。后在洛阳市卫协会、西大街联合诊所、洛阳市中医院、西南隅办事处卫生所、中州医院任喉科大夫。1985 年他在多年临床经验的基础上，研制出"八宝吹喉散"，在西大街自设"中医喉科殷天章诊所"。殷天章四子殷万顺，十几岁便随父坐诊，深得家传精要，秉承父业后，将诊所更名为"殷氏喉科"，对祖传"八宝吹喉散"，既按传统工艺炮制，又融入新的医学成果，结合现在生活环境加以改进，其用药独特，吹撒患处与内服结合，治疗口腔咽喉诸种疾患，在洛阳市及周边地区有较高的知名度。

"八宝吹喉散"采用绿色纯中药，传统炮制，并根据患者个体差异性，进行辨证施治，专治各种久治不愈、耐药、易复发的顽固性口腔、喉部疑难杂症，治法独特，疗效卓著，堪称"喉科圣药"。

2010 年 2 月，殷天章专门喉科入选洛阳市第二批市级非物质文化遗产名录。

## （二）赵氏中医正骨

赵氏中医正骨创始人为赵凤仪，始创于河北，发展在沈阳，后在洛阳传承。赵凤仪于 1935～1939 年在哈尔滨道外五道街冯虁园正骨处学医，其深入钻研《诸病源候论》《医宗金鉴·正骨心法要旨》等传统正骨技艺典籍，结合长期的临床实践，形成了轻、稳、准、巧的技艺特色，真正做到了"机能于外，巧生于内，手随心转，法从手出"。在长期行医过程中，赵凤仪融合摸、接、端、提、推、拿、按、摩八法，提出和实践了"足蹬法"，其将复杂理论融入临床实践的精细拿捏中，以快捷、准确为主要特色，大治速治，收立竿见影之效。

赵氏中医正骨的康复功能结合中国传统体术、"八段锦"等技法精髓，以实用性为归旨，针对腿部、腰部、颈椎部康复后的功能锻炼形成了一套简明有效的指导方法，能收到身心一元的复健效果。"足蹬法"至 20 世纪 80 年代被中医正骨界普遍应用。

2010 年 2 月，赵氏中医正骨入选洛阳市第二批市级非物质文化遗产名录。

## （三）小丸药

小丸药俗称消食丸，又叫理气化滞丸，是河南省新安县城关镇后峪村陈氏家族的祖传秘方，创制于 1808 年。据《新安县志》记载，它是治疗消化不良、小儿积食的特效中药。由于配方合理、疗效显著、价格低廉、适应性强，深受群众欢迎，一直是豫西一带家庭常备的良药。

清嘉庆年间，出身于中医世家的陈青云继承祖业，积家族三代行医经验，于 1808 年研制出以消食化滞为主要功效的"理气化滞散"，后为便于掌握用量，服用方便，改制成小水丸，称"小丸药"。1860 年，其子陈禄存继承父业，行医乡里，自制"理气化滞丸"，不作营销，专为求医者赠送。"祥和堂"药厂由陈氏家"理气化滞丸"第三代传人陈德慧创建于 1907 年，独家生产"新安县小丸药"。

由于疗效好，治愈率高，深为广大城乡人民所喜爱，民间流传着"食有积，上后峪"和"新安县小丸药，大人小孩都能喝"的谚语。

2010年2月，小丸药入选洛阳市第二批市级非物质文化遗产名录。

### （四）福安堂傅氏膏药

洛阳福安堂傅氏膏药是洛阳市伊川县江左乡五里头村傅德功所创，清朝末年，傅德功遍习经史百家、医术超众。傅氏第五代传人傅耀华承继祖业，广学医术，经过部队和地方医药院校的深造，他在医学理论上也有了长足的进步，再加上他勤勉努力，广拜名医，既善于吸取前人的宝贵经验，又能自出机杼，遵古而不泥古，创制了更为简、便、廉、灵的膏药，更好更广泛地为群众防病治病。

傅氏膏药是中医治疗外科用药，经过历代传人的实践，形成了独特的配方和成熟的熬制技术，对伤痛炎症具有消肿散结、去腐生肌的功能，疗效显著。

2010年2月，福安堂傅氏膏药入选洛阳市第二批市级非物质文化遗产名录。

### （五）泰生堂魏氏中医外科

泰生堂魏氏中医外科起源于洛阳市关林镇伊河岸边的刘富村，早年称为泰生堂药材老局。泰生堂中医外科是魏氏家族在其世代相传的基础上，经魏氏几代人不断探索、反复验证而形成了完整、独特的中医外科治疗方法——湿疗法。

泰生堂魏氏中医外科采用纯中药制剂，具有活血化瘀、疏通经络、托毒祛腐、清热解毒、补气活血之功能；能改善创面周围组织的微循环，增快局部血流，同时能促进残有上皮细胞组织生长，祛腐生肌，通过膏药外敷，拔毒生肌、通经活络，可迅速阻截病毒蔓延，修复神经，排除体内病毒，使脉络畅通，迅速消肿，气血流畅，不留后遗症。

泰生堂魏氏中医外科是世代相传的独门医疗技术，是我国医学宝库中特别是中医外科领域难得的遗产，是我国中医科学的特色和优势。

2010年2月，泰生堂魏氏中医外科入选洛阳市第二批市级非物质文化遗产名录。

### （六）中药偏瘫速愈康制备工艺

樊氏中医始于清朝道光年间，主攻中医内科。"荣生堂"药庄创办于民国初年，是当时豫西地区最大的专业药庄，下设六个分铺，以医治疑难杂症、危重病及特色针灸技术、方药配伍闻名河洛大地。尤其是在医治心脑血管疾病方面，研制了樊氏独特的配方"愈风偏枯汤"，治疗心脑血管病人无数，是樊氏中医祖传秘方之一。

"偏瘫速愈康"是一种中药配方，主要用于治疗因脑血管意外、脑外伤、脑卒中等引起的偏瘫，无毒副作用。"偏瘫速愈康"的前身是樊氏中医荣生堂药庄的祖传秘方"愈风偏枯汤"。樊氏中医"荣生堂"药庄第四代传承人樊喜明，在祖传秘方基础上，结合现代偏瘫病的发病原因，对"愈风偏枯汤"药品配方和制作工艺加以改良，在药品对症专一性上进行了改进后更名为"偏瘫速愈康"。

"偏瘫速愈康"具有活血化瘀、疏通经络、祛风止痛、增强新陈代谢、提高免疫力的功能，对治疗偏瘫病有独特疗效，且无毒副作用。制作工艺简单，医疗成本低。

2010年2月，中药偏瘫速愈康制备工艺入选洛阳市第二批市级非物质文化遗产名录。

### （七）象庄郭氏中医针灸

象庄郭氏中医针灸起源于清朝光绪年间，创始人郭锦堂在潜心攻读《针灸甲乙经》《针灸大成》等针灸医书的基础上，到处拜访针灸名师，博采众长，广开思路，采用"巨刺法"（即左病针右，右病针左）为群众治病，取得显著效果。之后，以言传身教的形式，父传子、子传孙，代代相传，祖传针法日臻精湛。从第三代郭中和开始，"象庄郭氏针灸"名声大振，誉满河洛。郭中和在长期临床实践中摸索出了将针灸与中草药结合治疗中风、肝炎、不孕不育和阑尾炎等疑难杂症的方法，对小儿麻痹症和下瘘症也做了大胆尝试，并取得了很好的医疗效果，在河洛大地有"神医"之称。第四代传人——郭长寿、郭立都、郭伍都对郭氏针灸事业有较大发展，临床行医，治愈许多人，享誉一方。第五代传人郭岩涛、郭海涛得前辈之秘，对"巨刺法"针法有深刻体会和发展，使郭氏针灸自成一家。

郭氏中医针灸经过历代传人的实践，形成了系统的技术理论和补泻手法：针药并用、内外同治；刺罐结合、活血化瘀；局部和远端取穴相结合；此外还有捻旋补泻法、提插补泻法、呼吸补泻法、开阖补泻法、迎随补泻法等 5 种补泻法。

2010 年 2 月，象庄郭氏中医针灸被列入洛阳市第二批市级非物质文化遗产名录。

### （八）鲁氏腹部推拿

推拿是人类应用最早的治疗方法，是我国中医宝库的一个重要组成部分。在出土的殷商甲骨文中多次出现带有推拿符号的文字。《黄帝内经·素问·宜法方宜论篇》讲："中央者其地平以湿，……故其地多萎厥寒热，其治宜导引按跷，故导引按跷者，亦从中央出也。"现代学者认为按摩推拿之法始出于中原大地的河洛地区。

鲁氏腹部推拿在鲁家的族谱中已无文字记载，仅凭人们口耳相传。20世纪 40 年代，鲁元吉继承家学，以行医为业，游方行医于河洛各地。当时社会动荡，民不聊生，百姓非常贫苦，鲁元吉发现有些患者拿了药方也无钱买药治病，于是他就用鲁氏腹部推拿之法治好了不少病人。后来鲁元吉夫妇将此术传给了儿子鲁广德和儿媳鲁杨氏（杨玲），鲁广德夫妇又将此技术传给了自己的儿子鲁金铨和女儿鲁玉珍。鲁金铨和鲁玉珍是鲁氏腹部推拿的第三代传人。鲁玉珍出嫁后，开设推拿门诊，号"鲁氏妇孺推拿"，由于医术精湛，口碑颇佳，一时患者盈门。鲁玉珍将此技术传给了女儿王栓子和侄女鲁淑贞、鲁淑娥。1969年，王民集拜鲁玉珍为师，研习鲁氏腹部推拿。王栓子、鲁淑贞、鲁淑娥、王民集是鲁氏腹部推拿的第四代传人。马军、王玲是鲁氏腹部推拿的第五代传人。

鲁氏腹部推拿俗称"揉肚"，是推拿疗法中的一个重要组成部分。它是以操作者的双手在被施术者的腹部运用推、拿、揉、掏、点、按、扒、拍、摇等特定的推拿技法，对由于气血淤滞、亏虚、实满、寒热、积滞等造成的脏腑功能失调进行有针对性的推拿，达到疏通气血、通经活络、镇静止痛、消除疲劳、增强体质的作用。鲁氏腹部推拿具有无任何毒副作用、能提高人体免疫能力、未病先治、多病同治的功效。

2010年2月，鲁氏腹部推拿被列入洛阳市第二批市级非物质文化遗产名录。

### （九）任氏痔瘘疗法

洛阳安乐任氏痔瘘疼痛专科，始于清代，百年以来，任氏数代潜心研究、精心熬制十余种祖传中药特制的汤、膏、散，治愈了不计其数的痔瘘患者，深受各地百姓欢迎。

任氏痔瘘药堂在第二代传人任尚德时，创制"枯痔散"方剂，求医者遍及中原各地，使任氏诊治的影响力日益扩大。1984年，任氏第五代传人任书桥从武汉学医归来，在安乐开设任氏痔瘘疼痛专科，专于痔瘘疾病的治疗，拾遗补阙，创新改良祖先传统中药秘方在配方、计剂量、熬制、用法上的不足，发展和创立了"任氏固肠汤""任氏消痔散"等方剂，并自创纯中药制剂的注射疗法。2007年，任氏痔瘘研究所正式注册，专业从事痔瘘类疾病的临床治疗和科学研究。

2011年12月，任氏痔瘘疗法被列入洛阳市第三批市级非物质文化遗产名录。

### （十）翟泉王氏中医

翟泉王氏中医始创于清道光年间，创始人是孟津平乐镇翟泉村人王喜田，已有六代传人。道光年间，平乐镇流行急性传染病，死人无数。翟泉村王氏家族第十四代先祖王喜田目睹惨状，立志学医，解救百姓。王喜田的父亲有一好友是清代举人，通熟中医名著《景岳全书》，是当时洛阳的名医。王喜田经父引荐拜其为师学医，数年后，学医有成，遂行医乡里，造福百姓。翟泉王氏家族后代受其影响，多有习医者。

翟泉王氏中医第二代传人王祥森自幼随父学医，在通熟《景岳全书》基础上又深研《伤寒杂病论》，编著有《验方歌诀》《新方八阵歌诀》等书，首创行医字号"东都春和堂"。100多年来，王氏中医采取了多种方法和医术，先后为方圆百十里的群众解除痛苦，乡亲们深受其惠。

翟泉王氏中医以传统中医理论为指导，重点用活血化瘀、补气养血的方法达到祛病养生的目的。历代传人在总结先人经验的基础上，结合大量的医疗实践，编著了药方集《验方歌诀》《新方八阵歌诀》《伤寒论方歌》《金匮要略方歌》等，具有较高的学术价值。

2011年12月，翟泉王氏中医被列入洛阳市第三批市级非物质文化遗产名录。

## （十一）史法璋中医外科

史法璋中医外科发源于河北省宣化地区，抗战时期，史法璋跟随冯玉祥部队，在抢救伤员、医治疾病工作中发挥了中医治病的独特优势。1942年他随部队到洛阳驻防，1951年，他独创"毒特灵"药丸，临床疗效奇佳，获得政府重奖。史法璋先后研创出"巴腊丸""金蟾膏""中九丸""内外平""白及合剂"等中药，造福一方百姓。史洛根是史法璋中医外科的第二代传承人，他在继承父亲医德医术的基础上，又研制了"红宝膏""乳癖散"等20余种药，获得了河南省"十佳医生"的光荣称号。史巧英是史法璋中医外科的第三代传承人，幼年便深得前辈的医理精髓，大学毕业后，在中医外科临床一线工作近30年。他善于继承，勇于创新。本着中医外科"消""腐""收"三大法则，研制出多种外用药材，治疗复杂顽固的慢性瘘和窦道、体表慢性溃疡等，有效地降低了截肢率、死亡率以及治疗的危险性和治疗费用。

2011 年 12 月，史法璋中医外科被列入洛阳市第三批市级非物质文化遗产名录。

### （十二）西关毛氏膏药

西关毛氏膏药始创于清末的新安县，名扬于河洛地区，至今已有 100 多年的历史。创始人毛九皋以外用（膏、丹）、内服（丸、散）等自制药行医，尤其外用膏药最为有名，俗名"黑膏药""拔毒消肿膏"。毛氏代代以医传家，悬壶济世，造福乡里。

新中国成立前，毛氏膏药在新安县及周边有较大影响。1950 年，毛氏膏药第四代传承人毛国智到石家庄市工作，使西关毛氏膏药在石家庄也有了一定的影响力。1960 年，毛氏膏药第五代传承人毛玉峰调回洛阳工作，并在洛阳市老城区安家落户。1969 年，老城区成立西关膏药厂，所制膏药定名为"活血消肿膏"，行销全国很多地区，深受治愈病患的推崇，口碑相传，声誉甚高。

西关毛氏膏药是根据中药归经原则，运用药物协调为用的效能，组成多味药物的大复方，采用大戟、甘遂、芫花、甘草、海藻、没药、全虫、蜈蚣、红花、当归、乳香、皂刺等 30 余味中药材作为原料，具有安全无毒、药效快捷、价格低廉、透气性佳、使用方便等特征，可祛风寒、通经舒络、补阳益气、活血化瘀、调整气血、消肿止痛。毛氏膏药可治疗痈、疽、疥、疔、瘰、瘤、丹毒等病，其药效透皮、透肉、透骨，患者可轻松迅速地感受到疗效。对急性乳腺炎、急性腮腺炎、骨结核等也有很好的治疗效果。

作为传统中医药文化的一个重要组成部分，西关毛氏膏药继承了祖国膏药学的精髓，其精湛的制药技艺凝聚了代代传人在与疾病长期斗争过程中总结的经验和聪明才智。

2014 年 12 月，西关毛氏膏药被列入洛阳市第四批市级非物质文化遗产代表性项目名录。

### （十三）春德堂通络散制备工艺

春德堂店创立于元代初期，创始人为马智先。春德堂通络散为纯中药制剂（系列药物），由汝阳县小店镇马门独创，是第二十八代传人马琴在继承祖上药方的基础上研制而成。其主要功效是活血、化瘀、消炎、止痛、排毒、驱寒、通经络，治疗乳腺增生、淋巴结节、肝囊肿、肾囊肿、气血不通、肝郁气滞、骨质增生、风湿性关节炎、风湿性心脏病、痛风、尿毒症、脂肪肝、无名红肿、大脑缺氧、头痛、失眠、气血不和、类风湿等疾病效果极佳。该方剂辨证平和，有透骨穿髓之功效，且用药简单，费用低廉。

2020 年 8 月，春德堂通络散制备工艺被列入洛阳市第五批市级非物质文化遗产代表性项目名录。

### （十四）祛风湿止痛散制备工艺

祛风湿止痛散最早可追溯至明末清初，原名少林祛风止痛散，用于祛风除湿、活血止痛，始创于少林药局，后传至洛阳老城德泰祥药店。德泰祥药店掌柜姚润甫，依经络之循行，探穴位之深奥，结合少林配方不断创新制备技艺和改进疗法。祛风湿止痛散严格遵照古法精制而成，集药、酒、醋、灸、热、蒸、敷于一体，体现了中医学内病外治、辨证论治的医学文化理念。祛风湿止痛散用于患者病痛部位，利用药物经患者体表，借人体经络之通路，充分发挥其通经走络、行滞祛瘀、开窍透骨之疗效。在一代代传人的不懈努力下，其散剂制备工艺现已无断代地传至第六代。

祛风湿止痛散制备工艺精髓：一是选材，主要有生川乌、生草乌、花椒等 24 味中草药，精挑细选，严格按照秘方剂量配制；二是灸药炮制，灸药共分为三个部分，古方中关键药材需要炒至四成熟，之后将黄酒洒于药材表面，以提升药效；三是研磨，对药材进行研磨粉碎备用；四是过筛，将粉碎好的药物过筛；五是配伍，严格按照君、臣、佐、使科学配伍，并充分搅拌，以达到活血止痛、祛湿散寒等功效。

祛风湿止痛散精选药材，古法炮制，活血化瘀，疏经通络，帮助患者恢复人体机能，摆脱疾病困扰，至今仍在临床上广泛使用。

2020 年 8 月，祛风湿止痛散制备工艺被列入洛阳市第五批市级非物质文化遗产代表性项目名录。

### （十五）王氏营卫气血通丸制备工艺

王氏营卫气血通剂由王士雄相传、王聚奎配置，洛阳王士雄聚元堂是专门治疗抽动症的专科。始建于 1830 年。王士雄（1808~1867），字孟英，号梦隐，祖籍浙江海宁盐官，出身于医学世家，著有《霍乱论》，生子王聚奎。王聚奎（1843~1921），字文星，自幼随王士雄学医，曾在太医院任御医，其根据王士雄所传秘方、精心研制，配制了"王氏营卫气血通剂（丸）"。1901 年，王聚奎在洛阳老城西大街开"聚元堂"药材局。"聚元堂"经营中药材，治疗各种疑难杂症，重点治疗抽动症。1983 年，第五代传人王奉贤开办了"王士雄聚元堂"。目前已传承至第七代。

王氏营卫气血通丸是按照阴阳五行、营卫气血、舌脉象等制定治疗原则，选取名贵中药制成的散剂，主治抽动症。有多种上乘精选中药配伍合剂，如以冬虫夏草、大灵猫、水鹿的鹿心耳、藏参、黄精、黑熊熊油等熬制或者调合成的丸药等。制丸要领：所有的药物必须手工制作，不能加热，以王氏中医中药治疗法，形成中药特效。

2020 年 8 月，王氏营卫气血通丸制备工艺被列入洛阳市第五批市非物质文化遗产代表性项目名录。

### （十六）马氏壮骨丹制备工艺

马氏壮骨丹在栾川古潭州马氏家族以父子传续、口口传承，至今已逾百年，其方法独特，服用方便，对腰腿酸软、行动不便的中老年患者有一定疗效。

1865 年，马氏族人马同发因父母年事已高，腰腿酸软，行动不便，结合学习"本草新编"之古方，亲自上山采摘中草药——木棉叶和破故纸，经炒制加工混合制成"蟠桃果",让自己父母常年服用,木棉叶配合破故纸久服可补中强智、益肾添精,故而强筋健骨。马同发父母常服后身体逐渐健康,腰腿酸软的症状得到极大改善。后来被周围邻居当成养生健身丹服用。久而久之,"蟠桃果"因疗效显著,被当地群众称为"马氏壮骨丹",声名传遍十里八乡。

马同发及后代传人不断改进制作工艺,每年4月集中上山采摘木棉树叶,精心加工炮制,通过马氏家传工艺碾压粉碎,经加工、炮制、整理、制丹等工序,制成马氏壮骨丹。

2020年8月,马氏壮骨丹制备工艺被列入洛阳市第五批市级非物质文化遗产代表性项目名录。

# 九　民俗

## （一）牛心山信俗

牛心山位于偃师大口乡南部,属伏牛山之万安山系,海拔791米,东45里为登封嵩山少林寺,西45里为洛阳香山龙门石窟,牛心山恰居其正中。牛心山古称文印山,当地人俗称南台山,因其山巅有状若牛心之红石,故又名牛心山。

每年农历二月十四会在此举办庙会,附近乡镇村民和周边县市的信仰者,还有一些游客,约几万之众,或步行,或乘车,从四面八方一齐拥向牛心山,至山顶烧香拜佛,抚摸牛心石,不能生育者,还烧香祈求菩萨送子,热闹非凡。

2010年2月,牛心山信俗被列入洛阳市第二批市级非物质文化遗产名录。

## （二）姜公庙会

姜公庙位于嵩县东北的九皋山之中,是为纪念商末周初的政治家、军事家、谋略家姜尚及道教诸神而建造的庙宇。相传,姜子牙曾在九皋山西麓云蒙山谷静修,当年瘟疫横行,他采集草药给四方百姓治病,往往药到病除。后人为纪念姜子牙，在他住过的地方建起一座姜公庙。建庙时间有碑文记载："姜公庙始建于秦，重修于唐，清末再次重修。"民国时期，这里被土匪占据，庙宇遭严重破坏。20世纪90年代，姜公庙得以重建。姜公庙现拥有殿堂数十座，造像近二百尊，这些建筑依山势而建，散落在长长的石阶两侧，错落有致。每逢庙会，十里八乡的群众会到这里耍狮子，唱大戏，尝小吃，热闹非凡。

姜公庙会分祭拜和民间艺术活动两大部分。在每年的正月十六、三月三、七月七、九月九共举办四次，每次会期为三天，分起会、正会和罢会。正会的当日早晨，在主持的宣布声中，祭拜仪式正式开始，众香客上供焚香、顶礼膜拜或叩头许愿，祈求平安。祭拜之后可去山上寻胜，也可朝拜其他道教先师。上山时，庙上会发给信众一条红带，系在脖颈，称"戴福回家"。庙会的民间艺术活动除一台大戏外，还有其他众多民间艺术表演，如狮舞、龙舞、竹马、旱船、高跷、秧歌、唢呐、铜器、骑毛驴等。

2010年2月，姜公庙会被列入洛阳市第二批市级非物质文化遗产名录。

### （三）周公解梦

周公，姬姓，名旦，是周文王的第四子、周武王的同胞弟、周成王的叔父，是西周初期著名的政治家、思想家和军事家，被后世奉为第一圣人——元圣。

周公是中国儒家思想的奠基人，其"敬德保民"的民本思想是儒家政治思想的直接来源。儒家思想中的基本学说"礼""仁"的重要概念就源于周公。孔子"入周问礼"这一历史典故，真实地记录了孔子向老子学习周礼的史事。周公一生的政绩在洛阳，"周公解梦"的发源地也始于洛阳。

周公解梦是我国古代的文化遗产，是古代劳动人民智慧的结晶，在民间广泛流传。常言道："日有所思，夜有所梦。"对于梦的认知，历来众说纷纭，褒贬不一。人们对事物的认识不同，但对梦的神秘性则十分认可，认为梦既虚无缥缈，又真实可见。人们对于梦的研究从周公解梦说起，已有3000多年的历史。

历史文献中对梦的记载，最早见于《左氏春秋》。周公解梦是周公对人们梦幻的一种解释，历史上遗留下来的有关周公解梦的版本众多，周公庙流传的《周公解梦》只是其中之一。

天人合一、天地感应是中国古代认识世界的哲学观，西周时期遗留下来的甲骨文绝大多数是卜辞，而其中又有很大一部分内容是关于梦兆吉凶的。对梦的无法解释，以及梦中之事又往往与现实对应的情况，让古人相信，梦是能够预示吉凶的，梦常常会给人们带来某种暗示。

2010年2月，周公解梦被列入洛阳市第二批市级非物质文化遗产名录。

### （四）陈屯社火

陈屯社火主要流传于洛龙区白马寺镇陈屯村一带，始创于清代，距今已有300多年历史。陈屯社火因历史悠久而声名远播，在周边很有声望。最初秘不外传，新中国成立后，随着文化发展和传播，陈屯社火传入附近竹园村和分金沟。此后三村结盟，每年都相互联欢，一直持续至今。主要有排鼓、挠阁、老汉背妻等表演。陈屯排鼓鼓歌优美，套路多样，有"撞挠镲""排鼓搅""交槌"等特色鼓点。挠阁，又叫背装，是一种群体表演艺术，融体育、舞蹈、音乐、绘画为一体。老汉背妻是陈屯社火中的一个绝活，一人扮演两个角色，真假难辨。

陈屯社火历史久远，从陈屯社火表演形式、道具及场面中，可以窥见古代河洛地区原生态社火的基本特征以及组织形式，对于研究河洛地区民俗文化和社火发展演变有重要意义。

2011年12月，陈屯社火被列入洛阳市第三批市级非物质文化遗产名录。

### （五）放河灯

放河灯源于清道光初年的嵩县锦陵寺，放河灯活动由锦陵寺组织举办，是嵩县民间祭祀河神、纪念已故亲人并祈求人畜平安、风调雨顺的一种风俗。据传说，每年夏秋季节，伊河常发洪水，危及人畜生命财产，有时还会淹没庄稼。面对连年频繁发生的人力又不可抗拒的洪涝灾害，有年长者提议：在每年的中元节（农历七月十五），做几盏花灯，放入伊河，祭祀河神。当年就有十几家在中元节前做好十几盏莲花灯，晚上一起放入河中。第二年，果然风调雨顺，伊河未发洪灾，也未有人畜伤亡。就这样，由十几家放河灯发展到几十家、几百家放河灯，3 年后，各家各户每年都要做一盏河灯放入伊河。此后，规模越来越大，除简单地放河灯祭拜外，唢呐、铜器、竹马、旱船等民间表演艺术也参与其中。

河灯的主灯是船灯，辅灯是小型莲花灯。船灯是先用毛竹或木竿做成骨架，后用彩布和彩纸装饰船体而成。船头由一人击鼓指挥，两人拍镲助威。仪式开始，先在锦陵寺前祭拜，秧歌、竹马、旱船、唢呐、铜器等民间艺术表演队伍依次排列，之后，由 20 多名信徒抬船灯随后，行至伊河岸边。信徒们摆上供品，焚烧用五色纸做的衣帽及银钱，唱经歌祈祷、祭拜，然后点燃蜡烛，把主灯放入水中，接着，将数百盏莲花灯放入水中，最后，放鞭炮和烟花庆祝，整个过程长达 3 个多小时。

放河灯源于民间，发展于民间，具有广泛的群众基础，彰显了人们珍爱生命、祈求平安、积德行善的愿望。河灯结构复杂，汇集民间剪纸、彩绘、彩塑等艺术形式，具有较高的艺术价值。

2011 年 12 月，放河灯被列入洛阳市第三批市级非物质文化遗产名录。

### （六）鲍氏祭祀

鲍氏祭祀是流传于全国鲍氏族人的一种民俗活动，有记载的可以追溯到清康熙二十三年到五十六年，南蔡庄老祠鲍氏家庙从酝酿到落成，建祠、排轴、修谱、社日上坟、新年拜祖等程序也步入正轨。南蔡庄鲍氏仅是全国鲍氏家族的一支，自西汉至元末，世居上党，明初，奉旨迁民补虚，被分迁到南蔡庄定居，至今已有 600 余年，繁衍 24 代，3000 余人。每年过年、社日，家庙庙门大开，陈列家谱，悬挂祖轴，展览族规，族人到大殿观看汉三世司隶故事以励志。鲍氏祭祀活动三年一小祭，五年一大祭，十年一特祭。

鲍氏祭祀活动由鲍氏族人代代相传，20世纪末，南蔡庄鲍氏一支派人到原籍山西长子县寻祖，得知全国鲍氏家族已相互联系，并有期刊《鲍氏文苑》，自此联系全国鲍氏族人，不断参加鲍氏族史座谈会。2006年11月，第七次《鲍氏文苑》座谈会在河南偃师召开，并于南蔡庄村附近修建鲍氏寻根亭。

2014年12月，鲍氏祭祀被列入洛阳市第四批市级非物质文化遗产代表性项目名录。

## （七）冬至

冬至是我国农历中一个非常重要的节气，也是一个传统节日，至今在宜阳仍延续着冬至过节的习俗。冬至俗称"冬节""小年""长至节""亚岁"等。古人对冬至的说法是：阴极之至，阳气始生，日南至，日短之至，日影长之至，故曰"冬至"。

早在春秋时期我国已经用土圭观测太阳的方法测定出冬至，它是二十四节气中最早制订出的一个节气，时间在每年阳历的12月22~23日。冬至过节源于汉代，盛于唐宋，相沿至今。《汉书》中说："冬至阳气起，君道长，故贺。"

在宜阳县张坞镇平泉村有孔子晒书台，相传孔子的生日与冬至为同一天，他的学生总在冬至这天举行"拜师礼"。后来人们纷纷效仿，每当冬至到来，学校的校董都会同乡绅、村内主事、家长代表等，筹集善款慰问老师。传承人崔金虎回忆说，在他上学的时候，冬至时，学生都要放假一天，但不离开学校，师生家长共同聚餐，表达尊师重教之意。宜阳人还有冬至吃饺子的习俗，老人们常说"冬至吃饺子，不会冻耳朵"。

冬至过后，就进入一年最寒冷的阶段，即"数九寒天"，也就是人们常说的"进九"，民间有"冷在三九，热在三伏"的说法。冬至这一天是北半球全年中白天最短、黑夜最长的一天。冬至习俗至今还影响着宜阳人民的农业生产、生活习惯、节日礼仪等。

2014年12月，冬至被列入洛阳市第四批市级非物质文化遗产代表性项目名录。

### （八）孟津打铁花

孟津赵岭村的打铁花风俗起始于宋代，鼎盛于明清。旧时，因附近村镇冶铁技艺发达，赵岭村以云游四方补锅为生计的小炉匠颇多。每逢春节，炉匠们会回到村子聚集在一起，支起炭炉，化铁为汁，抛洒空中，铁水四散，形成璀璨绚丽的火树银花，以此娱乐民众，欢度佳节，祈求来年风调雨顺，家业兴旺，老百姓给它起了一个美丽的名字——打梨花，也称打铁花。

孟津打铁花的原料以白铁为佳，尤其是耕田之犁铧为最优，每打一回梨花，都要新垒一个炉灶，然后把装满铁块的坩埚放进炉灶，大炭火烧约一个半小时，将铁块化成沸腾的汁水，便会有火花飞溅，铁水即为烧成。舀铁水的勺子由金属镁、碱石和毛土自制而成，使用前再涂上一层石星，以增加勺子的硬度和光滑。表演时，一人用勺子舀出铁水抛向空中，另一人用蘸过水的木棍奋力击打，二人需要配合默契，才能打出像菊花凌空绽放并伴随着噼里啪啦声响的壮丽异常的烟花图案。打铁花场面壮观、气势磅礴，在民众中有很大影响。

2020年8月，孟津打铁花被列入洛阳市第五批市级非物质文化遗产代表性项目名录。

### （九）黄牛交易习俗

黄牛交易习俗普遍流行于我国北方各省的商贸交易中。在我国，农耕文明长期处于主导地位，各家各户大都以牛马驴骡为辅助生产力，自然而然也就形成了黄牛的交易市场。因为黄牛交易数额偏大，买卖双方不愿公开谈论价格，就逐渐形成了黄牛交易习俗。

洛阳市嵩县闫庄街古称銮驾镇，自明代中期以来，就有繁荣的集贸市场，黄牛交易市场就是其中之一。闫庄黄牛交易市场地处闫庄镇所在地的焦涧河畔，黄牛交易的买卖双方都在黄牛交易经纪人操作下来完成交易。

近几十年来，闫庄黄牛交易市场是豫西最大的黄牛交易市场，并发展成为全国最大的黄牛市场之一，辐射洛宁、宜阳、伊川、汝阳等县区30多个乡镇。黄牛交易习俗历史悠久，其行规行话、特定的手势等具有较高的民俗学研究价值。黄牛交易习俗保证了黄牛市场交易的公平和秩序的稳定。

2020年8月，黄牛交易习俗被列入洛阳市第五批市级非物质文化遗产代表性项目名录。

### （十）河洛婚嫁习俗

河洛婚嫁习俗分布在洛阳及其周边地市，如焦作、南阳、荥阳、济源、登封等地。习俗中讲究六礼。"六礼"早在周代已见雏形，据唐《杜佑通典》："周制，限男女之岁，定婚姻之时，亲迎于户，六礼之仪始备。"洛阳作为东周都城，婚嫁习俗严格遵守周六礼。"六礼"谓"纳采、问名、纳吉、纳征、请期、迎亲"，正好与洛阳人的"说亲、合婚、定亲、下聘、送好儿、迎娶"同步，叫法不同，内容类似。即使现在，男女双方结婚，还少不了纳彩、问名、定亲、下聘、送好儿、迎娶这几道程序。

河洛婚嫁习俗作为人们日常生活的重要组成部分，世代绵延相传，对专家学者研究河洛民俗文化具有重要价值。婚嫁过程中的很多环节展现出人们对美好生活的向往，符合当代和谐社会价值观。

2020年8月，河洛婚嫁习俗被列入洛阳市第五批市级非物质文化遗产代表性项目名录。

### （十一）河洛丧葬习俗

河洛丧葬习俗是以洛阳为中心，辐射周边三门峡、济源、焦作、郑州、平顶山以及南阳等地的传统汉族丧葬习俗。

邙山作为洛阳北面的天然屏障，也是自古帝王将相首选的安葬之地。白居易诗云"北邙冢墓高嵯峨"。俗谚说："生在苏杭，葬于北邙。"21世纪重大考古发现之一——洛阳市"天子驾六"大型车马陪葬坑，揭示了周王朝帝王丧葬的真实情况，位于邙山的洛阳古墓博物馆是全国最大的古墓博物馆，丧葬文化由此可见一斑。从帝王到普通百姓，对人生的最后一程都极为重视，河洛丧葬礼仪保留着华夏最传统的习俗，具有鲜明的地方特色。

葬礼是洛阳民间礼俗中一个重要组成部分。自古以来，无论是官方还是民间，无论是贫还是富，都将其视为人生礼仪中极为重要的一环。河洛丧葬习俗包含丧礼、葬礼和祭礼几个部分。每一个步骤都有很严格的要求，反映了儒家道家思想对民间习俗的重要影响。丧葬礼仪对守孝道、讲道德、重礼节、习文明、考宗史、传家教、和乡邻具有很强的教益，对专家学者研究河洛文化也具有重要参考价值。

2020年8月，河洛丧葬习俗被列入洛阳市第五批市级非物质文化遗产代表性项目名录。

### （十二）夏历

中国最早的历书采用夏历。《大戴礼记·夏小正》是我国现存最古老的一部天文学文献，也是我国现存最早的一部历书。书中按12个月的时序详细记载了上古先民所观察体验到的天象、气象、物象，形象地反映出上古先民对时令气候的朴素认识，是华夏民族数千年天文学史的初始阶段——观象授时的结集，是已知的有关"夏历"的重要文献。

夏历反映了月亮围绕地球转动的规律，以月球绕行地球一周为一月，即以朔望月作为确定历月的基础。夏历的一个月叫作"朔望月"，每月初一为朔日，十五为望日，"朔望月"是月相盈亏的平均周期。农历岁首定在何时，在我国历史上不尽相同：夏代以正月为岁首（夏历），殷商、周、秦分别将十二月、十一月、十月定为岁首，汉太初元年启用太初历，仍依夏代之规，并沿用至今。

夏历保存了中国最古老的比较珍贵的科学知识，对古代天象与先秦历法研究有相当重要的参考价值。

2020年8月，偃师申报的夏历被列入洛阳市第五批市级非物质文化遗产代表性项目名录。

### （十三）二十四节气

二十四节气是以黄河流域中下游地区的气候、物候为依据建立起来的古代历法，其核心区是以今洛阳市为中心的河洛地区，是古代河洛地区人民长期经验的积累和智慧的结晶，是河洛地区广为流传的用来指导农村生活、农业生产的重要节令，被誉为"中国的第五大发明"。二十四节气反映出中国古代民间对气候的朴素认知，农耕时代农民一直依靠二十四节气来安排生活和生产，它反映了季节、气候现象和气候变化的规律。

二十四节气指导着传统农业生产和日常生活，是认知气象的"活化石"，对农业耕作具有重要的指导意义和深远的影响。二十四节气具有科学价值、文化价值、生态价值和民俗价值。

2020年8月，栾川申报的二十四节气被列入洛阳市第五批市级非物质文化遗产代表性项目名录。

### （十四）洛阳水席"五碗四"

"五碗四"，由五碗热菜、四个凉菜组成，是由洛阳水席菜自由组合，加在一起，共九个品种。其荤素搭配，稀稠均匀，冷热相济，营养均衡，可满足旧时五至八人食用。当然，也可以随着客人的多少或简或繁，丰俭由人，民间也因此有"六碗四""八碗四"等之说。"五碗四"是河洛地域极具传统特色的水席组合，是老洛阳人逢年过节居家招待客人的一种惯用饮食习俗，是洛阳水席在家庭筵席中的一种表现形式。

2020年8月，瀍河区申报的洛阳水席"五碗四"被列入洛阳市第四批市级非物质文化遗产代表性项目名录。

## 十 曲艺

河南坠子，俗称"河南坠子书""简板书""响板书"，因使用河南坠子弦（又名坠琴、坠胡）伴奏、用河南语音演唱而得名。河南坠子是由19

世纪初流行在河南的道情、莺歌柳、三弦书相结合而形成的传统曲艺形式。河南坠子也是民族文化尤其是中原文化的灿烂瑰宝，深受人民群众的喜爱，成为中原地区极具代表性的一种曲艺形式。

2020 年 8 月，河南坠子被列入洛阳市第五批市级非物质文化遗产代表性项目名录。

# 后　记

非物质文化遗产是极其珍贵和重要的文化信息资源，是真实的历史见证，是一个国家民族生存的基础。其蕴含了国家民族特有的精神理念、思维模式、文化意识和情趣，是维护国家和民族文化身份及文化主权的基本参考依据。洛阳是中华文明的发源地之一，历史悠久、文化厚重，在历史积淀和长期的发展中，洛阳逐渐形成了富有当地特色的非物质文化遗产资源项目，已初步建立起国家、省、市、县四级非遗代表性项目和代表性传承人的名录体系。

近年来，非物质文化遗产保护成为社会热点，获得越来越多的关注，非物质文化遗产正在通过非遗主题场馆、专题展览、各类博览会等实体展示和基于网络、移动端、视频号、影视作品等的虚拟展示，通过各类非遗活动、非遗体验、非遗衍生产品展示与推介等方式，走进大众视野。为增强读者对洛阳非物质文化遗产的认识，我们编写了《洛阳非物质文化遗产研究》，收录了部分专家学者对洛阳非物质文化遗产传承创新的研究成果等，同时对洛阳的国家级和省市级非物质文化遗产代表性项目进行介绍和系统梳理。

全书分上下两篇，上篇为"洛阳非物质文化遗产研究"，主要选录了2015年以来《洛阳文化发展报告》中洛阳市委党校、驻洛高校和政府有关部门专家学者的部分优秀研究成果；下篇为"洛阳非物质文化遗产资源概况"，主要收录了我们前期编印的《洛阳非物质文化遗产读本》的相关内容，并结合洛阳市非遗中心提供的资料，进行了大量实地考察、调研和校勘工作，共分三个部分，分别介绍了洛阳的国家级、省级和市级非物质文化遗产代表性项目230余项，由秦华、陈琪、任程远等负责编写。陈启明设计了本书的框架体系，秦华、陈琪、任程远负责本书的组编及统稿，最后由陈启明审定。

在本书的编写过程中，社会科学文献出版社文化传媒分社祝得彬社长给予了悉心指导和大力支持，对书稿提出了许多指导性的意见和建议，因此本书得以不断丰富和完善。同时，洛阳市文化广电和旅游局、河洛文化生态保护发展中心、洛阳理工学院、市委党校和各县区党校也给予大力支持，各级相关部门、社会各界专家学者积极参与，提供了一手资料和各方面的研究成果，社会科学文献出版社的编辑也付出了辛勤的劳动，在此，向所有为这本书付出辛勤努力的人表示衷心的感谢！

受编者能力和水平所限，书中遗漏和存在的问题在所难免，恳请读者提出意见和建议。同时，我们也将继续加强对洛阳非物质文化遗产的探索和研究，也希望未来能够不断进行修订完善，给读者带来更多有价值的内容。

编　者

2024 年 10 月

**图书在版编目（CIP）数据**

洛阳非物质文化遗产研究／陈启明，秦华主编；陈
琪，任程远副主编 . --北京：社会科学文献出版社，
2025.6. --ISBN 978-7-5228-5320-8

Ⅰ . G127. 613

中国国家版本馆 CIP 数据核字第 2025QQ8072 号

洛阳非物质文化遗产研究

主　　编／陈启明　秦　华
副 主 编／陈　琪　任程远

出 版 人／冀祥德
责任编辑／仇　扬
责任印制／岳　阳

出　　版／社会科学文献出版社·文化传媒分社（010）59367156
　　　　　　地址：北京市北三环中路甲 29 号院华龙大厦　邮编：100029
　　　　　　网址：www. ssap. com. cn
发　　行／社会科学文献出版社（010）59367028
印　　装／三河市尚艺印装有限公司

规　　格／开　本：787mm×1092mm　1/16
　　　　　　印　张：22.75　字　数：334 千字
版　　次／2025 年 6 月第 1 版　2025 年 6 月第 1 次印刷
书　　号／ISBN 978-7-5228-5320-8
定　　价／128.00 元